ASPECTOS CONTROVERTIDOS DA LEI DE IMPROBIDADE ADMINISTRATIVA:

UMA ANÁLISE CRÍTICA A PARTIR DOS JULGADOS DOS TRIBUNAIS SUPERIORES

INQUÉRITO CIVIL
VOLUME 2

CB133569

CLÁUDIO SMIRNE DINIZ
MAURO SÉRGIO ROCHA
RENATO DE LIMA CASTRO
(Organizadores)

ASPECTOS CONTROVERTIDOS DA LEI DE IMPROBIDADE ADMINISTRATIVA:

UMA ANÁLISE CRÍTICA A PARTIR DOS JULGADOS DOS TRIBUNAIS SUPERIORES

INQUÉRITO CIVIL

VOLUME 2

Del Rey
editora

Belo Horizonte
2018

Copyright © 2018 Editora Del Rey Ltda.

Nenhuma parte deste livro poderá ser reproduzida, sejam quais forem os meios empregados, sem a permissão, por escrito, da Editora.

Impresso no Brasil | *Printed in Brazil*

EDITORA DEL REY LTDA
www.editoradelrey.com.br

Editor: Arnaldo Oliveira

Editor Adjunto: Ricardo A. Malheiros Fiuza

Editora Assistente: Waneska Diniz

Diagramação: Alfstudio

Revisão: RESPONSABILIDADE DOS AUTORES

Capa: CYB Comunicação

Editora / MG
Rua dos Goitacases, 71 – Loja 24A – Centro
Belo Horizonte-MG – CEP 30190-909
Comercial:
Tel.: (31) 3293 8233
vendas@editoradelrey.com.br
Editorial:
editoraassistente@editoradelrey.com.br

Conselho Editorial:
Alice de Souza Birchal
Antônio Augusto Cançado Trindade
Antonio Augusto Junho Anastasia
Antônio Pereira Gaio Júnior
Aroldo Plínio Gonçalves
Carlos Alberto Penna R. de Carvalho
Dalmar Pimenta
Edelberto Augusto Gomes Lima
Edésio Fernandes
Felipe Martins Pinto
Fernando Gonzaga Jayme
Hermes Vilchez Guerrero
José Adércio Leite Sampaio
José Edgard Penna Amorim Pereira
Luiz Guilherme da Costa Wagner Junior
Misabel Abreu Machado Derzi
Plínio Salgado
Rénan Kfuri Lopes
Rodrigo da Cunha Pereira
Sérgio Lellis Santiago

A838 Aspectos controvertidos da Lei de Improbidade Administrativa: uma análise crítica a partir dos julgados dos tribunais superiores. / Cláudio Smirne Diniz, Mauro Sérgio Rocha e Renato de Lima Castro (Org.). Belo Horizonte: Del Rey, 2018.

xviii + 442 p.

ISBN: 978-85-384-0507-8

1. Improbidade administrativa. I. Diniz, Cláudio Smirne (Org.) II. Rocha, Mauro Sérgio (Org.). III. Castro, Renato de Lima Castro (Org.).

CDU: 35.086:343.35

ESCREVERAM NESTA OBRA

ANDRÉ TIAGO PASTERNAK GLITZ

Promotor de Justiça do Ministério Público do Estado do Paraná; *Master of Laws* (LL.M.) pela *Columbia Law School*, NY/USA. Professor de processo penal e de investigação criminal da Fundação Escola do Ministério Público do Estado do Paraná (FEMPAR), Unidade de Curitiba.

CLÁUDIO SMIRNE DINIZ

Promotor de Justiça. Doutor em Direito. Professor de Direito Administrativo.

EDUARDO CAMBI

Promotor de Justiça no Estado do Paraná. Assessor da Procuradoria-Geral de Justiça do Paraná. Coordenador do Centro de Estudos e Aperfeiçoamento Funcional (CEAF) do Ministério Público do Paraná. Membro colaborador da Comissão de Direitos Fundamentais do Conselho Nacional do Ministério Público. Coordenador Estadual do Movimento Paraná Sem Corrupção. Coordenador Estadual da Comissão de Prevenção e Controle Social da Rede de Gestão Pública do Paraná. Pós-doutor em direito pela Università degli Studi di Pavia. Doutor e Mestre em Direito pela Universidade Federal do Paraná (UFPR). Professor da Universidade Estadual do Norte do Paraná (UENP) e da Universidade Paranaense (UNIPAR). Foi assessor de Pesquisa e Política Institucional da Secretaria de Reforma do Judiciário do Ministério da Justiça (2012-2014).

EMERSON GARCIA

Doutor e Mestre em Ciências Jurídico-Políticas pela Universidade de Lisboa. Especialista em *Education Law and Policy* pela *European Association for Education Law and Policy* (Antuérpia – Bélgica) e em Ciências Políticas e Internacionais pela Universidade de Lisboa. Membro do Ministério Público do Estado do Rio de Janeiro, Consultor Jurídico da Procuradoria-Geral de Justiça e Diretor da Revista de Direito. Consultor Jurídico da Associação Nacional dos Membros do Ministério Público (CONAMP). Membro da *American Society of International Law* e da *International Association of Prosecutors* (Haia – Holanda). Membro Honorário do Instituto dos Advogados Brasileiros (IAB).

FÁBIO ANDRÉ GUARAGNI

Procurador de Justiça junto ao MP-PR. Doutor e Mestre em Direito das Relações Sociais pela UFPR, com estudo Pós-Doutoral junto à Università degli Studi di Milano. É professor de direito penal econômico do Programa de Mestrado em Direito do UNICURITIBA, lecionando Direito Penal na mesma IES (graduação e especialização). É professor de Direito Penal da Fundação Escola do Ministério Público do Paraná – FEMPAR e Escola da Magistratura do Paraná – EMAP, CERS, Anhanguera-LFG.

FERNANDO DA SILVA COMIN

Mestre em Ciências Jurídico-Políticas pela Universidade de Lisboa. Especialista em Ciências Jurídico-Políticas pela Universidade de Lisboa. Promotor de Justiça no Estado de Santa Catarina.

GEISA DE ASSIS RODRIGUES

Procuradora Regional da República na 3ª Região. Mestre e Doutora em Direito pela UERJ. Pós-Doutora pelo Brazil Institut do Kings College. Professora licenciada da Universidade Federal da Bahia. Professora da Faculdade de Direito da Universidade Presbiteriana Mackenzie.

GILBERTO GIACOIA

Procurador de Justiça, ex-procurador-geral de Justiça do Paraná, doutor em Direito pela Universidade de São Paulo e pós-doutor pelas Universidades de Coimbra e Barcelona.

GUSTAVO SILVA ALVES

Mestrando em Direito Processual pela Universidade Federal do Espírito Santo (UFES). Bolsista pela CAPES – Coordenação de Aperfeiçoamento de Pessoal de Nível Superior. Graduado em Direito pela Universidade Federal do Espírito Santo (UFES). Advogado.

HERMES ZANETI JÚNIOR

Pós-Doutor em Direito pela *Università degli Studi di Torino*. Doutor em Direito pela Universidade Federal do Rio Grande do Sul. Doutor em Direito pela *Università degli Studi di Roma Tre*. Mestre em Direito pela Universidade Federal do Rio Grande do Sul. Professor da Graduação e Pós-Graduação (Mestrado) da Universidade Federal do Espírito Santo (UFES). Promotor de Justiça no Estado do Espírito Santo.

LETÍCIA GABRIELLA ALMEIDA

Mestranda em Ciência Jurídica pela Universidade Estadual do Norte do Paraná – UENP.

MAURO SÉRGIO ROCHA

Pós-doutor em Direito pela *Università degli Studi di Firenze*. Doutor em Direito pela Universidade Federal do Paraná – UFPR. Mestre em Direito pela Universidade Estadual de Maringá – UEM. Membro do Instituto Brasileiro de Direito Processual – IBDP. Professor de Direito Processual Civil da Fundação Escola do Ministério Público – FEMPAR. Procurador de Justiça no Estado do Paraná. Coordenador do Núcleo de Controle de Constitucionalidade do Ministério Público do Paraná.

RENATO DE LIMA CASTRO

Mestre em Direito Penal pela Universidade Estadual de Maringá; pós-graduado em Direito Penal e Econômico e Europeu, Coimbra; Ex Procurador do Estado. Professor de Direito Penal. Promotor de Justiça titular da 26ª Promotoria de Defesa do Patrimônio Público da Comarca de Londrina; coordenador do Grupo Especializado na Proteção do Patrimônio e no Combate a Improbidade Administrativa, núcleo Londrina. Integrante da Operação Publicano – Londrina.

RODRIGO LEITE FERREIRA CABRAL

Doutor em Ciências Jurídicas e Políticas pela Universidad Pablo de Olavide/Espanha. Mestre em Criminología y Ciencias Forenses pela mesma Instituição. Foi pesquisador-visitante do Max-Planck-Institut para Direito Penal Estrangeiro e Internacional em Freiburg/Alemanha. É Promotor de Justiça do Ministério Público do Estado do Paraná, estando atualmente convocado para atuar como Membro Auxiliar da Corregedoria Nacional do CNMP. Atua, também, como Promotor-Corregedor da Corregedoria-Geral do Ministério Público do Estado do Paraná.

RODRIGO RÉGNIER CHEMIM GUIMARÃES

Procurador de Justiça no Ministério Público do Paraná. Professor de Direito Processual Penal do Unicuritiba – Centro Universitário Curitiba; da FAE – Centro Universitário Franciscano; da FEMPAR – Fundação Escola da Magistratura do Paraná; da EMAP – Escola da Magistratura do Paraná; da ESMAFE – Escola da Magistratura Federal no Paraná. Professor e Coordenador do Curso de Pós-graduação em Direito Penal e Processual Penal do Unicuritiba. Mestre em Direito das Relações Sociais e Doutor em Direito de Estado pela UFPR.

WALTER CLAUDIUS ROTHENBURG

Procurador Regional da República na 3ª Região. Mestre e Doutor em Direito pela UFPR. Pós-graduado pela Universidade de Paris II. Professor do Centro Universitário de Bauru.

SUMÁRIO

APRESENTAÇÃO

O presente volume da Coleção "*Aspectos Controvertidos da Lei de Improbidade Administrativa: uma análise crítica a partir dos julgados dos tribunais superiores*" reafirma a importância do exercício do controle da Administração Pública a partir dos princípios que a regem, especialmente o da moralidade administrativa, densificado na Lei 8.429/1992 (Lei da Improbidade Administrativa).

Estabelece-se, assim, paralelo entre a referida Lei e os correspondentes desdobramentos penais, apontando-se para a superior eficiência da primeira na tutela do patrimônio público. Com esse propósito, inaugura a obra a análise de Gilberto Giacoia e de Letícia Gabriella Almeida acerca da "*Lei Anticorrupção e sua natureza afim à improbidade administrativa: um ligeiro olhar na perspectiva da tutela penal*".

A partir dessa premissa, demonstrando-se, portanto, a relevância do controle fundado em componentes principiológicos, a obra assume seu eixo central, abordando aspectos relevantes da persecução civil, em sua fase extraprocessual. Neste ambiente, sobreleva a importância do Inquérito Civil, instrumento confiado ao Ministério Público para a tutela dos interesses transindividuais. Registre-se a relevância desse campo de direitos, sobretudo quando se considera a potencialização da eficácia dos provimentos jurisdicionais.

Presidido, com exclusividade, pelo próprio Ministério Público, constitui-se o Inquérito Civil em instrumento inspirado no Inquérito Policial e transposto para esse novo segmento de tutela. Procedimento de envergadura constitucional, o Inquérito Civil encontra previsão na Lei 7.347/1985 (arts. 8º e 9º), na Lei Complementar 75/1993 (art. 6º, VII; art. 7º, I) e na Lei 8.625/1993 (art. 25, IV e art. 26, I). No plano infralegal, foi disciplinado pela Resolução nº 23/2007 do Conselho Nacional do Ministério Público.

Extrai-se desses marcos regulatórios suas características essenciais, a exemplo da unilateralidade, da facultatividade, da informalidade e do caráter inquisitivo, desvinculando-o, assim, da submissão ao contraditório e à ampla defesa.

O Inquérito Civil mostra-se fundamental para a apuração do ato de improbidade administrativa, tema enfrentado por Hermes Zaneti Jr. e Gustavo Silva Alves: "*Inquérito civil como instrumento formal para a apuração dos atos de improbidade administrativa*".

Sua instauração pode ocorrer de ofício, por membro do Ministério Público com atribuições para atuar no caso concreto, ou por representação, advinda de qualquer pessoa física ou jurídica. A hipótese das representações anônimas é tratada por Fábio André Guaragni, no artigo intitulado de "*Notícia anônima como ponto de partida para a investigação de improbidades administrativas: um cotejo com a investigação no âmbito criminal*".

A competência para a instauração dos inquéritos civis e o eventual conflito, positivo ou negativo, de atribuições entre Ministério Públicos é objeto da análise de Eduardo Cambi, no artigo: "*Conflito de atribuições entre Ministério Público Federal e Estaduais, formas eficientes de atuação ministerial e fixação da competência judicial na improbidade administrativa*".

No curso do procedimento são coletadas as provas destinadas à formação da convicção acerca de determinado fato ou circunstância. Vale dizer, por meio do Inquérito Civil, viabiliza-se a investigação civil desenvolvida pelo Ministério Público e, com isso, propicia-se o exercício responsável da ação civil pública ou a solução extrajudicial do conflito, bem como, se for o caso de ausência de ameaça ou de lesão à ordem jurídica, caminha-se para a promoção de arquivamento, tema tratado por Rodrigo Régnier Chemim Guimarães, no artigo denominado "*Inquérito civil: arquivamento e seu controle pelo Colegiado*".

Fernando da Silva Comin aborda a instrução do Inquérito Civil à luz do princípio da publicidade: "*Aspectos destacados da publicidade do inquérito civil: atividade investigatória e sigilo*". As hipóteses de recursos são tratadas por Rodrigo Leite Ferreira Cabral, no artigo "Os recursos no inquérito civil público".

Sucede que o Inquérito Civil carece de certos aperfeiçoamentos tendentes a expandir sua eficácia, ajustando-o às modernas tendências da lógica investigativa. Dentre eles, três podem ser destacados: i) a identificação de pontos de estrangulamento, observados em sua aplicação; ii) a gradativa ampliação da complexidade dos fatos jurídicos, a exemplo da frequente remessa ao exterior de recursos de origem ilícita, indicando a necessidade das investigações do Ministério Público desenvolverem-se em sintonia com os modernos mecanismos de cooperação internacional; e, iii) inovações tecnológicas que podem ser assimiladas e transpostas para o Inquérito Civil, de forma a torná-lo mais célere. Estes temas são abordados por André Tiago Pasternak Glitz, no artigo "*A moderna lógica investigativa*".

Um exemplo do que se está a referir é o acesso direto às informações acobertadas pelo sigilo. Embora haja judiciosos entendimentos no sentido de ser o acesso direto possível ao Ministério Público, a jurisprudência majoritária posiciona-se em sentido contrário. Walter Claudius Rothenburg e Geisa de Assis Rodrigues bem abordam o tema no artigo: "*Inquérito civil: acesso a dados sigilosos*".

É oportuna a menção de que, não obstante os avanços necessários, reformas legislativas em andamento ameaçam provocar retrocessos no Inquérito Civil. Aliás, relembre-se que várias propostas legislativas já procuraram limitar seu alcance, como ocorreu com a Medida Provisória nº 2.088, editada inicialmente em 29.12.2000, que estabelecia, como ato de improbidade, a instauração temerária de inquérito policial ou procedimento administrativo e a proposição de ação de natureza civil, criminal ou de improbidade, quando se atribuía a outrem fato que sabia inocente. Possibilitava-se, ainda, no prazo da contestação, a reconvenção, meio pelo qual se suscitava a improbidade do agente ministerial que propôs a ação.

Atualmente, preocupa o PLS nº 233/2015, de autoria do Senador Blairo Maggi, que dispõe sobre o Inquérito Civil, sobre procedimentos administrativos e correlatos a cargo do Ministério Público. Por meio dele pretende-se adotar regras tendentes a conferir ao Inquérito Civil maior rigor procedimental, submetê-lo ao contraditório e restringir-lhe a publicidade, violando-se, injustificadamente, preceitos de ordem pública.

O § 11 do art. 16 do Projeto assegura *"aos investigados o direito de acompanhar o processo pessoalmente ou por intermédio de procurador, produzir provas e contraprovas e formular quesitos, quando se tratar de laudo técnico"*. Essa amplitude de defesa acaba por transformar o Inquérito Civil em processo administrativo, gerando, em favor do investigado, direitos subjetivos incompatíveis, repita-se, com sua essência. A prevalecer tal regra, restaria não apenas descaracterizada a natureza jurídica do Inquérito Civil, como, por arrastamento, também pode se eternizar sua conclusão.

Na presente obra, o autor Mauro Sérgio Rocha, no artigo "*Inquérito civil: contraditório e ampla defesa*" apresenta os fundamentos pelos quais o contraditório faz-se desnecessário em tal espécie de procedimento. Por outro lado, pondera quanto aos efeitos positivos decorrentes de sua observância, concluindo pela sua preferencial adoção, em todas as situações em que se mostrar possível.

Mais uma vez esclarece-se que a destinação do Inquérito Civil é a mera apuração de fatos, não tendo o propósito de aplicar sanções e, por esta exata razão, não lhe são aplicáveis as garantias previstas no inc. LV do art. 5º da Constituição Federal que se voltam aos *"acusados em geral"*.

Por fim, a obra preocupa-se com a priorização das soluções extrajudiciais dos conflitos, não raras vezes até mesmo em caráter preventivo, nas hipóteses nas quais o risco de lesão a direitos é antevisto.

O tema apresenta-se oportuno, pois o cenário jurídico brasileiro experimenta significativa modificação de concepção no tocante aos mecanismos de solução dos conflitos, sendo possível observar o surgimento de novos enfoques de consensualidade, inclusive no Direito Administrativo Sancionador.

Exemplo disso é a Resolução nº 125/2010 do Conselho Nacional de Justiça (CNJ), que dispõe sobre a Política Nacional de Resolução Apropriada de Conflitos. Outro exemplo advém do Conselho Nacional do Ministério Público (CNMP), que editou a Resolução nº 118/2014, que dispõe sobre a Política Nacional de Incentivo à Autocomposição no âmbito do Ministério Público.

Na mesma esteira, o Novo Código de Processo Civil (NCPC) privilegia a solução consensual dos conflitos (NCPC, art. 3º). Determina que a conciliação, a mediação e outros métodos de solução consensual de conflitos deverão ser estimulados, dentre outros, pelos membros do Ministério Público, inclusive no curso do processo judicial (NCPC, art. 3º, § 3º).

Muito recentemente, a Resolução CNMP nº 179, de 26.07.2017, que regulamenta o § 6º do art. 5º da Lei 7.347/85, disciplinando no âmbito do Ministério Público a tomada do compromisso de ajustamento de conduta, estendeu sua aplicação à improbidade administrativa: "*Art. 1º O compromisso de ajustamento de conduta é instrumento de garantia dos direitos e interesses difusos e coletivos, individuais homogêneos e outros direitos de cuja defesa está incumbido o Ministério Público, com natureza de negócio jurídico que tem por finalidade a adequação da conduta às exigências legais e constitucionais, com eficácia de título executivo extrajudicial a partir da celebração. [...] § 2º É cabível o compromisso de ajustamento de conduta nas hipóteses configuradoras de improbidade administrativa, sem prejuízo do ressarcimento ao erário e da aplicação de uma ou algumas das sanções previstas em lei, de acordo com a conduta ou ato praticado*".

Ao tempo em que se opta, preferencialmente, pela solução extraprocessual, as recomendações administrativas, ao lado dos termos de ajustamento de conduta e dos acordos de leniência, concebidos com inspiração no instituto da colaboração premiada, do âmbito penal, passam a merecer maior ênfase, dentre os instrumentos de trabalho colocados à disposição do Ministério Público.

É por isso que a consensualidade ocupa três artigos da obra: "Recomendações Administrativas", de autoria de Cláudio Smirne Diniz, "A consensualidade no direito sancionador brasileiro: potencial de incidência no âmbito da Lei nº 8.429/1992", de autoria de Emerson Garcia e "Colaboração Premiada e Improbidade Administrativa: Aspectos Fundamentais", de autoria de Renato de Lima Castro.

Em sua integralidade, a obra pauta-se por temas absolutamente atuais, de relevância não somente jurídica, como também social.

Espera-se, com ela, contribuir para o aperfeiçoamento do controle da Administração Pública no Brasil, que vivencia transformações profundas, embora absolutamente carente de preceitos éticos e de eficiência.

Deseja-se aos interessados uma boa leitura!

Curitiba, setembro de 2017.

Os Organizadores

PREFÁCIO

A coletânea de textos que ora é entregue ao grande público encontra-se repleta de significados, que podem ser percebidos de diferentes formas pelos leitores, mas evoca, todavia, uma uníssona mensagem ao Ministério Público brasileiro: a Lei de Improbidade Administrativa e o Inquérito Civil como instrumentos de concretização da dimensão social dessa Instituição na participação de um novo paradigma de Estado democrático de direito.

"*Aspectos controvertidos da Lei de Improbidade Administrativa: uma análise crítica a partir dos julgados dos tribunais superiores*" é produto de grandes reflexões travadas no cotidiano da tutela judicial e extrajudicial dos atos de improbidade administrativa, que decorrem da atuação dos diversos órgãos de execução do Ministério Público no tratamento da matéria.

Organizada e elaborada por expoentes do Ministério Público brasileiro, a obra representa a maturidade dogmático-jurídica de uma Instituição, na compreensão de um tema tão importante e em constante desenvolvimento, como é a Lei de Improbidade Administrativa e os múltiplos problemas associados à aplicação prática, sobretudo a partir de uma análise crítica da jurisprudência dos Tribunais Superiores.

Sob outra perspectiva, a empreitada reafirma a importância da valorização constante de uma política de aperfeiçoamento funcional e científico no Ministério Público, que possibilite ao meio acadêmico e à prática jurídica em geral o reconhecimento dos valores e das perspectivas de visualização do fenômeno, na forma reconhecida por seus agentes, na construção de uma "sociedade aberta dos intérpretes da Constituição".

Por fim, o tratamento dos temas abordados pelos autores e cuidadosamente sistematizados pelos organizadores possibilita uma aproximação de fenômenos comuns da atuação do Ministério Público na investigação e persecução de atos de improbidade administrativa ao plano da lógica prático-jurisprudencial, como um verdadeiro contributo da Instituição na construção da dogmática que lhe é aplicável.

Oxalá as tentativas de desconstrução desse importante sistema dogmático-normativo de defesa da cidadania sejam arrostadas pela força dos bons resultados de uma atuação responsável e resolutiva de cada membro do Ministério Público brasileiro.

Brasília, setembro de 2017.

SANDRO JOSÉ NEIS

Presidente do Conselho Nacional de Procuradores-Gerais do Ministério Público dos Estados e da União – CNPG

LEI ANTICORRUPÇÃO E SUA NATUREZA AFIM À IMPROBIDADE ADMINISTRATIVA: UM LIGEIRO OLHAR NA PERSPECTIVA DA TUTELA PENAL

Gilberto Giacoia[1]

Letícia Gabriella Almeida[2]

RESUMO: *Contextualizado na história da formação social e cultural brasileira, a partir de uma perspectiva evolucionista, busca-se melhor compreensão do quadro que, tão assinalada e profundamente, marca a aguda crise institucional que hodiernamente se experimenta em termos de Estado nacional, não apenas econômico-financeira, mas sobretudo ética. Neste panorama, justifica-se o incremento da tutela penal no combate à corrupção que, endêmica e sistêmica, corrói os contornos republicanos do modelo político-administrativo de gestão da esfera pública, com base em novas ferramentas normativas, focadas, neste texto, notadamente na lei anticorrupção, em sua natureza afim à da improbidade administrativa, vista em sua face de repercussão criminal.*

PALAVRAS-CHAVE: *crise institucional; tutela penal; modelo político-administrativo; lei anticorrupção; im-*

---

[1] Procurador de Justiça, ex-procurador-geral de Justiça do Paraná, doutor em Direito pela Universidade de São Paulo e pós-doutor pelas Universidades de Coimbra e Barcelona.

[2] Mestranda em Ciência Jurídica pela Universidade Estadual do Norte do Paraná – UENP.

probidade administrativa.

ABSTRACT: *Contextualized in the history of Brazilian social and cultural formation, from an evolutionist perspective, seeks out a better understanding of the framework that, highlightly and profundly, marks the acute institutional crisis that today is experienced in terms of National State, not only in economic-financial field, but above all ethical. In this context, it is justified to increase criminal protection in the fight against corruption that, endemic and systemic, erodes the republican contours of the political-administrative model of management of the public sphere, based on new normative devices, focused in this text, notably in the anti-corruption law, in its nature related to administrative misconduct, in the point of view of criminal repercussion.*

KEYWORDS: *Institutional crisis; Criminal protection; Political-administrative model; Anti-corruption law; Administrative improbity.*

INTRODUÇÃO

Como se sabe, a questão da impunidade finca raízes históricas, no Brasil, com a instalação seminal da lógica de concentração do poder e da riqueza, gerando a exclusão, a dominação e as desigualdades e, em consequência, alimentando e retroalimentando grande desafio à efetividade de um sistema penal que, ao largo dos anos, desde o descobrimento até os dias de hoje, tem se mostrado incapaz de proteger a sociedade, no sentido da defesa de seus exponenciais valores, representados, substancialmente, pelo conceito de bem jurídico-penal.

Esse, porém, não é um fenômeno local, nem representa qualquer anomalia jurídica. Com efeito, em todo mundo civilizado, a ampliação da administração pública, os desmandos administrativos e a hipocrisia política têm aberto largos espaços para a instalação da corrupção capilarizada, para a confusão entre o público e o privado, para a substituição da probidade pela lei do lucro fácil e dos favorecimentos imerecidos, de modo a se produzir e se reproduzir uma casta de privilegiados, afastados nas trincheiras da impunidade e, no mais das vezes, protegidos pelas malhas normativas ou da burocracia processual, de modo a se reclamar, crescentemente, uma atualização do direito penal, a ponto de alguns chegarem a defender sua administrativização, ou, como queiram, um direito penal intermédio, ao mesmo tempo impregnado principiologicamente por seus postulados clássicos, e pela dinâmica de novas formas de controle social, mais eficazes, ágeis e com aptidão para melhor tutela social.

De fato, a mudança diagnosticada pela modernidade para uma conflitividade de massas, de coletividades, frequentemente produzindo agudos contrastes, pela manutenção dos privilégios e do *status quo,* entre uma pequena minoria normalmente detentora do poder e da parte mais substancial da riqueza, e uma imensa maioria de indigentes, abandonados na sarjeta da vida, sem vez e sem voz, faz com que o direito penal, como mais vigoroso instrumento de controle social, reflita essas contradições, de modo a dirigir seu maior rigor à proteção dos bens pertencentes àquela minoria, em detrimento da população mais vulnerável, caracterizando-se, assim, como ferramenta muito mais a serviço do "ter", que do "ser", atuando, portanto, como importante meio de produção e reprodução de uma estrutura estatal excludente, dominadora e cruel porque, fundamentalmente, pautada por objetivos meramente aparentes, simbólicos.

Ao trabalhar com a imposição de pena privativa de liberdade a individuados autores de umas tantas ações criminalizadas, dentro do tradicional trinômio do direito penal e processual penal: crime, criminoso, pena; e ao identificar a violência apenas a essas figuras legais de crimes, o direito penal acaba fracassando e deixando de ser acreditado junto à população cada vez mais cética quanto à sua real capacidade de protegê-la, assim entendida a tutela daqueles valores mais caros porque associados à dimensão de dignidade da pessoa humana.

Daí porque, refletindo-se acerca de uma ação de resultados, em termos do que oferece, na modernidade, um tal direito administrativo sancionador, por exemplo, procura-se, cada vez mais, moldar a ordem jurídico-normativa de mecanismos mais efetivos de modo a se cogitar de novas formas de manifestações punitivas ou, se preferir em outras palavras, a dirigir o poder punitivo a outros âmbitos para além dos tradicionais, inserindo, no lugar da prisão, sanções alternativas muito mais eficazes porque com aptidão para oferecer a resposta necessária diante do dano social produzido ao bem jurídico ou do perigo criado à estabilidade social, que não se restaura ou se protege tão facilmente com a pura via penitenciária.

Um atuar mais preventivo que repressivo, mais reparador que punitivo, mais restaurativo que penitencial.

Essa a filosofia que permeia a chamada lei anticorrupção (Lei nº 12.846/2013), que nasce como filha dileta da lei de improbidade administrativa (Lei nº 8.429/1992), desde a qual se experimenta verdadeiro avanço na tutela dos interesses públicos representados pela administração pública. Um diploma ainda mais moderno que tem o grande mérito e coragem de introduzir em nosso ordenamento jurídico novidades, como o *compliance,* o acordo de leniência, a polêmica da responsabilidade objetiva do ente coletivo, enfim, temas altamente controvertidos, mas que representam respostas necessárias à incapacidade de intervenção estatal na defesa da sociedade no que diz respeito às novas formas de violação da ordem e da essência do pacto social.

Como lidar com a possível repercussão no âmbito criminal dessas inovações e adotá-las em nossa prática investigatória e persecutória penal é o que propõe esse esboço de estudo, mais no sentido de lançar um ligeiro olhar sobre tão complexa quanto intrincada matéria, com bases teóricas ainda sob acesa discussão.

Pretende-se fazê-lo, pois, num primeiro momento, tratando das dimensões conceituais do direito de intervenção sempre sob a objetiva da lei anticorrupção em seu perfil afim à improbidade administrativa (defesa da gestão pública) para, em seguida, lançar-se conciso olhar sobre a natureza e os contornos deste diploma normativo objetivando, a final, concluir-se pela sua aproximação aos novos ditames de um direito penal ao mesmo tempo restritivo (em relação do desenvolvimento de mecanismos máximos contentores da ampliação do poder punitivo no paradigma tradicional repressivo) e expansivo (no sentido da associação a mecanismos modernos compatíveis com os postulados de um modelo voltado à restauração e recuperação ético-social).

1. INTERVENÇÃO PENAL: A CRESCENTE LEGITIMAÇÃO DE UM DIREITO PENAL ALTERNATIVO

Ao abrir seu memorável opúsculo "*princípios básicos de direito penal*", o saudoso Professor Francisco de Assis Toledo lança dois conceitos interessantes. O primeiro, tradicional tricotômico, é inspirado em *Welzel* e compreende o direito penal como a parte do ordenamento jurídico que estabelece e define o *fato-crime,* dispõe sobre quem deva por ele responder e, por fim, fixa as penas e medidas de segurança a serem aplicadas. Preleciona o referido autor:

> quando se fala em direito penal, pensa-se logo em fatos humanos classificados como delitos; pensa-se igualmente, nos responsáveis por esses fatos - os criminosos - e, ainda, na especial forma de consequências jurídicas que lhes estão reservadas - a pena criminal e a medida de segurança[3]

Por outro lado, dentro de uma perspectiva mais científica, a expressão "ciência penal" é compreendida como "um conjunto de conhecimentos e princípios, ordenados metodicamente, de modo a tornar possível a elucidação do conteúdo das normas penais e dos institutos em que elas se agrupam, com vistas à sua aplicação aos casos ocorrentes, segundo critérios rigorosos de justiça"[4]. Influenciado ainda por *Welzel,* atribui-lhe o sentido de ciência prática, não apenas por se por a serviço da administração da justiça, mas com significado mais profundo, por ser uma teoria do agir humano justo e injusto, conferindo-lhe uma função mesmo criadora, por não se limitar, assim, a repetir as palavras da lei ou a traduzir-lhes o sentido estático, ou mesmo a vontade histórica do legislador, mas caracterizando-se como

---

3 ASSIS TOLEDO, Francisco. **Princípios básicos de direito penal**. SP: Saraiva. 1994. ps. 1-2.

4 Ibidem. p.2.

"una ciencia penal reconocidamente valorativa y esencialmente crítica, que no rehuya su innegable responsabilidad política"[5].

Ora, mesmo nesta abordagem clássica, a justificativa da intervenção penal sempre esteve vinculada à seletividade, no sentido de reservar sua atuação para coibir os comportamentos humanos mais graves e nocivos à sociedade, porque capazes de colocar em perigo valores fundamentais à convivência coletiva, já que gregários somos por natureza.

Com esse sentido conceitual, o direito penal, ao longo do tempo, foi deixando a arena privilegiadora do espetáculo do medo e da coerção, do terror e da difusão do temor, um direito penal preponderantemente preocupado com o resultado, para assumir claramente o papel ou a função de formação de juízos ético-sociais, a que correspondem os valores civilizatórios essenciais que marcam o convívio humano em sociedade, nos dias de hoje.

O que se observa, contudo, desses lineamentos tradicionais contidos nos manuais, é que se inspiram muito mais em objetivos meramente aparentes, que reais, distantes de nosso tempo e de nosso espaço onde grassa a impunidade e se torna inalcançável, no mais das vezes, a chamada criminalidade dourada, ditada pelas teias do clientelismo político e manipulada por nossas elites acostumadas a se alimentar nas tetas da viúva de César, assassinado pela traição da cobiça e do poder.

O que produz o direito penal, assim concebido, ao trabalhar com a imposição de penas a individuados autores de umas tantas ações criminalizadas, gera a superficial sensação de solução do problema social porque encobre os perigos e males que se ocultam sob o telhado do poder e da dominação, conduz aos efeitos e não às causas ao tornar invisíveis e intocáveis as verdadeiras fontes geradoras da violência, que, essas sim, são produtoras da exclusão e das desigualdades.

E isso vem, para nós, de forma muito mais forte, porquanto carrega o legado da história de uma formação social tipificada pela privação de bens e direitos a um segmento expressivo da população brasileira,

---

5 MIR PUIG, Santiago. Direito penal: fundamentos e teoria do delito. SP: **Revista dos Tribunais,** 2007.

em seu detrimento, pois, em benefício dos favorecidos porque ligados à concentração do poder e da riqueza.

Claro, essa inicial colocação, por singela e sumária, não intenta equacionar todas as questões e graves problemas, muitos emergentes, gerados por uma legislação criminal elitista e em dissonância com os reclamos sociais e, assim, o grito das ruas, cada vez mais indignados com o amargo dueto da dor e do sofrimento ainda a abater a população mais vulnerável que, inocente, povoa as palafitas, os morros, os alagados a reclamar instituições de justiça que não sejam iguais para todos, mas, com coração e coragem, que façam a diferença.

O direito penal, por isso mesmo, não pode estar conformado, e até comportado, à sombra das estruturas dominantes, dócil e compassivo com os fortes e poderosos, e intransigente e forte apenas com os fracos e débeis. Sua vocação há de ser buscada para além das fronteiras tradicionais de sua condição conceitual tricotômica.

Em razão disso, temos experimentado, a partir do desdobramento de seu caráter fragmentário, que funda o princípio da intervenção mínima ou da *ultima ratio,* e seduz ideias minimalistas e mesmo abolucionistas, um movimento de deslegitimação desse modelo punitivo clássico, não obstante se insista no viés expansionista, de outro lado, tendo em conta as demandas hodiernamente determinadas por uma sociedade progressivamente de riscos, na expressão empregada por Ulrich Beck[6].

Daí a crescente edição de novos corpos normativos que, mesmo carecendo de uma melhor sistematização, acabam por abarcar medidas de ordem penal, algumas inclusive distantes, a rigor, das garantias que o trato criminal requer, mas justificadas em construções teóricas que atendem às novas necessidades de que vem se ocupando os modernos postulados de um novo direito penal.

Desse modo, o fenômeno expansionista procura fazer frente aos perigos produzidos a uma coletividade afetada por atividades cada vez mais nocivas à vida em sociedade, sendo o direito penal chamado

---

6 BECK, Ulrich. **La Sociedad Del Riesgo: hacia una nueva modernidad**. Barcelona: Ediciones Paidós Ibérica S.A., 1998.

a assumir uma estratégia da gestão de riscos, de modo a contribuir para sua contenção e, em consequência, para a segurança jurídica.

Daí pensarem os novos penalistas numa nova formulação ética não propriamente na concepção do que é mal em si mesmo, mas no prognóstico do que poderá vir a gerar um mal[7], influenciando, no campo do direito penal, uma certa ideia de antecipação de proteção e tutela de novos bens, compatível e proporcional ao aparecimento de novas demandas sociais.

Aqui, a ênfase ao paradigma preponderantemente preventivo, que não escapa à crítica, especialmente quanto à sua atuação como *prima ratio*.

Caberia, desde logo, já neste momento, lembrar que, diferentemente do que até então se pensava, o público nem sempre se confunde com o estatal. Público, com efeito, é o que interessa a toda a coletividade e não apenas ao Estado, enquanto personalidade jurídica própria. E, apesar de ainda subsistirem dois regimes jurídicos diferentes (público e privado), tais esferas não se excluem, mas se complementam de forma interdependente e não excludente. Ora, da mesma forma que, na esfera privada, não se cuida de direito absoluto ao egoísmo, já que mesmo a ela a ordem jurídica impõe limites de natureza pública, de igual forma o sistema jurídico necessita desenvolver elementos que assegurem o resguardo do interesse público, de modo a fortalecer a relação direito-ética-política.

Neste ponto de aproximação das esferas público/privado, comporta-se bem a doutrina da ponderação de princípios, regras e valores, orientada pelo ensinamento de Alexy, quando afirma que o que deve regular essa relação entre público-estatal, e também a relação público-privado é o balanceamento de valores onde se aplique o chamado princípio da proporcionalidade. Aqui, a compreensão de hierarquia ou juízos de valores conduzida pela pauta da razoabilidade, tal qual árbitro de um jogo não improvável na ordem do cotidiano da relação humana no meio social. Para ele, a aplicação da norma jurídica deve contemplar, simultaneamente, todos os possíveis princípios jurídicos

---

7 JONAS, Hans. **O Princípio Responsabilidade: Ensaio de uma Ética para a Civilização Tecnológica.** RJ: Contraponto, PUC, 2006.

aplicáveis ao caso concreto, graduando-os, proporcionalmente, conforme uma escala de importância[8].

Sua proposta não foge à crítica de ser impossível a ponderação de vários princípios a uma mesma situação fática, mas mostra-se bastante útil à compreensão da contemporaneidade e necessidade da especial tutela da administração pública. É necessário que se resguarde a probidade na administração pública, como uma necessidade que foge aos limites e interesses apenas estatais, mas entrando na esfera de direitos e necessidades de toda a sociedade e, inclusive, das instituições estatais.

Anote-se, neste sentido e exemplificativamente, a evolução do ordenamento jurídico brasileiro, no que se refere à tutela da administração pública, traduzindo, primeiro com a edição da lei de improbidade administrativa e, depois, com a lei anticorrupção, sem contar ainda com alguns outros diplomas afins, inequívoca evolução na defesa da administração pública. Aliás, também desde já, há quem atribua a essas leis uma natureza complexa, de forte conotação penal. Com efeito, aponta o professor Marçal Justen Filho que a interpretação que se tem dado ao artigo 12 da Lei n° 8.429/92, no sentido de que a improbidade possui apenas natureza administrativa, é deficiente. Para ele, o dispositivo, ao afirmar que devem ser aplicadas as sanções da lei de improbidade, além das sanções civil, penais e administrativas já previstas em outros diplomas, é suficiente a confirmar a natureza complexa da improbidade administrativa. Por essa razão, faz-se cada vez mais necessário o aprofundamento do estudo das diferenças entre os ilícitos penal e administrativo. Essa advertência tem a ver com o fim de se dar maior eficiência às respectivas sanções na prevenção e repressão de condutas lesivas à sociedade e ao Estado[9].

Tal aproximação, decorrente de uma maior comunicação entre as entidades jurídicas, tem se mostrado de fundamental importância para a maior eficiência da tutela estatal, notadamente em relação a bens que reclamam uma intervenção preferencialmente preventiva. A rica

---

8 ALEXY, Robert. **Teoria dos direitos fundamentais.** SP: Malheiros, 2001.

9 JUSTEN FILHO, Marçal. **Curso de Direito Administrativo.** 4.ª ed. SP: Saraiva, 2009, p. 880.

experiência à frente do Ministério Público, em especial no âmbito dos agentes que gozam de prerrogativa de foro, só confirma a dificuldade em se alcançar tutela eficiente do patrimônio público, com as correspondentes responsabilizações, sem intercâmbio de instâncias. Fecha-se aqui este parêntese, para reabri-lo após.

Em continuidade ao que foi dito anteriormente, a atuação do direito penal preventista não exclui o contraponto de um discurso, usualmente inflamado por uma mídia sensacionalista da ideia de insegurança social, do recrudescimento de um sistema acentuadamente punitivo e repressivo que admita até mesmo a restrição ou atenuação de garantais.

Esses extremos não deixam de convergir num ponto comum da crítica, qual seja o de ampliar o campo de atuação do direito penal, quer num processo de endurecimento das leis de conteúdo incriminador com redução de garantias, quer num de expansão a outras áreas que reclamam, crescentemente, esse tratamento, portanto, a ideia de sistemas penais paralelos.

Este último viés interventivo aproxima-se mais da ideia de um direito penal intermédio, que assimile a dinâmica de uma espécie de direito administrativo sancionador, como se pode notar nos regramentos contidos nessa seara e que insistem em abarcar conteúdos penais travestidos em regulamentos administrativos, de modo a gerar uma certa tensão entre os dois ramos do direito, ambos reclamando dessa mesma tendência expansiva.

Neste ponto, a lei anticorrupção, inspirada e na esteira do que já vinha indicado na lei de improbidade administrativa, ao estabelecer medidas de ordem penal, tende a reforçar essa inclinação expansiva na linha de um sistema penal alternativo, próximo ao administrativo-penal, em sua perspectiva conceitual dos atos de improbidade administrativa, se consultada a lei respectiva e a previsão de sanções correspondentes, restaria, assim, mais caracterizada como um direito intermédio, com natureza, portanto, quase híbrida.

Destinada a responsabilizar empresas por atos tidos como lesivos à administração pública, a referida lei anticorrupção chega a sugerir até mesmo que tal responsabilização possa ser objetiva. E, para apenar tais pessoas jurídicas, autoras desses atos, prevê sanções graves que transbordam o simples âmbito administrativo, compreendendo medidas de ordem penal, tal como o *complaince* e o acordo de leniência.

É certo que os atos ilícitos definidos na lei como compreendidos em seu conteúdo, na forma como estão redigidos no seu artigo 5°, encontram correspondência às figuras identificáveis na legislação penal comum, como corrupção, concussão, peculato, e na especial penal referente à licitação e contrato administrativo (crimes de licitação), como argutamente observou o Professor Fábio André Guaragni[10].

Assim sendo, embora o direito penal não tenha sido diretamente invocado pela novel legislação, sua filosofia acena nesta direção, extraindo-se de sua interpretação que, com os mecanismos tradicionais, mostrou-se ele (direito penal) inapto a atuar, com eficiência, num campo extremamente sensível, mesmo sendo dotado das sanções mais graves previstas no ordenamento jurídico, acenando, pois, com novas ferramentas de que se deveria valer para a conexão ou a construção de pontes com o direito administrativo, de modo a reforçar a responsabilização dos entes coletivos, levando-os ao dever de evitar condutas lesivas à administração pública.

E isso fundamentada, repita-se, em um movimento de esperança, pois nunca se reclamou tanto, embora sistêmica e endêmica historicamente nas estruturas do Estado brasileiro, combate à corrupção, tratando-se de uma tomada de posição ética da sociedade brasileira deste novo milênio, posto estar em gestação o modelo social que queremos para nossa descendência e para o benefício do gênero humano.

2. A LEI ANTICORRUPÇÃO: BREVE COTEJO DE SUA NATUREZA AFIM À IMPROBIDADE ADMINISTRATIVA EM CONFRONTO COM O DIREITO DE INTERVENÇÃO PENAL

No ponto em que tratamos da missão e limites do direito penal, há que se abrir indispensável destaque na linha de seus novos desdobramentos em ligação com a crescente atuação, nos dias de hoje, de entes coletivos e seus efeitos nocivos, especificamente para este texto, relacionada aos prejuízos causados à administração pública. O pro-

[10] GUARAGNI, Fábio Andre; CAMBI, Eduardo. **Lei Anticorrupção - Comentários à Lei 12.846/2013**. Org. BERTONCINI, Mateus. Brasil: Almedina, 2015.

blema da responsabilidade penal da pessoa jurídica é tema recorrente em nossos debates jurídicos.

Para esse assunto, não há como deixar de consultar os ensinamentos da Escola de Frankfurt, em especial no que toca ao direito de intervenção, tal como preconizado por Hassemer, sob uma nova roupagem. É cada vez mais frequente, com efeito, a apuração de graves prejuízos e lesões à administração pública por atividades de empresas, como podemos consultar na recente história das investigações brasileiras envolvendo graves ilícitos na dinâmica de negociações entre empresários e governos nas instâncias do poder político e que chegam a abalar nossas estruturas republicanas.

Nesse clima, vem a lume a lei anticorrupção, na linha da lei de improbidade administrativa, com diversa proposta da contida no Código Penal - qual seja a de exclusiva retribuição ou prevenção do delito, mediante punição proporcional visando reinserir socialmente -, mas muito mais dissuadir comportamentos indevidos, criar comportamentos éticos por meio da veiculação de comezinhos deveres às pessoas jurídicas representados por programas que evitem a prática de danos à administração pública, como, por excelência, constitui objetivo central do *compliance.*

Ora, a Escola de Frankfurt critica o direito penal moderno e sua expansão no contexto de uma sociedade de riscos, tal qual cogitado no modelo de um direito penal de emergência, entendendo apresentar-se insustentável o direito penal atual. Segundo sua concepção, o direito penal dos novos tempos deveria ser marcado pela criação de tipos penais cujo escopo seria proteger bens supraindividuais, de imprecisa definição, surgindo, assim, com abundância, normas penais que criminalizariam condutas de perigo abstrato. Nessa perspectiva, observa-se uma crise do direito penal, de base liberal, que passa a ser um instrumento de controle de macroproblemas sociais ou estatais, veiculando punições à criação de perigos e não lesões a bens jurídicos, tendo por finalidade prevenir situações problemáticas e não mais a proteção desses bens[11].

---

[11] TOMILLO, Manuel Gómez. **Derecho administrativo sancionador**. Parte general. Teoría general y práctica del derecho penal administrativo. Espanha, Aranzadi, 2008, p.39.

Por isso mesmo que Hassemer prega a ruptura do direito penal clássico do direito penal moderno. Para ele, o direito penal clássico, seria "dotado de um núcleo essencial, dentro do qual estariam insertas as tradições democráticas da determinação da proibição, da subsidiariedade do direito penal e da lesividade como inerente ao comportamento, de modo que, de regra, as normas penais veiculavam proibições sobre condutas ocasionadoras de um dano real e efetivo a um bem jurídico, havendo, no entanto, uma ruptura entre este direito penal clássico e o direito penal moderno, a ocasionar problemas específicos. Nessa linha, é identificada uma tentativa de transmudar o direito penal, a fim de que ele atinja finalidades precipuamente preventivas e de orientação pelas consequências, segundo a qual é veiculado como um meio para obtenção de sensibilização das pessoas, sem que, contudo, seja indagado acaso se afigura enquanto instrumento jurídico adequado para intervenção"[12].

Não é por outra razão que Silva Sánchèz, expressão maiúscula do trato teórico do expansionismo do direito penal, ainda que não adepto desta escola, concorda com os pressupostos problemáticos que justificam a proposta de criação do direito de intervenção por Hassemer, embora sob a nomenclatura de direito penal de segunda velocidade[13].

Em Portugal, nossa experiência de estudo de direito comparado faz lembrar o direito de contraordenação social que, na prática, busca atuar nas duas frentes, mas em sequência progressiva, se necessário. Jorge de Figueiredo Dias identifica a existência desse direito de mera ordenação social como incongruente com o movimento de minimização do direito penal. Entende ele que o direito penal passou a cuidar de questões que eram antes objeto exclusivo do poder de polícia da administração pública. Esse direito de mera ordenação social seria, lá, análogo ao direito das contravenções penais e é considerado um direito penal secundário. Este fenômeno adquire maior amplitude hodiernamente, com a expansão do direito penal, a fundamentar propos-

---

12 HASSEMER, Winfried. Características e crises do moderno direito penal. In: **Revista de Estudos Criminais**, Ano 2, 2003, n. 8, 54-66, PUC-RS, ps. 55-58.

13 SÁNCHÈZ, Jesus María Silva. A expansão do direito penal. 2 ed. SP: **Revista dos Tribunais**, 2011, p. 165.

tas como a do direito de intervenção, porquanto, cada vez mais, se expande o direito penal[14].

Na linha de desenvolvimento dessas ideias e, principalmente, a partir dos ensinamentos de Hassemer, no sentido de que se deve conter uma desenfreada expansão do direito penal, ganha força a já anotada tendência para um direito penal intermédio, vale dizer, a defesa de transferência para o direito administrativo ou administrativo sancionador de parcela da tutela penal, sustentando aquele autor alemão a criação do chamado "direito de intervenção", segundo ele, para afastar do âmbito do direito penal, problemas que, a rigor, não lhe pertencem, mas sim ao direito administrativo, civil, e também ao mercado e às próprias precauções das vítimas, por meio dos quais seriam até melhor tutelados. Em suas palavras:

> Recomenda-se regular aqueles problemas das sociedades modernas, que levaram à modernização do direito penal, particularmente, por um direito de intervenção que esteja localizado entre o direito penal e o direito dos ilícitos administrativos, entre o direito civil e o direito público, que na verdade disponha de garantias e regulações processuais menos exigentes que o direito penal, mas que, para isso, inclusive, seja equipado com sanções menos intensas aos indivíduos[15].

É o reconhecimento, por ele, da necessidade de se desenvolver uma teoria de criação de uma via alternativa sancionadora (daí denominá-la direito de intervenção), em razão da incapacidade inerente ao direito penal de tratar com determinados assuntos. Ou seja, a admissão da inaptidão dele agasalhar direitos supraindividuais, nestes incluído o conceito de administração pública, passando para o direito de intervenção tal tutela, quando possível funcionalizar estes bens com relação aos bens individuais.

Assim, segundo o seu pensar, ao direito penal seria reservada a proteção dos bens jurídicos relacionados à civilização, ocupando-se

---

14 FIGUEIREDO DIAS, Jorge de. **Questões do direito penal revisitadas**. SP: Editora Revista dos Tribunais, 1999, p. 171.

15 FIGUEIREDO DIAS, Jorge de. **Questões do direito penal revisitadas**. SP: Editora Revista dos Tribunais, 1999, p. 64.

de condutas individuais que efetivamente causem lesão ou perigo concreto para o bem jurídico (crimes de dano).

Portanto, seu conceito de direito de intervenção está diretamente ligado à ideia de criação de novos bens jurídicos coletivos vagos, viabilizando, por ele, a incriminação de meros perigos abstratos. Um direito mais faticamente adequado para acolher os problemas da sociedade moderna.

O direito penal, na esteira de seu pensamento, não desaparecerá, não se tratando, pois, de uma doutrina abolicionista, mas será reduzido em seu campo de atuação, contendo o expansionismo acima referido.

Claro, para os fins deste texto, lança-se aqui apenas em termos exemplificativos, uma das muitas ideias de um sistema penal alternativo, na sugestiva proposta de Hassemer que, mesmo assim, não escapa a severas críticas, como se extrai do pensamento de Schünemann ao considerar a tese do direito de intervenção excessivamente individualista, porquanto conforma a teoria do bem jurídico-penal orientada à proteção de bens individuais. Assim, defende que o direito penal deve ser modernizado, para atender as novas necessidades sociais, considerando que a criminalização de condutas de perigo abstrato é uma necessidade da sociedade atual, que decorre da própria dinâmica das relações sociais, em que as relações se tornaram massificadas e pouco se dão entre dois indivíduos definidos[16]. Outros autores, como Tiedemann, também defendem a modernização, preconizando a possibilidade de que os bens supraindividuais tenham supremacia sobre os bens individuais[17].

A tese até aqui desenvolvida mostra-se útil à demonstração de que a lei anticorrupção, tal qual já se mostrara a lei de improbidade administrativa[18], caracteriza-se, por sua natureza de certa forma híbrida,

---

16 SCHÜNEMANN, Bernd. **Consideraciones críticas sobre la situación espiritual de la ciencia jurídico-penal alemana.** Bogotá, Universidad Externado de Colombia, 1996, p. 18.

17 TIEDEMANN, Klaus. **Derecho penal y nuevas formas de criminalidad.** Lima, Grijley, 2007

18 Pelo critério da natureza jurídica de algumas de algumas das suas sanções, pode-se concluir que, se penais não são, também não são puramente administrativas, como por exemplo, a proibição de se candidatar ou inelegibilidade, a perda de

como um diploma que acena claramente por uma aproximação entre o direito penal e o direito administrativo, ainda melhor para um direito administrativo sancionador. Reafirma-se, consoante correta tendência doutrinária, não ser considerada, propriamente, lei penal. De fato, além de não cominar sanção correspondente à pena criminal, há ainda o problema da responsabilidade penal da pessoa jurídica, uma vez que se volta à responsabilização de empresas por atos que refogem, pela leitura do artigo 5º, às hipóteses constitucionais de ofensa ao meio ambiente ou à ordem econômica.

E se nos atermos à proposta de Hassemer, a incompatibilidade mostra-se ainda mais evidente, porquanto tem-se que a nova legislação não prevê a prisão, possui viés preventivo primário e técnico, além de congregar normas de diversos matizes, havendo interrelação entre normas cujo conteúdo remete a diversas searas em seu bojo. Nessa trilha, sobre a Lei nº 12.846/2013, vale colher a atenta observação feita por Renato de Mello Jorge Silveira:

> Em uma estreita obediência a muitos primados da OCDE, e em meio a uma política global de combate à corrupção, o Brasil promulgou a Lei 12.846/2013. Resta bastante interessante a percepção de que não se trata de uma legislação explícita ou necessariamente penal, mas que, inegavelmente, detém muitos institutos de proximidade penal declarada[19].

Estabelecidas tais premissas, resta evidente que a aproximação do direito penal e do direito administrativo viabiliza uma via alternativa, cuja incidência será abordada a seguir.

3. CONCILIAÇÃO POSSÍVEL? UMA VIA ALTERNATIVA INTERMÉDIA?

Já se cuidou exaustivamente da demonstração de que a lei anticorrupção segue tendência, inaugurada pela lei de improbidade administrativa em relação à tutela da administração pública, que parece

---

cargo ou a suspensão de direitos políticos, esta última uma sanção eminentemente política.

19 SILVEIRA, Renato de Mello Jorge. Criminal compliance: os limites da cooperação normativa quanto à lavagem de dinheiro. In **Revista de direito bancário e do mercado de capitais**, vol. 56/2012, p. 293, Abr/2012.

irreversível de aproximação entre diferentes ramos tradicionais do direito, aqui, no que nos interessa, do direito administrativo e do direito penal. Isso reporta à superação da clássica divisão dos institutos jurídicos em compartimentos estanques, muitas vezes incomunicáveis, que conspirava contra sua maior efetividade.

Ora, embora principiológicamente distintos, a vida moderna impõe permanente comunicação entre esses diversos segmentos, até em função da unicidade ontológica que justifica seu fim, caracterizando-o, no todo, por sua unidade e totalidade, enquanto instrumento de regulação da vida em sociedade.

É certo que esse fenômeno acaba por provocar consequências práticas que demandam algum esforço hermenêutico, pois carece de certa falta de sistematização. Com efeito, podemos facilmente observar que algumas normas que passaram a integrar nossa ordem jurídica, especialmente no último quartel de século, possuem afinidades e projetam efeitos plúrimos, cuidando-se de regramentos com interrelações complexas, espraiando seu campo de abrangência inclusive além do mundo jurídico. E isso por possuírem conteúdo de ordem muito mais social que formal. Dentre os elementos que estabelecem essa aproximação, por excelência está o conteúdo sancionatório da legislação em correspondência às hipóteses de responsabilização.

Assim, em termos exemplificativos, especialmente pelo que se trata neste texto, tivemos a edição já há algum tempo da lei de improbidade administrativa, importante diploma destinado à tutela da administração pública. E, mais recentemente, veio à luz a comentada lei anticorrupção, com igual propósito, voltada, agora, à responsabilização de empresas por atividades lesivas ao erário. Essa aproximação é observada pela doutrina que vê nela uma integração, compondo um mesmo feixe normativo, neste caso voltado à proteção da administração pública, de modo a compor corpos normativos que, embora distintos, cronológica e estruturalmente, devem ser compreendidos, interpretados asseverando que formam um mesmo e aplicados quando mais possível de forma sistêmica. Veja-se, a respeito, o ensinamento de Ricardo Dip[20].

Outro exemplo pode ser apontado nos escritos que expõem o estudo de Ana Carolina Carlos de Oliveira, ao examinar, em trabalho que antecedeu a Lei nº 12.846/2013, duas leis brasileiras, para constatar que representam hipóteses que poderiam caracterizar manifestações de direito de intervenção, desde que devidamente sistematizadas, a saber, Lei nº 8.429/1992 e Lei de combate à lavagem de dinheiro (Lei nº 9.613/98, com as duas últimas alterações da Lei nº 12.683/12). Bem interessante seu comentário para demonstrar aquilo que se pretende neste texto, a aproximação do direito penal ao direito administrativo e, em consequência, o trânsito capaz de viabilizar uma via alternativa, ainda que interpretativa, mas conciliadora no sentido de encontrar melhor sistematização e compreensão dos institutos envolvidos na implementação de diplomas dessa natureza. Assim se expressa a autora:

> Neste capítulo, o estudo de algumas leis que mesclam tratamento penal e administrativo às mesmas condutas visa apontar a existência de uma tendência de aproximação entre o direito penal e o administrativo sancionador no Brasil, e pretenderá demonstrar a seguinte hipótese: que, ao impor sanções graves, a administração estaria efetivamente constituindo uma modalidade de direito penal sem pena restritiva de liberdade e sem o viés estigmatizador do processo penal. Ao fazê-lo aproximar-se-ia da proposta de Hassemer para o tratamento de delitos fora do núcleo do direito penal. [...] A complexificação dos fenômenos sociais abordados pelo direito penal em expansão exige do legislador a recombinação de técnicas jurídicas, de maneira pouco tradicional, para a resolução dos conflitos. Neste cenário, o direito como um todo serve como um conjunto de ferramentas das quais se vale o legislador, que acaba mesclando sanções e regras de direito penal e administrativo para dar conta dos novos fenômenos característicos do direito penal contemporâneo. As seguintes leis conjugam as duas disciplinas, e por isso foram selecionadas para a consecução desta etapa da pesquisa: a) Lei nº 8.429/1992, a Lei de improbidade adminis-

---

[20] DIP, Ricardo. Tipo objetivo e personalização penal. In: **Revista dos Tribunais, RT 947,** set/2014, p. 258.

trativa; e b) Lei de combate à lavagem de dinheiro, nº 9.613/98 (com as duas últimas alterações da Lei nº 12.683/12)[21].

Aponte-se, ainda, a evolução, a partir do direito penal, do paradigma repressivo ao restaurativo, como útil a essa linha reflexiva de aproximação. Neste segmento da justiça restaurativa, no qual se destaca Howard Zehr[22], defende-se um sistema de justiça que segue também uma zona intermediária para tratamento de questões penais, de modo a se demonstrar, muitas vezes, que a via alternativa revela-se mais eficaz que o modelo do direito penal tradicional, conforme demonstram dados estatísticos coletados em pesquisas de ativação desse canal[23], de modo a fraturar o limite conceitual tricotômico na teoria do crime, introduzindo a vítima dentro de um sistema que, até então, a tinha como quase invisível ou transparente.

Chega-se, agora, ao objeto propriamente deste despretensioso texto, ou seja, o de enquadramento da chamada lei anticorrupção, mais apropriadamente denominada lei de prevenção e combate à corrupção, que entra no mundo jurídico com similar vocação à da lei de improbidade administrativa, em momento sensível de reclamo popular quanto aos desmandos administrativos, cumprindo o Brasil compromisso internacional explícito de seriedade na luta contra esse verdadeiro flagelo que distorce a gestão pública e causa vultoso prejuízo à nação brasileira, posicionando-a como uma das mais corruptas do mundo. Essa posição política do Estado nacional teve positiva repercussão interna e externa, pois nasceu com o propósito de positivar a punição de pessoas jurídicas por atos de corrupção que tanto efeito lesivo vem produzindo à administração pública no Brasil, uma vez

---

21 OLIVEIRA, Ana Carolina Carlos de. **Direito de intervenção e direito administrativo sancionador: o pensamento de Hassemer e o direito penal brasileiro**. 256 fls. 2012. Dissertação (Mestrado em Direito). USP, 2012, p. 188.

22 O autor utiliza a expressão "troca de lentes", para referir-se que, no campo do direito penal, a escolha da lente, ou do quadro mental de interpretação dos fatos, altera aquilo que se enxerga, não só do ponto de vista da interpretação dos fatos, como das consequências jurídicas que devem ser a ele impostas (ZEHR, Howard. Trocando as lentes: um novo foco sobre o crime e a justiça. SP: Palas Athena, 2008, fl. 167 e 168.)

23 SANTANA, Selma Pereira de. **Justiça restaurativa: a reparação como conseqüência jurídicopenal autônoma do delito.** RJ: Lumen Juris, 2010.

que a responsabilização direta dos gestores já vinha coberta pela lei de improbidade administrativa.

Como se pode perceber, pelo que até aqui se discorreu, ao prever a Lei nº 12.846/2013 a cominação de graves sanções, sugerindo a responsabilidade objetiva de pessoas coletivas por atos lesivos contra a administração pública e admitir, como atenuante, a adoção de sistemas de gestão e contenção de riscos ou de programas de *compliance*, se estabelece clara aproximação entre o direito administrativo e o direito penal, de modo a se poder considerar, efetivamente, uma terceira via alternativa em que se flexibiliza o fluxo entre diferentes ramos do direito, ainda que se refute possuir característica de lei penal o referido diploma.

Portanto, se é certo concluir-se que a lei anticorrupção não é lei penal, tal qual já se concluíra quanto à lei de improbidade administrativa, não é menos certo admitir possuir ela viés preventivo primário e técnico, além de congregar normas de diversos matizes, havendo interrelação entre normas cujo conteúdo remete a diversas searas em seu bojo, assomando, assim, o papel da dinâmica necessária à melhor efetivação do direito na modernidade. Em outras palavras, se, de fato, não se trata de uma legislação penal explícita, contém providências de ordem penal, ou na expressão da doutrina, contempla "muitos institutos de proximidade penal declarada[24]".

Não fosse por aí, há criativas ideias que, sob outro enfoque afim, viabilizariam esse canal alternativo ou de terceira via, de modo a adaptar o direito penal às exigências contemporâneas, sem necessariamente prescindir dos seus princípios e garantias, antes os incorporando. Tal como se pode reportar ao pensamento de Hassemer, no sentido de uma gestão de riscos e de prevenção primária de que trata o, chamado por ele, direito de intervenção.

E, quando se fala em garantias, ademais, tem-se que entrever que, ao combater atos lesivos contra a administração pública, o que se quer, em última análise, é preservar as atividades estatais em função

24 SILVEIRA, Renato de Mello Jorge. Criminal compliance: os limites da cooperação normativa quanto à lavagem de dinheiro. In **Revista de direito bancário e do mercado de capitais**, vol. 56/2012, p. 293, Abr/2012.

de seus elevados fins, notadamente o de concretização dos direitos fundamentais.

E embora, ainda com Hassemer, se reconheça a dignidade penal do combate à corrupção, essa sua idealização de via alternativa permite observar melhor a ineficiência do direito penal clássico a esse fim, bem como a propor a criação de novos instrumentos mais hábeis a proporcionar efetiva prevenção.

Nessa linha de pensamento, mesmo reconhecendo o clamor por imposição de penas mais graves contra os que praticam atos de corrupção, o referido autor alerta que

> embora relativamente à corrupção o aumento do rigor penal seja mais facilmente tolerado, verifica-se que, mesmo frente a esse fenômeno, é possível empregar medidas organizacionais criativas de caráter preventivo, as quais podem tornar o aumento de rigor supérfluo ou, pelo menos, reduzir significativamente a necessidade de sua utilização[25].

A esta altura, o esforço de condução à possibilidade de interpretação na aplicação da lei anticorrupção – baseada em princípios de ordem penal, porque impostos pela natureza híbrida de uma legislação que se justifica, não apenas pelos compromissos internacionais assumidos, mas pela exigência da sociedade brasileira, de eficiente combate à corrupção, tal qual já acenara a lei de improbidade administrativa – sugere provocação de outro extremo que acena para a utilização mínima do direito penal como solução jurídica que reclama uma ação estatal mais enérgica na tutela de bens reputados fundamentais à pessoa humana, e assim deriva até mesmo, para fins reflexivos, para a teoria da derrotabilidade normativa, base de hermenêutica constitucional que se insere justamente como uma forma de se ter um direito penal mínimo, nos moldes clássicos, em que princípios e direitos fundamentais possam vencer leis penais exageradas e não efetivas. Ou seja, o direito não deve ser fechado em sua aplicação, mas se deve verificar sempre a eventual existência de exceções ('a menos que') que derrotariam a regra geral, uma vez que uma regra que possui cláusula 'a menos que' não deixa de ser uma regra. Ora,

---

25 HASSEMER, Winfried, Desenvolvimentos previsíveis na dogmática do direito penal e na política criminal. In: **Revista de estudos criminais**, 2008, p. 312.

nesta toada, ainda que preenchidos os requisitos 'necessários e suficientes' da norma jurídica, seus efeitos podem não ocorrer diante de uma exceção que derrota a proposição do legislador. Isso é uma realidade recorrente na prática jurídica.

A ideia central dessa corrente teórica refere-se ao afastamento, a não aplicação de uma norma jurídica, o que possibilita, em tese, que leis penais que tenham sido elaboradas deixem de ser aplicadas diante da ausência de uma relevante lesão a um bem que apresente repercussão social e jurídica, desde que se demonstre como uma ofensa sem gravidade a exigir a atuação cega e objetiva da lei, revelando ao legislador que sua atuação deve se limitar ao intolerável e indispensável, quando se trata de matéria criminal, sob o risco de ferir direitos fundamentais.

Claro, esses dois parágrafos últimos funcionam, sinteticamente, como contraponto ao que se pretendeu sustentar, em sentido aparentemente inverso, na tendência de um certo expansionismo do direito penal, mas visto na forma de um direito penal intermédio, que se adapte às exigências da contemporaneidade, funde-se preponderantemente na prevenção e se justifique sob o clamor e exigência social, senão pela extirpação, pelo eficiente combate à corrupção, papel que não consegue ser cumprido pela via tradicional da pena criminal.

Em resumo e para finalizar, dessa ligeira análise da lei anticorrupção, em afinidade com a lei de improbidade administrativa, pode-se concluir, sem maior esforço hermenêutico, que ela se apresenta como de natureza singular, como bem observa Rudá Figueiredo:

> Verdadeiramente mista, a lei anticorrupção, no bojo do ordenamento jurídico pátrio, representa um corpo híbrido surgido entre o direito penal e o direito administrativo, que acaso não seja assim encarado e sistematizado, terminará por formar um sistema penal paralelo, com graves sanções e garantias esparsas e aleatórias. Marcadamente, tais sanções não podem ser vistas como meras sanções administrativas, o que, aliás, não pode também ser feito no tocante à possibilidade de serem as empresas eventualmente condenadas obrigadas a publicar a condenação, o que tem claramente viés punitivo e estigmatizador, marcas do direito penal, a demonstrar aproximação entre as searas penal e administrativa, o

que marca exatamente o chamado direito de intervenção ou direito sancionador[26].

Nesse sentido complementa Renato de Mello Jorge Silveira, comentando o mecanismo do *compliance*:

> Nessa aproximação entre esquemas decisórios propriamente judiciais e os mecanismos administrativos de resolução de conflitos, parece possível repensar o problema da prevenção de delitos com referência ao ordenamento jurídico-penal brasileiro, de tal forma que a corregulação entre os setores público e privado esteja apta a criar alternativas viáveis na regulação de setores estratégicos essenciais à preservação da identidade normativa da sociedade, calibrando os custos relativos à perda da centralidade estatal na prevenção do crime. Assim é que as estruturas normativas peculiares à *compliance* e à boa governança apontam para a uma reorganização da intervenção jurídico-penal no sentido de estabelecer estruturas de atuação no âmbito regulatório, principalmente quando observa a criminalidade econômica. Esse, sem dúvida, um lado positivo da absorção da *compliance* ao ambiente penal. De fato, isso significa que as recomendações de *compliance* determinam, em complementaridade funcional, a incorporação na estrutura econômica de mecanismos de controle dos destinos negociais da atividade empresarial, um comportamento próprio da decisão gerencial ou administrativa. Estas sucessivas incorporações advindas dos programas de *compliance* é que viabilizam, em certa medida, modelos de colaboração funcional na atividade empresarial/intervenção punitiva. Nisso reside o elevado incremento de racionalidade para o direito penal econômico, já que daí surgem as novas possibilidades de combinação entre as diretrizes da atividade empresarial e a prevenção da criminalidade econômica[27].

Assim, mesmo os penalistas que, inicialmente, resistiram em admitir reflexos penais da lei anticorrupção (contentando-se com a disciplina do Código Penal), tendo-a como destinada apenas à res-

26 SANTOS FIGUEIREDO, Rudá. **Direito de intervenção e Lei 12.846/2013: a adoção do *compliance* como excludente de responsabilidade**. Bahia:UFB. Dissertação de mestrado. 2015.

27 SILVEIRA, Renato de Mello Jorge. Criminal compliance: os limites da cooperação normativa quanto à lavagem de dinheiro. In **Revista de direito bancário e do mercado de capitais**, vol. 56/2012, p. 293, Abr/2012.

ponsabilização civil e administrativa de pessoas jurídicas pela prática de atos contra a administração pública, nacional ou estrangeira, reconheceram seu conteúdo interdisciplinar, recomendando cada vez mais atenta apreciação técnica e reflexões sobre seus dispositivos, sob os aspectos da juridicidade, função e finalidade, vendo-a, pois, como inovadora, uma legislação de amplas possibilidades, de modo a reclamar preparo aprofundado de seus aplicadores para que se alcancem seus elevados propósitos. Neste sentido é o posicionamento de Fábio André Guaragni[28].

A propósito, aí estão crepitando as notáveis conexões entre institutos afins, do processo penal, como as recentes colaborações premiadas nas desdobradas etapas da operação *lava-jato,* e as tratativas empresariais com as instituições do sistema de justiça reparatórias dos danos causados à administração pública.

Neste ponto, bem pertinentes as observações do Professor José Eduardo Faria, em recente artigo veiculado pelo periódico "O Estado de São Paulo", colhidas descontextualizadamente nestes recortes:

> (...) A concentração do poder empresarial e a integração mundial dos mercados financeiros exigiram mudanças radicais num direito positivo elaborado com base em quatro pilares: soberania, poder, território e representação. Obrigados a se ajustar a cenários complexos, operadores jurídicos passaram a ter dificuldades para enfrentar conflitos inéditos por meio de normas concebidas para realidades mais simples. No campo do Direito Penal, considerado a manifestação jurídica por excelência da soberania dos Estados, essas dificuldades forma criadas pela expansão do narcotráfico, fraudes financeiras e terrorismo. Por envolverem sofisticadas redes de transgressão, esses delitos têm caráter transnacional, o que levou a articulação entre os recursos ilícitos captados por essas redes e os circuitos bancários a pôr em xeque o Direito Penal com jurisdição territorial. Como enfrentar o crime transnacional organizado com tipificações e procedimentos penais forjados para crimes interindividuais e de alcance nacional? Desde então, cresceu a opção por novos critérios para determinar uma jurisdição penal transterritorial, sob influência do pragmatismo inerente à cultu-

[28] GUARAGNI, Fábio Andre; CAMBI, Eduardo. **Lei Anticorrupção - Comentários à Lei 12.846/2013**. Org. BERTONCINI, Mateus. Brasil: Almedina, 2015.

> ra jurídica anglo-saxão, em detrimento do formalismo da cultura germânico-romana. (...) Neste cenário, são inevitáveis as tensões entre os planos locais e supraestatais de enfrentamento do crime transnacional. No plano nacional, é natural que investigações de corrupção sofram pressões políticas. Como as inovações introduzidas pela legislação anticorrupção são recentes no País, elas contêm falhas – a Lei 12.846/13, por exemplo, não define com clareza os limites dos órgãos com competência punitiva para firmar acordos de leniência. Isso permite que algumas decisões dos juízes da Lava Jato não só possam ser criticadas juridicamente, como também seivam de pretexto para serem agredidos moralmente por políticos. Este clima estimula o Congresso a patrocinar projetos que cerceiam procuradores e magistrados. Nos países onde as mudanças no Direito Penal foram promovidas há mais tempo, como nos E3UA, o cenário é outro. Nele, prevalece o rigor do FCPA, que blinda investigações de denúncias de corrupção contra pressões políticas, garantindo que executivos e acionistas – da matriz ou de coligadas – condenados por corrupção não fiquem impunes. Quando o Brasil estará numa situação como essa[29].

Ao fim e ao cabo, pois, o presente e singelo estudo orienta, modestamente, revisitar o direito penal com as lentes da modernidade, no contexto da sociedade de riscos em que vivemos, de modo a liberar ao intérprete da lei anticorrupção (como já vinha fazendo o da lei de improbidade administrativa), rompendo as amarras clássicas do direito penal e seus vínculos excessivamente garantistas, o caminho por uma via intermédia apta a contemplá-la como corpo normativo de direito de intervenção.

CONCLUSÃO

Afastando-se de sua gênese clássica e de seu caráter evolutivo fragmentário, o direito penal moderno, para tratar das necessidades impostas por uma sociedade de riscos, passa a experimentar um processo de expansão. Nesta perspectiva, os Estados nacionais vêm estimulando, não raras vezes apoiados por uma mídia sensacionalista e propagadora da ideia de insegurança social, o recrudescimento de

---

[29] FARIA, José Eduardo. Corrupção sistêmica e Direito Penal. In **O Estado de São Paulo**, edição de 9 de setembro de 2017.

seus contornos tradicionais, mas, de outro lado, adotando, em outras legislações de natureza diversa, medidas de ordem penal, como são exemplos no Brasil as leis de improbidade administrativa e anticorrupção, sem que, entretanto, haja adequada sistematização desses novos diplomas normativos no que diz respeito às correspondentes garantias, caracterizando-se, assim, como sistemas normativos distintos destinados a cuidar das novas necessidades de que, embora com ineficiência, vinha se ocupando o direito penal repressivo. Surgem novos paradigmas, declinados pelo propósito preponderantemente preventivo e restaurativo.

A análise destes corpos normativos, em especial a lei anticorrupção, em afinidade com a lei de improbidade administrativa, permite antever a crescente e irreversível necessidade de uma maior flexibilidade do direito, não mais contido em compartimentos estanques, de modo a se reclamar, cada vez mais, uma espécie de direito penal intermédio, ou, em outras palavras, uma aproximação entre o direito administrativo e o direito penal, de modo que àquele se transferiria parcela da tutela penal num modelo de direito administrativo sancionador.

Nesta tendência expansiva, que não pode ser irrefreável, há sugestivas propostas, como a de Hassemer, defendendo a criação do direito de intervenção, ou seja, de uma via sancionadora alternativa, justificada pela incapacidade inerente ao direito penal clássico em tratar, com eficácia, de relevantes questões contemporâneas tão reclamadas pela sociedade.

Este estudo, centrado na tópica e perfunctória análise da lei anticorrupção, inspirada antes na lei de improbidade administrativa, objetiva focar esses vetores que levam ao transbordar do direito penal para outras searas, de modo a buscar um sistema intermédio que, preservando as garantias mínimas próprias deste ramo do direito, evite a proliferação de sistemas penais paralelos. Neste sentido, o direito de intervenção, exemplificativamente, serviria, porquanto caracterizar-se-ia como um sistema sancionador em que, de fato, não se teriam as mesmas garantias que o direito penal, mas haveria garantias transpostas do direito penal, sendo, inclusive, a relação entre os diferentes ramos do direito envolvidos (administrativo e penal) uma das principais marcas desta proposta.

REFERÊNCIAS

ALEXY, Robert. **Teoria dos direitos fundamentais.** SP: Malheiros, 2001.

ASSIS TOLEDO, Francisco. **Princípios básicos de direito penal.** SP: Saraiva. 1994.

BECK, Ulrich. **La Sociedad Del Riesgo: hacia una nueva modernidad**. Barcelona: Ediciones Paidós Ibérica S.A., 1998.

BERTONCINI, Matheus; CUSTÓDIO FILHO, Ubirajara. SANTOS, José Anacleto Abduch. Comentários à Lei 12.846/2013. 1 ed. SP: **Revista dos Tribunais,** 2014.

BITTENCOURT, Sidney. Comentários à lei anticorrupção: Lei 12.846/2013. SP: **Revista dos Tribunais**, 2014.

DIP, Ricardo. Tipo objetivo e personalização penal. SP: **Revista dos Tribunais**, 2014.

FARIA, José Eduardo. Corrupção sistêmica e Direito Penal. In **O Estado de São Paulo**, edição de 9 de setembro de 2017.

FIGUEIREDO DIAS, Jorge de. **Questões do direito penal revisitadas**. SP: Editora Revista dos Tribunais, 1999.

GRECO, Luís. **Modernização do direito penal, bens jurídicos coletivos e crimes de perigo abstrato.** RJ: Lumen Juris, 2011.

GUARAGNI, Fábio Andre; CAMBI, Eduardo. **Lei Anticorrupção - Comentários à Lei 12.846/2013**. Org. BERTONCINI, Mateus. Brasil: Almedina, 2015.

HASSEMER, Winfried, Desenvolvimentos previsíveis na dogmática do direito penal e na política criminal. In: **Revista de estudos criminais**, 2008.

________. Características e crises do moderno direito penal. In: **Revista de Estudos Criminais,** Ano 2, n. 8, 54-66, PUC-RS, 2003.

________. **Direito penal: fundamentos, estrutura, política.** Porto Alegre, Sergio Antonio Fabris, 2008.

________. Perspectivas de uma moderna política criminal. In: **Revista brasileira de ciências criminais**. SP: RT, outubro/1994.

JONAS, Hans. **O Princípio Responsabilidade: Ensaio de uma Ética para a Civilização Tecnológica.** RJ: Contraponto, PUC, 2006.

JUSTEN FILHO, Marçal. **Curso de Direito Administrativo.** 4.ª ed. SP: Saraiva, 2009.

LUCON, Paulo Henrique dos Santos. Procedimento e sanções na lei anticorrupção. SP: **Revista dos Tribunais**, 2014.

MIR PUIG, Santiago. Direito penal: fundamentos e teoria do delito. SP: **Revista dos Tribunais,** 2007.

MUKAI, Toshio. Comentário à Lei nº 12.846, de 1º de Agosto de 2013: lei anticorrupção contra pessoa física e jurídica de direito privado. In: **Revista de Direito Empresarial,** b. 37, mar-abr., 2014.

OLIVEIRA, Ana Carolina Carlos de. **Direito de intervenção e direito administrativo sancionador: o pensamento de Hassemer e o direito penal brasileiro**. 256 fls. 2012. Dissertação (Mestrado em Direito). USP, 2012.

REALE JÚNIOR, Miguel. **Instituições de direito penal** – RJ: Forense, 2012.

SÁNCHEZ, Jesus María Silva. A expansão do direito penal. 2 ed. SP: **Revista dos Tribunais**, 2011.

SANTANA, Selma Pereira de. **Justiça restaurativa: a reparação como conseqüência jurídico-penal autônoma do delito**. RJ: Lumen Juris, 2010.

SANTOS, José Anacleto Abduch; BERTONCINI, Matheus; CUSTÓDIO FILHO, Ubirajara. Comentários à Lei 12.846/2013. 1 ed. SP: **Revista dos Tribunais,** 2014.

SANTOS FIGUEIREDO, Rudá. **Direito de intervenção e Lei 12.846/2013: a adoção do *compliance* como excludente de responsabilidade.** Bahia: UFB. Dissertação de mestrado. 2015.

SCHÜNEMANN, Bernd. **Consideraciones críticas sobre la situación espiritual de la ciencia jurídico-penal alemana.** Bogotá, Universidad Externado de Colombia, 1996

SILVEIRA, Renato de Mello Jorge. Criminal compliance: os limites da cooperação normativa quanto à lavagem de dinheiro. In **Revista de direito bancário e do mercado de capitais**, vol. 56/2012, p. 293, Abr/2012.

TIEDEMANN, Klaus. **Derecho penal y nuevas formas de criminalidad.** Lima: Grijley, 2007.

TOMILLO, Manuel Gómez. **Derecho administrativo sancionador.** Parte general. Teoría general y práctica del derecho penal administrativo. Espanha: Aranzadi, 2008.

VASCONCELOS, Fernando Andreoni. **O conceito de derrotabilidade normativa**. PR: UFPR. Dissertação de Mestrado, 2009.

ZAFFARONI, Eugenio Raúl; PIERANGELI, José Henrique. **Manual de direito penal brasileiro : volume 1** : parte geral. 9ª ed. rev. e atual. — SP: Editora Revista dos Tribunais. 2011.

ZEHR, Howard. **Trocando as lentes: um novo foco sobre o crime e a justiça**. SP: Palas Athena, 2008.

O INQUÉRITO CIVIL COMO INSTRUMENTO FORMAL PARA APURAÇÃO DOS ATOS DE IMPROBIDADE ADMINISTRATIVA

Hermes Zaneti Jr.[1]
Gustavo Silva Alves[2]

Resumo: *O presente trabalho propõe-se a realizar uma análise dos precedentes do STF e STJ sobre a temática do Inquérito Civil, em relação a possibilidade de sua incidência sobre a apuração de atos de improbidade administrativa, tendo em vista a falta de previsão na Lei nº 8.429/92 (Lei de Improbidade Administrativa). A partir disso, verifica-se a necessidade de incidência do procedimento investigativo nessas situações, tomando como parâmetro o microssistema processual coletivo e as funções institucionais do MP, constitucionalmente garantidas.* **Palavras-chave:** *Inquérito Civil – Improbidade Administrativa – Precedentes – Tutela do Patrimônio Público.*

Abstract: *This paper proposes to analyze the precedents of the Brazilians Supremes Courts – STF and STJ – on*

---

1 Pós-Doutor em Direito pela *Università degli Studi di Torino*. Doutor em Direito pela Universidade Federal do Rio Grande do Sul. Doutor em Direito pela *Università degli Studi di Roma Tre*. Mestre em Direito pela Universidade Federal do Rio Grande do Sul. Professor da Graduação e Pós Graduação (Mestrado) da Universidade Federal do Espírito Santo (UFES). Promotor de Justiça no Estado do Espírito Santo.

2 Mestrando em Direito Processual pela Universidade Federal do Espírito Santo (UFES). Bolsista pela CAPES – Coordenação de Aperfeiçoamento de Pessoal de Nível Superior. Graduado em Direito pela Universidade Federal do Espírito Santo (UFES). Advogado.

the subject of Brazilian Civil Investigation Procedure, regarding the possibility of its application on the investigation of acts of administrative misconduct, in view of the lack of provision in Law n. 8.429/92. From this perspective, it intend to demonstrate the need of incidence of the investigative procedure in these situations, taking as parameter the Brazilian collective redress microsystem and the institutional functions of the Brazilian Prosecution Service, constitutionally guaranteed.

Keywords: *Brazilian Civil Investigation Procedure – Administrative Misconduct – Precedents - Protection of Public Property.*

1. INTRODUÇÃO

O presente trabalho propõe-se a analisar os precedentes do STF e STJ referentes à matéria do Inquérito Civil (IC) com o escopo de demonstrar a possibilidade de sua instauração na investigação de atos de improbidade administrativa.

Para isso, em um primeiro momento, delimitam-se alguns aspectos gerais do instrumento, como conceito, legitimidade e objeto, sempre com o enfoque voltado para as investigações de atos de improbidade administrativa, previstos na Lei n. 8.429/92. Posteriormente, trabalha-se, de forma breve, o modelo de precedentes normativos formalmente vinculantes para compreender a importância de uma adequada análise dos julgados das Cortes Supremas.

Por fim, apresentam-se trechos de diversos julgados do STF e STJ, sendo feitos, em sequência, comentários ao atual posicionamento adotado pelas referidas Cortes.

2. O INQUÉRITO CIVIL NAS AÇÕES DE IMPROBIDADE ADMINISTRATIVA: ASPECTOS GERAIS DO INSTRUMENTO INVESTIGATIVO

Para que seja realizada uma adequada análise de qualquer instituto jurídico de um determinado ordenamento, é imprescindível que seja fixado um conceito acerca deste. Assim, em relação ao objeto de estudo deste trabalho, pode-se dizer que, o inquérito civil é um procedimento administrativo não-jurisdicional, do qual é titular exclusivo o Ministério Público[3]. Realizado pré-processualmente, constitui meio idôneo destinado a coligir material probatório, elementos aptos à formação da convicção do órgão ministerial em sua atuação em juízo e dados para efetivação de soluções extrajudiciais como a mediação, a conciliação, a negociação direta e a transação.

Tal instrumento está previsto constitucionalmente, de forma geral, no artigo 129, inciso III, CF/88, existindo ainda outras previsões em legislação infraconstitucional, por exemplo: artigo 8º, parágrafo 1º da Lei nº 7.347/85 (Ação Civil Pública), artigo 6º da Lei nº 7.853/1989 (Proteção às pessoas de deficiência), artigos. 223 c/c 201, V da Lei nº 8.069/90 (Estatuto da Criança e do Adolescente), artigo 90 da Lei

[3] Como aponta Marcelo Abelha: "O inquérito civil constitui um instrumento (posto que não tem um fim em si mesmo) não jurisdicional, de índole administrativa, identificado como sendo um *procedimento* exclusivamente à disposição do parquet, voltado à coleta de elementos para formação de convicção deste órgão com vistas à eventual propositura de ação civil" (ABELHA, Marcelo. *Ação Civil Pública e Meio Ambiente.* São Paulo: Forense Universitária, 2003, p. 92).

n. 8.078/90 (Código de Defesa do Consumidor), artigo 25, IV, da Lei n. 8.625/93 (LONMP), artigo 7º, I da LC n. 75/93 (LOMPU) entre outros. A regulamentação específica do IC no âmbito do Ministério Público Brasileiro está prevista na Resolução nº 23, de 17 de setembro de 2007, do Conselho Nacional do Ministério Público (CNMP).

Sobressai, ainda, o último objetivo apresentado, em relação à solução extrajudicial e consensual dos conflitos. Por sua previsão como norma fundamental, no artigo 3º, parágrafos 2º e 3º, CPC/2015[4], esta deve ser fomentada por todos os atores processuais, entre eles, o Ministério Público, o qual possui à sua disposição mecanismo de extrema relevância, o Termo de Ajustamento de Conduta (TAC)[5], previsto no artigo 5º, parágrafo 6º da Lei n.7.347/85 (Lei da Ação Civil Pública).

Nessa toada, como dito, o inquérito civil é instrumento de atuação exclusiva do Ministério Público[6], sendo importantíssimo destacar que o papel do *Parquet*, no atual estágio em que o ordenamento jurídico brasileiro se encontra, deve estar voltado à garantia dos direitos fun-

---

4 MARINONI, Luiz Guilherme; ARENHART, Sérgio Cruz; MITIDIERO, Daniel. *Novo Código de Processo Civil Comentado*. São Paulo: Revista dos Tribunais, 2015, p. 96-97; DIDIER JR., Fredie. Comentários ao artigo 3º do CPC/15. In: CABRAL, Antônio do Passo; CRAMER, Ronaldo. *Comentários ao Novo Código de Processo Civil*. São Paulo: Forense, 2015, p. 5-10.

5 Conferir sobre o tema: CABRAL, Antônio do Passo. As convenções processuais e o termo de ajustamento de conduta. In: ZANETI JR., Hermes. *Repercussões do Novo CPC: Processo Coletivo*. Salvador. Juspodivm, 2016, p. 319-332; TESHEINER, José Maria; PEZZE, Sabrina. Inquérito Civil e Termo de Ajustamento de Conduta. In: *Revista de Direito Administrativo*, Rio de Janeiro, v. 263, mai/ago. 2013, p. 67-94.

6 No que diz respeito à titularidade exclusiva do Ministério Público, vale destacar, que outros entes legitimados a propor uma ação civil pública podem se valer da ação de produção antecipada de provas, prevista no artigo 381 do CPC/15 e que foi ampliada e alterada no novo diploma processual brasileiro. Sobre o tema conferir: DIDIER JR., Fredie; ZANETI JR., Hermes. *Curso de Direito Processual Civil. Processo Coletivo*. 10ª ed. v. 4. Salvador: Juspodivm, 2016, p. 252-256. Daniel Assumpção já vinha apontando nesse sentido, ao relacionar o inquérito civil à ação cautelar preparatória de provas: NEVES, Daniel Amorim Assumpção. O inquérito civil como uma cautelar preparatória probatória *sui generis*. In: MAZZEI. Rodrigo; NOLASCO, Rita Dias (coord). *Processo Civil Coletivo*. São Paulo: Quartier Latin, 2005, p. 215-245.

damentais e à defesa da ordem jurídica e do regime democrático[7]. Entre esses e outros motivos, afirma-se que essa função resolutiva deixou de ser subsidiária, passando a assumir, agora, papel cada vez mais central em sua atuação, inclusive nos inquéritos civis. Assim, o MP deve prestigiar, sempre que possível, os mecanismos da justiça multiportas previstos no CPC/2015[8], como meios alternativos de possibilitar uma adequada e satisfativa tutela dos direitos.

No que diz respeito à presença do contraditório no inquérito civil, destaca-se que o ponto é controvertido na doutrina. Existem aqueles que defendem a desnecessidade de observância do contraditório, pois o procedimento não resulta em nenhuma sanção aos investigados, já que não altera ou infringe a esfera jurídica do cidadão. Além disso, como IC é totalmente dispensável para o ajuizamento de possível ação pelo Ministério Público[9], as provas serão reproduzidas em sede

---

7 Ver amplamente sobre o papel do Ministério Público no Estado Democrático Constitucional: ZANETI JR., Hermes. Comentários aos artigos 176 a 181 do CPC/15. In: STRECK, Lênio; NUNES, Dierle; CUNHA, Leonardo Carneiro da. *Comentários ao Código de Processo Civil*. São Paulo: Saraiva, 2016, p. 260-282.

8 Existe na Inglaterra mecanismo análogo ao Inquérito Civil, as chamadas *pre-actions protocols* que tem como um dos objetivos principais "promover e estimular o acordo, evitando-se, assim, um processo, ou pelo menos abrindo caminho para um litígio focado e mais eficiente, caso este não posso ser evitado" (ANDREWS, Neil. *O Moderno Processo Civil. Formas judiciais e alternativas de resolução de conflitos na Inglaterra*. Trad.: WAMBIER, Teresa Arruda Alvim. 2ª ed. São Paulo: Revista dos Tribunais, 2012, p. 205). Como citado, o CPC adotou o procedimento probatório antecedente com esta finalidade no art. 381, II, que trata da produção antecipada de provas para fins de viabilizar a autocomposição ou outro meio adequado de solução de conflitos.

9 "Ora, como procedimento administrativo, o inquérito civil não aplica nenhuma sanção, razão pela qual não há acusado; muito menos extingue, modifica ou cria direito, já que não se deduz, em seu objeto, nenhuma pretensão de direito material, inexistindo, portanto, litigantes. Resumindo, o inquérito civil não altera a esfera jurídica do cidadão. A sua única finalidade, já dissemos, é a de arregimentar provas para a formação da opinião jurídica do membro do Ministério Público, a fim de embasar a sua atuação institucional [...] esse instituto jurídico está fora da hipótese de incidência do dispositivo constitucional que cuida do contraditório e da ampla defesa" (QUEIROZ, Ronaldo Pinheiro de. A eficácia probatória do inquérito civil no processo judicial de combate à

judicial, logo, o possível réu poderia exercer o contraditório em juízo, durante o processamento de ação civil ajuizada pelo *Parquet*. Assim, por não configurar qualquer prejuízo ao investigado, dispensa-se o contraditório no IC. Esse tem sido inclusive o entendimento das Cortes Supremas Brasileiras, STF e STJ[10].

Entretanto, outra parcela da doutrina defende que o contraditório não deve ser desconsiderado, devendo-se ter a compreensão de que o inquérito civil atualmente é procedimento formal, tendencialmente inquisitivo, que deve preservar o direito ao contraditório – sempre que possível – aos investigados e representantes (destinatários do ato final) consistente na tríplice opção: a) ajuizamento da ação; b) compromisso de ajustamento de conduta às exigências do ordenamento jurídico; ou, c) arquivamento. Preserva-se assim, o direito de influenciar na tomada de decisão, propiciando a progressiva processualização[11] através da garantia do contraditório.

---

corrupção. In: SALGADO, Daniel de Resende; QUEIROZ, Ronaldo Pinheiro de. *A Prova no Enfrentamento à Macrocriminalidade*. Salvador: Juspodivm, 2015, p. 423-425). No mesmo sentido, negando a incidência do contraditório em sede de IC: MAZZILLI, Hugo Nigro. Inquérito Civil e Poder Investigatório do MP. In: MILARÉ, Édis (coord). A Ação Civil Pública após 20 anos: efetividade e desafios. São Paulo: Revista dos Tribunais, 2005, p. 233.

10 "[...] A jurisprudência do Supremo Tribunal Federal firmou-se no sentido de que as garantias constitucionais da ampla defesa e do contraditório não são aplicáveis na fase de inquérito civil, pois este tem natureza administrativa, de caráter pré-processual, que se destina à colheita de informações para a propositura da ação civil pública, não havendo, portanto, que se falar em réu ou acusado, nessa fase investigativa" (STF, RE 481.955, Rel. Min. Carmen Lúcia, Primeira Turma, julgado em 10.5.2011). No mesmo sentido: STJ, HC 175.596/MG, Rel. Ministra LAURITA VAZ, QUINTA TURMA, julgado em 27/11/2012, p. 12, DJe 05/12/2012; STJ, AgRg no REsp 659.571/RS, Rel. Ministro RAUL ARAÚJO, QUARTA TURMA, julgado em 04/02/2014, DJe 17/02/2014; STJ, REsp n. 476.660-MG, Rel. Ministra Eliana Calmon, DJ de 4.8.2003; STJ, RMS 11537/MA, Ministra ELIANA CALMON, T2 - SEGUNDA TURMA, ,DJe 29/10/2001, p. 190.

11 A *processualização dos procedimentos* é uma tendência contemporânea nos Estados Constitucionais Democráticos, ver amplamente: DANTAS, Miguel Calmon. O Direito Fundamental à Processualização: Fundamento para uma Teoria Geral do Processo. In: DIDIER Jr., Fredie; JORDÃO, Eduardo Ferreira (coord.).

Defende-se aqui, que o contraditório incida durante todo o andamento do inquérito civil[12], desde que não ocorra um prejuízo para a tutela dos direitos. Quer dizer, deverá sempre existir um equilíbrio entre o binômio: *tutela dos direitos v. garantias dos investigados*.

Quando se trata da tutela dos direitos, tem-se em mente que o procedimento investigativo deve ser efetivo na coleta de elementos e dados probatórios que permitam uma adequada análise por parte do órgão ministerial de qual medida irá tomar, mas não só, muitas vezes haverá necessidade de segredo (para evitar intervenções indevidas, influência sobre as testemunhas ou evasão da responsabilidade, a exemplo da dilapidação do patrimônio para evitar a reparação *in pecunia*) ou urgência (perecimento do direito ou risco de perecimento dos bens jurídicos tutelados) que justifique a diminuição do contraditório, ou, ainda, por qualquer razão não se poderá localizar o investigado para permitir sua manifestação.

Por essas razões o IC é tendencialmente inquisitivo. A resolução consensual do conflito, ajuizamento de ação ou arquivamento do inquérito devem ser decisões tomadas, sempre que possível, com a oitiva dos investigados, mas se essa oitiva prejudicar a tutela dos direitos, o Ministério Público deverá proceder sem a observância desta formalidade, ficando o contraditório diferido para a esfera judicial.

Assim, em um Estado Democrático Constitucional, como o é, o Estado Brasileiro, a existência de um contraditório efetivo deve ser considerado em qualquer esfera estatal, seja ela, jurisdicional ou administrativa[13]. Portanto, tomando como parâmetro essa visão coope-

---

Teoria Geral do Processo: panorama doutrinário mundial. Salvador: Juspodivm, 2008.

12 Também sobre a incidência do contraditório no IC, cf.: CAVACO, Bruno de Sá Barcelos. O inquérito civil como instrumento efetivo e resolutivo na tutela dos interesses transindividuais – desjudicialização, contraditório e participação. In: *Revista de Processo*, São Paulo, v. 40, n. 247, set. 2015, p. 325-333; CARVALHO, Ulisses Dias de Carvalho. Uma leitura constitucional do inquérito civil. In: *Boletim Científico ESMPU*, ano 13, n. 42-43, jan./dez. 2014, p. 374-377.

13 GRINOVER, Ada Pellegrini. Inquérito Civil: Contraditório e "Prova Inequívoca" para Fins de Antecipação da Tutela. In: *Revista Síntese: Direito Civil e Processual Civil*, v. 12, n. 83, maio/jun. 2013, p. 117-118.

rativa (art. 6º, CPC/2015)[14] e democrático-participativa[15] existente na dialética jurídico-processual contemporânea, sempre que possível, há de ser oportunizada ao investigado uma efetiva participação[16] em contraditório[17] no IC. À vista disso, o resultado frutífero da investigação e a tutela do patrimônio público não podem ser pensados como

---

14 Sobre o tema cf.: MITIDIERO, Daniel. *Colaboração no Processo Civil. Pressupostos sociais, lógicos e éticos*. 3ª ed. São Paulo: Revista dos Tribunais, 2015.

15 "O que se entende por democracia participativa tem relação de fechamento com o que foi dito até aqui: Se o projeto de democracia da Constituição realmente se identifica com um futuro Estado democrático e policrático, as instâncias de participação democrática deverão ser tantas quantas sejam possíveis, e os poderes institucionalizados deverão abrir seu procedimento às luzes desses outros centros decisórios da sociedade civil" (ZANETI JR., Hermes. *A Constitucionalização do Processo. O modelo constitucional da justiça brasileira e as relações entre processo e Constituição*. 2ª ed. São Paulo: Atlas, 2014, p. 128).

16 Fala-se em um direito fundamental à organização e participação nos procedimentos, existe assim, como defende Peter Haberle, um *status activus processualis*, ver sobre o tema: SARLET, Ingo Wolfgang. *A eficácia dos direitos fundamentais*. 4ª ed. Porto Alegre: Livraria do Advogado, 2004, p. 213-218; ALEXY, Robert. *Teoría de los Derechos Fundamentales*. Traducción de Ernerto Garzón Valdés. Madrid: Centro de Estudios Políticos y Constitucionales, 2001, p. 454-482. Além disso, importante ressalvar também que atualmente o *princípio da legalidade* vem ganhando novos contornos, defende-se agora a existência de um *princípio da constitucionalidade*, ou seja, a ideia de controle normativo a partir de uma adequada conformação com a Constituição, com o chamado "bloco de constitucionalidade" (ZANETI JR., Hermes. A Legalidade na era das Necessidades de Tutela: Princípio da Constitucionalidade e Legalidade Ampla. In: *Normas Fundamentais (Coleção Grandes Temas do Novo CPC)*. Salvador: Juspodivm, 2016, p. 175-196). A doutrina portuguesa denominou essa amplitude e mutação de *princípio da juridicidade*, nesse sentido: OTERO, Paulo. *Legalidade e administração pública: o sentido da vinculação administrativa à juridicidade*. Lisboa: Almedina, 2003.

17 Atualmente o princípio do contraditório não é visto apenas em sua bilateralidade, não está ligado somente à ideia de ação e reação das partes, mas sim como um dever de debates e um poder de influência. Sobre o tema vale conferir: CABRAL, Antônio do Passo. Il principio del contradditorio come diritto d'influeza e dovere di dibattito. In: *Rivista di Diritto Processuale*, anno LX, n. 2, aprile-giugno, 2005; NUNES, Dierle José Coelho. O Princípio do Contraditório: Uma Garantia de Influência e de Não Surpresa. In: DIDIER Jr., Fredie; JORDÃO, Eduardo Ferreira (coord.). *Teoria Geral do Processo: panorama doutrinário mundial*. Salvador: Juspodivm, 2008, p. 151-173.

antagônicos à participação dos investigados, para além das garantias constitucionais aos investigados, a própria tutela adequada depende desta oitiva.

Já quanto ao objeto da investigação no inquérito civil, este será o mais amplo possível; a apuração de elementos e dados probatórios incide sobre quaisquer fatos que possam levar à propositura de ação da qual o Ministério Público possui legitimidade para ajuizar. Irá se tratar a temática mais a frente, de forma pormenorizada, em relação aos atos de improbidade.

A partir das anotações realizadas sobre algumas características gerais do inquérito civil, analisar-se-á a seguir os precedentes dos Tribunais Superiores no que diz respeito à utilização do IC na apuração de atos de improbidade, ante a falta de previsibilidade na Lei nº 8.429/92.

3. UMA ANÁLISE CRÍTICA DOS PRECEDENTES DOS TRIBUNAIS SUPERIORES

3.1 *O modelo de precedentes normativos formalmente vinculantes previsto no CPC/2015. Importância da análise das decisões do STF e STJ*

Em um primeiro momento é necessário apontar que o Código de Processo Civil de 2015 adotou um modelo de precedentes normativos formalmente vinculantes que possui seu núcleo normativo nos artigos 489, parágrafo 1º, incisos V e VI, 926 e 927, CPC/2015[18]. Assim, o artigo 927, CPC/15 estabelece um rol de precedentes formalmente vinculantes, os quais devem ser observados e levados em consideração, a partir de uma fundamentação adequada e analítica, para que sejam devidamente aplicados ou afastados/superados.

---

[18] Ver amplamente sobre o tema: ZANETI JR., Hermes. *O valor vinculante dos precedentes: teoria dos precedentes normativos formalmente vinculantes* [2015]. 2ª ed. Salvador: JusPodivm, 2016; MARINONI, Luiz Guilherme. *Precedentes* Obrigatórios. 4ª ed. São Paulo: Revista dos Tribunais, 2015; MITIDIERO, Daniel. *Precedentes: da persuasão à vinculação.* São Paulo: Revista dos Tribunais, 2016.

Essa observação é feita a partir da identificação dos fundamentos determinantes do precedente, a chamada *ratio decidendi*, consistente na solução fático-jurídica aplicada no julgado. Dessa forma, caso os fundamentos determinantes identificados no precedente se adequem ao caso análogo levado a juízo, o precedente deve ser aplicado (artigo 489, § 1º, inc. V c/c 927, CPC/2015). Por outro lado, tratando-se de situação diversa, o julgador deverá realizar a distinção entre o precedente e o caso sob análise (artigo 489, § 1º, inc. VI, CPC/2015)[19].

A ideia básica é que os juízes e tribunais decidam casos análogos ou similares da mesma forma – *treat like cases alike* – com o intuito de garantir maior racionalidade e unidade à ordem jurídica, a partir da integridade, coerência e consistência, previstas no artigo 926, CPC/2015.

Primordial relevar, nesse momento, que essa sistemática dos precedentes normativos formalmente vinculantes alterará substancialmente a forma como os operadores compreendem e interpretam o direito. A partir desse momento, os precedentes configuram-se como *must-sources*, como fontes formais do direito, de mesmo grau hierárquico e vinculativo que os textos legais[20].

Nesse diapasão, as Cortes Supremas – STF e STJ – ganham ainda mais destaque no ordenamento jurídico[21], por serem cortes de

---

19 "Assim, incumbe ao julgador do caso-atual demonstrar '[...] fundamentadamente se tratar de situação particularizada por hipótese fática distinta ou questão jurídica não examinada, a impor solução jurídica diversa". A questão é de fundamental importância, por exemplo, no julgamento dos casos repetitivos, nos quais o CPC determina a verificação pelo tribunal de todos os argumentos favoráveis e contrários à tese jurídica discutida (art. 984, § 2º, e art. 1.038, § 3º)'." (ZANETI JR., Hermes. *O valor vinculante dos precedentes*, cit., p. 355).

20 Tratando sobre o grau de vinculatividade e autoridade dos precedentes e das outras fontes do direito, cf.: AARNIO, Aulis. *The rational as reasonable. A Treatise on Legal Justification*. Dordrecht/Holland: D. Reidel Publishing Company, 1986, 78-94; PECZENIK, Aleksander. *On Law and Reason*. Netherlands: Springer, 2009, p. 262-281.

21 "O Supremo Tribunal Federal e o Superior Tribunal de Justiça, como cortes responsáveis por dar *à última palavra* a respeito da interpretação da Constituição e da Legislação infraconstitucional federal na ordem jurídica brasileira, devem

vértice, a cada uma delas exige-se a função de dar unidade à interpretação do direito constitucional, no caso do STF, e do direito infraconstitucional federal, em relação ao STJ. Além disso, tais Cortes possuem um ônus argumentativo para afastar ou superar a aplicação de um antigo precedente, por estarem vinculadas aos seus próprios precedentes[22].

Estabelecidas essas premissas, salienta-se novamente a relevância de uma análise adequada e crítica dos precedentes formados no STF e STJ, tanto pelos juristas práticos (aplicadores), quanto pelos acadêmicos do direito (doutrina). Como dito, é uma mudança de perspectiva que irá incidir sobre todos os membros da comunidade jurídica. Apresentam-se na sequência, trechos de precedentes das Cortes Supremas a respeito da utilização do IC na apuração dos atos de improbidade.

3.2 *Trechos de precedentes do STF e STJ a respeito do Inquérito Civil x Improbidade Administrativa*

A partir da pesquisa e análise de trechos de diversos julgados do STJ e STF, percebeu-se que os Tribunais Superiores possuem entendimento consolidado no que diz respeito à possibilidade de

---

ser pensados como *Cortes* Supremas, a fim de que se possa reconstruí-los em termos conceituais, estruturais, funcionais e eficaciais a partir de um quadro teórico capaz de fornecer *soluções* coerentes aos problemas ligados à interpretação judicial no Estado Constitucional. Nessa linha, o Supremo Tribunal Federal e o Superior Tribunal de Justiça devem ser pensados, como *cortes de interpretação* e não como *cortes de controle*, como *cortes de precedentes* e não como *cortes de jurisprudência*, tendo *autogoverno* e sendo dotados de meios idôneos para consecução da *tutela do direito* em uma *dimensão geral* de forma *isonômica e segura* (MITIDIERO, Daniel. *Cortes Superiores e Cortes Supremas. Do Controle à Interpretação, da Jurisprudência ao Precedente.* 2ª ed. revista, atualizada e ampliada. São Paulo: Revista dos Tribunais, 2015, p. 81). No mesmo sentido: TARUFFO, Michele. *Il Vertice Ambiguo: Saggi sulla Cassazione Civile.* Bolgna: Il Mulino, 1991; TARUFFO, Michele. *Precedente e giurisprudenza.* Napoli: Editoriale Scientifica, 2007.

22 ZANETI JR., Hermes. Comentários ao artigo 926 do CPC/15. In: CABRAL, Antônio do Passo; CRAMER, Ronaldo. *Comentários ao Novo Código de Processo Civil.* São Paulo: Forense, 2015, p. 1309.

utilização do inquérito civil na investigação de atos de improbidade administrativa.

Colaciona-se a seguir, trechos dos votos que confirmam a afirmação realizada acima:

> "[...] no presente caso, a investigação inicial ocorreu em inquérito civil, instaurado para apurar atos de improbidade administrativa. A competência do Ministério Público para esse tipo de investigação está prevista de forma expressa na Constituição Federal – art. 129, III" (STF, INQ 3204, 2ª Turma, Relator Ministro Gilmar Mendes, j. em 23.06.2015, DJe 03.08.2015).

> "[...] Inexiste ilegalidade na propositura da Ação de Improbidade com base nas apurações feitas em inquérito civil público, mormente quando as provas colimadas são constituídas por documentos emitidos pelo Poder Público e os depoimentos das testemunhas foram novamente colhidos na esfera judicial" (STJ, 2ª Turma, REsp 401472/GO, Relator Ministro Herman Benjamin, DJe 27/04/2011).

> "[...] A instauração de inquérito civil no âmbito do qual se produz prova necessária à ação de improbidade é o procedimento padrão e normal em casos da espécie (arts. 14, § 3º, e 15 da lei em comento)" (STJ, 1ª Seção, REsp 1.163.643-SP, Relator Ministro Teori Albino Zavascki, j. 24.03.2010).

> "[...] Assim, ao julgar improcedente a ação civil por ato de improbidade, o Tribunal desconsiderou todas as provas produzidas no inquérito civil público [...] a utilização do inquérito civil é aconselhável como forma de controle do Ministério Público, evitando, com a investigação prévia, que se dê à demanda civil um cunho individual do representante ministerial que nela atua. Verifica-se, pela natureza jurídica do procedimento em apreciação, que inexiste nulidade nessa específica colheita de provas, que servem, em juízo, como prova indiciária, elemento de convicção por ser uma investigação pública e oficial" (STJ, REsp 849.841/MG, 2ª Turma, Relator Ministra Eliana Calmon, j. 28.08.2007, DJe 11.09.2007).

> "Não é possível impedir o prosseguimento de inquérito civil instaurado com a finalidade de apurar possível incompatibilidade entre a evolução patrimonial de vereadores e seus respectivos rendimentos, ainda que o referido procedimento tenha-se origi-

nado a partir de denúncia anônima, na hipótese em que realizadas administrativamente as investigações necessárias para a formação de juízo de valor sobre a veracidade da notícia" (STJ, 2ª Turma, RMS 38.010-RJ, Relator Ministro Herman Benjamin, j. em 4/4/2013, Informativo nº 522).

Como se verá a seguir, tal interpretação está em consonância tanto com o microssistema do processo coletivo, como com a tutela adequada do patrimônio público e da moralidade administrativa pelo Ministério Público. Não existem justificativas plausíveis para que seja diferente, tendo em vista o atual estágio de evolução da ordem jurídica brasileira, o inquérito civil poderá e deverá ser usado para apuração da prática de atos de improbidade administrativa.

4. A POSSIBILIDADE DE UTILIZAÇÃO DO INQUÉRITO CIVIL NA APURAÇÃO DE ATOS DE IMPROBIDADE ADMINISTRATIVA: MINISTÉRIO PÚBLICO, MICROSSISTEMA DO PROCESSO COLETIVO E A TUTELA DO PATRIMÔNIO PÚBLICO E DA MORALIDADE ADMINISTRATIVA

Tendo em vista as especificidades da temática, primeiramente, deve-se destacar qual é o objeto das ações de improbidade, para que possamos compreender como a tutela da moralidade administrativa e do patrimônio público se relaciona com o microssistema do processo coletivo, e, consequentemente, com a possibilidade de emprego do inquérito civil nessas demandas.

Assim, têm-se basicamente três espécies de atos de improbidade, são elas: atos que levem ao enriquecimento ilícito (art. 9º da Lei n. 8.429/92); atos que causem prejuízo ao erário (art. 10º da Lei n. 8.429/92); e atos que atentem contra os princípios da administração pública, previstos, principalmente, no art. 37, CF/88 (art. 11 da Lei n. 8.429/92)[23]. Da mera descrição desses atos, já fica clarividente que se pretende tutelar por meio das ações de improbidade, a mora-

[23] Na doutrina sobre os atos de improbidade, cf.: GARCIA, Emerson; ALVES, Rogério Pacheco. *Improbidade Administrativa*. 6ª ed. Rio de Janeiro: Lumen Juris, 2011, p. 275-345; FAZZIO JR., Waldo. *Atos de Improbidade Administrativa: doutrina, legislação e jurisprudência*. São Paulo: Atlas, 2007, p. 69-84.

lidade, a eficiência e a legalidade administrativas, além disso, obviamente, o patrimônio público de forma geral[24].

Assim, a tutela da probidade administrativa possui forte espectro social, com a existência de interesse público primário[25], entendido como aquele pertencente a toda sociedade. Essa presença faz com que as demandas de improbidade administrativa liguem-se tanto a tutela de direitos individuais indisponíveis como também sobre os direitos coletivos, previstos no art. 81, par. único, CDC (difusos, coletivos *strictu sensu* e individuais homogêneos)[26].

E, é exatamente por zelar pelos direitos coletivos *lato sensu*, que as ações de improbidade administrativa fazem parte do *microssistema do processo coletivo*, que possui como uma de suas principais características, a aplicação integrada de todos seus mecanismos às diversas espécies de demandas coletivas, sempre tendo em vista uma adequada e efetiva tutela dos direitos[27]. Sendo assim, esse *microssistema* é composto em seu núcleo pelo Código de Defesa do Consumidor, pela Lei da Ação Civil Pública, pela Lei da Ação Popular, pela *Lei da Improbi-*

---

24 Destaca-se: "Processualmente falando, a ação prevista pela Lei nº 8.429/92 é cabível para a tutela do patrimônio público pecuniário do Estado e da probidade administrativa" (COSTA, Susana Henriques da. *O Processo coletivo na tutela do patrimônio público e da moralidade administrativa: Ação de Improbidade Administrativa, Ação Civil Pública e Ação Popular.* 2ª ed. São Paulo: Atlas, 2015, p. 127). No mesmo sentido: FIGUEIREDO, Marcelo. *Probidade Administrativa.* 5ª ed. atualizada e ampliada. São Paulo: Malheiros, 2005, p. 41-43.

25 Quanto à litigação de interesse público primário: CHAYES, Abram. The role of the judge in public law litigation. In: *Harvard Law Review.* v. 89, n. 7, 1976, p. 1281-1316.

26 Em sentido semelhante destaca a doutrina: "No tratamento de interesses difusos e coletivos, a atividade jurisdicional deixa de ser voltada a lítigios exclusivamente individuais, para impactar um âmbito predominantemente público [...] Isso faz com que a defesa judicial dos interesses difusos e coletivos tenha significado de trazer para o judiciário a função de adjudicar o interesse público na situação jurídica disputada pelas partes" (SALLES, Carlos Alberto de. Processo Civil de Interesse Público. In: SALLES, Carlos Alberto de (org.). *Processo Civil e interesse público, o processo como instrumento de defesa social.* São Paulo: Revista dos Tribunais, 2003, p. 56).

27 DIDIER JR., Fredie; ZANETI JR., Hermes. *Curso de Direito Processual Civil. Processo Coletivo*, op. cit., p. 408.

dade Administrativa, pela Lei do Mandado de Segurança e por outras leis avulsas; em sua periferia[28].

Vale destacar que, atualmente, o *microssistema* se articula, em um diálogo de fontes[29], com a CF/88 e o CPC/2015. A Constituição é o fundamento de validade de todas as normas e seus ideais devem permanentemente ser considerados e almejados na aplicação do direito. Já quanto ao CPC/2015, esse perquire aumentar a dinâmica e flexibilidade da tutela coletiva, em uma relação de especialidade e coorde-

---

28 "Com a certeza da importância dos microssistemas para o direito privado, tema que desperta o interesse de grandes juristas a respeito, papel de destaque há de ser dado também no *direito processual civil*, quanto à possibilidade da formação de *sistema especial* concernente à tutela coletiva. Aferindo-se, pois a existência do *microssistema coletivo*, que cuidará, com regras e princípios próprios, processualmente da tutela de massa" (MAZZEI, Rodrigo. A ação popular e o microssistema do processo coletivo. In: DIDIER JR., Fredie; MOUTA, José Henrique; MENDES, Aluísio Gonçalves de Castro. *Tutela jurisdicional coletiva*. Salvador: Juspodivm, 2009, p. 379-380).

29 "Em outras palavras, diálogo das fontes é uma expressão simbólica, simbólica de um novo paradigma de coordenação e coerência restaurada de um sistema legal, sistema hoje de fontes plúrimas, com diversos campos de aplicação, a criar, na era pós-descodificação, uma grande complexidade no antes simples fato - ou ato – de o aplicador da lei 'escolher' entre as fontes (em aparente conflito) a lei ou leis a serem aplicadas ao caso concreto. No direito internacional, onde foi criada, simboliza a passagem do conflito de leis à coordenação de leis ou de ordens jurídicas [...] A proposta coordenação das fontes de Erik Jayme é uma coordenação flexível e útil (effet utile) das normas em conflito no sistema, a fim de restabelecer a sua coerência e ressaltar os direitos humanos (Leitmotiv da teoria de Erik Jayme). Trata-se, em última análise, de uma mudança de paradigma: da retirada simples (revogação) de uma das normas em conflito do sistema jurídico (ou do 'monólogo' de uma só norma possível a 'comunicar' a solução justa) à convivência dessas normas, ao diálogo das normas para alcançar a sua ratio, e a finalidade 'narrada' ou "comunicada" em ambas, sob a luz da Constituição, de seu sistema de valores e dos direitos humanos em geral". (MARQUES, Claudia Lima. O "Diálogo das Fontes" como método da nova teoria geral do Direito: um tributo a Erik Jayme. In: *Diálogo das Fontes do Conflito à Coordenação de Normas no Direito Brasileiro*. São Paulo: Revista dos Tribunais, 2012, p. 27-29). A Teoria do Diálogo de Fontes é originária do direito internacional, proposta por Erik Jaime e transporta por Cláudia Lima Marques para o direito brasileiro, sobre o tema, cf.: MARQUES, Claudia Lima. O "Diálogo das Fontes" como método da nova teoria geral do Direito: um tributo a Erik Jayme. In: MARQUES, Claudia Lima. *Diálogo das Fontes do Conflito à Coordenação de Normas no Direito Brasileiro*, op. cit.

nação, buscando sempre a tutela efetiva, adequada e satisfativa dos direitos (art. 4º, CPC/2015)[30].

Nessa esteira, entre os mecanismos previstos no *microssistema processual coletivo* está o inquérito civil (art. 8º, parágrafo 1º da Lei n. 7.347/85 (Ação Civil Pública), arts. 223 c/c 201, V da Lei n. 8.069/90 (Estatuto da Criança e do Adolescente), art. 90 da Lei n. 8.078/90 (Código de Defesa do Consumidor)), o qual deve se aplicar a todas as espécies de demandas coletivas previstas no ordenamento jurídico brasileiro. Assim, em que pese à falta de previsão expressa na Lei n. 8.429/92, deve existir, sim, a possibilidade de instauração do procedimento investigativo para apuração de condutas que possam resultar em atos de improbidade administrativa.

Além disso, também deve ser relevado o papel do Ministério Público na ordem jurídica atual. É necessário realizar uma interpretação constitucional da controvérsia em debate a partir do artigo 129, inciso III, CF/88, que dita estar entre as funções institucionais do Ministério Público, "promover o *inquérito civil* [...], para a proteção do *patrimônio público e social*, do meio ambiente e de outros interesses difusos e coletivos".

À vista disso, há que se garantir, também sobre esse ponto de vista, a possibilidade de utilização do inquérito civil na investigação de atos ímprobos, como se viu, a ação de improbidade administrativa busca exatamente a proteção do patrimônio público e social[31]. Justa-

---

30 DIDIER JR., Fredie; ZANETI JR., Hermes. *Curso de Direito Processual Civil. Processo Coletivo*, op. cit., p. 53-56.

31 "Pelo que se percebe da disciplina constitucional e legal, a ação civil pública e inquérito civil são instrumentos que se relacionam com grande intimidade, servindo este último à identificação da hipótese legitimadora da atuação do Parquet [...] é nessa perspectiva que deve ser interpretado o artigo 22 da Lei 8.429/92 (*Para apurar qualquer ilícito previsto nesta lei, o Ministério Público, de ofício, a requerimento de autoridade administrativa ou mediante representação formulada de acordo com o disposto no art. 14, poderá requisitar a instauração de inquérito policial ou procedimento administrativo)*, regra concebida pelo legislador apenas de modo a facilitar a apuração da improbidade, nunca para negar ao Ministério Público a possibilidade de instauração do inquérito. Conclusão contrária não se afinaria ao texto constitucional" (GARCIA, Emerson; ALVES, Rogério Pacheco. *Improbidade Administrativa*, op. cit., p. 656).

mente esta é a normativa que se encontra no artigo 1º da Resolução nº 23/2007 do CNMP:

> Artigo 1º: O inquérito civil, de natureza unilateral e facultativa, será instaurado para apurar fato que possa autorizar a tutela dos interesses ou direitos a cargo do Ministério Público nos termos da legislação aplicável, servindo como preparação para o exercício das atribuições inerentes às suas funções institucionais.

Insta salientar que, em relação ao histórico de tramitação da Lei nº 8.429/92 (Lei de Improbidade Administrativa), tanto o Projeto de Lei proposto pelo Executivo, como também seus substitutos na Câmara dos Deputados e no Senado previam expressamente a possibilidade do Ministério Público instaurar o inquérito civil para a apuração de atos de improbidade.

Ocorre que, quando retornou à Câmara Federal, o projeto foi, de certa forma, destronado pelas lideranças de alguns partidos, que entre outras proposições importantíssimas, retiraram a previsão relativa ao IC[32]. Todavia, como se viu, tomando como parâmetro o *microssistema do processo coletivo* e as funções institucionais do Ministério Público, conforme previsão do art. 129, III, CF/88, tal tentativa restou frustrada.

Resumindo-se, quando se fala em probidade administrativa, deve-se ter em mente, exatamente, a tutela do patrimônio público, mais especificadamente, da moralidade administrativa a que faz referência o artigo 37, parágrafo 4º, CF/88[33]. Não há justificativa plausível para proibir a utilização do inquérito civil nas investigações referentes à improbidade administrativa, isso porque se está permitindo a adequada tutela de direitos individuais indisponíveis e coletivos *lato sensu*, com enorme espectro social[34]. Todos os mecanismos procedimentais disponíveis ao Ministério Público, entre eles o inquérito civil, ainda

---

32 Cf. amplamente: MARTINS JR., Antônio José. Alguns meios de Investigação da Improbidade Administrativa. In: *Revista dos Tribunais* v. 85, n. 727, 1996, p. 325–344.

33 FIGUEIREDO, Marcelo. *Probidade Administrativa*. 5ª ed. atualizada e ampliada. São Paulo: Malheiros, 2005, p. 41-43.

34 LOUREIRO, Valtair Lemos. *Microssistema processual coletivo e tutela do patrimônio público*. Curitiba: Juruá, 2015, p. 15-22 e p. 59-60.

que não prescritos na Lei nº 8.429/92, podem e devem ser envidados pelo *Parquet*, na perquirição de suas funções institucionais (art. 8º, parágrafo 1º da Lei nº 7.347/85 c/c art. 129, III, CF/88).

5. CONCLUSÕES

Em tempos de grandes escândalos de corrupção na Administração Pública desse país, o inquérito civil tem se demonstrado, quando utilizado da maneira correta, como um virtuoso instrumento a disposição do Ministério Público, potencializando e tornando mais eficaz sua atuação.

Ante todo o exposto, averiguou-se na análise de trechos de julgados do STF e STJ, que as Cortes Supremas brasileiras têm realizado uma interpretação consentânea ao atual momento vivido pela ordem jurídica brasileira, garantindo a utilização do inquérito civil, como instrumento formal na investigação de atos de improbidade administrativa, em que pese a falta de previsão expressa na Lei 8.429/92.

Não há como negar a utilização do IC nesses casos, tanto do ponto de vista de uma interpretação constitucionalmente adequada das funções institucionais do Ministério Público, a partir do art. 129, III, CF/88, como também do *microssistema do processo coletivo* (art. 8º, § 1º da Lei nº 7.347/85; art. 90 da Lei 8.078/90), tendo em vista que nas ações de improbidade tutelam-se direitos coletivos com forte espectro social – inclusive com a presença de interesse público primário. Logo, possibilitar a utilização do IC nesses casos é possibilitar uma tutela mais adequada e efetiva desses direitos (art. 4º do CPC/2015).

REFERÊNCIAS BIBLIOGRÁFICAS

AARNIO, Aulis. *The rational as reasonable. A Treatise on Legal Justification*. Dordrecht/Holland: D. Reidel Publishing Company, 1986.

ALEXY, Robert. *Teoría de los Derechos Fundamentales*. Traducción de Ernerto Garzón Valdés. Madrid: Centro de Estudios Políticos y Constitucionales, 2001.

ANDREWS, Neil. *O Moderno Processo Civil. Formas judiciais e alternativas de resolução de conflitos na Inglaterra*. Trad.: Teresa Arruda Alvim Wambier. 2ª ed. São Paulo: Revista dos Tribunais, 2012.

ABELHA, Marcelo. *Ação Civil Pública e Meio Ambiente.* São Paulo: Forense Universitária, 2003.

CABRAL, Antônio do Passo. As convenções processuais e o termo de ajustamento de conduta. In: ZANETI JR., Hermes. *Repercussões do Novo CPC: Processo Coletivo.* Salvador. Juspodivm, 2016.

_______. Il principio del contradditorio come diritto d'influeza e dovere di dibattito. In: *Rivista di Diritto Processuale*, anno LX, n. 2, aprile-giugno, 2005.

CARVALHO, Ulisses Dias de Carvalho. Uma leitura constitucional do inquérito civil. In: *Boletim Científico ESMPU*, ano 13, n. 42-43, jan./dez. 2014.

CAVACO, Bruno de Sá Barcelos. O inquérito civil como instrumento efetivo e resolutivo na tutela dos interesses transindividuais – desjudicialização, contraditório e participação. In: *Revista de Processo*, São Paulo, v. 40, n. 247, set. 2015.

CHAYES, Abram. The role of the judge in public law litigation. In: *Harvard Law Review*. v. 89, n. 7, 1976, p. 1281-1316.

COSTA, Susana Henriques da. *O Processo coletivo na tutela do patrimônio público e da moralidade administrativa: Ação de Improbidade Administrativa, Ação Civil Pública e Ação Popular.* 2ª ed. São Paulo: Atlas, 2015.

DANTAS, Miguel Calmon. O Direito Fundamental à Processualização: Fundamento para uma Teoria Geral do Processo. In: DIDIER Jr., Fredie; JORDÃO, Eduardo Ferreira (coord.). *Teoria Geral do Processo: panorama doutrinário mundial.* Salvador: Juspodivm, 2008.

DIDIER JR., Fredie. Comentários ao artigo 3º do CPC/15. In: CABRAL, Antônio do Passo; CRAMER, Ronaldo. *Comentários ao Novo Código de Processo Civil.* São Paulo: Forense, 2015.

_________; ZANETI JR., Hermes. *Curso de Direito Processual Civil. Processo Coletivo.* 10ª ed. v. 4. Salvador: Juspodivm, 2016.

FAZZIO JR., Waldo. *Atos de Improbidade Administrativa: doutrina, legislação e jurisprudência.* São Paulo: Atlas, 2007.

FIGUEIREDO, Marcelo. *Probidade Administrativa.* 5ª ed. atualizada e ampliada. São Paulo: Malheiros, 2005.

GARCIA, Emerson; ALVES, Rogério Pacheco. *Improbidade Administrativa.* 6ª ed. Rio de Janeiro: Lumen Juris, 2011.

GRINOVER, Ada Pellegrini. Inquérito Civil: Contraditório e "Prova Inequívoca" para Fins de Antecipação da Tutela. In: *Revista Síntese: Direito Civil e Processual Civil*, v. 12, n. 83, maio/jun. 2013.

LOUREIRO, Valtair Lemos. *Microssistema processual coletivo e tutela do patrimônio público*. Curitiba: Juruá, 2015.

MARINONI, Luiz Guilherme. *Precedentes* Obrigatórios. 4ª ed. São Paulo: Revista dos Tribunais, 2015.

________; ARENHART, Sérgio Cruz; MITIDIERO, Daniel. *Novo Código de Processo Civil Comentado*. São Paulo: Revista dos Tribunais, 2015.

MARQUES, Claudia Lima. O "Diálogo das Fontes" como método da nova teoria geral do Direito: um tributo a Erik Jayme. In: MARQUES, Claudia Lima. *Diálogo das Fontes do Conflito à Coordenação de Normas no Direito Brasileiro*. São Paulo: Revista dos Tribunais, 2012.

MARTINS JR., Antônio José. Alguns meios de Investigação da Improbidade Administrativa. In: *Revista dos Tribunais* v. 85, n. 727, 1996, p. 325–344.

MAZZEI, Rodrigo. A ação popular e o microssistema do processo coletivo. In: DIDIER JR., Fredie; MOUTA, José Henrique; MENDES, Aluísio Gonçalves de Castro. *Tutela jurisdicional coletiva*. Salvador : Juspodivm, 2009.

MAZZILLI, Hugo Nigro. Inquérito Civil e Poder Investigatório do MP In: MILARÉ, Édis (coord). *A Ação Cvil Pública após 20 anos: efetividade e desafios*. São Paulo: Revista dos Tribunais, 2005.

MITIDIERO, Daniel. *Cortes Superiores e Cortes Supremas. Do Controle à Interpretação, da Jurisprudência ao Precedente*. 2ª ed. revista, atualizada e ampliada. São Paulo: Revista dos Tribunais, 2015.

________. *Colaboração no Processo Civil. Pressupostos sociais, lógicos e éticos*. 3ª ed. São Paulo: Revista dos Tribunais, 2015.

________. *Precedentes: da persuasão à vinculação*. São Paulo: Revista dos Tribunais, 2016.

NEVES, Daniel Amorim Assumpção. O inquérito civil como uma cautelar preparatória probatória *sui generis*. In: MAZZEI. Rodrigo; NOLASCO, Rita Dias (coord). *Processo Civil Coletivo*. São Paulo: Quatier Latin, 2005.

NUNES, Dierle José Coelho. O Princípio do Contraditório: Uma Garantia de Influência e de Não Surpresa. In: DIDIER Jr., Fredie; JORDÃO, Eduardo Ferreira (coord.). *Teoria Geral do Processo: panorama doutrinário mundial*. Salvador: Juspodivm, 2008.

OTERO, Paulo. *Legalidade e administração pública: o sentido da vinculação administrativa à juridicidade*. Lisboa: Almedina, 2003.

PECZENIK, Aleksander. *On Law and Reason*. Netherlands: Springer, 2009.

QUEIROZ, Ronaldo Pinheiro de. A eficácia probatória do inquérito civil no processo judicial de combate à corrupção. In: SALGADO, Daniel de

Resende; QUEIROZ, Ronaldo Pinheiro de. *A Prova no Enfrentamento à Macrocriminalidade*. Salvador: Juspodivm, 2015.

SALLES, Carlos Alberto de. Processo Civil de Interesse Público. In: SALLES, Carlos Alberto de (org.). *Processo Civil e interesse público, o processo como instrumento de defesa social*. São Paulo: Revista dos Tribunais, 2003.

SARLET, Ingo Wolfgang. *A eficácia dos direitos fundamentais*. 4ª ed. Porto Alegre: Livraria do Advogado, 2004.

TARUFFO, Michele. *Il Vertice Ambiguo: Saggi sulla Cassazione Civile*. Bolgna: Il Mulino, 1991.

________. *Precedente e giurisprudenza*. Napoli: Editoriale Scientifica, 2007.

TESHEINER, José Maria; PEZZE, Sabrina. Inquérito Civil e Termo de Ajustamento de Conduta. In: *Revista de Direito Administrativo*, Rio de Janeiro, v. 263, mai/ago. 2013.

ZANETI JR., Hermes. *A Constitucionalização do Processo. O modelo constitucional da justiça brasileira e as relações entre processo e Constituição*. 2ª ed. São Paulo: Atlas, 2014.

__________. *O valor vinculante dos precedentes: teoria dos precedentes normativos formalmente vinculantes* [2015]. 2ª ed., revista e atualizada. Salvador: JusPodivm, 2016.

__________. Comentários ao artigo 926 do CPC/15. In: CABRAL, Antônio do Passo; CRAMER, Ronaldo. *Comentários ao Novo Código de Processo Civil*. São Paulo: Forense, 2015.

__________. Comentários aos artigos 176 a 181 do CPC/15. In: STRECK, Lênio; NUNES, Dierle; CUNHA, Leonardo Carneiro da. *Comentários ao Código de Processo Civil*. São Paulo: Saraiva, 2016.

__________. A Legalidade na era das Necessidades de Tutela: Princípio da Constitucionalidade e Legalidade Ampla. In: *Normas Fundamentais (Coleção Grandes Temas do Novo CPC)*. Salvador: Juspodivm, 2016.

NOTÍCIA ANÔNIMA COMO PONTO DE PARTIDA PARA A INVESTIGAÇÃO DE IMPROBIDADES ADMINISTRATIVAS: UM COTEJO COM A INVESTIGAÇÃO NO ÂMBITO CRIMINAL

Fábio André Guaragni[1]

I. INTRODUÇÃO

A notícia de ilícitos efetuada anonimamente pode ser tomada como ponto de partida para a respectiva investigação pelos órgãos competentes? Esta é a questão que, de partida, suscita o desenvolvimento das reflexões seguintes. Para tanto, e partir do trato jurisprudencial da matéria em Instâncias Raras (STJ e STF), o texto concentrará esforços no universo da investigação criminal, de um lado, para compará-lo, de outro, com o ambiente investigativo dos atos de improbidade administrativa. Justifica-se o cotejo pelo imenso conjunto de afinidades que une ambos os setores.

O direito penal e o respectivo processo são zonas de tradicional exercício do poder punitivo estatal. Conquanto seja comum mencionar-se um *jus puniendi* estatal, não se trata de exercício de direito[2], mas *poder-dever*. A partir do recorte herdado do Iluminismo, o Estado

---

1 O autor é Procurador de Justiça junto ao MP-PR. Doutor e Mestre em Direito das Relações Sociais pela UFPR, com estudo Pós-Doutoral junto à Università degli Studi di Milano. É professor de direito penal econômico do Programa de Mestrado em Direito do UNICURITIBA, lecionando Direito Penal na mesma IES (graduação e especialização). É professor de Direito Penal da Fundação Escola do Ministério Público do Paraná – FEMPAR e Escola da Magistratura do Paraná – EMAP, CERS, Anhanguera-LFG.

2 TAVARES, Juarez. *Teoria do Injusto Penal.* Belo Horozinte: Del Rey, 2000, pp. 159-160, assinala, corretamente, que não se trata de direito de punir, e sim poder de punir, a necessitar de legitimação por restringir a liberdade individual.

Civil, enquanto resultado de um contrato social, obriga-se a prover a segurança de seus cidadãos, que abdicam – justamente em prol do Estado – de mecanismos de autotutela[3]. Como contrapartida, as violações mais severas praticadas por um membro do tecido social e sofridas por outro, recolhidas no bojo de um ordenamento jurídico-penal fragmentário e subsidiário[4], mediante ilícitos-típicos, exige reação pública de coibição. Emerge, daí, uma *potestas puniendi*, que entrará em conflito com o direito de liberdade do violador.

Já o universo da improbidade administrativa motiva autêntico microssetor do direito brasileiro, voltado à específica tutela da administração pública e dos destinatários de seus préstimos com os agentes e funcionários detentores da gestão da *res publica.* Tutela-se a coisa pública nos aspectos da legalidade, impessoalidade, publicidade, moralidade e eficiência, enquanto desdobramentos dos princípios regentes da administração pública, estatuídos no art. 39, CR. Tudo, em conjunto, encarna a ideia ampla de probidade, pela qual zela a Lei de Improbidade Administrativa (LIA) 8429/92, erigindo mecânicas sancionatórias voltadas primacialmente ao agente público ímprobo. Sem prejuízo, as sanções podem atingir também agentes privados – pessoas naturais e mesmo jurídicas - que com ele atuem em conluio ou tenham envolvimento no ato de improbidade (art. 3°, Lei 8429/92).

Nesta perspectiva, tanto o direito penal como a LIA são manifestações de um poder punitivo estatal[5] (há outras, como a atividade estatal protetora do fisco, o direito administrativo disciplinar, o direi-

3 BOBBIO, Norberto., *Direito e Estado no pensamento de Emanuel Kant.* 4ª. ed. Brasília: UNB, 1997, pp. 37-48, faz boa síntese desta tarefa que está na gênese do Estado, segundo o discurso contratualista clássico, a partir da exploração de passagens de LOCKE, MONTESQUIEU e ROUSSEAU, tudo em antecipação introdutória à exploração do pensamento kantiano.

4 Fragmentariedade e subsidiariedade são características do direito penal, cf. BATISTA, Nilo. *Introdução Crítica ao Direito Penal.* Rio de Janeiro: Revan, 1990, p. 85.

5 NAPPI, Aniello. *Manuale di Diritto Penale.* Milano: Giuffrè, 2011, p. 9, lembra que a Corte Europeia de Direitos Humanos identifica como "direito dos ilícitos" ou "direito punitivo geral" uma área comum de ilícitos e sanções. É uma espécie de *guarda-chuva* conceitual abrangente de várias manifestações do poder estatal de punir.

to administrativo de clássica atuação mediante autoexecutoriedade e poder de polícia). Ademais, se nem toda improbidade administrativa constitui ilícito tipificado criminalmente, é usual que crimes contra a administração pública acabem por constituir, também, improbidades administrativas. Afinal, sobrepõem-se – ainda que parcialmente – as metas do direito penal e da LIA. Nestas situações, desde que o órgão investigador dê especial atenção às maiores exigências para que exista justa causa enquanto condição da ação penal, é possível – e comum – a realização de investigação unificada.

Há ainda outras similitudes: em ambos os setores, vigoram as máximas *nulla poena sine judice et nulla poena sine juditio*. Afinal, nos dois, o Poder Judiciário é o impositor das reações punitivas[6]. As sanções de perda de bens, ressarcimento integral do dano, perda da função pública, suspensão de direitos políticos, multas e restrição de direitos (como contratar com o Estado ou obter subvenções), contidas na LIA, de um modo ou outro, se repetem – ainda que sob natureza variada – em direito penal.

Frise-se bem que tais semelhanças não são potentes para que se visualize, entre a resposta penal e a sanção contida na LIA, *bis in idem,* quando voltadas ao mesmo fato. Afinal, importantes distinções formais e materiais operam entre os dois setores. Formalmente, a Carta Constitucional separa o direito penal da LIA (v. art. 15, III e V, CR) e expressamente determina a cumulatividade das reações (art. 37, 4°, CR). Materialmente, verifica-se que o microssetor da improbidade é contínuo, pois opera mediante tipos abertos, meramente exemplificativos, e constitutivo, criando as figuras de improbidade com as quais opera[7]. Em oposição, o mecanismo de reações penais é descontínuo, fragmentário e eminentemente sancionador. Há mais:

6 Assinala OSÓRIO, Fábio Medina. *Direito Administrativo Sancionador.* 3ª. ed. São Paulo: RT, 2009, p. 82, que o Estado se coloca, no âmbito da LIA, como vítima, recebendo a tutela do Direito Administrativo através do Poder Judiciário. Tudo derivaria do princípio da "livre configuração legislativa de ilícitos e sanções".

7 COSTA, José de Faria. *Noções Fundamentais de Direito Penal. Fragmenta iuris poenalis. Introdução.* Coimbra: Coimbra Editora, 2007, p. 128, recorda que "nestes ordenamentos extra-penais, o princípio da legalidade não implica uma reserva de lei",

a) a LIA não opera com privação da liberdade, ao avesso do direito penal. Daí o abrandamento, quanto àquela, do peso de direitos e garantias do imputado incidente neste;

b) as sanções da LIA amoldam-se ao ato de improbidade sancionado, ligando-se ao cargo e aos proveitos desonestos dele derivados. No direito penal, a pena privativa e, modo geral, as penas restritivas (exceto as específicas) não tomam em consideração as características em particular havidas pelo ilícito típico. A privação da liberdade surge como resposta penal genérica, assim como a maioria das penas restritivas de direitos. Neste ponto, lembra ZUGALDÍA, incidem *"relações especiais de sujeição"* ente o Estado e o *intraneus* (extensivas aos *extranei* que sejam contratados pelo Estado, pessoas naturais ou jurídicas), segundo modelo teórico desenvolvido no final do século XIX. Por ele, "determinados direitos fundamentais – v.g.r. os que derivam da proibição do *bis in idem* – não têm validade, porquanto a administração tem em suas mãos a regulação (...) das relações dentro de tais situações"[8]. Prossegue afirmando que a pena atende ao "interesse geral – bem juridicamente protegido", enquanto a sanção disciplinar volta-se "à relação de confiança e serviço que medeia entre o Estado e o funcionário e que este defraudou"[9], dando-se sanções dirigidas a "aspectos distintos de um mesmo fato";

c) o corpo de preocupações jurídico-penais transcende a administração pública, em leque heterogêneo; a LIA, concentrada na administração, busca tutelá-la em aspectos que refogem ao direito penal. V.g., há preocupação, na LIA, com a eficiência da gestão pública num sentido verdadeiramente gerencial, centrado na ciência da administração. Não é este, a seu turno, o horizonte do direito penal.[10]

---

8 ZUGALDÌA ESPINAR, José Miguel. *Fundamentos de Derecho Penal.* 3ª. ed. Valencia: Tirant lo Blanch, 1993, p. 173.

9 ZUGALDÌA ESPINAR, José Miguel. *Fundamentos de Derecho Penal.* 3ª. ed. Valencia: Tirant lo Blanch, 1993, p. 174. O raciocínio, aplicado quanto ao direito administrativo disciplinar, estende-se ao brasileiríssimo tratamento da improbidade administrativa, conquanto se opere pela via sancionatória judicial.

10 - Este apanhado de semelhanças e diferenças entre o direito penal e o microssistema erigido pela LIA foi desenvolvido, de modo mais completo, noutro texto: GUARAGNI, Fábio André. "A Lei de Improbidade Administrativa no contexto do controle da Administração Pública: semelhanças e distinções entre o direito

Distinções à parte, as afinidades – consoante já anunciado – sugerem que se coteje o tratamento dado à notícia anônima de crime, quando usada para dar início à investigações criminais, com aquele que lhe é dado quando se trata de iniciar Inquéritos Civis Públicos, meio típico de investigação de atos de improbidade.

Busca-se verificar como, com base na jurisprudência, superam-se tensões derivadas da notícia anônima de ilícito com (a) as garantias da ampla defesa e contraditório, porquanto a eventual ausência de conhecimento da identidade do noticiante, por parte da defesa, pode implicar em redução de meios de impugnação do fato noticiado[11]. O problema se intensifica quando (b) a notícia se mostra genérica, sem fato certo, dando lugar a uma "bolsa de investigação", conducente a uma apuração "plena e sem limites aparentes. Se busca que nada seja muito preciso para que tudo se encaixe"[12]. Do mesmo modo, busca-se extrair dos posicionamentos superiores o modo como contornam (c) o risco de chancelar, a partir da autorização de abertura da investigação, a intenção do delator anônimo de causar prejuízo ao investigado. Afinal, recorda FLÁVIO CARDOSO PEREIRA, "a liberdade de manifestação de pensamento tem seu contraponto no fato de ter o denunciante que se identificar, assumindo claramente a autoria do produto do pensamento manifestado para, sendo o caso, responder por eventuais danos causados a terceiros."[13] A CR, aliás, acolhe esta perspectiva no art. 5º, IV. Deste modo, quando a autoridade pública faz uso de uma notícia anônima para o *start* de uma atividade investigativa, deve curar da preservação de seu compromisso com o princípio forte do *neminem laedere,* porquanto a manifestação de pen-

administrativo e o direito penal". In *Aspectos controvertidos da Lei de Improbidade Administrativa: uma análise crítica a partir dos julgados dos Tribunais Superiores.* Belo Horizonte: Del Rey, 2016, pp. 1-29.

11 SLUPSKI, Diego Javier. *Modernos medios de investigación em materia penal.* Buenos Aires: Cathedra Juridica, 2015, pp. 23-24.

12 CASTEX, Francisco. "Modelos anormales de inicio del proceso y participación de la víctima en la investigación preliminar. Dos desafíos para la tarea legislativa". In *Garantías constitucionales en la investigación penal.* Buenos Aires: Editores Del Puerto, 2006, p 24.

13 PEREIRA, Flávio Cardoso. *Agente encubierto y proceso penal garantista: límites y desafíos.* Córdoba: Lerner, 2012, p. 406.

samento contida na notícia de ilícito, uma vez anônima, pode causar prejuízos irreversíveis ao noticiado, à vista da imprecisão da respectiva responsabilidade.

II. A abertura de investigação criminal a partir de notícia anônima

No âmbito criminal, o início da investigação não se dá, automaticamente, quando da apresentação de uma notícia anônima de crime. Sobretudo por força das apontadas tensões com a garantia da ampla defesa, a construção jurisprudencial determina que o órgão investigador realize prévia checagem dos dados trazidos na *notitia criminis,* no afã de obter confirmação preliminar da respectiva veracidade. Noutros termos, busca-se verificar se o teor do fato noticiado encontra mínima verossimilhança.

Essas diligências preliminares de coleta de dados a respeito dos fatos noticiados anonimamente devem permitir a confirmação dos elementos mínimos nela trazidos. Por exemplo, é comum que se cheque se as pessoas a quem se atribuem os fatos noticiados realmente existem, se as condições sob as quais teriam realizado os atos criminosos noticiados efetivamente têm algum eixo de confirmação, etc. Nesta toada, se há notícia de crime funcional, é necessária uma checagem preliminar do efetivo exercício do cargo, por parte do *intraneus,* no período e local indicados; se se trata de narcotraficância, a eventual ligação da pessoa delatada com o endereço indicado como ponto de vendas. As características concretas do fato relatado na *notitia* estabelecem as possibilidades de checagem preliminar.

É prudente assinalar que esta checagem prévia dos dados contidos na notícia não deve ocorrer se ela é inespecífica, não circunscrevendo fato(s) certo(s). Com efeito, suspeitas genéricas comunicadas à autoridade investigadora sequer caracterizam, propriamente, uma notícia de crime, sejam anônimas ou não. Neste caso, o centro da questão não está propriamente no anonimato, mas na falta de especificidade do fato trazido à autoridade. E, sendo impreciso o relato, não se configura o objeto de investigação.

Nesta linha, o CPP abre o conjunto de referências fáticas necessárias para que o inquérito policial tenha curso, mediante abertura a requerimento do ofendido, servindo por parâmetro para outras investigações de natureza criminal. O art. 5º, quando circunscreve os respectivos contornos, exige a narração do fato "com todas as suas circunstâncias", individualização da pessoa imputada e razões da *imputatio facti*. Impõe, inclusive, o apontamento de testemunhas. Estes dados, naturalmente, também devem ser angariados quando pessoa do povo comunica o crime, verbalmente ou sob forma escrita, *ex vi* art. 5º, 3º, CPP. De modo similar, o art. 27, CPP, indica que a iniciativa do Ministério Público pode ocorrer por iniciativa de qualquer pessoa do povo, com informações sobre o fato, autoria e indicação do respectivo tempo, lugar e elementos de convicção. A satisfação destes requisitos, quando a *delatio* é anônima, mostra-se mais candente, em prestígio às garantias individuais e, sobretudo, para dissipar o temor de que sirva como o pontapé inicial de uma "bolsa de investigação".

Enfim, tendo o objeto da delação contornos específicos e suficientemente definidos, com sua moldura preliminarmente confirmada, é que a investigação pode ser iniciada, através dos instrumentos clássicos consistentes em inquérito policial ou procedimento investigatório criminal, no âmbito do Ministério Público. Ambos têm característica informativa.

Note-se que não há propriamente, no Código de Processo Penal, a previsão de uma fase de investigação antes da investigação. Como dito, o que o Código de Processo Penal impõe é uma checagem inicial, mediante elementos de rápida obtenção, da verossimilhança no conteúdo da *notitia criminis,* inclusive quando não anônima. É o que se extrai do art. 5º, § 3º, do C.P.P.[14], ditando que a abertura de Inquérito Policial será precedida da verificação da "procedência das informações". Trata-se de cognição não exauriente e sequer sumária. Apenas uma cognição superficial, um juízo de possibilidade, distinto daquele

---

[14] "Art. 5º. (....)

§3º. Qualquer pessoa do povo que tiver conhecimento da existência de infração penal em que caiba ação pública poderá, verbalmente ou por escrito, comunicá-la à autoridade policial, e esta, verificada a procedência das informações, mandará instaurar inquérito policial."

de probabilidade, próprio do recebimento da denúncia, bem como do de certeza, próprio da sentença. Com a prévia checagem da delação anônima em relação a alguns dos aspectos tangentes ao seu conteúdo, ela ganha a mínima credibilidade inicial necessária para desatar a investigação.

O C. Supremo Tribunal Federal, neste termos, valida a abertura da investigação, valendo destacar o precedente STF-RHC 125.392 – RJ, Relatora Min. Cármen Lúcia, 2ª. T., DJ 17.03.15:

> EMENTA: RECURSO ORDINÁRIO EM HABEAS CORPUS . CONSTITUCIONAL. PENAL. DENÚNCIA ANÔNIMA: ADMISSIBILIDADE. REQUISITOS LEGITIMADORES DO ACOLHIMENTO: PRECEDENTES. RECURSO ORDINÁRIO DESPROVIDO.
>
> 1. O Supremo Tribunal Federal firmou jurisprudência de que "nada impede a deflagração da persecução penal pela chamada 'denúncia anônima', desde que esta seja seguida de diligências realizadas para averiguar os fatos nela noticiados" (HC 99.490, Relator o Ministro Joaquim Barbosa, DJ 31.1.2011).
>
> 2. (...)
>
> 3. (...)
>
> 4. Recurso ao qual se nega provimento. Prejudicado o agravo regimental interposto.

Do corpo do acórdão, extrai-se breve percurso histórico da matéria na Excelsa Corte:

> Este Supremo Tribunal firmou jurisprudência de que "nada impede a deflagração da persecução penal pela chamada 'denúncia anônima', desde que esta seja seguida de diligências realizadas para averiguar os fatos nela noticiados" (HC 99.490, Relator o Ministro Joaquim Barbosa, DJ 31.1.2011). Assim, por exemplo:
>
> "Legitimidade e validade do processo que se originou de investigações baseadas, no primeiro momento, de 'denúncia anônima' dando conta de possíveis práticas ilícitas relacionadas ao tráfico de substância entorpecente. Entendeu-se não haver flagrante forjado o resultante de diligências policiais após denúncia anônima sobre tráfico de entorpecentes (HC 74.195, rel. Min. Sidney Sanches, 1ª

> Turma, DJ 13.09.1996)" (RHC 86.082, Relatora a Ministra Ellen Gracie, DJe 22.8.2008).
>
> "Não é nulo o inquérito policial instaurado a partir da prisão em flagrante dos acusados, ainda que a autoridade policial tenha tomado conhecimento prévio dos fatos por meio de denúncia anônima" (HC 90.178, Relator o Ministro Cezar Peluso, DJe 26.3.2010).
>
> "EMENTA: Habeas corpus. Constitucional e processual penal. Possibilidade de denúncia anônima, desde que acompanhada de demais elementos colhidos a partir dela. Instauração de inquérito. Quebra de sigilo telefônico. Trancamento do inquérito. Denúncia recebida. Inexistência de constrangimento ilegal. 1. O precedente referido pelo impetrante na inicial (HC nº 84.827/TO, Relator o Ministro Marco Aurélio, DJ de 23/11/07), de fato, assentou o entendimento de que é vedada a persecução penal iniciada com base, exclusivamente, em denúncia anônima. Firmou-se a orientação de que a autoridade policial, ao receber uma denúncia anônima, deve antes realizar diligências preliminares para averiguar se os fatos narrados nessa 'denúncia' são materialmente verdadeiros, para, só então, iniciar as investigações" (HC 95.244, Relator o Ministro Dias Toffoli, DJe 30.4.2010).
>
> O procedimento adotado na primeira instância está em consonância com a jurisprudência deste Supremo Tribunal quanto à "realização de diligências preliminares para apurar a veracidade das informações obtidas anonimamente e, então, instaurar o procedimento investigatório propriamente dito" (HC 98.345, Relator o Ministro Marco Aurélio, Redator para o acórdão o Ministro Dias Toffoli, DJ 17.9.2010).

Mais recentemente, há confirmação da orientação. Veja-se a ementa do precedente STF-HC 135.969/MA, Relator Ministro Celso de Mello, 2ª. T., DJ 29.11.16:

> EMENTA: "Habeas corpus" – Sustentação oral em sede de "agravo regimental" – Inadmissibilidade – Constitucionalidade da vedação regimental (ristf, art. 131, § 2º) – Suposta fundamentação do ato decisório que determinou a interceptação telefônica exclusivamente em delação anônima – Inocorrência – Persecução penal e delação anônima – Viabilidade, desde que a instauração formal do procedimento investigatório e a produção probatória tenham sido precedidas de averiguação sumária, "com prudência e discrição",

> destinada a apurar a verossimilhança dos fatos delatados e da respectiva autoria – Apuração preliminar efetivada pela autoridade competente – Doutrina – Precedentes do supremo tribunal federal – Alegação de perda da cadeia de custódia referente à prova penal – Matéria não examinada pelo superior tribunal de justiça – Impetração com apoio em fundamentos não apreciados pelo tribunal apontado como coator: hipótese de incognoscibilidade, nesse ponto, do "writ" constitucional – Parecer da procuradoria-geral da república pelo indeferimento do pedido – Recurso de agravo improvido

Em sentido similar, também há precedentes do E. Superior Tribunal de Justiça, a exemplo do julgado STJ-RHC 59.542 - PE (2015/0112271-4), Relator Ministro Schietti Cruz, 6ª. T., DJ 20.10.16:

> RECURSO EM HABEAS CORPUS. CONCUSSÃO. INSTAURAÇÃO DE INQUÉRITO POLICIAL E POSTERIOR REPRESENTAÇÃO PELA QUEBRA DE SIGILO TELEFÔNICO. DENÚNCIA ANÔNIMA. VALIDADE DESDE QUE CORROBORADA POR OUTROS ELEMENTOS DE INFORMAÇÃO. INVESTIGAÇÃO PRELIMINAR REALIZADA. GRAVAÇÃO CLANDESTINA REALIZADA POR UM DOS INTERLOCUTORES. VALIDADE. INTERCEPTAÇÃO TELEFÔNICA. NULIDADE DA DECISÃO. NÃO OCORRÊNCIA. OBSERVÂNCIA DOS REQUISITOS DA LEI N. 9.296/1996. RECURSO NÃO PROVIDO. 1. Segundo a jurisprudência desta Corte, a denúncia anônima pode dar início à investigação, desde que corroborada por elementos informativos prévios que denotem a verossimilhança da comunicação. 2. Diante da confecção de relatório de investigação preliminar, anterior à portaria de instauração do inquérito policial, constata-se que o procedimento investigatório foi embasado em outros elementos informativos, além da notícia anônima. 3. É válida a utilização da gravação ambiental realizada por um dos interlocutores do diálogo como meio de prova no processo penal, independentemente de prévia autorização judicial. Precedentes. 4. O provimento judicial que autoriza a interceptação telefônica – admitida pela Constituição Federal, em seu art. 5°, XII, e regulamentada pela Lei n. 9.296/1996 – deve ser ordenado por juiz competente para o julgamento da ação principal, diante da existência de indícios razoáveis de autoria ou participação em infração penal punida com reclusão, ante a inexistência de outros meios de se produzir a prova. 5. O Juízo de primeiro grau indicou

> a existência de indícios razoáveis de participação dos recorrentes em delito punido com reclusão – concussão –, bem como a necessidade da medida cautelar para instruir a investigação criminal. 6. Foram também observados os requisitos legais relativos à indicação da finalidade de instruir a investigação criminal e a imprescindibilidade do meio de prova em questão, porquanto se apresentou a interceptação telefônica como medida indispensável à colheita de elementos necessários ao desenrolar da persecução. 7. Recurso não provido.

Do mesmo Colendo Superior Tribunal de Justiça segue outro julgado que bem ilustra a possibilidade de utilização da notícia anônima, seguida de diligências preliminares de confirmação, com consequente interceptação de comunicação telefônica. É o STJ-HC 172.893/SP, Rel. Min. Jorge Mussi, 5ª. T., DJ 13.3.12:

> HABEAS CORPUS. QUADRILHA E CONCUSSÃO (ARTIGOS 288 E 316 DO CÓDIGO PENAL). INTERCEPTAÇÃO TELEFÔNICA. ALEGAÇÃO DE NÃO EXAURIMENTO DE OUTROS MEIOS DE PROVA DISPONÍVEIS. APONTADA FALTA DE INDÍCIOS DE AUTORIA. VIOLAÇÃO AOS INCISOS II E IV DO ARTIGO 2º E AO ARTIGO 4º DA LEI 9.296/1996 NÃO CONFIGURADA. QUEBRA DO SIGILO AUTORIZADA APÓS A REALIZAÇÃO DE DILIGÊNCIAS COM O OBJETIVO DE APURAR A EVENTUAL PRÁTICA DE ILÍCITOS NOTICIADA. 1. Do teor do requerimento do Ministério Público e do respectivo pronunciamento judicial, vê-se que a interceptação telefônica do paciente e demais corréus não foi deferida sem a demonstração da necessidade de sua realização, tampouco diante da ausência de indícios razoáveis de autoria. 2. Embora o Parquet tenha pleiteado a quebra do sigilo telefônico dos investigados apenas um dia após o recebimento da notícia de que estariam pressionando o Prefeito de Igarapava a lhes repassar dinheiro como modo de favorecimento, o certo é que o Grupo de Atuação Especial de Combate ao Crime Organizado - GAECO, Núcleo de Franca/SP, diligenciou no sentido de confirmar tais informações, notadamente a de que o ilícito estaria sendo praticado nas dependências da Câmara Municipal e por meio de ligações efetuadas ao chefe do Executivo, ocasião em que foram identificadas as linhas de telefone supostamente utilizadas pelos investigados, algumas delas inclusive cadastradas em nome do órgão público ou de terceiros. 3. Na portaria

de instauração do procedimento investigatório criminal, determinou-se a identificação e qualificação dos vereadores supostamente envolvidos na prática criminosa, bem como o levantamento dos números de telefones que seriam por eles utilizados, o que revela que foram efetuadas diligências preliminares para averiguar se os parlamentares acusados seriam efetivamente as pessoas cuja quebra do sigilo telefônico posteriormente se requereu. Determinou-se a identificação e qualificação dos vereadores supostamente envolvidos na prática criminosa, bem como o levantamento dos números de telefones que seriam por eles utilizados, o que revela que foram efetuadas diligências preliminares para averiguar se os parlamentares acusados seriam efetivamente as pessoas cuja quebra do sigilo telefônico posteriormente se requereu. 4. Não se pode afirmar, como pretendem os impetrantes, que não teriam sido declinadas pelo órgão ministerial quais diligências preliminares foram efetivadas para confirmar a denúncia recebida pelo GAECO, Núcleo de Franca/SP, pois tendo os delatores asseverado que alguns vereadores estariam exigindo do Prefeito Municipal o repasse de dinheiro de verbas públicas como modo de favorecimento, cumpria ao Ministério Público checar os nomes dos supostos envolvidos, bem como procurar indícios que confirmassem a acusação, como de fato foi feito, consoante se depreende do pedido de interceptação telefônica e dos documentos que o acompanharam. INTERCEPTAÇÃO TELEFÔNICA QUE TERIA SIDO REQUERIDA E AUTORIZADA A PARTIR DE NOTITIA CRIMINIS ANÔNIMA. DELAÇÃO FORMULADA POR PESSOAS QUE SE IDENTIFICARAM, MAS QUE PRESTARAM INFORMAÇÕES SOB A CONDIÇÃO DE NÃO TEREM REVELADAS SUAS IDENTIDADES. REALIZAÇÃO DE DILIGÊNCIAS PRÉVIAS PELO ÓRGÃO MINISTERIAL PARA A APURAÇÃO DA VERACIDADE DOS DADOS OBTIDOS. COAÇÃO ILEGAL NÃO EVIDENCIADA. DENEGAÇÃO DA ORDEM. 1. As pessoas que compareceram ao GAECO, Núcleo de Franca/sp, se identificaram, "mas prestaram informações sob a condição de não ter revelada a sua identidade, por fundado temor de represálias", circunstância que evidencia que não se tratou de delação apócrifa, as sim de dados fornecidos mediante a proteção da identidade de quem prestou declarações, inexistindo óbice, a princípio, de que posteriormente as partes possam ter acesso às informações dos acusadores, até mesmo mediante pedido formulado à autoridade judicial. 2. Ainda que assim não fosse, não há dúvidas de que o Grupo de Atuação Especial de Combate ao Crime Organizado - GAECO, Núcleo de Franca/SP, que recebeu a denúncia, tendo em vista a gravidade dos fatos nela contidos, teve a necessária cautela de efetuar diligências preliminares, consistentes na averiguação da veracidade das informações, com a finalidade de confirmar os dados que lhe foram fornecidos, o que afasta a alegação de que as interceptações telefônicas teriam sido pleiteadas e deferidas com base unicamente em notícia anônima. 3. Ordem denegada.

Este precedente, conquanto mais antigo, merece seleção por deixar bastante evidente a natureza das diligências prévias, cujo teor pode mesmo ser informal, buscando averiguar a verossimilhança da *notitia criminis* anônima.

Como se vê, os julgados, tanto do C. Supremo Tribunal Federal, quanto do E. Superior Tribunal de Justiça, validam investigações quando seus nascedouros residam em notícias anônimas, desde que sucedidas por imediatas diligências preliminares, ainda que informais, de coleta de informações. A partir daí, inclusive, permite-se a utilização de interceptação telefônica, de modo que estes dados trazidos de modo anônimo, acompanhados de confirmações preliminares, forjam, na esteira dos precedentes, indícios de autoria e materialidade (art. 2º, I, Lei 9.296/96 *a contrario sensu*).

Enfim, toca à autoridade encarregada de investigar, antes de *colocar alguém na posição de imputado* (no caso de inquéritos policiais, na posição de *indiciado),* certificar-se do conteúdo da denúncia apócrifa. Afinal, trata-se de posição extremamente gravosa para o cidadão, colocado à mercê da concreta ação do poder punitivo estatal. Por isso, o exercício de imputação do fato a alguém, ainda que na inicial condição de investigado ou indiciado, não deriva de ato caprichoso da autoridade pública. Esta deve confirmar se o conteúdo da denúncia anônima tem algum suporte, a permitir investigar alguém. Neste sentido, dá-se a exigência de que a autoridade seja cautelosa.

Se alguém é automaticamente indiciado em inquérito policial pela só denúncia anônima de que cometeu crimes, o ato de autoridade torna-se questionável em via de *habeas corpus*, manejado para trancamento da investigação. Agora, após a checagem da verossimilhança, "caberá à autoridade policial, se dispuser de informações minimamente suficientes, a investigação acerca dos fatos relatados", assinala Mougenot Bonfim, apoiado em precedente do TRF da 4ª Região, RT 789/730: "É dever funcional da polícia a instauração de inquérito para investigação em se tratando de hipótese de ação penal pública"[15], quando de notícia-crime anônima.

Não custa lembrar, em arremate, que o procedimento investigatório criminal compõem-se de peças de informação: neste sentido, é clássico no direito brasileiro que eventuais vícios nele constantes não têm efeito anulatório sobre a ação penal, tratando-se de irregularidades administrativas. Qualquer manual de processo penal exalta tais aspectos, ao tratar das características do inquérito policial. Dentre tantos, pontuava Mirabete[16], arrolando farta jurisprudência das Instâncias Raras, que "o inquérito policial, em síntese, é mero procedimento informativo e não ato de jurisdição e, assim, os vícios nele acaso existentes não afetam a ação penal a que deu origem". Do mesmo modo, Denilson Feitoza assinala que "os vícios do inquérito policial não constituem nulidades, mas meras irregularidades. Em outras palavras, seus vícios não acarretam nulidades processuais"[17]. O já mencionado Mougenot Bonfim anota que...

> "...exatamente por ser o inquérito policial peça meramente informativa, os vícios ocorridos durante seu trâmite não contaminarão a ação penal ajuizada. As irregularidades presentes no inquérito não invalidam o processo, atingindo somente a eficácia do ato viciado. Assim, a título de exemplo, eventual vício na lavratura do auto de prisão em flagrante deverá tão-só redundar no relaxamento da prisão, e não na necessidade de que seja reconduzido o inquérito policial a partir desse ato."[18]

---

15 MOUGENOT BONFIM, Edilson. *Código de Processo Penal Anotado.* São Paulo: Saraiva, 2007, pp. 33 e 35, respectivamente.

16 MIRABETE, Júlio F. *Código de Processo Penal Interpretado.* 11ª. ed. São Paulo: Atlas, 2003, p. 92.

17 FEITOZA, Denilson. *Direito Processual Penal.* Niterói: Impetus, 2009, p. 181.

18 MOUGENOT BONFIM, Edilson. *Código de Processo Penal Anotado.* São Paulo: Saraiva, 2007, p. 26.

Desta observação de Mougenot, um dado importante: se a eventual nulidade de um ato da investigação redunda na nulidade da denúncia, impedindo a ação penal, o efeito é *refazer-se* a investigação. Apenas refeita a investigação, há eventual nova oferta de denúncia. Sem embargo, todo este conjunto de comentários há de ser matizado pela inadmissibilidade da prova ilícita no processo, orientada pela ideia de nulidade derivada (teoria dos frutos da árvore envenenada), como bem pontua Renato Brasileiro de Lima, o qual arremata o raciocínio nos precisos termos seguintes: "Isto, todavia, não significa dizer que todo o inquérito será considerado nulo. Afinal, é possível que constem da investigação policial elementos de informação que não foram contaminados pela ilicitude originária (teoria da fonte independente)"[19]. O comentário é consentâneo com o art. 157, 1º e 2º, CPP.

Destarte, convalida-se a possibilidade da investigação criminal ter desate a partir de notícia anônima com a soma da (a) noção de que tem valor informativo se antecedida de diligências mínimas para constatação de sua verossimilhança, de um lado, com (b) a percepção de que o caderno investigativo é de traço informativo e não contraditório, de outro. De fato, além de informativo, o caderno inquisitorial não enseja exercício de contraditório. O acesso à prova coligida contra o imputado dá-se a partir da instrução em juízo, sem prejuízo de controle, pela defesa, aos atos do inquérito, mediante acesso às diligências finalizadas (garantida pela Súmula Vinculante 14 do STF), assecuração de eventuais requerimentos e contribuições com fins probatórios ou, no extremo, pelo uso de remédios heroicos como o habeas corpus ou o mandado de segurança (quando o constrangimento não se dirige ao direito ambulatório).

Enfim, com os contornos extraídos, sobretudo, do tratamento dado às notícias anônimas de crimes pelas Instâncias Raras, tem-se neutralizados os prejuízos para a ampla defesa e contraditório, derivados do não conhecimento da identidade da pessoa que inicialmente levou o fato ao investigador:

---

19 LIMA, Renato Brasileiro de. *Manual de Processo Penal.* Volume I. Niterói: Impetus, 2011, p. 114.

a) pela exigência de que o próprio início da investigação tenha amparo em diligências complementares à *delatio,* dando-lhe plausibilidade e verossimilhança;

b) pelo pleno acesso às provas que, daí em diante colhidas, amparam a denúncia;

c) em havendo prova oral, pela plena possibilidade de contraditar as testemunhas e questionar os motivos dos informantes.

Note-se, com efeitos, que os fatos narrados na denúncia tem que dar-lhe justa causa – compreendida como início de prova – para que haja o respectivo recebimento. Ao depois, em juízo, esta base probatória inicial submete-se obrigatoriamente ao contraditório. Neste momento, exsurge o direito ao confronto, enquanto direito de participação do imputado na recolha da prova oral,[20] dele derivando o direito de "conhecer a verdadeira identidade das fontes de prova testemunhal (...) essencial para a efetividade tanto do exame cruzado quanto da argumentação da defesa técnica sobre a credibilidade dessa fonte, ao ensejo da subsequente fase da valoração da prova testemunhal"[21]. Com estas possibilidades franqueadas desde o conjunto de garantias processuais asseguradas aos litigantes pelo art. 5º da Carta Constitucional, o réu neutraliza eventual déficit produzido pelo anonimato da notícia do crime que, de início, foi levada ao conhecimento da autoridade. É, de fato, preciso pontuar que a defesa é deduzida em face de denúncia com a correlata justa causa apontada no corpo da narrativa fática, e não em face do quanto constou da notícia anônima. De outro modo: os fatos que instam a necessária defesa são os da exordial acusatória, cuja comprovação onera o agente ministerial, devendo ocorrer no curso da instrução em juízo!

De outro lado, emerge clara percepção de que o anonimato do informante mostra-se fundamental em situações nas quais se delatam crimes graves, praticados por pessoas envolvidas em cotidiano de criminalidade ou ocupantes – no caso de crimes funcionais – de

---

20 LIMA, Renato Brasileiro de. *Manual de Processo Penal.* Volume I. Niterói: Impetus, 2011, p. 1011.

21 LIMA, Renato Brasileiro de. *Manual de Processo Penal.* Volume I. Niterói: Impetus, 2011, p. 1013.

posições de poder. Nestes casos, há mesmo necessidade de preservar a identidade do noticiante a salvo do conhecimento do imputado, de modo a exonerá-lo de represálias e garantir a consistência das informações em prol do interesse público[22]. Os serviços de disque-denúncia apoiam-se nestas premissas.

Mais: mesmo em juízo, excepcionalmente, pode-se restringir o direito do réu de audiência da testemunha, na forma do art. 217, CPP. Do mesmo modo, com apoio no art. 201, 6°, poderá ocorrer a preservação do ofendido, em corolário, inclusive, do art. 24 da Convenção da ONU contra o Crime Organizado, de 2000, da qual o Brasil é signatário.

Não custa recordar, com Flávio Cardoso Pereira, que o temor dos noticiantes ante represálias se soma à falta de "plena confiança nos programas de proteção de vítimas e testemunhas"[23]. No Brasil, a Lei 9.807/99 rege a matéria.

Ainda, impõe-se considerar que a investigação, persecução e julgamento de fatos criminosos inscreve-se, segundo o atual olhar da Corte Interamericana de Direitos Humanos, como direito assegurado às vítimas, conferindo inclusive em favor delas via para reparação civil através da resposta penal[24]. Neste sentido, ainda que a notícia de crime venha à autoridade por notícia anônima, sua inércia violaria o dever estatal de investigar, perseguir, julgar e eventualmente condenar responsáveis pelo atentado a direitos humanos (a ofensa a bens jurídico-penais traduz, em regra, este atentado). Convém lembrar a advertência de Feldens:

> "Projetados sobre a fase pré-processual, esse dever estatal de proteção dissipa-se na obrigatoriedade do Estado de implementar, ante a agressão de direitos humanos ou fundamentais, uma investigação séria e exaustiva, reputando-se ilícita sua omissão no setor,

---

22 SLUPSKI, Diego Javier. *Modernos medios de investigación em materia penal.* Buenos Aires: Cathedra Juridica, 2015, p. 24.

23 PEREIRA, Flávio Cardoso. *Agente encubierto y proceso penal garantista: límites y desafíos.* Córdoba: Lerner, 2012, p. 406.

24 Vide CIDH. Caso Trabalhadores da Fazenda Brasil Verde vs. Brasil. Sentença de 20 de outubro de 2016, pontos 381, 398, 400, 404 a 406.

sujeitando-o, ademais, à responsabilidade internacional perante as Cortes de Direitos Humanos."[25]

A título exemplificativo, o Caso Fazenda Brasil Verde, em que há reafirmação desta postura, destinada a coibir ofensas a direitos humanos, sejam praticadas pelo Estado, seja por outros agentes, públicos ou particulares, pessoas físicas ou jurídicas:

> "Para que o Estado satisfaça o dever de garantir adequadamente diversos direitos protegidos na Convenção, entre eles o direito de acesso à justiça, é necessário que cumpra seu dever de investigar, julgar e, se for o caso, punir estes fatos e reparar os danos causados. Para alcançar esse fim, o Estado deve observar o devido processo e garantir, entre outros, o princípio de prazo razoável, os recursos efetivos e o cumprimento da sentença."[26]

Tratava-se de caso em que mais de cem pessoas foram submetidas à trabalho em condição de servidão, análoga à escravidão, pelos proprietários e funcionários da administração da empresa rural Fazenda Brasil Verde, nas imediações de Marabá, estado do Pará. O compromisso com a vítima, neste julgado, ficou claro em dupla perspectiva: a) determinou-se ao Brasil que investigasse, processasse e julgasse o caso, punindo responsáveis, mesmo com a notícia de que se decretou a prescrição da pretensão punitiva no bojo da ação penal. A CIDH centrou-se na imprescindibilidade de crimes que ofendem o direito internacional das gentes[27] (*jus cogens;* b) a CIDH considerou que houve a violação do princípio à razoável duração do processo tomando as vítimas como destinatárias da proteção[28]. A punição ao Estado brasi-

---

[25] FELDENS, Luciano. "O dever estatal de investigar: imposição decorrente dos direitos humanos e fundamentais como imperativo de tutela". In *Limites Constitucionais da Investigação.* (Org. Rogério Sanches Cunha, Pedro Taques, Luiz Flávio Gomes). São Paulo: RT, 2009, p. 241.

[26] CIDH. Caso Trabalhadores da Fazenda Brasil Verde vs. Brasil. Sentença de 20 de outubro de 2016, ponto 412.

[27] CIDH. Caso Trabalhadores da Fazenda Brasil Verde vs. Brasil. Sentença de 20 de outubro de 2016, ponto 455: "...a Corte recorda que, de acordo com sua jurisprudência constante, os delitos que representem graves violações de direitos humanos não podem ser objeto de prescrição."

[28] CIDH. Caso Trabalhadores da Fazenda Brasil Verde vs. Brasil. Sentença de 20 de outubro de 2016, ponto 382.

leiro, no caso, derivou do excesso de demora em julgar o caso e, por conseguinte, punir os responsáveis, dando resposta às vítimas, carentes de proteção estatal eficiente (contraponto do princípio da vedação de proteção deficiente em matéria penal, inserido na ótica do direito e processo penal como mecânica de proteção de vítimas).

III A ABERTURA DE INQUÉRITO CIVIL PÚBLICO PARA APURAÇÃO DE IMPROBIDADE ADMINISTRATIVA A PARTIR DE NOTÍCIA ANÔNIMA

A normativa que rege a Lei de Ação Civil Pública, conjugada à LIA, fornece os parâmetros iniciais para avaliar o cabimento de início de investigação por improbidade a partir de *notitia* anônima. A primeira, através do art. 6º, dispõe que "qualquer pessoa poderá e o servidor público deverá provocar a iniciativa do Ministério Público, ministrando-lhe informações sobre fatos que constituam objeto da ação civil e indicando-lhe os elementos de convicção."

Não há exigências de qualificação do noticiante e do registro desta qualificação como condição para início da investigação de matéria objeto de inquérito civil pública. Há, porém, a necessidade da indicação de elementos de convicção. Note-se que o art. 6º regula infraconstitucionalmente a regra do art. 129, III, CR, que arrola, dentre as funções institucionais do MP, "promover o inquérito civil e a ação civil pública para a proteção do patrimônio público e social, do meio ambiente e de outros interesses difusos e coletivos."

A seu turno, a LIA, através do art. 14, disciplina que:

> Art. 14. Qualquer pessoa poderá representar à autoridade administrativa competente para que seja instaurada investigação destinada a apurar a prática de ato de improbidade.
>
> § 1º A representação, que será escrita ou reduzida a termo e assinada, conterá a qualificação do representante, as informações sobre o fato e sua autoria e a indicação das provas de que tenha conhecimento.
>
> § 2º A autoridade administrativa rejeitará a representação, em despacho fundamentado, se esta não contiver as formalidades estabelecidas no § 1º deste artigo. A rejeição não impede a representação ao Ministério Público, nos termos do art. 22 desta lei.

> § 3º Atendidos os requisitos da representação, a autoridade determinará a imediata apuração dos fatos que, em se tratando de servidores federais, será processada na forma prevista os arts. 148 a 182 da Lei no. 8.112, de 11 de dezembro de 1990, e, em se tratando de servidor militar, de acordo com os respectivos regulamentos disciplinares.

Conquanto a Lei de Ação Civil Pública não trace, pois, exigências no sentido de que o informante seja identificado, o tratamento legal contido na LIA é mais rigoroso e alinhado com o art. 5º, IV, CR. Exige a qualificação e assinatura, por parte do informante, da representação que formula contra servidor pela prática de improbidade. Ao avesso, a representação pode ser indeferida pela autoridade investigatória.

Porém, é de ver que o art. 22 da LIA franqueia ao agente do Ministério Público, enquanto encarregado do Inquérito Civil Público, a respectiva abertura de ofício. Isto poderia ser extraído da teoria dos poderes implícitos, com amparo em sua capacidade requisitória, mas a Carta Magna torna este esforço desnecessário. Como já dito, o art. 129, III, CR, explicitamente atribui *ex officio* ao MP a abertura de inquérito civil. Ele é o instrumento apto à averiguação do ato de improbidade, destinado a reunir indícios suficientes para a correlata ação civil pública, nos termos exigidos pelo art. 17, 6º, LIA – verdadeira justa causa, enquanto condição da ação (similar ao processo penal). Veja-se a redação do art. 22 antecitado:

> Art. 22. Para apurar qualquer ilícito previsto nesta lei, o Ministério Público, de ofício, a requerimento de autoridade administrativa ou mediante representação formulada de acordo com o disposto no art. 14, poderá requisitar a instauração de inquérito policial ou procedimento administrativo.

Com efeito, fica claro pelo art. 22 da LIA que a representação não é a única maneira de principiar investigação de improbidade, sobretudo quando instrumentalizada por Inquérito Civil Público. Mitiga-se, portanto, a necessidade da plena identificação do primeiro noticiante da prática de improbidade.

A percepção do C. STJ dá-se neste sentido, conforme consta do AgInt no REsp 1281019/RJ, 2011/0216552-9, Relator Min Mauro Campbell Marques, 2ª. T., DJ, 23.05.17, DP 30.05.17. Didático, porém, é o precedente do STJ no recurso especial nº 1.447.157 -SE,

(2014/0078209-5), Relator Ministro Humberto Martins , 2ª. T., DJ 10.11.15:

> "ADMINISTRATIVO E PROCESSUAL CIVIL. AÇÃO CIVIL PÚBLICA. IMPROBIDADE ADMINISTRATIVA. CERCEAMENTO DE DEFESA. NECESSIDADE DE PRODUÇÃO DE PROVAS. SÚMULA 7/STJ. PRECEDENTES. UTILIZAÇÃO DE PROVA EMPRESTADA. RESPEITO AOS PRINCÍPIOS DA AMPLA DEFESA E DO CONTRADITÓRIO. POSSIBILIDADE. PRECEDENTES. SÚMULA 83/STJ. INQUÉRITO CIVIL. ABERTURA COM BASE EM DENÚNCIA ANÔNIMA. POSSIBILIDADE. PRECEDENTES. SÚMULA 83/STJ. INTERCEPTAÇÃO TELEFÔNICA. PRORROGAÇÃO DO PRAZO. POSSIBILIDADE. PRECEDENTES DESTA CORTE E DO STF. PARTICIPAÇÃO DO MP EM TODOS OS PROCEDIMENTOS DE INTERCEPTAÇÃO TELEFÔNICA. REVISÃO. SÚMULA 7/STJ. DOSIMETRIA DAS PENAS. REVISÃO. SÚMULA 7/STJ. DIVERGÊNCIA JURISPRUDENCIAL. DESPICIENDO A ANÁLISE QUANDO APLICADO O ENTENDIMENTO PACÍFICO PELA ALÍNEA "A" DO PERMISSIVO CONSTITUCIONAL.
>
> 1. Cuida-se de ação civil pública, por improbidade administrativa proposta pelo Ministério Público Federal, objetivando a condenação por atos ímprobos, de ex-policial Rodoviário Federal, em decorrência de ter "continuamente deixado de praticar ato de ofício, liberando veículos indevidamente, deixando de lavrar multas e, eventualmente, cobrando, aceitando ou solicitando propina; além de ter defendido interesse ilegítimo de particular perante a Polícia Rodoviária Federal; de ter deixado de praticar ato de ofício em razão de interesse ou sentimento pessoal; de associação com outros policiais para a prática reiterada de atos de improbidade administrativa, em troca de vantagem ilícita" (fl. 1.164, e-STJ).
>
> 2. (...)
>
> 3. (...)
>
> 4. Esta Corte já se manifestou no sentido de que a denúncia anônima não é óbice à instauração de inquérito civil por parte do Ministério Público. A instauração de inquérito civil é prerrogativa constitucionalmente assegurada ao Parquet , a quem compete a

defesa da ordem jurídica, do regime democrático e dos interesses sociais e individuais indisponíveis.

5. Nesse diapasão, a legislação atinente ao Ministério Público autoriza sua atuação ante o conhecimento de fatos que ensejem sua intervenção, irrelevante tratar-se de denúncia anônima. Precedentes. Súmula 83/STJ. (...)

No corpo do voto condutor, há um apanhado das razões legais e da esteira jurisprudencial de decisões sobre o tema no STJ. Por economia e diante da objetividade das considerações, permitimo-nos a plena transcrição do ponto:

"DA ALEGADA DENÚNCIA ANÔNIMA

Esta Corte já se manifestou no sentido de que a denúncia anônima não é óbice à instauração de inquérito civil por parte do Ministério Público. A instauração de inquérito civil é prerrogativa constitucionalmente assegurada ao Parquet , a quem compete a defesa da ordem jurídica, do regime democrático e dos interesses sociais e individuais indisponíveis. Trata-se, com efeito, de procedimento administrativo restrito ao âmbito do Ministério Público por meio do qual se colhem elementos de informação e convicção, os quais, caso demonstrem a possibilidade da existência de algum ilícito, podem dar ensejo ao ajuizamento de ação civil pública.

No âmbito infraconstitucional, essa prerrogativa encontra base legal no art. 8º, § 1º, da Lei 7.347/1985, segundo o qual "o Ministério Público poderá instaurar, sob sua presidência, inquérito civil, ou requisitar, de qualquer organismo público ou particular, certidões, informações, exames ou perícias, no prazo que assinalar, o qual não poderá ser inferior a 10 (dez) dias úteis".

A reforçar a legitimidade de atuação do Parquet , assim dispõe o art. 27, parágrafo único, da Lei n8.625/93:

"Art. 27. Cabe ao Ministério Público exercer a defesa dos direitos assegurados nas Constituições Federal e Estadual, sempre que se cuidar de garantir-lhe o respeito: (...) Parágrafo único. No exercício das atribuições a que se refere este artigo, cabe ao Ministério Público, entre outras providências: I - receber notícias de irregularidades, petições ou reclamações de qualquer natureza, promover as apurações cabíveis que lhes sejam próprias e dar-lhes as soluções adequadas ; II - zelar pela celeridade e racionalização dos procedimentos administrativos; III - dar andamento, no prazo de trinta dias, às notícias de irregularidades, petições ou reclamações referidas no inciso I; (...)".

Cumpre destacar, a propósito, que o Conselho Superior do Ministério Público procedeu à normatização do inquérito civil, por meio da Resolução 23/2007, que assim dispõe:

"Art. 2º O inquérito civil poderá ser instaurado:

I – de ofício;

II – em face de requerimento ou representação formulada por qualquer pessoa ou comunicação de outro órgão do Ministério Público, ou qualquer autoridade, desde que forneça, por qualquer meio legalmente permitido, informações sobre o fato e seu provável autor, bem como a qualificação mínima que permita sua identificação e localização ;

III – por designação do Procurador-Geral de Justiça, do Conselho Superior do Ministério Público, Câmaras de Coordenação e Revisão e demais órgãos superiores da Instituição, nos casos cabíveis.

§ 1º O Ministério Público atuará, independentemente de provocação, em caso de conhecimento, por qualquer forma, de fatos que, em tese, constituam lesão aos interesses ou direitos mencionados no artigo 1º desta Resolução, devendo cientificar o membro do Ministério Público que possua atribuição para tomar as providências respectivas, no caso de não a possuir.

§ 2º No caso do inciso II, em sendo as informações verbais, o Ministério Público reduzirá a termo as declarações. Da mesma forma, a falta de formalidade não implica indeferimento do pedido de instauração de inquérito civil, salvo se, desde logo, mostrar-se improcedente a notícia, atendendo-se, na hipótese, o disposto no artigo 5º desta Resolução .

§ 3º O conhecimento por manifestação anônima, justificada, não implicará ausência de providências, desde que obedecidos os mesmos requisitos para as representações em geral, constantes no artigo 2º, inciso II, desta Resolução .

§ 4º O Ministério Público, de posse de informações previstas nos artigos 6º e 7º da Lei nº 7.347/85 que possam autorizar a tutela dos interesses ou direitos mencionados no artigo 1º desta Resolução, poderá complementá-las antes de instaurar o inquérito civil, visando apurar elementos para identificação dos investigados ou do objeto, instaurando procedimento preparatório.

§ 5º O procedimento preparatório deverá ser autuado com numeração seqüencial à do inquérito civil e registrado em sistema próprio, mantendo-se a numeração quando de eventual conversão.

§ 6º O procedimento preparatório deverá ser concluído no prazo de 90 (noventa) dias, prorrogável por igual prazo, uma única vez, em caso de motivo justificável.

§ 7º Vencido este prazo, o membro do Ministério Público promoverá seu arquivamento, ajuizará a respectiva ação civil pública ou o converterá em inquérito civil" .

Nesse diapasão, a legislação atinente ao Ministério Público autoriza sua atuação ante o conhecimento de fatos que ensejem sua intervenção, irrelevante tratar-se de denúncia anônima. Nesse sentido:

"ADMINISTRATIVO E CONSTITUCIONAL. RECURSO ORDINÁRIO EM MANDADO DE SEGURANÇA. INQUÉRITO CIVIL ABERTO PELO MINISTÉRIO PÚBLICO COM BASE EM DENÚNCIA ANÔNIMA. POSSIBILIDADE. (...) 3. No caso, o parquet instaurou inquérito civil com base em denúncia anônima que continham indícios que supostamente caracterizariam fraudes em procedimentos licitatórios, bem como baseou-se em noticia determinada que é objeto em outros inquéritos civis. 4. Recurso ordinário não provido." (RMS 37.166/SP, Rel. Ministro BENEDITO GONÇALVES, PRIMEIRA TURMA, julgado em 09/04/2013, DJe 15/04/2013.)

"CONSTITUCIONAL E ADMINISTRATIVO. MANDADO DE SEGURANÇA. QUEBRA DE SIGILO BANCÁRIO. APURAÇÃO DE ATO DE IMPROBIDADE ADMINISTRATIVA. ENRIQUECIMENTO ILÍCITO. POSSIBILIDADE. DENÚNCIA ANÔNIMA. INVESTIGAÇÃO SOBRE SUA VERACIDADE. POSSIBILIDADE. (...) 2. O art. 1º, § 3º, inc. IV, da Lei Complementar n. 105/01 descaracteriza a violação ao dever de sigilo 'a comunicação, às autoridades competentes, da prática de ilícitos penais ou administrativos, abrangendo o fornecimento de informações sobre operações que envolvam recursos provenientes de qualquer prática criminosa'. 3. A seu turno, o art. 8º, § 2º, da Lei Complementar n. 75/93, em leitura conjugada com o art. 80 da Lei

n. 8.625/93, é claro ao dispor que 'nenhuma autoridade poderá opor ao Ministério Público, sob qualquer pretexto, a exceção de sigilo, sem prejuízo da subsistência do caráter sigiloso da informação, do registro, do dado ou do documento que lhe seja fornecido'. 4. Por sua vez, o § 4º do mesmo dispositivo permite a quebra de sigilo quando necessária para a apuração de ocorrência de qualquer ilícito, especialmente nos crimes contra a Administração Pública, como é o caso dos autos, em que há suspeita de prática de corrupção. De fato, não poderia a privacidade constituir direito absoluto a ponto de sobrepor-se à moralidade pública. 5. Nesse sentido, a proporcionalidade da medida excepcional justifica-se sobretudo diante (i) da evolução patrimonial do recorrente, incompatível com sua renda como agente fiscal da Receita Estadual, (ii) da necessidade de examinar se efetivamente houve enriquecimento ilícito (elemento da improbidade administrativa do art. 9º da Lei n. 8.429/1992) e se existem outros agentes envolvidos, e (iii) da impossibilidade de se comprovar essa evolução senão por meio das declarações de patrimônio e renda prestadas à Receita Federal para fins de fiscalização do Imposto de Renda e da movimentação da CPMF que indicará a consistência ou a inconsistência das informações prestadas ao Fisco. 6. E mais: o objeto encontra-se devidamente especificado, consoante se observa do trecho da petição em que se complementou o pedido de quebra. 7. Impõe-se destacar também que a "denúncia" anônima, quando fundada - vale dispor, desde que forneça, por qualquer meio legalmente permitido, informações sobre o fato e seu provável autor, bem como a qualificação mínima que permita sua identificação e localização -, não impede a respectiva investigação sobre a sua veracidade, porquanto o anonimato não pode servir de escudo para eventuais práticas ilícitas e ponto de transformar o Estado em verdadeiro paraíso fiscal. 8. Aliás, o art. 2º, § 3º, da Resolução n. 23/07, do Conselho Nacional do Ministério Público, é expresso ao prever a necessidade de tomada de providências, ainda que o conhecimento pelo Parquet de fatos constituidores, em tese, de lesão aos interesses e direitos cuja proteção está a seu cargo se dê por manifestação anônima. Precedentes. 9. Recurso ordinário não provido." (RMS 32.065/PR, Rel. Ministro MAURO CAMPBELL MARQUES, SEGUNDA TURMA, julgado em 17/02/2011, DJe 10/03/2011.)

"PROCESSO CIVIL E ADMINISTRATIVO - MANDADO DE SEGURANÇA - TRANCAMENTO DE INQUÉRITO CIVIL

> PARA APURAÇÃO DE ATO DE IMPROBIDADE ADMINISTRATIVO - ENRIQUECIMENTO ILÍCITO - JUSTA CAUSA - PRESCRIÇÃO. 1. Somente em situações excepcionais, quando comprovada, de plano, atipicidade de conduta, causa extintiva da punibilidade ou ausência de indícios de autoria, é possível o trancamento de inquérito civil. 2. Apuração de fatos típicos (artigo 9º da Lei nº 8.429/92), com indícios suficientes de autoria desmentem a alegação de inviabilidade da ação de improbidade. 3. Denúncia anônima pode ser investigada, para comprovarem-se fatos ilícitos, na defesa do interesse público . 4. A ação civil de ressarcimento por ato de improbidade é imprescritível, inexistindo ainda ação contra o impetrante. 5. Recurso ordinário desprovido." (RMS 30.510/RJ, Rel. Ministra ELIANA CALMON, SEGUNDA TURMA, julgado em 17/12/2009, DJe 10/02/2010.)"

A Res. 23/07-CNMP, portanto, condiciona a validade do uso de notícia anônima para dar azo a inquérito civil ao seu conteúdo. Deve fornecer "por qualquer meio legalmente permitido, informações sobre o fato e seu provável autor, bem como a qualificação mínima que permita sua identificação e localização". Ora, estes dados evitam a ideia de uma "bolsa de investigações" inespecífica. Outrossim, permitem o início de averiguação a partir do qual se pode, responsavelmente, colocar alguém na posição de imputado, no campo da improbidade administrativa.

Cumpre, agora, a título conclusivo, fechar o estudo comparativo em marcha.

IV. CONCLUSÕES

Na matéria criminal, a notícia de crime, anônima ou não, não pode ser inespecífica, de modo a configurar uma "bolsa de investigação". O fato noticiado anonimamente, com mais razões – ao tensionar eventuais instrumentos de garantia de defesa, voltados a levantar a falta de credibilidade do delator ou noticiante (eventualmente, até mesmo um inimigo do noticiado que não se pretendeu fazer revelar), que ficam obstados – exige delineamento preciso do objeto de investigação.

Quando fatos específicos são trazidos, por notícia anônima, ao conhecimento da autoridade, não há automática abertura de investigação. É preciso checar preliminarmente a verossimilhança dos dados contidos na notícia. Estes dados se revelam de acordo com os elementos concretos trazidos na *notitia*. Somente se positivados, afirma-se o interesse público na investigação, coligado ao poder-dever estatal de investigar, perseguir e julgar ilícitos penais, herdado do Iluminismo e repetidamente confirmado, como direito das vítimas, no âmbito da Corte Interamericana de Direitos Humanos. Aí há abertura de procedimento investigatório em matéria penal.

Convém seja efetuado o transporte deste delineamento ao campo da improbidade administrativa, quando investigada a partir de denúncia anônima? Parece-nos que sim. Como afirmado de início, a matéria da improbidade é objeto de incidência de um amplo poder punitivo estatal. Ainda que não gere privação de liberdade – coisa que, porém, pode ocorrer pelo aproveitamento dos elementos recolhidos em inquérito civil público na justa causa criminal, mormente em crimes funcionais – há séria restrição de direitos e forte incidência punitiva patrimonial advinda da incidência da LIA.

Assim, sugere-se que a autoridade responsável pelo Inquérito Civil proceda averiguação preliminar da validade, em cognição de mera verossimilhança, dos elementos contidos na notícia anônima. Trata-se de prevenção fundada no princípio impeditivo da geração de prejuízos a terceiros - *neminem laedere* -, que, de outro lado, em nada prejudica o exercício do dever de ofício de apurar e perseguir os atos ímprobos. Ao contrário, garante maior segurança na origem da investigação mesmo para o investigador, pois vaticina perspectiva de bom sucesso na recolha da prova. *A contrario sensu,* a não confirmação inicial dos elementos contidos na notícia, mediante simples e mesmo informal atividade de constatação, evita a instauração de Inquérito Civil inútil e o uso do Estado como instrumento por pessoas com a má intenção de lesarem terceiros.

Quanto às garantias do investigado, não são mitigadas pelo emprego de notícia anônima na gênese do inquérito civil, desde que esta se faça acompanhar de prévios atos mínimos de confirmação, pois – de modo similar ao processo penal – a defesa dar-se-á em plenitude quando da instrução probatória em juízo, diante de inicial acusatória exigente de lastro probatório mínimo pré-constituído. No curso da instrução, as testemunhas são conhecidas pelo imputado e submetidas a exame cruzado. Pode levantar, na audiência, as contraditas que conceber plausíveis e revelar aspectos que desabonem o conteúdo de prova oral informado, aos efeitos da respectiva valoração. Abre-se, para a defesa do requerido, a possibilidade de revelar ao magistrado eventual torção desonesta de fins por parte das testemunhas. Corretamente, Slupski anota que "quando comprovações posteriores permitam corroborar os extremos da denúncia [anônima] encontra-se habilitada a prossecução da investigação, já não tanto sustentada pela denúncia em si, mas pela prova recolhida que permite o início de uma investigação."[29] A observação, é curial, vale tanto em matéria processual penal, como no campo da improbidade.

Recorde-se, afinal, e sem embargo, que a *delatio* anônima de atos de improbidade coloca o comunicante em posição sensível, porquanto, modo geral, atinge pessoas em posição de poder. Estas, afeitas à prática de atos ímprobos, não teriam pejo em praticarem outros tantos, consistentes no uso do cargo público com fins persecutórios, no uso de informações privilegiadas para prejudicar o noticiante, dentre outras possibilidades.

O tratamento estendido, do processo penal ao campo da improbidade, no trato da notícia anônima conferido pelas Instâncias Raras para a abertura de investigações, equaciona (a) as tensões entre a preservação de garantias do imputado e sua proteção contra a má-fé de delatores com (b) o franco interesse público na apuração, processamento e julgamento dos atos de improbidade administrativa, sobretudo no ambiente de corrupção sistêmica que pessimamente emoldura o cotidiano brasileiro.

BIBLIOGRAFIA

BATISTA, Nilo. *Introdução Crítica ao Direito Penal.* Rio de Janeiro: Revan, 1990.

BOBBIO, Norberto., *Direito e Estado no pensamento de Emanuel Kant.* 4ª. ed. Brasília: UNB, 1997.

---

[29] SLUPSKI, Diego Javier. *Modernos medios de investigación em materia penal.* Buenos Aires: Cathedra Juridica, 2015, p. 24.

CASTEX, Francisco. "Modelos anormales de inicio del proceso y participación de la víctima en la investigación preliminar. Dos desafíos para la tarea legislativa". In *Garantías constitucionales en la investigación penal.* (Org. Florencia G. Plazas e Luciano A. Hazan). Buenos Aires: Editores Del Puerto, 2006.

CORTE INTERAMERICANA DE DIREITOS HUMANOS. Caso Trabalhadores da Fazenda Brasil Verde vs. Brasil. Sentença de 20 de outubro de 2016. Disponível em http://www.itamaraty.gov.br/images/Banco_de_imagens/Sentenca_Fazenda_Brasil_Verde.pdf. Acesso em 25.08.17.

COSTA, José de Faria. *Noções Fundamentais de Direito Penal. Fragmenta iuris poenalis. Introdução.* Coimbra: Coimbra Editora, 2007.

FELDENS, Luciano. "O dever estatal de investigar: imposição decorrente dos direitos humanos e fundamentais como imperativo de tutela". In *Limites Constitucionais da Investigação.* (Org. Rogério Sanches Cunha, Pedro Taques, Luiz Flávio Gomes). São Paulo: RT, 2009.

FEITOZA, Denilson. *Direito Processual Penal.* Niterói: Impetus, 2009.

GUARAGNI, Fábio André. "A Lei de Improbidade Administrativa no contexto do controle da Administração Pública: semelhanças e distinções entre o direito administrativo e o direito penal". In *Aspectos controvertidos da Lei de Improbidade Administrativa: uma análise crítica a partir dos julgados dos Tribunais Superiores.* Belo Horizonte: Del Rey, 2016.

LIMA, Renato Brasileiro de. *Manual de Processo Penal.* Volume I. Niterói: Impetus, 2011.

MIRABETE, Júlio F. *Código de Processo Penal Interpretado.* 11ª. ed. São Paulo: Atlas, 2003.

MOUGENOT BONFIM, Edilson. *Código de Processo Penal Anotado.* São Paulo: Saraiva, 2007.

NAPPI, Aniello. *Manuale di Diritto Penale.* Milano: Giuffrè, 2011.

OSÓRIO, Fábio Medina. *Direito Administrativo Sancionador.* 3ª. ed. São Paulo: RT, 2009.

PEREIRA, Flávio Cardoso. *Agente encubierto y proceso penal garantista: límites y desafíos.* Córdoba: Lerner, 2012.

SLUPSKI, Diego Javier. *Modernos medios de investigación em materia penal.* Buenos Aires: Cathedra Juridica, 2015.

TAVARES, Juarez. *Teoria do Injusto Penal.* Belo Horizonte: Del Rey, 2000.

ZUGALDÌA ESPINAR, José Miguel. *Fundamentos de Derecho Penal.* 3ª. ed. Valencia: Tirant lo Blanch, 1993.

CONFLITO DE ATRIBUIÇÕES ENTRE MINISTÉRIO PÚBLICO FEDERAL E ESTADUAL, FORMAS EFICIENTES DE ATUAÇÃO MINISTERIAL E FIXAÇÃO DA COMPETÊNCIA JUDICIAL NA IMPROBIDADE ADMINISTRATIVA

Eduardo Cambi[1]

Resumo: O artigo analisa precedentes do Supremo Tribunal Federal em relação ao conflito de atribuições entre o Ministério Público Federal e Estadual para compreender a interpretação conferida ao art. 102, I, f, da Constituição Federal, bem como os padrões definidos pelo STF para a resolução desses conflitos. O texto também examina como se fixa a competência da Justiça Federal e Estadual para as ações de improbidade administrativa. Com base nessas premissas, procura definir critérios para a atuação eficiente do Ministério Público na defesa do patrimônio público brasileiro.

1 Promotor de Justiça no Estado do Paraná. Assessor da Procuradoria-Geral de Justiça do Paraná. Coordenador do Centro de Estudos e Aperfeiçoamento Funcional (CEAF) do Ministério Público do Paraná. Membro colaborador da Comissão de Direitos Fundamentais do Conselho Nacional do Ministério Público. Coordenador Estadual do Movimento Paraná Sem Corrupção. Coordenador Estadual da Comissão de Prevenção e Controle Social da Rede de Gestão Pública do Paraná. Pós-doutor em direito pela Università degli Studi di Pavia. Doutor e Mestre em Direito pela Universidade Federal do Paraná (UFPR). Professor da Universidade Estadual do Norte do Paraná (UENP) e da Universidade Paranaense (UNIPAR). Foi assessor de Pesquisa e Política Institucional da Secretaria de Reforma do Judiciário do Ministério da Justiça (2012-2014).

Palavras-Chave: Improbidade administrativa. Conflito de atribuições. Ministério Público. Competência. Ação Civil Pública.

Abstract: This article analises the Supreme Court's precedents about the conflict envolving Federal and State Public Ministry to understand how interpret art. 102, I, "f", CF, and what are the standards to resolve this conflict. The article also evaluates how the Judiciary in Brazil fixes the judicial competence to process and judge cases of administrative misconduct. From these issues, it defines criteria to improve the Public Ministry work in the defense of public property.

Key-words: Administrative Misconduct. Conflict of powers. Prosecution. Competence. Civil public actions.

INTRODUÇÃO

O combate à corrupção e à improbidade administrativa é um dos temas mais importantes da atualidade. Após o período de redemocratização do Brasil, a Constituição Federal de 1988, o processo de aperfeiçoamento legislativo e o amadurecimento das instituições de fiscalização do patrimônio público surgiram - por força da liberdade de imprensa e da atuação integrada do Ministério Público, com segmentos especializados da Polícia Federal e da Polícia Civil - investigações que culminaram com ajuizamento de ações civis e penais, seguidas de condenações de agentes políticos, empresários e, enfim, de integrantes da elite brasileira, que, historicamente, ficavam à margem da lei[2].

O Ministério Público, como legítimo defensor do patrimônio público (arts. 127, *caput*, e 129, I e III, CF), tem a responsabilidade não apenas de investigar e buscar a condenação dos atos de improbidade administrativa[3]. Deve, ainda, contribuir para o aperfeiçoamento legislativo e judicial do combate à corrupção no Brasil, por se tratar de uma das maiores mazelas nacionais, que causa desvio de recursos públicos indispensáveis à promoção e à universalização dos direitos fundamentais sociais (art. 6º/CF)[4].

Para fins de agilizar as investigações dos atos de improbidade administrativa e evitar que inquéritos civis fiquem paralisados, é preciso compreender melhor as atribuições do Ministério Público Federal e

---

2 O presente texto decorre da atualização e da revisão do artigo "Conflitos de atribuições entre Ministério Público Federal e Estadual para a investigação de atos de improbidade administrativa e a definição da competência da Justiça Federal ou Estadual para o ajuizamento da respectiva ação civil pública", publicado na *Revista do CNMP*, vol. 5, 2015, p. 129-158.

3 "*O Ministério Público tem legitimidade para propor ação civil pública em defesa do patrimônio público*" (Súmula 329/STJ). O Supremo Tribunal Federal, por sua vez, reconheceu à questão repercussão geral: "*DIREITO CONSTITUCIONAL E ADMINISTRATIVO. LEGITIMIDADE. MINISTÉRIO PÚBLICO. ALEGAÇÃO DE DANO AO PATRIMÔNIO PÚBLICO. AÇÃO CIVIL PÚBLICA. MANIFESTAÇÃO PELA REPERCUSSÃO GERAL*"(RE 409356 RG, Relator(a): Min. LUIZ FUX, julgado em 03/08/2012, ACÓRDÃO ELETRÔNICO DJe-163 DIVULG 17-08-2012 PUBLIC 20-08-2012).

4 CAMBI, Eduardo; BOM, Luiz Fernando Oliveira. Perdimento de bens por atividade ilícita. Ação civil pública de extinção de domínio. Análise do Projeto de Lei 5.681/2013, oriundo das discussões no âmbito da Estratégia Nacional de Combate à Corrupção e Lavagem (ENCCLA). In: *Ministério Público e princípio da proteção eficiente.* Coord. Eduardo Cambi e Fábio Guaragni. São Paulo: Almedina, 2016. p. 105-150.

Estadual. Também é importante verificar a orientação dos Tribunais Superiores quanto à fixação da competência da Justiça Federal e Estadual. Tudo isso para inibir a discussão sobre conflitos de atribuições, que dificultam o curso de investigações, bem como conflitos de competência que estendem o curso processual, às vezes por tempo não razoável, o que acaba enfraquecendo a devida solução do mérito das ações civis públicas por atos de improbidade administrativa.

1. COMPETÊNCIA PARA DIRIMIR CONFLITO DE ATRIBUIÇÕES ENTRE MINISTÉRIO PÚBLICO FEDERAL E ESTADUAL (EXEGESE DO ARTIGO 102, *F*, CF)

A resolução de conflito de atribuições entre o Ministério Público Federal e o Ministério Público dos Estados não está expressa na Constituição Federal. O art. 102, I, *f*, da CF afirma apenas que compete ao Supremo Tribunal Federal (STF) processar e julgar, originalmente, as causas e os conflitos entre a União e os Estados, a União Federal e o Distrito Federal, ou entre uns e outros, inclusive as respectivas entidades da administração indireta.

Por não haver clareza quanto ao alcance do art. 102, I, *f*, da Constituição Federal, a jurisprudência do STF, inicialmente, chegou a afirmar que o conflito de atribuições entre Ministérios Públicos não seria capaz de promover, potencialmente, o desequilíbrio no sistema federativo[5]. Assim, com fundamento no art. 105, I, *d*, da Constituição

[5] *"CONFLITO NEGATIVO DE ATRIBUIÇÕES. MINISTÉRIO PÚBLICO FEDERAL E ESTADUAL. DENÚNCIA. FALSIFICAÇÃO DE GUIAS DE CONTRIBUIÇÃO PREVIDENCIÁRIA. AUSÊNCIA DE CONFLITO FEDERATIVO. INCOMPETÊNCIA DESTA CORTE. 1. Conflito de atribuições entre o Ministério Público Federal e o Estadual. Empresa privada. Falsificação de guias de recolhimento de contribuições previdenciárias devidas à autarquia federal. Apuração do fato delituoso. Dissenso quanto ao órgão do Parquet competente para apresentar denúncia. 2. A competência originária do Supremo Tribunal Federal, a que alude a letra "f" do inciso I do artigo 102 da Constituição, restringe-se aos conflitos de atribuições entre entes federados que possam, potencialmente, comprometer a harmonia do pacto federativo. Exegese restritiva do preceito ditada pela jurisprudência da Corte. Ausência, no caso concreto, de divergência capaz de promover o desequilíbrio do sistema federal. 3. Presença*

Federal, que prevê que compete ao Superior Tribunal de Justiça processar e julgar, originalmente, os conflitos de jurisdição entre os juízos federal e estadual, o STF impunha interpretação extensiva a essa regra jurídica para fixar a competência do STJ para julgar os conflitos de atribuições entre unidades do Ministério Público, uma vez que eles funcionam perante tais juízos[6].

Entretanto, a partir da Pet. 3.528/BA, o STF alterou sua jurisprudência para fixar a competência da Corte, e não do STJ, para julgar os conflitos de atribuições entre o Ministério Público Federal e o Estadual[7].

Por essa nova posição, cabe ao Superior Tribunal de Justiça julgar conflitos entre os juízos federal e estadual (art. 105, I, *d*, CF), enquanto compete ao Supremo Tribunal Federal decidir o conflito de atribuições entre o Ministério Público Federal e Estadual (art. 102, I, *f*, CF). Essa orientação é contraditória e colabora para a *inefetividade* do sistema processual.

Afinal, é possível que o STF decida que cabe ao Ministério Público Estadual investigar o mau uso de determinado recurso público, fazendo com que o promotor de justiça ajuíze a ação civil pública por improbidade administrativa, o que não impede que o juiz estadual remeta os autos ao juiz federal, por entender que a competência é da Justiça Federal (art. 109/CF). Este magistrado, por sua vez, pode suscitar conflito negativo de competência (arts. 115, II, CPC-73, e 66, II, CPC-2015) e os autos chegarem ao Superior Tribunal de Justiça.

---

de virtual conflito de jurisdição entre os juízos federal e estadual perante os quais funcionam os órgãos do Parquet em dissensão. Interpretação analógica do artigo 105, I, "d", da Carta da República, para fixar a competência do Superior Tribunal de Justiça a fim de que julgue a controvérsia. Conflito de atribuições não conhecido" (Pet 1503, Relator(a): Min. MAURÍCIO CORRÊA, Tribunal Pleno, julgado em 3.10.2002, DJ 14-11-2002 PP-00014 EMENT VOL-02091-01 PP-00059).

6 STF, ACO 756, Relator(a): Min. CARLOS BRITTO, Tribunal Pleno, julgado em 4.8.2005, DJ 31.3.2006 PP-00006 EMENT VOL-02227-01 PP-00001 LEXSTF v. 28, n. 328, 2006, p. 5-14 RMP n. 31, 2009, p. 179-185.

7 STF, Pet 3528, Relator(a): Min. MARCO AURÉLIO, Tribunal Pleno, julgado em 28.9.2005, DJ 3.3.2006 PP-00071 EMENT VOL-02223-01 PP-00078 LEXSTF v. 28, n. 327, 2006, p. 165-175 RT v. 95, n. 849, 2006, p. 469-474

Com fundamento no art. 105, I, *d*, da Constituição Federal, pode o STJ, então, decidir que a ação civil pública deveria ter sido proposta no juízo federal. Assim, não faz sentido que o STF decida o conflito de atribuições entre Ministérios Públicos e o STJ o conflito entre as jurisdições estadual e federal. Seria, pois, recomendável que o mesmo Tribunal pudesse decidir, previamente, ao ajuizamento da ação, se a atribuição é do Ministério Público Federal ou Estadual, bem como, após o seu ajuizamento, se a competência é da Justiça Federal ou da Justiça Estadual.

O art.102, I, *f*, da Constituição Federal coloca o Supremo Tribunal Federal na posição de Tribunal da Federação, responsável por dirimir controvérsias cuja potencialidade ofensiva possa violar o pacto federativo.

Desse modo, é necessário distinguir um *conflito entre entes federativos* de um *conflito federativo*. O primeiro envolve o litígio entre dois ou mais membros da Federação, enquanto o segundo exige, além da lide entre entes federativos, que o conflito tenha potencial para desestabilizar o pacto federativo[8]. Consequentemente, não é qualquer conflito, administrativo ou judicial, que justifica a atuação do Supremo Tribunal Federal como Tribunal da Federação, isto é, como órgão do Poder Judiciário indispensável à manutenção do pacto federativo.

Os conflitos entre o Ministério Público Federal e o Estadual, via de regra, não colocam em risco o pacto federativo e a própria existência do Estado Democrático de Direito (art. 1º, *caput*, CF). O art. 102, I, *f*, da Constituição Federal exige a atuação excepcional do Supremo Tribunal Federal, que deve ser chamado apenas para resolver conflitos institucionais de relevante significação política.

Porém, na falta de outra regra expressa na Constituição Federal[9], prevalecia a orientação jurisprudencial de que cabe ao STF julgar o

---

8 STF, ACO 1295 AgR-segundo, Relator(a): Min. DIAS TOFFOLI, Tribunal Pleno, julgado em 14.10.2010, DJe-233 DIVULG 1.12.2010 PUBLIC 2.12.2010 EMENT VOL-02443-01 PP-00013 RT v. 100, n. 905, 2011, p. 173-177.

9 Verifica-se, igualmente, que o art. 105, I, *g*, da CF também não se aplica ao conflito de atribuições entre Ministério Público Federal e Estadual, pois atribuiu ao Superior Tribunal de Justiça processar e julgar, originalmente, conflitos de atribuições entre autoridades administrativas e judiciárias da União, ou entre

conflito de atribuições entre o Ministério Público Federal e o Estadual. Assim, somente uma Proposta de Emenda Constitucional poderia atribuir tal competência ao Superior Tribunal de Justiça.

No entanto, em 19 de maio de 2016, o Plenário do Supremo Tribunal Federal alterou, radicalmente, a sua jurisprudência, para assentar que cabe ao Procurador-Geral da República decidir conflitos de atribuição entre Ministério Público Federal e estaduais. Assim, ficou decidido que o Supremo Tribunal Federal não cabe mais julgar conflitos de atribuição entre o Ministério Público Federal e os Ministérios Públicos dos estados.

Por maioria, os ministros do STF não conheceram das Ações Cíveis Originárias (ACO) 924 e 1394 e das Petições (Pet) 4706 e 4863, com o entendimento de que a questão *não é jurisdicional*, e sim administrativa, e deve ser remetida ao Procurador-Geral da República.

Vale destacar que a ACO 924 versava sobre conflito negativo de atribuições instaurado pela Promotoria de Justiça de Umuarama (PR) e tinha por finalidade definir a atribuição para a condução de inquéritos civis que investigavam suposto superfaturamento na construção de conjuntos habitacionais com recursos financeiros oriundos do FGTS, liberados pela Caixa Econômica Federal. A Procuradoria da República no Paraná entendeu competir à Justiça Estadual o processo e julgamento de eventual ação civil pública a ser proposta, mas o Subprocurador-Geral de Justiça do Ministério Público do Estado do Paraná entendeu ser atribuição do Ministério Público Federal, e encaminhou os autos ao STF.

Nesse caso, o relator, ministro Luiz Fux, levantou questão preliminar sugerindo que não havia conflito federativo e, portanto, o STF não devia conhecer do feito, o que foi seguido pela maioria dos demais ministros.

---

autoridades judiciárias de um Estado e administrativas de outro ou do Distrito Federal, ou entre as deste e da União. Percebe-se que, no art. 105, I, *g*, da CF, o conflito é entre um órgão administrativo e outro judicial. O STF rechaçou a aplicação desta regra constitucional, em conflito entre o Ministério Público Federal e a Polícia Federal, por considerar que o conflito se travava entre "autoridades administrativas". Cfr. AI 234.073-AgR – 2ª T. - rel. Néri da Silveira – j. 28.3.2000 – pub. DJ 28.4.2000.

Prevaleceu, o argumento que o encaminhamento dos conflitos de atribuição ao STF, muitas vezes, interrompe as investigações "por anos a fio, às vezes décadas". Daí se concluir não competir ao Judiciário dirimir esses conflitos, e sim direcioná-los ao Procurador-Geral da República, para que, na condição de chefe do Ministério Público, decida-os como entender de direito.

O Supremo Tribunal Federal, ao alterar a orientação jurisprudencial anterior, considerou, pois, que o conflito de atribuições entre o Ministério Público Federal e dos estados é uma questão não é jurisdicional, e sim administrativa (interna da instituição). Para tanto, o argumento prevalente foi de que o Ministério Público é uma instituição una e indivisível, e conta com um *órgão central*, o Procurador-Geral da República (PGR).

Com isso, o PGR foi alçado à *chefia do Ministério Público nacional*, sob o fundamento de que a Constituição Federal lhe confere o poder de propor ações diretas de inconstitucionalidade, escolher o representante dos Ministérios Públicos estaduais no Conselho Nacional de Justiça e de apresentar ao STF pedidos de intervenção nos estados.

A propósito, ao decidir a ACO 924, o presidente da Corte, ministro Ricardo Lewandowski, observou que, além de se tratar de matéria administrativa, e não jurisdicional, o STF *"não tem condição de dar vazão à miríade de pedidos de solução de conflitos de competência em tempo hábil"*, e muitos casos podem sofrer a prescrição diante da demora involuntária na sua solução. Lewandowski destacou, porém, o princípio da inafastabilidade da jurisdição: *"Caso o procurador-geral da República profira uma decisão considerada teratológica ou contrária ao direito das partes, sempre caberá recurso ao STF"*.

A nova orientação do STF merece críticas, pois a resolução do conflito de atribuições entre Ministério Público Estadual e Federal não poderia deixar de ser judicializada. Isto é, tal conflito não poderia ser resolvido no âmbito administrativo, porque tal conclusão implicaria o reconhecimento de *escalonamento hierárquico* do Procurador-Geral da República sobre os Ministérios Públicos dos Estados. Tal situação viola a autonomia institucional do Ministério Público dos Estados. Como a Federação pressupõe a autonomia de seus entes, o Procurador-Geral da República, ainda que seja o Presidente do Conselho Nacional do Ministério Público (art. 130-A, I, CF), não exerce a chefia do Ministério Público nacional, mas tão somente a do Ministério Público da União.

O Ministério Público dos estados não está vinculado nem subordinado, no plano processual, administrativo ou institucional, à chefia do Ministério Público da União, tendo, em decorrência disso, o direito de postular, autonomamente, em sede originária, perante o Supremo Tribunal Federal[10].

Com efeito, não se pode aplicar por analogia e extensivamente a regra contida no art. 26, VII, da Lei Complementar nº 75/1993 ("São atribuições do Procurador-Geral da República, como chefe do Ministério Público da União: (...) VII – dirimir conflitos de atribuições entre integrantes de ramos diferentes do Ministério Público da União") para se concluir que cabe ao Procurador-Geral da República dirimir conflitos de atribuições entre o Ministério Público Federal e o Ministério Público Estadual (GARCIA, 2014, p. 312-313). É por isso que referida regra jurídica confere atribuição do Procurador-Geral da República, tão somente, para dirimir conflitos entre integrantes diferentes do Ministério Público *da União*, que compreende o Ministério Público Federal, o Ministério Público do Trabalho, o Ministério Público Mili-

---

[10] *"Questão de ordem levantada pelo Procurador-Geral da República. Possibilidade de o Ministério Público de estado-membro promover sustentação oral no Supremo. O Procurador-Geral da República não dispõe de poder de ingerência na esfera orgânica do Parquet estadual, pois lhe incumbe, unicamente, por expressa definição constitucional (art. 128, § 1º), a Chefia do Ministério Público da União. O Ministério Público de estado-membro não está vinculado, nem subordinado, no plano processual, administrativo e/ou institucional, à Chefia do Ministério Público da União, o que lhe confere ampla possibilidade de postular, autonomamente, perante o Supremo Tribunal Federal, em recursos e processos nos quais o próprio Ministério Público estadual seja um dos sujeitos da relação processual. Questão de ordem resolvida no sentido de assegurar ao Ministério Público estadual a prerrogativa de sustentar suas razões da tribuna. Maioria" (STF, RE 593727, Relator(a): Min. CEZAR PELUSO, Relator(a) p/ Acórdão: Min. GILMAR MENDES, Tribunal Pleno, julgado em 14/05/2015, ACÓRDÃO ELETRÔNICO REPERCUSSÃO GERAL - MÉRITO DJe-175 DIVULG 04-09-2015 PUBLIC 08-09-2015). No mesmo sentido, conferir: STF, ACO 2739/RJ, Relator(a): Min. CELSO DE MELLO, julgado em 02.10.2015.*

tar e o Ministério Público do Distrito Federal e Territórios (arts. 128, I, CF, e 24 da Lei Complementar nº 75/1993).

Portanto, a mudança da orientação jurisprudencial do STF fere a autonomia institucional dos Ministérios Públicos dos estados, posto que o Procurador-Geral da República é chefe do Ministério Público Federal, mas não dos estaduais, que são chefiados pelo seus respectivos Procuradores-Gerais de Justiça.

Ademais, quando a Constituição da República não designa o órgão competente para dirimir um conflito, cabe ao Supremo Tribunal Federal fazê-lo.

Aliás, o Conselho Nacional do Ministério Público (CNMP) não teria competência para definir os conflitos de atribuições entre membros do Ministério Público Federal e Estadual[11]. O art. 130-A, § 2º, da Constituição Federal, ao fixar, entre as competências do CNMP, o controle da atuação administrativa e financeira e o cumprimento dos deveres funcionais de seus membros, não possibilita a fiscalização das *atividades-fim* do Ministério Público.

Assim, em 28 de abril de 2009, o CNMP editou o Enunciado nº 6, pelo qual os *"atos relativos à atividade-fim do Ministério Público são insuscetíveis de revisão ou desconstituição pelo Conselho Nacional do Ministério Público"*. A aprovação deste Enunciado está intimamente ligada à proteção do princípio da independência funcional (art. 127, §1º, da CF) e revela que o CNMP não tem competência para anular ou reformar atos, praticados pelos *órgãos*[12] da instituição, referen-

---

[11] Cf., entre outros: CNMP, Processo nº 1.085/2011-12, Processo de Controle Administrativo, Decisão Colegiada, julgado em 13.6.2013; CNMP, Processo nº 17/2007-41, Pedidos de Providência, Decisão Colegiada, julgado em 12.7.2007.

[12] São *órgãos* de Administração dos Ministérios Públicos Estaduais, pelos artigos 5º e 6º da Lei Orgânica Nacional (Lei nº 8.625/1993), a Procuradoria-Geral de Justiça, o Colégio de Procuradores de Justiça, o Conselho Superior do Ministério Público, a Corregedoria-Geral do Ministério Público, mas também as Procuradorias de Justiça e as Promotorias de Justiça. Ademais, são órgãos de execução do Ministério Público (art. 7º): o Procurador-Geral de Justiça, o Conselho Superior do Ministério Público, os Procuradores de Justiça e os Promotores de Justiça. Por fim, são órgãos auxiliares do MP (art. 8º): os Centros de Apoio Operacionais, a Comissão de Concursos, o Centro de Estudos e Aperfeiçoamento Funcional, os órgãos de apoio administrativo e os estagiários. Por

tes à atividade finalística do Ministério Público, sejam eles realizados no plano judicial ou extrajudicial.

Logo, os atos praticados, tanto no inquérito policial quanto no civil (e também nos demais procedimentos preparatórios regulados na Resolução nº 23/2007 do CNMP), não se confundem com os atos administrativos inerentes à gestão administrativa e financeira do Ministério Público (exegese do art. 130-A, § 2º, CF). É por isso que o artigo 28 do Código de Processo Penal afirma que o Procurador-Geral de Justiça ou o Procurador-Geral da República jamais poderá determinar que o Promotor de Justiça ou o Procurador da República, proponente do arquivamento, inicie a ação penal, limitando-se a designar outro membro da instituição para analisar o inquérito. Este Promotor ou Procurador, por sua vez, poderá, em nome do princípio da independência funcional, oferecer a denúncia ou insistir no pedido de arquivamento (SILVA, 1994, p. 396-399). Neste último caso, o magistrado

---

sua vez, o artigo 43 da Lei Complementar nº 75/1993 afirma que são órgãos do Ministério Público Federal: o Procurador-Geral da República, o Colégio de Procuradores da República, o Conselho Superior do Ministério Público Federal, as Câmaras de Coordenação e Revisão do Ministério Público Federal, a Corregedoria do Ministério Público Federal, os Subprocuradores-Gerais da República, os Procuradores Regionais da República e os Procuradores da República. Em relação ao Ministério Público do Trabalho, o artigo 85 da Lei Complementar nº 75/1993 enuncia os seus órgãos: o Procurador-Geral do Trabalho, o Colégio de Procuradores do Trabalho, o Conselho Superior do Ministério Público do Trabalho, a Câmara de Coordenação e Revisão do Ministério Público do Trabalho, a Corregedoria do Ministério Público do Trabalho, os Subprocuradores-Gerais do Trabalho, os Procuradores Regionais do Trabalho e os Procuradores do Trabalho. Em relação ao MP Militar, o artigo 118 da mesma Lei Complementar assevera serem seus órgãos: o Procurador-Geral da Justiça Militar, o Colégio de Procuradores da Justiça Militar, o Conselho Superior do Ministério Público Militar, a Câmara de Coordenação e Revisão do Ministério Público Militar, a Corregedoria do Ministério Público Militar, os Subprocuradores-Gerais da Justiça Militar, os Procuradores da Justiça Militar e os Promotores da Justiça Militar. Quanto aos órgãos do Ministério Público do Distrito Federal e Territórios, o artigo 153 se refere ao Procurador-Geral de Justiça, ao Colégio de Procuradores e Promotores de Justiça, ao Conselho Superior do Ministério Público do Distrito Federal e Territórios, à Corregedoria do Ministério Público do Distrito Federal e Territórios, às Câmaras de Coordenação e Revisão do Ministério Público do Distrito Federal e Territórios, aos Procuradores de Justiça, aos Promotores de Justiça e aos Promotores de Justiça Adjuntos.

terá que remeter, novamente, os autos ao Procurador-Geral para a designação de outro Promotor de Justiça/Procurador da República para examinar o inquérito. De igual modo, o art. 9º da Lei nº 7.347/85 (Lei de Ação Civil Pública) assevera que o Conselho Superior do Ministério Público, caso discorde da promoção de arquivamento dos autos de inquérito civil (e também de procedimento preparatório, pelo art. 10, §4º, II, da Resolução nº 23, de 17 de setembro de 2007, do CNMP), designará outro órgão da instituição para proceder ao exame do procedimento e, se restar convencido, proceder ao ajuizamento da ação ou, em manifestação fundamentada, devolver os autos ao Conselho Superior para a designação de outro membro para apreciar o inquérito.

Mais recentemente, em 14 de junho de 2016, o Plenário do Conselho Nacional do Ministério Público aprovou proposta de resolução que altera os artigos 10 e 11 da Resolução CNMP nº 23/2007. Com isso, nos casos de não homologação para instrução do processo, pelo Conselho Superior do Ministério Público ou pela Câmara de Coordenação e Revisão, do arquivamento de inquérito civil ou procedimento preparatório determinado por membro do Ministério Público, o órgão de revisão competente pode determinar o retorno dos autos a esse membro, com o intuito de que possa, convencendo-se dos fundamentos da decisão, prosseguir na presidência das apurações. Contudo, tal alteração normativa preserva o princípio da independência funcional (art. 127, §1º, da CF) e, na esteira da orientação pacífica do Conselho Nacional do Ministério Público, não interfere na autonomia funcional dos membros do Ministério Público.

De qualquer modo, para atenuar a contradição imposta pela interpretação dos arts. 102, I, *f*, e 105, I, *d*, da Constituição Federal, e para evitar decisões contraditórias, seja quando da investigação de atos de improbidade administrativa seja quando proposta a ação civil pública por uma das unidades do Ministério Público, Federal ou Estadual, o conflito de atribuições deve acarretar a suspensão do inquérito civil ou do processo judicial até a sua resolução pelo Procurador-Geral da República (ao menos, enquanto prevalecer a última orientação jurisprudencial do Supremo Tribunal Federal).

Porém, para evitar que a outra unidade do Ministério Público também ajuíze ação civil pública e, com isso, surja um conflito de competência entre a Justiça Federal e a Estadual deveria o Supremo Tribunal Federal resolver, preventivamente, o conflito de atribuições entre unidades do Ministério Público.

A suspensão do processo, contudo, não está prevista nem no art. 265 do Código de Processo Civil de 1973 nem no art. 313 do Novo Código de Processo Civil, devendo ser objeto de alteração legislativa, seja na lei da ação civil pública (Lei nº 7.347/85), seja na lei de improbidade administrativa (Lei nº 8.429/92).

Se concentrar o julgamento dos conflitos de atribuições entre Ministério Público Federal e estaduais no STF pode prejudicar o andamento das investigações, a decisão proferida na ACO 924, ao colocar o Procurador-Geral da República como órgão competente para dirimir tais conflitos, traz inovações no ordenamento jurídico, criando novas atribuições ao Chefe do Ministério Público da União sem previsão legal/constitucional, em prejuízo da autonomia funcional do Ministério Público dos estados.

Portanto, a disciplina do conflito de atribuições entre unidades do Ministério Público merece regulamentação própria (o ideal seria uma Proposta de Emenda Constitucional que atribuísse tal competência ao Superior Tribunal de Justiça) e, inclusive, regra expressa que determine a suspensão do processo judicial até a definição, pelo Tribunal competente, se a investigação e/ou a ação civil pública deve ser ajuizada ou pelo Ministério Público Federal ou pelo Ministério Público Estadual.

Enquanto a matéria não for disciplinada normativamente, a melhor solução jurídica é o STF continuar a resolver tais conflitos de atribuição, com fundamento no arts. 102, I, *f*, da Constituição Federal, revogando a decisão proferida na ACO 924.

2. FORMAS DE ATUAÇÃO EFICIENTE DO MINISTÉRIO PÚBLICO PARA A DEFESA DO PATRIMÔNIO PÚBLICO

No atual sistema processual, para evitar discussões judiciais com resolução em prazo indeterminado sobre qual das unidades do Ministério Público deve atuar e, sobretudo, para melhor defender o patrimônio público, quando há dúvida quanto à fiscalização por órgão da União da verba pública federal ou de sua incorporação ao patrimônio municipal/estadual, o Ministério Público da União e do Estado podem agir em litisconsórcio e ajuizar uma única ação civil pública por improbidade administrativa.

O litisconsórcio entre Ministérios Públicos é um corolário dos princípios constitucionais da unidade e da indivisibilidade, além de estar regulamentado no art. 5º, §5º, da Lei nº 7.347/85 e poder ser extraído do próprio Código de Processo Civil (arts. 46/CPC-73 e 113/CPC-2015)[13].

Também com a finalidade de aprimorar a eficiência na atuação do Ministério Público na proteção do patrimônio público, é importante destacar a necessidade de atuação integrada dos membros do Ministério Público com atribuições cíveis e criminais. A *cooperação* entre Promotorias/Procuradorias especializadas, em áreas afins, permite que a matéria seja analisada sob os mais variados ângulos e aspectos, o que facilita a definição de estratégias de ação institucional, a divisão de tarefas e o compartilhamento de responsabilidades, com a atuação processual e extraprocessual mais completa e melhor fundamentada. Com efeito, supera-se a ideia de que a atribuição de uma certa Promotoria/Procuradoria está vinculada, necessariamente, a uma "Vara" Judicial, já que um determinado problema, em razão da sua complexidade e interdisciplinariedade, para ser melhor resolvido, pode e deve ser solucionado por duas ou mais Promotorias/Procuradorias, em conjunto. Desse modo, supera-se a concepção "tradicional" de atribuição ministerial, para se buscar "atribuições conjuntas ou compartilhadas", o que amplia a eficiência do Ministério Público (DIÁCOMO, 2016, p. 109-110). Tal concepção integrada otimiza recursos humanos, diminui o tempo das investigações, evita ações judiciais contraditórias e potencializa a proteção do patrimônio público. Isso porque um mesmo fato prejudicial ao erário pode ser investigado, em conjunto, por

---

[13] STJ, REsp 1444484/RN, Rel. Ministro BENEDITO GONÇALVES, PRIMEIRA TURMA, julgado em 18.9.2014, DJe 29.9.2014; REsp 382.659/RS, Rel. Ministro HUMBERTO GOMES DE BARROS, PRIMEIRA TURMA, julgado em 2.12.2003, DJ 19.12.2003, p. 322.

unidades cíveis e criminais, conduzindo à responsabilização por atos de improbidade administrativa e por delitos afins.

Essa lógica de trabalho integrada também deve permear a atuação do Ministério Público Federal e estaduais, especialmente quando investigam o mesmo fato. Por exemplo, o Governador do Estado pode ser, simultaneamente, investigado por improbidade administrativa pelo Procurador-Geral de Justiça e, pelo mesmo fato, pelo Procurador-Geral da República, pela prática de crime. Nesse caso, ainda não se trate de conflitos de atribuições, o compartilhamento de informações e de provas torna as ações cíveis e criminais do Ministério Público, na tutela do patrimônio público, mais resolutivas.

Por último, é importante destacar a atuação regionalizada do Ministério Público na defesa do patrimônio público. A criação de unidades regionais permite a integração das áreas cível e criminal, potencializa investigações sobre temas comuns, possibilita o acompanhamento sistêmico de casos de maior complexidade e potencial lesivo ao erário e a coordenação de esforços para a proteção do bem comum. Tal iniciativa, por outro lado, não menospreza a garantia do promotor natural, já que as unidades regionais devem atuar sempre com a concordância do membro do Ministério Público com atribuição para investigar os desvios no patrimônio público. Nesse sentido, é possível destacar a experiência dos Grupos Especializados na Proteção ao Patrimônio Público e no Combate à Corrupção (GEPATRIAs) do Ministério Público do Estado do Paraná. Criados pela Resolução nº 5525/2005, os GEPATRIAs são vinculados diretamente ao Centro de Apoio Operacional das Promotorias de Justiça de Proteção ao Patrimônio Público e à Ordem Tributária, e tem a finalidade de, sem prejuízo das atribuições do Promotor Natural, atuar preventiva e repressivamente na proteção do patrimônio público, especialmente nos casos de maior lesividade, repercussão, gravidade ou complexidade, observado o planejamento estratégico e as diretrizes gerais definidas pelo referido Centro de Apoio, podendo, para tanto: I. Oficiar nas representações e inquéritos policiais, instaurados para a apuração de crimes praticados contra a administração pública, até o oferecimento da denúncia ou arquivamento; II. Instaurar e presidir procedimentos investigatórios criminais, cujo objeto constitua-se na apuração de crimes contra a administração pública, até o oferecimento da denúncia ou arquivamento; III. Instaurar e presidir inquéritos civis e procedimentos preparatórios, cujo objeto constitua-se na apuração de lesão ou ameaça de lesão ao patrimônio público, tutelado pelo respectivo microssistema material e processual, integrado, dentre outras, pela Lei da Improbidade Administrativa (Lei 8.429/1992) e pela Lei Anticorrupção (Lei 12.846/2013), até o ajuizamento da ação civil pública ou promoção de arquivamento.

Portanto, a atuação eficiente do Ministério Público na proteção ao patrimônio público é uma prioridade institucional que deve ser incorporada não apenas no planejamento estratégico, mas, principalmente, estar incluída nos orçamentos públicos. Afinal, a corrupção e a má gestão dos recursos públicos são as causas do descumprimento dos direitos fundamentais sociais, porque tornam ineficientes as políticas públicas e a prestação dos serviços essenciais do Estado.

3. COMPETÊNCIA PARA PROCESSAR E JULGAR AS AÇÕES CIVIS PÚBLICAS POR IMPROBIDADE ADMINISTRATIVA

A solução do litisconsórcio entre Ministério Público Federal e Estadual, analisada no item anterior, pode eliminar o conflito de atribuições, mas não servirá para suprimir o conflito de competência. Caso a ação civil pública de improbidade administrativa seja ajuizada perante a Justiça Federal, poderá o magistrado declarar-se incompetente e remeter os autos à Justiça Estadual, que pode suscitar o conflito de competência, e vice-versa.

Por isso, é importante fazer um paralelo entre as atribuições do Ministério Público e os critérios de fixação de competência, bem como buscar compreender os padrões para definir o foro para processar e julgar as ações civis públicas por improbidade administrativa.

Como regra, as atribuições do Ministério Público são fixadas pelos mesmos critérios da fixação da competência do órgão jurisdicional (GARCIA, ALVES, 2014, p. 978-979). Assim, se o ato de improbidade administrativa atingiu o patrimônio da União, caberá ao Ministério

Público Federal a atribuição de instauração de inquérito civil e, se for o caso, de ajuizar ação civil pública perante a Justiça Federal.

Por outro lado, se o ato de improbidade administrativa afetar o patrimônio dos Estados, do Distrito Federal e dos municípios, a atribuição para instaurar inquérito civil é do Ministério Público Estadual ou do Distrito Federal, e eventual ação civil pública, será ajuizada perante a Justiça Estadual ou Distrital.

Porém, nem sempre a atribuição do Ministério Público para investigar atos de improbidade administrativa se confunde com os critérios de fixação da competência do órgão jurisdicional. Por exemplo, o art. 29, VIII, da Lei nº 8.625/93 afirma ser atribuição do Procurador-Geral de Justiça promover inquérito civil e ajuizar ação civil pública em relação a atos de improbidade administrativa cometidos pelo Governador do Estado, o Presidente da Assembleia Legislativa ou os Presidentes dos Tribunais. Como a Constituição Federal não prevê foro por prerrogativa de função para as ações de improbidade administrativa para essas autoridades, os inquéritos civis serão instaurados e processados pelo Procurador-Geral de Justiça, embora as ações civis públicas deles decorrentes devam ser ajuizadas perante o juízo de primeiro grau[14].

A Lei nº 8.429/92 não prevê regra específica sobre a competência territorial. Como a improbidade administrativa possui natureza não penal (exegese do art. 37, §4º, da Constituição Federal), sujeita-se às regras processuais gerais da Lei de Ação Civil Pública (Lei nº 7.347/85). Em outras palavras, o art. 17 da Lei nº 8.429/1992 - apesar de prever regras especiais, notadamente quanto à fase inicial do processo judicial de apuração da prática de ato de improbidade administrativa (art. 17, §7º) - não é incompatível com as regras pro-

---

[14] Cf CAMBI, 2014, p. 215 e seg. Na jurisprudência dos Tribunais Superiores, verificar, entre outros/: STF, RE 540.712 AgR-AgR/SP, 2ª Turma, Rel. Min. Cármen Lúcia, DJe de 13.12.2012; AI 556.727 AgR/SP, 1ª Turma, Rel. Min. Dias Toffoli, DJe de 26.4.2012; AI 678.927 AgR/SP, 1ª Turma, Rel. Min. Ricardo Lewandowski, DJe de 1º.2.2011; AI 506.323 AgR/PR, 2ª Turma, Rel. Min. Celso de Mello, DJe de 1º.7.2009STJ, REsp 1407862/RO, Rel. Ministro MAURO CAMPBELL MARQUES, SEGUNDA TURMA, julgado em 9.12.2014, DJe 19.12.2014; AgRg no AREsp 553.972/MG, Rel. Ministro HERMAN BENJAMIN, SEGUNDA TURMA, julgado em 16.12.2014, DJe 3.2.2015.

cedimentais previstas na Lei nº 7.347/1985, tampouco, regulamentou inteiramente o procedimento aplicável aos atos de improbidade administrativa.

Com efeito, mesmo a Lei nº 8.429/1992 sendo posterior à Lei nº 7.347/1985, e ainda que aquela lei não tenha uma regra explícita dizendo que esta legislação se aplica subsidiariamente, outra conclusão não é possível senão a que privilegia a interpretação que maior efetividade dê à Constituição. Assim, se o art. 129, III, da CF afirma que cabe ao Ministério Público promover a ação civil pública para a proteção do patrimônio público, estranho seria concluir que tal ação, regulamentada na Lei nº 7.347/1985, não é a mesma que deve ser ajuizada para a responsabilização judicial pela prática de atos de improbidade administrativa, justamente quando o escopo da Lei nº 8.429/1992 é a proteção do patrimônio público[15].

Consequentemente, o ajuizamento de ações civis públicas de improbidade administrativa deve observar o art. 2º da Lei nº 7.347/85, pelo qual as ações devem ser propostas no foro do local onde ocorrer o dano, cujo juízo terá *competência funcional* para processar e julgar a causa. Trata-se de regra de competência territorial *absoluta* (isto é, não se prorroga, não depende de exceção para ser conhecida, além de

---

[15] Em sentido contrário, Arnoldo Wald e Gilmar Ferreira Mendes argumentam que a Lei nº 7.347/1985 não trata especificamente de improbidade administrativa e que, por força da regra da especialidade, tal lei não se aplica aos casos contidos na Lei nº 8.429/1992. Alegam, ainda, que esta lei regulou inteiramente a matéria, afastando, por força do art. 2º, §1º, da Lei de Introdução às Normas do Direito Brasileiro, a aplicação da Lei nº 7.347/1985. Ademais, a Lei de Improbidade Administrativa traz regras tanto de direito material quanto de direito processual, não fazendo remissão à Lei da Ação Civil Pública. Além disso, a ação civil pública se restringe às condenações em dinheiro ou às obrigações de fazer ou não fazer (art. 3º da Lei nº 7.347/1985), enquanto que as sanções da improbidade administrativa são diversas (como a perda de cargos públicos e/ou de direitos políticos e as restrições a contratações futuras com o Poder Público; art. 12 da Lei nº 8.429/1992). Ainda, as condenações da Lei de Improbidade Administrativa revertem em benefício da própria pessoa jurídica prejudicada pelo ilícito (art. 18 da Lei nº 8.429/1992), enquanto que, na ação civil pública, a indenização deve ser revertida a um Fundo gerido por um Conselho federal ou por Conselhos estaduais (art. 13 da Lei nº 7.347/1985). Cf. MEIRELLES; WALD; MENDES, 2012. p. 260-261.

poder ser declarada de ofício, a qualquer tempo e grau de jurisdição, inclusive em ação rescisória), voltada a facilitar o exercício da função jurisdicional, por ser mais eficaz a valoração das provas no local onde se deram os fatos[16].

O art. 2º da Lei nº 7.347/85 se aplica tanto às ações civis públicas por improbidade administrativa que importam enriquecimento ilícito (art. 9º da Lei nº 8.429/92) e que causam prejuízo ao erário (art. 10º da Lei nº 8.429/92) quanto para as que atentam contra os princípios da administração pública (art. 11 da Lei nº 8.429/92). Assim, a regra contida no art. 2º da Lei nº 7.347/85 incide ainda que as ações civis públicas por improbidade administrativa não discutam, efetivamente, danos ao patrimônio público. Qualquer ato de improbidade administrativa deve se sujeitar a ação civil pública a ser ajuizada no foro do local do ato contrário ao direito, ainda que dele não tenham resultado prejuízos ao erário. Tal conclusão pode ser obtida mediante o postulado da proporcionalidade, que resulta da estrutura lógico-normativa do ordenamento jurídico, e que proíbe a ação insuficiente dos poderes estatais (CAMBI, 2016, p. 587).

Ademais, se a tutela jurisdicional deve ser prestada no foro que melhores condições tenham de produzir e de valorar a prova, acaso os prejuízos aconteçam em diversas localidades ou mesmo na hipótese de caracterização da abrangência nacional dos danos, a ação civil pública por improbidade administrativa, por força do art. 2º da Lei nº 7.347/85, deve ser ajuizada onde se localizam a maior parte dos elementos probatórios[17].

Caso no local do dano, ou melhor, o lugar onde se verificar a ação ou a omissão ilícita ou contrária aos demais princípios do art. 11 da Lei nº 8.429/92, não seja sede de vara do juízo federal, a ação civil pública, por improbidade administrativa, deve ser ajuizada na seção judiciária onde o causador do dano/ilícito/violação de outros princípios tiver domicílio (exegese do art. 109, §1º, da CF). A ação deve ser

---

16 Cf MOREIRA, 2005. p. 247-255; STJ, REsp 1068539/BA, Rel. Ministro NAPOLEÃO NUNES MAIA FILHO, PRIMEIRA TURMA, julgado em 3.9.2013, DJe 3.10.2013.

17 STJ, CC 97.351/SP, Rel. Ministro CASTRO MEIRA, PRIMEIRA SEÇÃO, julgado em 27.5.2009, DJe 10.6.2009.

ajuizada na Justiça Federal, ainda que o local do dano não seja sede de vara do juízo federal, pois as hipóteses em que a Constituição Federal (art. 109, §3º) admite que uma ação seja, nessa situação, processada e julgada na Justiça Estadual são apenas as que versam sobre natureza previdenciária ou que a lei assim dispuser de forma expressa. Logo, nesses casos, a atribuição para investigar os atos de improbidade administrativa continua a ser do Ministério Público Federal, apesar de não existir sede da vara do juízo federal no local onde tiver ocorrido o ato lesivo ou contrário ao direito.

Isso porque prevaleceu a regra de competência territorial *absoluta* do art. 2º da Lei nº 7.347/85 sobre o entendimento da Súmula 183 do STJ, que afirmava que competia à Justiça Estadual, nas comarcas que não fossem sede de vara da Justiça Federal, processar e julgar ação civil pública, ainda que a União figurasse no processo. Tal Súmula foi cancelada quando do julgamento dos Embargos de Declaração no Conflito de Competência nº 27.676-BA, pela Primeira Seção, do STJ, em 8 de novembro de 2000[18]. O artigo 109, §3º, da Constituição Federal autoriza, pois, apenas o ajuizamento de causas de natureza

[18] "PROCESSUAL CIVIL. EMBARGOS DE DECLARAÇÃO. CONFLITO DE COMPETÊNCIA. AÇÃO CIVIL PÚBLICA. LOCAL DO DANO. JUÍZO FEDERAL. ART. 109, I, E §3º, DA CF/88. ART. 2º, DA LEI 7.347/85. 1 - O tema em debate, por ser de natureza estritamente constitucional, deve ter a sua interpretação rendida ao posicionamento do Colendo Supremo Tribunal Federal, que entendeu que o dispositivo contido na parte final do art. 3º, do art. 109, da CF/88, é dirigido ao legislador ordinário, autorizando-o a atribuir competência ao Juízo Estadual do foro do domicílio da outra parte ou do lugar do ato ou do fato que deu origem à demanda, desde que não seja sede de Vara da Justiça Federal, para causas específicas dentre as previstas no inciso I, do referido art. 109. No caso dos autos, o Município onde ocorreu o dano não integra apenas o foro estadual da comarca local, mas também o das Varas Federais. 2 - Cancelamento da Súmula nº 183, deste Superior Tribunal de Justiça, que se declara. 3 - Embargos de declaração acolhidos, com efeitos modificativos, para o fim de reconhecer o Juízo Federal da 16ª Vara da Seção Judiciária do Estado da Bahia" (STJ, EDcl no CC 27.676/BA, Rel. Ministro JOSÉ DELGADO, PRIMEIRA SEÇÃO, julgado em 8.11.2000, DJ 5.3.2001, p. 118).

previdenciárias na Justiça Estadual, quando a comarca não for sede de vara do juízo federal[19].

Por outro lado, quando a ação civil pública for ajuizada em face da União, a exegese sistemática do art. 2º da Lei nº 8.429/92 e do art.109, §2º, da Constituição Federal determina que o ato de improbidade administrativa seja judicializado no local onde estiver ocorrido o dano ou o ato contrário ao direito[20]. Nesse caso, tratando-se de desvio de verbas federais, caberá ao Ministério Público Federal ajuizar a ação civil pública por improbidade administrativa na Vara Federal que abrange o município onde ocorreu o dano.

Entretanto, o Novo Código de Processo Civil, ao tratar da produção antecipada da prova, prevê uma regra inovadora, no art. 381, § 4º, ao afirmar que o juízo estadual tem competência para a produção antecipada de prova requerida, em face da União, de entidade autárquica ou de empresa pública federal se, na localidade, não houver vara federal.

---

[19] "O dispositivo contido na parte final do §3º do art. 109 da Constituição é dirigido ao legislador ordinário, autorizando-o a atribuir competência (*rectius* jurisdição) ao juízo estadual do foro do domicílio da outra parte ou do lugar do ato ou fato que deu origem à demanda, desde que não seja sede de Varas da Justiça Federal, para causas específicas dentre as previstas no inciso I do referido art. 109. (...) Considerando que o juiz federal também tem competência territorial e funcional sobre o local de qualquer dano, impõe-se a conclusão de que o afastamento da jurisdição federal, no caso, somente *poderia dar-se* por meio de referência expressa à Justiça estadual, como a que fez o constituinte na primeira parte do mencionado §3º em relação às causas de natureza previdenciária, o que no caso não ocorreu." (STF, RE 228.955, Rel. Min. Ilmar Galvão, julgamento em 10.2.2000, Plenário, *DJ* de 24.3.2000).

[20] "PROCESSUAL CIVIL E ADMINISTRATIVO. AÇÃO CIVIL PÚBLICA. IMPROBIDADE ADMINISTRATIVA. COMPETÊNCIA DO LOCAL DO DANO. 1. A jurisprudência do STJ é firme no sentido de que o foro do local do dano é competente para processar e julgar Ação Civil Pública, mesmo nos casos de improbidade administrativa. 2. À luz do art. 109, §2º, da Constituição Federal, a União pode ser processada no foro do local do dano, o que, na hipótese de Ação Civil Pública, convola em obrigatoriedade, conforme estatuído no art. 2º da Lei 7.347/1985. 3. Agravo Regimental não provido" (AgRg no REsp 1043307/RN, Rel. Ministro HERMAN BENJAMIN, SEGUNDA TURMA, julgado em 24.3.2009, DJe 20.4.2009)

Com isso, é possível admitir que, tratando-se de investigação sobre ato de improbidade administrativa que dependa da produção antecipada de provas, poderá o Ministério Público Federal ajuizar ação cautelar de produção antecipada de provas perante o juízo estadual.

Aliás, não há regra que vede o Ministério Público Federal ser autor de uma demanda perante a Justiça Estadual (DIDIER Jr.; GODINHO, 2014, p. 79). O art. 37, II, da Lei Complementar nº 75/1993 preceitua que o Ministério Público Federal exercerá suas funções "nas causas de competência de quaisquer juízes e tribunais". Para corroborar tal entendimento, o art. 5º, §5º, da Lei nº 7.347/1985 autoriza o litisconsórcio ativo entre Ministérios Públicos para a propositura de ação civil pública. Trata-se de hipótese de litisconsórcio *facultativo*. Isso significa que cada unidade do Ministério Público pode, sozinha ou sem a anuência da outra, ajuizar a ação civil pública (NERY Jr.; NERY, 2013, p. 1.664-1.665). Logo, tanto o Ministério Público da União pode demandar perante a Justiça Estadual quanto o Ministério Público Estadual pode ajuizar ação civil pública na Justiça Federal, sem ser necessário o litisconsórcio. Afinal, o titular do direito de ação é o Ministério Público (art. 129, III, CF), não suas unidades de forma fragmentada.

Não cabe ao juiz de primeiro grau ou ao relator nos Tribunais, com exceção do Supremo Tribunal Federal (por força da exegese do art. 102, I, *f*, CF), decidir se a atribuição é do Ministério Público Federal ou do Estadual. Tal questão é *interna corporis* e inerente à unidade e à indivisibilidade do Ministério Público (arts. 127, §1º, e 128/CF) (NERY Jr.; NERY, 2013, p. 1.664-1.665).

Assim, o Judiciário não pode resolver o processo sem julgamento de mérito sob o fundamento de carência de ação por falta de legitimidade ativa *ad causam*. Repita-se: tanto é legítimo o Ministério Público Federal ajuizar ação civil pública na Justiça Estadual quanto o Ministério Público Estadual demandar perante a Justiça Federal. O titular da ação é sempre o Ministério Público, instituição una e indivisível, sendo a atribuição de suas unidades (Ministério Público Federal ou Estadual) uma questão interna que não retira a legitimidade ativa de um ou de outro para ajuizar ação civil pública.

O que o Judiciário pode e deve analisar, inclusive de ofício, por ser matéria de ordem pública, é a competência jurisdicional. Constada a incompetência absoluta da Justiça Estadual ou Federal, os autos devem ser remetidos ao juízo competente que pode ratificar ou não os atos praticados. Os atos não decisórios podem ser ratificados (arts. 113, §2º, CPC-73, 64, §2º, CPC-2015 e 567/CPP), posteriormente, pelo juízo competente. Para a ratificação desses atos, cabe ao juiz competente verificar se os atos alcançaram, apesar de outro modo, a sua finalidade (arts. 244/CPC-1973 e 275/CPC-2015) ou não tenham causado prejuízo às partes (art. 249/CPC-73 e 280/CPC-2015).

No entanto, a fixação da competência da Justiça Federal ou Estadual, pelos critérios do art. 109 da Constituição Federal, nenhuma relação tem com as atribuições do Ministério Público Federal ou Estadual. Não se define a competência porque o Ministério Público Federal ou Estadual é o autor da ação civil pública, mas em razão de outros padrões constantes na Constituição Federal, como a circunstância da União ser parte no processo ou terceiro interveniente (art. 109, I) ou do ato questionado emanar de autoridade federal (art. 109, VIII, CF).

De qualquer modo, resolvido pelo Procurador-Geral da República o conflito de atribuições, declarada a atribuição do Ministério Público Federal para atuar em inquérito civil que tramitava perante o Ministério Público Estadual, ou vice-versa, o promotor natural poderá ratificar os atos praticados pelo outro agente ministerial e prosseguir nas investigações. Caso a ação civil pública por improbidade administrativa já tenha sido ajuizada, poderá pedir a convalidação judicial dos atos processuais praticados ou, se necessário, a complementação ou a repetição de atos indispensáveis à discussão do mérito da causa.

4. COMPETÊNCIA PARA AS AÇÕES CIVIS PÚBLICAS QUE ENVOLVAM VERBAS FEDERAIS

Para evitar conflito de competência entre a Justiça Federal e a Justiça Estadual, em ações que questionam o desvio de recursos públicos federais, o Superior Tribunal de Justiça editou a Súmula 208, com o seguinte teor: "Compete à Justiça Federal processar e julgar prefeito municipal por desvio de verba sujeita à prestação de contas perante órgão federal".

O enunciado contido na Súmula 208/STJ deve ser compreendido como regra, mesmo porque, pelo art. 71, VI, da Constituição Federal cabe ao Tribunal de Contas da União fiscalizar a aplicação de quaisquer recursos repassados pela União mediante convênio, acordo, ajuste ou outros instrumentos congêneres, a Estado, Distrito Federal ou a municípios, com a possibilidade de o TCU, inclusive, aplicar as sanções aos responsáveis pelo dano ao erário (art. 71, VIII, CF).

Por sua vez, é atribuição da Controladoria-Geral da União (CGU), transformada em Ministério da Transparência, Fiscalização e Controle, assistir, direta e indiretamente, o Presidente da República, no desempenho de suas atribuições quanto aos assuntos e providências que, no âmbito do Poder Executivo, sejam atinentes à defesa do patrimônio público, ao controle interno, à auditoria pública, à correição, à prevenção e ao combate à corrupção, às atividades de ouvidoria e ao incremento da transparência da gestão no âmbito da administração pública federal (art. 17 da Lei nº 10.683/2003). Além de poder instaurar procedimentos e processos administrativos ou requisitar a instauração daqueles que venham sendo injustificadamente retardados pela autoridade responsável (art. 18, §5º, II, Lei nº 10.683/2003), a CGU tem o dever de encaminhar à Advocacia-Geral da União os casos que configurem improbidade administrativa e todos quantos recomendem a indisponibilidade de bens ao erário e outras providências a cargo daquele órgão, bem como provocar a atuação do Tribunal de Contas da União, da Secretaria da Receita Federal, dos órgãos do Sistema de Controle Interno do Poder Executivo Federal e, quando houver responsabilidade penal, do Departamento de Polícia Federal e do Ministério Público, inclusive quanto a representações ou denúncias que se afigurem manifestamente caluniosas (art. 18, §3º, da Lei nº 10.683/2003).

Logo, o que importa não é se o recurso público é incorporado ao patrimônio do Estado ou do município, mas se cabe ao TCU, à CGU ou a outro órgão federal fiscalizar a aplicação dos recursos repassados pela União aos demais entes federativos (GARCIA; ALVES, 2014, p. 963-966).

Como o artigo 71, VI, da Constituição Federal afirma que *quaisquer recursos repassados pela União* deverão ser fiscalizados pelo TCU, somente quando a causa não envolver recursos da União é que a competência é da Justiça Estadual. Com efeito, a Súmula nº 9/STJ ("Compete à Justiça Estadual processar e julgar prefeito por desvio de verba transferida e incorporada ao patrimônio municipal") deve ter incidência restritiva para ser aplicada não aos recursos federais, mas apenas para explicitar que, quando houver a transferência de recursos estaduais para o município, é que a competência é da Justiça Comum Estadual. No limite, a Súmula nº 9/STJ deveria ser cancelada, porque pode confundir e até ofuscar a compreensão do entendimento contido na Súmula nº 8/STJ e presente na orientação jurisprudencial do STF, isto é, sempre que a verba federal for fiscalizada por órgão público federal caberá o Ministério Público Federal atuar, ainda que tenha que processar a autoridade municipal ou estadual perante a Justiça Estadual.

Tal conclusão, de que toda verba federal suscetível de fiscalização por órgão federal enseja a atuação do Ministério Público Federal e o ajuizamento da ação civil pública, como regra, perante a Justiça Federal, por envolver hipótese que recai sobre o art. 109 da Constituição Federal, pode ser extraída dos julgados que serviram para a edição da Súmula nº 8/STJ.

Nesse sentido, vale destacar quatro Conflitos de Competência (CC), que deram origem à Súmula nº 8/STJ, os quais, não obstante tenham sido gerados em processos criminais, apontam para a competência da Justiça Federal toda vez que a prestação de contas da verba pública tenha que ocorrer perante órgão federal.

O CC nº 18.517/SP[21] tratou de ação penal ajuizada contra ex-prefeito de cidade do interior de São Paulo, denunciado pela prática do crime do art. 312/CP, que teria se apropriado de verba, oriunda de Lei Orçamentária, com dotação nominalmente identificada do Ministério da Agricultura e da Reforma Agrária, destinada ao financiamento de programa de eletrificação rural do assentamento Itá. O STJ conside-

---

[21] Rel. Ministro FERNANDO GONÇALVES, TERCEIRA SEÇÃO, julgado em 23.4.1997, DJ 26.5.1997, p. 22471.

rou que a regra é que a Justiça Comum Estadual processe e julgue ação penal, em que se discute desvio de verbas federais destinada ao município, mediante convênio, por integrar o patrimônio da municipalidade. Porém, como o ex-prefeito estava obrigado a prestar contas perante o Ministério da Agricultura e da Reforma Agrária, o STJ remeteu os autos à Justiça Federal.

No CC nº 14.358/RS[22], a causa versava sobre convênio celebrado entre o Município de Serafina Corrêa-RS e o Fundo Nacional de Desenvolvimento da Educação (FNDE), em que o ex-prefeito tinha que prestar contas à Delegacia do Ministério da Educação do Rio Grande do Sul, razão pela qual fixou-se a competência da Justiça Federal.

No CC nº 15.426/RS[23], o ex-prefeito de Serafina Correia-RS foi indiciado em inquérito policial sob a acusação de haver se apropriado de verbas oriundas da União, decorrente de convênio, para a construção de um alojamento de dois pavimentos para estudantes da Escola Agrícola Municipal. O Convênio havia sido celebrado entre o município e do Fundo de Desenvolvimento da Educação (FNDE). O STJ decidiu que havia interesse federal na realização do objeto do convênio e, portanto, a competência deveria ser da Justiça Federal.

Por último, o CC nº 15.703/RO[24] dizia respeito à instauração de inquérito policial em desfavor de ex-secretário Estadual de Cultura, Esporte e Turismo de Rondônia, que teria sido indiciado pelo desvio de verbas federais, provenientes de convênio estabelecido com o Ministério da Cultura, para a execução do projeto "Centenário da Abolição da Escravatura". A referida Secretaria descumpriu a cláusula que a obrigava a prestar contas ao órgão federal, no prazo de 60 dias após a utilização dos recursos recebidos, e a restituir aos cofres da União os valores não utilizados no projeto. Tal conduta determinou a realização de Tomada de Conta Especial pelo Tribunal de Contas da União. Por

---

22 Rel. Ministro FELIX FISCHER, TERCEIRA SEÇÃO, julgado em 9.4.1997, DJ 19.5.1997, p. 20551.

23 Rel. Ministro ANSELMO SANTIAGO, TERCEIRA SEÇÃO, julgado em 27.3.1996, DJ 27.5.1996, p. 17806.

24 Rel. Ministro ADHEMAR MACIEL, TERCEIRA SEÇÃO, julgado em 13.3.1996, DJ 22.4.1996, p. 12524.

considerar que as verbas estavam sujeitas ao controle do TCU, o STJ concluiu que havia interesse da União Federal e firmou a competência da Justiça Federal para processar e julgar a causa.

Julgados mais recentes do Superior Tribunal de Justiça confirmam a conclusão de que a regra, quanto à fixação da competência para o ajuizamento de ações civis públicas por improbidade administrativa, deve ser a presença de verba federal suscetível de fiscalização por órgão da União, e não a incorporação de tal recurso nos cofres públicos dos Estados, Distrito Federal ou municípios. Nesse sentido, vale destacar quatro outros precedentes do STJ.

No RHC nº 42.582/PR[25], discutiu-se a competência para processar e julgar ação penal pelos crimes de peculato, corrupção, fraude em licitações, falsidade ideológica e formação de quadrilha, pelo suposto envolvimento dos acusados no desvio de verbas federais, por Organizações da Sociedade Civil de Interesse Público (OSCIP) – denominada de Agência de Desenvolvimento Educacional e Social Brasileira (ADESOBRAS), provenientes do Sistema Único de Saúde, para a execução de parceria realizada entre a ADESOBRAS e o município de Itaipulândia/PR. O STJ, após considerar que os recursos estavam sujeitos à fiscalização da Controladoria-Geral da União, ainda que a transferência das verbas tivesse ocorrido na modalidade "fundo a fundo", por continuarem sujeitas ao controle e à fiscalização de órgãos federais, fixou a competência da Justiça Federal para processar e julgar a ação penal. Aliás, essa também foi a orientação do Supremo Tribunal Federal no RHC nº 98564[26], que se referia a verbas repassadas ao Estado do Piauí, oriundas do Sistema Único de Saúde, sendo afetas, portanto, à fiscalização do Tribunal de Contas da União. Logo, a competência para o processo e o julgamento de crime resultante de desvio, em repartição estadual, de recursos oriundos do SUS, é da Justiça Federal, com fundamento no art. 109, I, da Constituição Federal.

---

[25] Rel. Ministro JORGE MUSSI, QUINTA TURMA, julgado em 2.12.2014, DJe 11.12.2014.

[26] Relator(a): Min. EROS GRAU, Segunda Turma, julgado em 15.9.2009, DJe-208 DIVULG 5.11.2009 PUBLIC 6.11.2009 EMENT VOL-02381-04 PP-00976.

No AgRg no AREsp nº 30.160/RS[27], o STJ afirmou que verbas oriundas do Programa Nacional de Alimentação Escolar (PNDE) devem ser fiscalizadas pelo Ministério Público Federal e as ações judiciais são da competência da Justiça Federal. Cuidava-se da malversação de verbas federais, repassadas pela União ao município de Canoas/RS, para aporte financeiro no Programa Nacional de Alimentação Escolar PNAE/FNDE, cujo objetivo é atender as necessidades nutricionais de alunos matriculados em escolas públicas. O PNAE é uma política pública concebida e titularizada pela União, financiada com recursos federais repassados aos Estados, ao Distrito Federal e aos municípios. Tem execução descentralizada, mediante depósito em conta-corrente de recursos federais, montante a ser incluído nos orçamentos dos entes federativos beneficiados. O beneficiário deve prestar contas dos recursos, inclusive perante o Tribunal de Contas da União e o Sistema de Controle Interno do Poder Executivo Federal. A vinculação e os deveres do ente beneficiário, perante a União, não se resumem à habilitação para o recebimento de verbas federais, que reforçarão os orçamentos estaduais, distrital e municipais. O vínculo e os deveres permanecem mesmo após o depósito em conta-corrente. Como o PNAE é um programa de execução descentralizada, os recursos federais não integram exclusivamente o patrimônio municipal, distrital ou estadual, o que afasta a incidência da Súmula 209 do STJ. Com efeito, a correta aplicação das verbas federais do PNAE envolve interesse federal, em razão da natureza dos bens e dos valores jurídicos tutelados. Ademais, a desnecessidade de convênio, ajuste ou contrato, por serem os recursos federais diretamente depositados em conta-corrente específica, não gera a incorporação automática do recurso aos cofres do ente federativo beneficiado. Este continua a ter o dever de prestar contas à União. Afinal, a verba orçamentária federal não é concedida a fundo perdido, mas repassada para aplicação específica como execução descentralizada do PNAE. Assim, em caso de não utilização, deve ser devolvida à origem com juros e correção monetária. Por fim, o PNAE é normatizado, coordenado e fiscalizado por órgão público federal, o FNDE, o que torna legítimo o interesse

27 Rel. Ministra ELIANA CALMON, SEGUNDA TURMA, julgado em 12.11.2013, DJe 20.11.2013.

da União em intervir nos processos judiciais, na condição de litisconsorte processual do Ministério Público, em ação de improbidade administrativa. Além disso, concluiu-se que o fato de outros órgãos de fiscalização terem descoberto possível prática ilícita ocorrida na municipalidade, quanto à utilização de verbas oriundas do FNDE, não é suficiente para afastar a competência da Justiça Federal[28].

Além disso, no RHC nº 40.611/SP[29], o STJ manteve tal entendimento, em ação penal por fraude à licitação, falsidade ideológica e quadrilha, relacionados a desvios de recursos públicos pela prefeitura de Auriflama/SP. O município havia recebido recursos para a realização de recapeamento asfáltico, mediante convênio com o Ministério do Turismo, representado pela Caixa Econômica Federal, no qual havia expressado obrigação de prestação de contas perante a União. A circunstância de a prefeitura ter prestado contas perante o Tribunal de Contas de São Paulo não retirou a necessidade de explicitar as despesas perante o Ministério do Turismo ou outros órgãos de controle da União, nos termos das cláusulas pactuadas, o que determinou a competência da Justiça Federal para processar e julgar a ação penal.

Por último, no CC nº 127.429/RN[30], em inquérito policial para apurar o crime do art. 92 da Lei nº 8.666/93, o STJ definiu que as irregularidades verificadas nas obras de construção do sistema de esgotamento sanitário do município de Parnamirim/RN, realizadas por meio do repasse de verbas federais, por um contrato de financiamento junto à Caixa Econômica Federal (CEF), com recursos do FGTS, estão sujeito à fiscalização tanto da CEF quanto do Tribunal de Contas da União. Portanto, isso torna competente a Justiça Federal, com fundamento no art. 109, IV, da Constituição Federal, para processar e julgar o delito de desvio de verba cuja prestação se faz perante órgão federal.

---

[28] Nesse sentido, cf. STJ, AgRg no CC 113.209/BA, Rel. Ministro JORGE MUSSI, TERCEIRA SEÇÃO, julgado em 27.6.2012, DJe 1.8.2012.

[29] Rel. Ministra MARIA THEREZA DE ASSIS MOURA, SEXTA TURMA, julgado em 8.10.2013, DJe 29.10.2013.

[30] Rel. Ministra ALDERITA RAMOS DE OLIVEIRA (DESEMBARGADORA CONVOCADA DO TJ/PE), TERCEIRA SEÇÃO, julgado em 14.8.2013, DJe 23.8.2013.

É importante destacar, todavia, que a fixação da competência em matéria cível pode ser diferente da penal. Isso ficará mais claro no próximo tópico. De qualquer modo, tal diferença, que resulta da interpretação de diferentes incisos do art. 109 da CF, não enfraquece a tese de que, havendo repasse de verbas federais sujeitas a fiscalização de órgãos da União, a atribuição para investigar atos de improbidade administrativa é do Ministério Público Federal e, como regra, haverá interesse processual da União, a ensejar o processamento de ação civil pública perante a Justiça Federal.

5. ATRIBUIÇÃO PARA A FISCALIZAÇÃO E COMPETÊNCIA PARA O JULGAMENTO DE AÇÃO CIVIL PÚBLICA ENVOLVENDO RECURSOS DO FUNDEF/FUNDEB

Tema que ensejou longo debate no Supremo Tribunal Federal[31] foi o relativo à competência para julgar as ações civis e penais referentes ao Fundo de Manutenção e Desenvolvimento do Ensino Fundamental e Valorização do Magistério (FUNDEF), depois transformado em Fundo de Manutenção e Desenvolvimento da Educação Básica e de Valorização da Educação (FUNDEB).

Vale explicar que o FUNDEF foi criado pela Emenda Constitucional n° 14, de 12.9.1996, e instituído, inicialmente, pela Lei n° 9.424, de 24.12.1996. Tal lei foi alterada pela Lei n° 11.494, de 20.6.2007, que passou a denominar o FUNDEF de FUNDEB.

O FUNDEB é de natureza contábil e constituído, originariamente, por recursos financeiros dos Estados, Distrito Federal e municípios, provenientes de diversas fontes e vinculados constitucionalmente ao custeio da educação. No exercício de sua função redistributiva, supletiva e de assistência financeira, a União participa do FUNDEB, complementando-o sempre que, no âmbito de cada Estado e no Distrito Federal, o valor médio ponderado por aluno não alcançar o mínimo definido nacionalmente (art. 4° da Lei nº 11.494/2007). O valor míni-

---

[31] ACO 1109, Relator(a): Min. ELLEN GRACIE, Relator(a) p/ Acórdão: Min. LUIZ FUX (art. 38, IV, *b*, do RISTF), Tribunal Pleno, julgado em 5.10.2011, ACÓRDÃO ELETRÔNICO DJe-047 DIVULG 6.3.2012 PUBLIC 7.3.2012.

mo por aluno é definido por Decreto do Presidente da República (art. 60, V a VII, do ADCT, com a redação dada pela Emenda Constitucional nº 53, de 19.12.2006). A atuação da União é *suplementar*, pois ocorre apenas para acrescentar às verbas pertencentes aos Estados e ao Distrito Federal, vinculadas ao fundo, quando forem insuficientes para alcançar o valor mínimo por aluno definido nacionalmente (art. 60, II, ADCT).

Esses recursos, condicionados a posterior prestação de contas e controle do Tribunal de Contas da União, garantem a equalização de oportunidades educacionais e a manutenção de um *padrão mínimo* de ensino aos Estados ou municípios menos aquinhoados. Na hipótese de Estados e municípios apresentarem suficiência financeira para atingir o valor mínimo por aluno definido nacionalmente, o FUNDEB é composto exclusivamente por recursos oriundos da repartição de suas receitas tributárias e, por essa razão, passam a integrar os próprios orçamentos dos Estados e municípios, nos termos dos arts. 157, 158, 159 e 212, §1°, da Constituição Federal. Logo, os Estados e os municípios, quando não recebem repasses da União, sujeitam-se ao controle e prestam contas apenas ao Tribunal de Contas estadual e/ou municipal.

A necessidade ou não de complementação do FUNDEB com recursos federais influi na definição de atribuições do Ministério Público Federal ou do Ministério Público Estadual, bem como na adequada delimitação da natureza cível ou criminal da matéria envolvida, para fins de fixação da competência da Justiça Federal ou Estadual.

A competência da Justiça Federal, em matéria cível, tem como regra o art. 109, I, da Constituição Federal, enquanto que a seara criminal, o 109, IV, da Constituição Federal.

A definição da atribuição do Ministério Público Federal ou Estadual para investigar possíveis desvios de verbas do FUNDEB em matéria civil, que inclui a improbidade administrativa, está baseada no critério do interesse processual. Assim, toda vez que a União aporte de forma suplementar recursos para o Estado ou o Município, em razão de tal recurso se sujeitar ao controle do TCU, bem como quando entidade autárquica ou empresa pública federal figurarem em um dos polos da relação processual na condição de autoras, rés, assistentes ou opoentes, a atribuição para investigar e, eventualmente, ajuizar ação civil pública é do Ministério Público Federal e a competência para processá-la e julgá-la é da Justiça Federal.

Em contrapartida, quanto ao aspecto criminal, por força da interpretação do art. 109, V, da Constituição Federal não basta a presença de um daqueles entes da União no processo. É imprescindível verificar a *natureza da lesão* a bens, interesses ou serviços. O art. 109, V, da CF preceitua que será competente a Justiça Federal quando as infrações penais forem praticadas em detrimento de bens, serviços ou interesses da União. Toda conduta delituosa que implique lesão ao interesse da União atrai a competência para o processo e o julgamento da ação penal à Justiça Federal, ainda que, de forma concorrente, tenham sido violados interesses Estaduais e municipais.

Portanto, as ações e os procedimentos afetos ao FUNDEB, no âmbito criminal, são de atribuição do Ministério Público Federal, independentemente de complementação, ou não, com recursos federais[32].

Em contrapartida, em matéria cível, a atribuição do Ministério Público Federal ou Estadual depende da presença, ou não, de algum ente federal, pois, nesse caso, a competência é *ratione personae* (art. 109, I, CF). Isto é, se houver complementação de recursos do FUNDEB da União para o Estado, como a fiscalização deve ser do TCU, a atribuição é do Ministério Público Federal. Em sentido contrário, quando

---

[32] Tal orientação tem sido seguida pelo STF (HC 100772, Relator(a): Min. GILMAR MENDES, Segunda Turma, julgado em 22.11.2011, ACÓRDÃO ELETRÔNICO DJe-025 DIVULG 3.2.2012 PUBLIC 6.2.2012) e foi acolhida pelo STJ: "A malversação de verbas decorrentes do FUNDEF, no âmbito penal, ainda que não haja complementação por parte da União, vincula a competência do Ministério Público Federal para a propositura de ação penal, atraindo, nessa hipótese, a da Justiça Federal, bem como o controle a ser exercido pelo TCU, conforme dispõe o artigo 71 da CR/88" (CC 119.305/SP, Rel. Ministro ADILSON VIEIRA MACABU (DESEMBARGADOR CONVOCADO DO TJ/RJ), TERCEIRA SEÇÃO, julgado em 8.2.2012, DJe 23.2.2012). No mesmo sentido, conferir, entre outros: STJ, HC 218.921/PI, Rel. Ministro JORGE MUSSI, QUINTA TURMA, julgado em 25.3.2014, DJe .2.4.2014; HC 199.564/PA, Rel. Ministra MARIA THEREZA DE ASSIS MOURA, SEXTA TURMA, julgado em 11.3.2014, DJe 24.3.2014; AgRg no CC 125.291/RO, Rel. Ministro CAMPOS MARQUES (DESEMBARGADOR CONVOCADO DO TJ/PR), TERCEIRA SEÇÃO, julgado em 8.5.2013, DJe 14.5.2013.

não há tal complementação, para atingir o valor médio a ser gasto por aluno, fixado nacionalmente, a atribuição é do Ministério Público Estadual para investigar a prática de ato de improbidade administrativa, uma vez que os recursos são de propriedade exclusiva dos Estados e municípios e, portanto, sujeitos à fiscalização do Tribunal de Contas Estadual e/ou municipal[33].

Por isso, o Supremo Tribunal Federal, ao julgar a ação de civil originária (ACO) nº 1109, como se cogitava da possibilidade de ter havido desvio de recursos, o que configuraria delito, em tese, praticado pelo prefeito de Taciba/SP e, ao mesmo tempo, ato de improbidade administrativa, concluiu pela atribuição do Ministério Público Federal para a apuração do delito. Porém, como não havia repasse da União para a complementação do FUNDEB no Estado de São Paulo, a atribuição para investigar acerca de improbidade administrativa foi assegurada ao Ministério Público Estadual.

6. OUTROS EXEMPLOS DE CONFLITOS DE ATRIBUIÇÕES RESOLVIDOS PELO STF

Além dos padrões fixados no caso do FUNDEF/FUNDEB, o Supremo Tribunal Federal vinha decidindo diversos conflitos de atribuições envolvendo os Ministérios Público, Federal e Estadual. Cabe examinar alguns deles para fixar a tese de que é atribuição do Ministério Público Federal investigar os atos de improbidade administrativa envolvendo desvios de recursos federais sujeitos ao controle de órgãos públicos da União.

---

[33] Pet 4885, Relator(a): Min. MARCO AURÉLIO, Primeira Turma, julgado em 11.2.2014, ACÓRDÃO ELETRÔNICO DJe-041 DIVULG 26.2.2014 PUBLIC 27.2.2014. Nesta hipótese analisada pelo STF, o Município de Mirandópolis/SP não recebeu recursos federais, a título de complementação, na forma do art. 6º da Lei nº 9624/96. Não havendo recursos da União, não caberia ao Tribunal de Contas da União fiscalizar nem tampouco ao Ministério Público Federal atuar ou, ainda, fixar a competência da Justiça Federal para processar e julgar eventual ação civil pública, pois a infração civil não ocorreu em detrimento de bens, serviços ou interesses da União.

Assim, a atribuição para apurar possíveis irregularidades no cadastro do programa habitacional "Minha Casa, Minha Vida" é do Ministério Público Federal, ainda que tenham como suspeitos autoridades estaduais ou municipais. O STF, ao julgar a Ação Cível Originária nº 2.166-MT, em que a execução do programa habitacional estaria sendo prejudicada por um esquema montado dentro da prefeitura, no qual um vereador e alguns servidores estariam contemplando parentes com o benefício, considerou que o "Minha Casa, Minha Vida" é um programa custeado com recursos provenientes do Orçamento Geral da União, aportados pelo Fundo de Desenvolvimento Social, regulado pela Lei Federal nº 11.977/2009 (art. 18), regulamentados pela Resolução CCFDS nº 183/2011 e Instrução Normativa nº 34/201, ainda que tal programa seja gerido pelos Ministérios das Cidades e da Fazenda, e operacionalizado pela Caixa Econômica Federal (arts. 9º e 10º da Lei Federal nº 11.977/2009). Desse modo, a atribuição para investigar possíveis ilegalidades é do Ministério Público Federal. Os Estados e os municípios, por sua vez, atuam como meros executores do programa, e eventual ação judicial deve ser proposta perante a Justiça Federal (art. 109, I, CF), em razão da existência de interesse da União em fiscalizar e manter a adequada aplicação dos recursos federais.

Também é atribuição do Ministério Público Federal investigar supostas ilegalidades na aplicação de recursos do Programa Nacional de Fortalecimento da Agricultura Familiar. O PRONAF é regulado pela Lei Federal nº 8.427/1992 e regulamentado pelo Decreto nº 3.999/2001, cujo art. 1º afirma que o PRONAF

> tem por finalidade promover o desenvolvimento sustentável do meio rural, por intermédio de ações destinadas a implementar o aumento da capacidade produtiva, a geração de empregos e a elevação da renda, visando à melhoria da qualidade de vida e do exercício da cidadania dos agricultores familiares.

Os agricultores familiares têm direito de acessar o microcrédito rural, para financiar suas atividades produtivas, e a assistência técnica de forma gratuita e em concordância com a Política Nacional de Assistência Técnica e Extensão Rural (PNATER). Os recursos do PRONAF são alocados apenas por instituições financeiras federais (Banco do Brasil, Caixa Econômica Federal, Banco do Nordeste e

Banco Nacional de Desenvolvimento Econômico e Social), que são responsáveis pelos repasses das verbas ao público-alvo. Cuida-se de uma política subsidiada pelo orçamento da União, que arca com a diferença entre os juros cobrados aos beneficiários (entre 1% e 9%) e a taxa SELIC. O Orçamento Geral da União também prevê o pagamento aos Bancos pelo seu trabalho de intermediação. O art. 6º do Decreto nº 3.991/2001 preceitua que cabe à Secretaria da Agricultura Familiar do Ministério do Desenvolvimento Agrário planejar, coordenar e supervisionar o PRONAF em âmbito nacional. Ademais, a fiscalização da aplicação dos recursos deve ser feita pelo Tribunal de Contas da União e pela Controladoria Geral da União. Por isso, investigação e possível ajuizamento de ação civil pública por improbidade administrativa deve ser conduzida pelo Ministério Público Federal. Além disso, toda vez que a gestão, a administração ou a fiscalização de qualquer atividade ou serviço for realizada por órgão da Administração Pública Federal está caracterizado o interesse público federal. Em havendo conduta que possa implicar lesão ou ameaça de lesão a interesses da União, eventual ação deve ser processada e julgada pela Justiça Federal (art. 109, I), ainda que sejam violados interesses municipais ou estaduais. Assim, na Ação Cível Originária nº 1.281-SP, o STF, ao examinar irregularidades na execução do PRONAF pelo município de Aramina/SP, cujo agente financeiro do Banco do Brasil S/A não teria solicitado declarações de agricultores quanto à existência de dívidas em outros bancos, não teria fiscalizado as operações do PRONAF executadas e liberadas pela agência bancária nem exigido os projetos de assistência técnica, determinou que a atribuição para apurar tais fatos é do Ministério Público Federal[34].

---

[34] "CONFLITO NEGATIVO DE ATRIBUIÇÕES ENTRE O MINISTÉRIO PÚBLICO FEDERAL E O MINISTÉRIO PÚBLICO DO ESTADO DE SÃO PAULO. COMPETÊNCIA DO SUPREMO TRIBUNAL FEDERAL PARA PROCESSAR E JULGAR A AÇÃO. PRECEDENTES. CONFLITO DE ATRIBUIÇÕES. APURAÇÃO DE SUPOSTAS IRREGULARIDADES NA APLICAÇÃO DOS RECURSOS ORIUNDOS DO PRONAF. INTERESSE DA UNIÃO. ART. 109, INC. I, DA CONSTITUIÇÃO DA REPÚBLICA. ATRIBUIÇÃO DO MINISTÉRIO PÚBLICO FEDERAL" (ACO 1281, Relator(a): Min. CÁRMEN LÚCIA, Tribunal Pleno, julgado em 13.10.2010, DJe-243 DIVULG 13.12.2010 PUBLIC 14.12.2010 EMENT VOL-02450-01 PP-00001).

Por outro lado, a investigação sobre atos ilícitos existentes em políticas de cotas de universidades estaduais e municipais, bem como o consequente ajuizamento de ação civil pública por improbidade administrativa deve ser realizado pelo Ministério Público dos Estados. Isso porque as Universidades Públicas estaduais e municipais não agem por delegação do Poder Público federal. Ao contrário, a Constituição Federal, no artigo 207, assegura o princípio da autonomia universitária e, no artigo 211, garante a autonomia dos entes federativos para organizar e gerir seus sistemas de ensino, os quais devem agir em regime de cooperação. O artigo 17, I, da Lei de Diretrizes e Bases da Educação (Lei nº 9.394/96) também estabelece que os sistemas de ensino dos Estados abrangem as instituições mantidas pelo Poder Público Estadual. Logo, os atos de gestão praticados por universidades estaduais não implicam interesse direto da União (art. 109, I, CF)[35]. Desse modo, a apuração de eventual denúncia de irregularidade na política de reserva de vagas, como decidiu o STF na Ação Cível Originária nº 1.145-PB, em relação à Universidade Estadual da Paraíba, deve ser do Ministério Público Estadual.

7. COMPETÊNCIA PARA PROCESSAR E JULGAR AÇÕES CIVIS PÚBLICAS POR ATOS DE IMPROBIDADE ADMINISTRATIVA PRATICADOS EM DETRIMENTO DO PATRIMÔNIO DE SOCIEDADE DE ECONOMIA MISTA FEDERAL

---

[35] "COMPETÊNCIA. - EM FACE DO '*CAPUT*' DO ARTIGO 177 DA CONSTITUIÇÃO FEDERAL COMPETE AOS ESTADOS-MEMBROS E AO DISTRITO FEDERAL ORGANIZAR SEUS SISTEMAS ADMINISTRATIVOS DE ENSINO, SENDO O SISTEMA FEDERAL MERAMENTE SUPLETIVO. - ASSIM, OS DIRIGENTES DE UNIVERSIDADES QUE SEJAM AUTARQUIAS ESTADUAIS - COMO SUCEDE COM A UNIVERSIDADE DE SÃO PAULO, OU DE UNIDADES QUE A INTEGREM, NÃO PRATICAM ATOS POR DELEGAÇÃO DA UNIÃO FEDERAL. - CONSEQUENTEMENTE, A COMPETÊNCIA PARA O PROCESSAMENTO E JULGAMENTO DE AÇÕES - INCLUSIVE MANDADO DE SEGURANÇA - CONTRA TAIS ATOS NÃO E DA JUSTIÇA FEDERAL, MAS, SIM, DA JUSTIÇA COMUM DO ESTADO-MEMBRO. RECURSO EXTRAORDINÁRIO CONHECIDO E PROVIDO" (RE 95722, Relator(a): Min. MOREIRA ALVES, Tribunal Pleno, julgado em 17.3.1982, DJ 5.11.1982 PP-11241 EMENT VOL-01274-02 PP-00267 RTJ VOL-00105-01 PP-00303).

Pelo art. 109, I, da Constituição Federal, os atos de improbidade que recaiam sobre o patrimônio púbico da União, de suas entidades autárquicas ou de empresas públicas federais devem ser objeto de ações civis públicas a serem processadas e julgadas pela Justiça Federal.

O Novo Código de Processo Civil determina que a competência é fixada pelas normas nele estabelecidas ou em legislação especial, pelas normas de organização judiciária e, ainda, no que couber, pelas Constituições Estaduais, desde que obedecidos os limites estabelecidos pela Constituição Federal (art. 44). Ademais, o NCPC explicita que, quando os autos tramitam perante a Justiça Estadual, mas nele intervier a União, suas empresas públicas, entidades autárquicas e fundações, ou conselho de fiscalização de atividade profissional (conforme já fazia a Súmula nº 66/STJ)[36], na qualidade de parte ou de terceiro interveniente, os autos serão remetidos ao juízo federal competente, exceto nas ações de recuperação judicial, falência, insolvência civil, acidente de trabalho ou sujeitas à Justiça Eleitoral e à Justiça do Trabalho (art. 45).

Porém, nem o art. 109, I, da Constituição Federal nem o art. 45 do Novo Código de Processo Civil fazem expressa menção às sociedades de economia mista federal (como a Petrobrás e o Banco do Brasil). Diante dessa omissão, as ações civis públicas por atos de improbidade administrativa praticados por tais entidades devem ser ajuizados perante a Justiça Estadual.

Nesse sentido, a Súmula nº 42 do Superior Tribunal de Justiça afirma que "compete a Justiça Comum Estadual processar e julgar as causas cíveis em que é parte sociedade de economia mista e os crimes praticados em seu detrimento". De igual modo, o Supremo Tribunal Federal editou a Súmula nº 556, pela qual "É competente a Justiça Comum para julgar as causas em que é parte sociedade de economia mista".

Dessa maneira, a ação civil pública por improbidade administrativa, ajuizada em face de dirigente de sociedade de economia mista da qual a União é acionista majoritária, não acarreta, por si só, a

---

36 "Compete à Justiça Federal processar e julgar execução fiscal promovida por conselho de fiscalização profissional".

presunção de violação de interesse, econômico ou jurídico, da União, o que, por consequência, afasta a competência da Justiça Federal[37].

No entanto, quando a União manifesta interesse jurídico na causa e intervém como assistente ou opoente, as ações devem ser deslocadas para a Justiça Federal (Súmula nº 517/STF). Para tanto, a União deve ser intimada para que, expressamente, manifeste se tem ou não interesse no feito.

De qualquer forma, a fixação da atribuição do Ministério Público na defesa do patrimônio público, em casos de improbidade administrativa, por desvios de verbas federais, não pode ficar condicionada à decisão da União em ingressar no processo como assistente ou oponente (art. 109, I, CF). A existência de indícios de irregularidades na aplicação das verbas públicas federais, sujeitas à prestação de contas a órgãos da União, justifica, por si só, tanto a atuação do Ministério Público Federal quanto o processamento e o julgamento da ação civil pública por improbidade administrativa pela Justiça Federal.

Os desvios de recursos pertencentes a sociedades de economia mista federal estão sujeitos ao controle do Tribunal de Contas da União, que, pelos arts. 71, II, da Constituição Federal e 1º, I, da Lei nº 8.443/1992, tem competência para julgar as contas dos administradores e demais responsáveis por dinheiros, bens e valores públicos da administração direta e indireta, incluídos os das fundações e sociedades instituídas e mantidas pelo Poder Público Federal, e as contas daqueles que derem causa a perda, extravio ou outra irregularidade de que resulte prejuízo ao erário[38]. Com efeito, estando os recursos da sociedade de economia mista federal sujeitos ao controle do Tribunal de Contas da União, a atribuição para investigar eventual prática de ato de improbidade administrativa é do Ministério Público Federal, ainda que a ação civil pública tenha que ser ajuizada perante a Justi-

---

[37] STF, *ACO 2438 AgR, Relator(a): Min. LUIZ FUX, Primeira Turma, julgado em 24/02/2015, ACÓRDÃO ELETRÔNICO DJe-045 DIVULG 09-03-2015 PUBLIC 10-03-2015.*

[38] STF, MS 25092, Relator(a): Min. CARLOS VELLOSO, Tribunal Pleno, julgado em 10.11.2005, DJ 17.3.2006 PP-00006 EMENT VOL-02225-03 PP-00407; MS 25181, Relator(a): Min. MARCO AURÉLIO, Tribunal Pleno, julgado em 10.11.2005, DJ 16.6.2006 PP-00006 EMENT VOL-02237-01 PP-00131.

ça Estadual. Tal entendimento, contudo, não é seguido pelo Supremo Tribunal Federal que vincula as atribuições do Ministério Público Federal às competências da Justiça Federal[39].

8. CONSIDERAÇÕES FINAIS

Ao decidir a ACO 924, o Supremo Tribunal Federal alterou sua jurisprudência para concluir que o conflito de atribuições entre Ministério Público Federal e estaduais é matéria administrativa, e não jurisdicional. Com isso, atribuiu ao Procurador-geral da República a competência para dirimir tais conflitos, alçando-o à condição de Chefe do Ministério Público nacional. Tal orientação fere a autonomia institucional dos Ministérios Públicos dos estados, pois o Procurador-Geral da República é chefe do Ministério Público Federal, mas não dos estaduais.

Consequentemente, a decisão proferida pelo STF na ACO 924 é criticável, devendo ser revista para fazer prevalecer a premissa de que, quando a Constituição da República não designa o órgão competente para dirimir um conflito, cabe ao Supremo Tribunal Federal fazê-lo.

Não obstante o conflito de atribuições entre unidades diferentes do Ministério Público brasileiro não ser capaz de promover, potencialmente, o desequilíbrio no sistema federativo, como poderia se depreender da interpretação do art. 102, I, *f*, da CF, eventual atribuição de competência ao Superior Tribunal de Justiça para julgar tais conflitos dependeria – o que, aliás, seria recomendável e coerente com a função harmonizadora do STJ – da edição de Emenda Constitucional. Tal solução poderia contribuir para a *efetividade* do sistema processual, uma vez que o STJ já possui a competência para processar e julgar os conflitos de competência entre a Justiça Federal e Estadual (art. 105, I, *d*, CF).

---

[39] "*Competência – Conflito negativo de atribuição – Ministério Público Estadual e Federal – Sociedade de Economia Mista – Ausência de interesse da União. Define-se o conflito considerada a matéria objeto do procedimento de origem. Inexistindo interesse da União, descabe atribuir ao Ministério Público Federal legitimidade para investigar*" (Pet 5123 AgR, Relator(a): Min. MARCO AURÉLIO, Primeira Turma, julgado em 18/08/2015, ACÓRDÃO ELETRÔNICO DJe-184 DIVULG 16-09-2015 PUBLIC 17-09-2015).

A atribuição para investigar supostos atos ilegais envolvendo verbas públicas federais, sujeitas a órgãos de controle da União, é do Ministério Público Federal, ainda que a ação civil pública tenha que ser ajuizada perante a Justiça Estadual. Não há nenhuma regra na Constituição Federal que afirme que o Ministério Público Federal atue somente na Justiça Federal ou que Ministério Público Estadual deva agir, tão somente, na Justiça Estadual.

O Ministério Público brasileiro é uma instituição indivisível (art. 127, §1º, CF), integrada pelo Ministério Público da União e dos Estados (art. 128/CF). Não há diferença *ontológica* entre as unidades do Ministério Público brasileiro, cuja função institucional comum é a defesa do patrimônio público (art. 129, I, CF).

Tampouco é correto afirmar que o Ministério Público Federal somente pode atuar na Justiça Federal em razão de ser uma unidade do Ministério Público da União (art. 128, I, *a*, CF). Embora o MPF seja uma instituição que funcione em todos os Estados da Federação e no Distrito Federal, o art. 129, IX, da Constituição Federal veda, expressamente, ao Ministério Público a representação judicial e a consultoria jurídica de entidades públicas. Não poderia ser diferente, pois, do contrário, o Ministério Público Federal não poderia ajuizar ações em face da União, tampouco o Ministério Público dos Estados, em face dos Estados-Membros.

A mera presença do Ministério Público Federal como parte (*v.g.*, autora de uma ação civil pública) não é suficiente para que se fixe a competência da Justiça Federal para processar e julgar a demanda (DIDIER Jr.; GODINHO, 2014, p. 76-80). Isso porque o art. 109, I, da Constituição Federal atribui competência aos juízes federais para processarem e julgarem as causas "em que a União, entidade autárquica ou empresa pública federal forem interessadas na condição de autoras, rés, assistentes ou oponentes[40], exceto as de falência, as de acidentes de trabalho e as sujeitas à Justiça Eleitoral e à Justiça do Trabalho".

---

40 "A posição na relação jurídica processual, de modo a justificar a atração da causa para a Justiça Federal, pode dar-se em quatro hipóteses. Como autora, quando ingressa com uma ação de qualquer natureza contra alguém. Como ré, quando responde a qualquer tipo de ação judicial. Como assistente, atuando na qualidade de terceiro, quando tiver interesse jurídico em que a sentença seja favorável

Ajuizada a ação civil pública pelo Ministério Público Federal, na hipótese de a União não estar no polo passivo da relação processual, é necessário a sua intimação ou da entidade autárquica federal para que se manifestem sobre o interesse em intervir no processo. Caso entendam que não é caso de intervenção processual, os autos devem ser remetidos à Justiça Estadual (exegese do art. 109, I, CF e Súmula nº 224/STJ[41]).

Tal entendimento foi incorporado ao art. 45, §3º, do Novo Código de Processo Civil, que prevê que o "juízo federal restituirá os autos ao juízo estadual sem suscitar conflito se o ente federal cuja presença ensejou a remessa for excluído do processo".

Além disso, quando a Constituição Federal fixou a competência da Justiça Federal, em razão da presença de um órgão federal (art. 109, VIII, CF), fez referência apenas ao mandado de segurança ou ao *habeas data* impetrado contra ato de autoridade federal, não mencionando a ação civil pública ajuizada por ente federal.

De qualquer modo, o processo que tiver sido originado pela ação civil pública por improbidade administrativa ajuizada pelo Ministério Público Federal e/ou pelo Ministério Público Estadual não deve ser resolvido sem julgamento de mérito, por falta de legitimidade ativa. Se o conflito de competência for instaurado após o ajuizamento de uma ação civil pública, o processo deve ficar suspenso à espera da definição judicial quanto ao processamento da demanda pela Justiça Federal ou pela Justiça Estadual (DIDIER Jr.; GODINHO, 2014, p. 81). Tal definição, contudo, cabe exclusivamente ao Supremo Tribunal Federal (apesar do julgamento proferido na ACO 924 ter atribuído a função de dirimir esses conflitos ao Procurador-Geral da República), não podendo o juiz de primeiro grau ou mesmo os demais Tribunais decidir se a atribuição para investigar atos de improbidade administrativa ou para ajuizar eventual ação civil pública é do Ministério Público Federal ou Estadual. Aliás, é necessária a regulamentação, no

---

a uma das partes litigantes. Como opoente, quando pretender, no todo ou em parte, a coisa ou o direito disputado em juízo" (FREITAS, 2014. p. 1.461).

41 "Excluído do feito o ente federal, cuja presença levara o Juízo Estadual a declinar da competência, deve o Juiz Federal restituir os autos e não suscitar conflito".

plano constitucional e legal, dos conflitos de atribuição entre unidades do Ministério Público, inclusive para prever a suspensão da ação civil pública (nem o art. 265 do CPC-73 nem o art. 313 do NCPC preveem tal hipótese), enquanto o mesmo órgão judicial decide quem pode investigar e demandar judicialmente.

Quando o Ministério Público não for autor da ação civil pública, mas agir apenas como fiscal da lei, a dúvida quanto saber qual unidade do Ministério Público (Federal ou Estadual) possui atribuição para agir não deve determinar a suspensão do processo, porque isso resultaria em injustificável prejuízo para as partes e comprometeria a garantia constitucional da razoável duração do processo (art. 5º, LXXVIII, CF) (DIDIER Jr.; GODINHO, 2014, p. 81). Nessa hipótese, ou se admite que ambas as unidades do Ministério Público emitam parecer nos autos ou que se prorrogue a atribuição do Ministério Público que já está atuando nos autos, até a definição do conflito de atribuições em processo próprio. Caso o órgão do Ministério Público se recuse a participar do processo, não há nulidade processual, desde que se assegure a prévia intimação dos atos necessários, com o prosseguimento do processo sem a intervenção ministerial, conforme disposição expressa no art. 180, §1º, do NCPC[42].

Além disso, a Súmula nº 209/STJ, ao firmar que compete à Justiça Estadual processar e julgar prefeito por desvio de verba transferida e incorporada ao patrimônio municipal, deve ser cancelada, pois mais confunde do que esclarece. Tal entendimento exige do Judiciário uma análise das cláusulas dos convênios e da natureza das verbas[43]. Porém, ainda que um recurso seja incorporado ao patrimônio do município (*v.g.*, na construção de uma obra pública) e mesmo que o convênio seja omisso quanto à prestação de contas, se há verbas federais, caberá a fiscalização do Tribunal de Contas da União e, por consequência, a atuação do Ministério Público Federal.

---

[42] "Findo o prazo para a manifestação sem o oferecimento do parecer, o juiz requisitará os autos e dará prosseguimento ao processo".

[43] STJ, REsp 1391212/PE, Rel. Ministro HUMBERTO MARTINS, SEGUNDA TURMA, julgado em 2.9.2014, DJe 9.9.2014.

Não poderá o convênio ou qualquer outro ato negocial entre as partes se sobrepor ao art. 70, VI, da Constituição Federal, que afirma que *quaisquer recursos* repassados pela União devem ser fiscalizados pelo TCU (incorporado no art. 1º, XIX, do Regimento Interno do TCU e explicitado no art. 1º, I, da Lei Federal nº 8.443/92).

O cancelamento da Súmula nº 209/STJ inibiria a existência de conflitos de atribuições entre o Ministério Público Federal e Estadual, descongestionaria o Supremo Tribunal Federal e agilizaria as investigações de atos de improbidade administrativa, com mais rápida e eficiente responsabilização dos agentes ímprobos.

REFERÊNCIAS BIBLIOGRÁFICAS

CAMBI, Eduardo. *Neoconstitucionalismo e neoprocessualismo. Direitos fundamentais, políticas públicas e protagonismo judiciário.* 3.ed. São Paulo: Almedina, 2016.

______; BOM, Luiz Fernando Oliveira. Perdimento de bens por atividade ilícita. Ação civil pública de extinção de domínio. Análise do Projeto de Lei 5.681/2013, oriundo das discussões no âmbito da Estratégia Nacional de Combate à Corrupção e Lavagem (ENCCLA). In: *Ministério Público e princípio da proteção eficiente.* Coord. Eduardo Cambi e Fábio Guaragni. São Paulo: Almedina, 2016.

______. Conflitos de atribuições entre Ministério Público Federal e Estadual para a investigação de atos de improbidade administrativa e a definição da competência da Justiça Federal ou Estadual para o ajuizamento da respectiva ação civil pública. *Revista do CNMP*, vol. 5, 2015.

______; BATISTA, Morena Gabriela C. S. P.. Foro por prerrogativa de função nas ações civis públicas por improbidade administrativa. *Revista de processo*, v.233, julho/2014.

DIDIER Jr., Fredie; GODINHO, Robson Renault. Questões atuais sobre as posições do Ministério Público no processo civil. *Revista de processo*, v. 237, nov./2014.

DIGIÁCOMO, Murillo José. O Ministério Público e a utopia. In: *Direito e justiça. Estudos em homenagem a Gilberto Giacoia.* Org. Eduardo Cambi e Alencar Frederico Margraf. Curitiba: Ministério Público, 2016.

FREITAS, Vladmir Passos de. *Comentários à Constituição do Brasil.* Coord. J. J. Gomes Canotilho *et al.* São Paulo: Saraiva, 2014.

GARCIA, Emerson. *Ministério Público. Organização, atribuições e regime jurídico.* 4.ed. São Paulo: Saraiva, 2014.

______; ALVES, Rogério Pacheco. *Improbidade administrativa.* 8.ed. São Paulo: Saraiva, 2014.

MEIRELLES, Hely Lopes; WALD, Arnoldo; MENDES, Gilmar. *Mandado de segurança e ações constitucionais.* 34.ed. São Paulo: Malheiros, 2012.

MOREIRA, José Carlos Barbosa. Expressão "competência funcional" no art. 2º da Lei de Ação Civil Pública. In: *A ação civil pública após 20 anos:* efetividade e desafios. Coord. Édis Milaré. São Paulo: RT, 2005.

NERY JR., Nelson; NERY, Rosa Maria de Andrade. *Código de Processo Civil comentado e legislação extravagante.* 13.ed. São Paulo: RT, 2013.

SILVA, Cláudio Barros. A designação prevista no artigo 28 do Código de Processo Penal, em face ao Princípio Constitucional da Independência Funcional. In: *X Congresso Nacional do Ministério Público. O Ministério Público: corrupção, criminalidade e violência.* Belém: CEJUP, 1994.

ASPECTOS DESTACADOS DA PUBLICIDADE DO INQUÉRITO CIVIL: ATIVIDADE INVESTIGATÓRIA E SIGILO

Fernando da Silva Comin[1]

INTRODUÇÃO

A atividade investigatória desenvolvida pelo Ministério Público, de natureza penal ou civil, assim como toda e qualquer atividade realizada pelos órgãos de persecução do Estado, deve observar, por pressuposto, os princípios normativo-constitucionais que regem o funcionamento da Administração Pública em suas relações com os particulares, dentre os quais, em especial, o princípio da publicidade.

O presente trabalho, nessa perspectiva, propõe-se a analisar as inflexões que o princípio da publicidade provoca na atividade investigatória de natureza civil conduzida pelo Ministério Público, por meio do inquérito civil, nomeadamente na persecução de atos de improbidade administrativa, e os efeitos de tal condicionamento da atividade estatal em suas relações mais diretas com os investigados e seus procuradores.

Desse modo, partir-se-á da caracterização normativa do princípio constitucional da publicidade para delimitar, em sua interrelação com os princípios da segurança coletiva e social, bem como com o imperativo de proteção da vida privada e o sigilo das comunicações, algumas das múltiplas possibilidades que decorrem, na prática, do condicionamento recíproco desses princípios na atividade investi-

1 Mestre em Ciências Jurídico-Políticas pela Universidade de Lisboa. Especialista em Ciências Jurídico-Políticas pela Universidade de Lisboa. Promotor de Justiça no Estado de Santa Catarina.

gatória realizada pelo Ministério Público, com destaque às exceções possíveis ao princípio da publicidade dos procedimentos investigatórios extrajudiciais conduzidos por seus representantes, à forma e os limites de acesso aos autos pelos investigados e seus procuradores, à necessidade de fundamentação da decisão de decretação do sigilo e do seu levantamento, à sindicabilidade da decisão que decreta o sigilo do procedimento ou nega o acesso aos autos, dentre outros problemas que podem surgir no desenvolvimento da atividade persecutória de improbidade administrativa e atos de corrupção.

A PUBLICIDADE COMO PRINCÍPIO

No ordenamento jurídico-constitucional brasileiro, o *princípio da publicidade* pode assumir funções distintas na organização da atividade estatal, ora caracterizando uma obrigação juspositiva ativa imposta ao Administrador Público e a todos os órgãos e poderes do Estado, ora revestindo-se como um limite a essa mesma atividade, neste caso, naquelas hipóteses em que a publicidade do procedimento possa restringir de maneira desproporcional a intimidade e a vida privada dos indivíduos, ou for contrária ao interesse social ou à segurança da sociedade e do Estado.

A Constituição da República Federativa do Brasil – CRFB, em seu extenso catálogo de direitos e garantias fundamentais, consagrou materialmente que "todos têm direito a receber dos órgãos públicos informações de seu interesse particular, ou de interesse coletivo ou geral, que serão prestadas no prazo da lei, sob pena de responsabilidade, ressalvadas aquelas cujo sigilo seja imprescindível à segurança da sociedade e do Estado" (art. 5º, XXXIII).

Ao tratar dos preceitos reitores da atividade pública, a CRFB novamente repisa o *princípio da publicidade*, caracterizando-o como um dos fundamentos basilares de toda a atividade estatal, que se manifesta, no plano normativo-constitucional, como um desdobramento lógico do próprio modelo de Estado democrático de direito. Tal modelo de Estado pressupõe o conhecimento, por parte dos cidadãos, dos atos de conteúdo normativo ou não emanados de seus órgãos e poderes, como uma garantia fundamental dos indivíduos contra o Estado, proibindo-se, *a priori*, a prática de atos administrativos os quais não possam os cidadãos exercerem o seu direito de defesa, e em face dos quais não possa ser garantido o escrutínio público que decorre do controle social.

Numa perspectiva adjetiva, a garantia processual da publicidade foi traduzida na obrigação de que "a lei só poderá restringir a publicidade dos atos processuais quando a defesa da intimidade ou o interesse social o exigirem", bem como na necessidade de publicidade dos julgamentos dos órgãos judiciais e administrativos (CRFB, art. 5º, LX; 93, IX).

Além disso, a Lei n. 12.527, de 18 de novembro de 2011 (Lei de Acesso à Informação), ao regulamentar o direito fundamental de acesso à informação, estabeleceu que os procedimentos nela previstos devem ser executados em conformidade com os princípios básicos da administração pública, corroborando a "observância da publicidade como preceito geral e do sigilo como exceção" (art. 3º, I)[2].

Considerados os problemas que animam o presente ensaio, a primeira conclusão a que se pode chegar, portanto, é a de que a garantia processual da publicidade deve ser observada, *prima facie*, em relação a todos os procedimentos administrativos extrajudiciais conduzidos pelo Ministério Público.

Atualmente, o ordenamento jurídico contempla a possibilidade de instauração, pelo Ministério Público, de diversas classes de procedi-

---

[2] De acordo com ANDRÉ RAMOS TAVARES, as informações detidas pelo Estado geram para a pessoa o direito de a elas ter acesso, caso haja interesse pessoal, coletivo ou geral. E esta é uma importante componente da liberdade de informação, em sentido amplo. Para além dela, o Estado tem também o dever de preservar um nível mínimo (mas não medíocre) de acesso da população às informações, como condição de exercício pleno da liberdade de opinião e da democracia representativa e participativa. Além disso, ao contemplar o acesso à informação, a Constituição quer também garantir a livre comunicação dessa informação. Pode-se utilizar, aqui, pois, também a dicotomia entre dimensão substantiva e dimensão instrumental da liberdade em comento, incidindo a ressalva constitucional do sigilo apenas na primeira dessas dimensões (STRECK, Lenio Luiz; CANOTILHO, José J. Gomes; MENDES, Gilmar Ferreira (Ed.). *Comentários à Constituição do Brasil*. Saraiva, 2013, p. 349).

mentos extrajudiciais, dentre os quais, o inquérito civil – IC, o procedimento preparatório - PP, a notícia de fato - NF, o procedimento administrativo – PA, o Procedimento Preparatório Eleitoral – PPE e o procedimento investigatório criminal – PIC[3].

Apesar de os pressupostos dogmáticos referentes à aplicação do *princípio da publicidade* serem comuns a todos os procedimentos extrajudiciais conduzidos pelo Ministério Público, para os propósitos do presente trabalho, ocupar-se-á especificamente do inquérito civil, e sua disciplina legal e regulamentar.

De acordo com a Lei n. 7.347, de 24 de julho de 1985 (Lei da Ação Civil Pública), para a tutela do meio-ambiente, do consumidor, do patrimônio público, ou a qualquer outro direito ou interesse difuso ou coletivo, o Ministério Público poderá instaurar, sob sua presidência, o inquérito civil (art. 8º, §1º).

Nos termos da Resolução n. 23, de 17 de setembro de 2007, do Conselho Nacional do Ministério Público – CNMP, o inquérito civil o "inquérito civil, de natureza unilateral e facultativa, será instaurado para apurar fato que possa autorizar a tutela dos interesses ou direitos a cargo do Ministério Público nos termos da legislação aplicável, servindo como preparação para o exercício das atribuições inerentes às suas funções institucionais" (art. 1º).

E embora não seja o inquérito civil condição de procedibilidade para o ajuizamento das ações a cargo do Ministério Público, ou, mesmo, para a realização das demais medidas de sua atribuição própria, como, por exemplo, para a realização de vistorias em estabelecimentos penitenciários ou em entidades sócioeducativas, sua instauração deverá observar os requisitos previstos no art. 4º da

---

[3] O Conselho Nacional do Ministério Público – CNMP, por meio de seu Comitê Gestor Nacional das Tabelas Unificadas, objetivando a padronização e uniformização taxonômica e terminológica de classes, assuntos e movimentação processual judicial e extrajudicial, nas unidades do Ministério Público da União e dos Estados, regulamentou a matéria por meio da Resolução n. 63/2010, reconhecendo a existência de tais classes procedimentais, além de diversos outros movimentos e incidentes próprios da atividade-fim e da atividade-meio do Ministério Público.

referida resolução[4], além das demais normas e princípios de direito aplicáveis à Administração Pública em geral, com destaque ao *princípio da publicidade*.

Assim, é possível afirmar que os procedimentos extrajudiciais conduzidos pelo Ministério Público serão públicos, salvo nos casos de sigilo legal ou em que a publicidade possa acarretar prejuízo às investigações ou a outros interesses de natureza coletiva, devendo a decretação de sigilo, em tais casos, ser devidamente motivada, como será melhor desenvolvido adiante.

Ainda de acordo com a Resolução CNMP n. 23, de 17 de setembro de 2007, para o fim de garantir-se a divulgação oficial, deverá ser encaminhada à Procuradoria-Geral de Justiça extrato da portaria de instauração do inquérito civil ou de conversão do procedimento preparatório, a qual será publicada em veículo oficial de publicação, além de eventual publicação em jornais, televisão ou mídia eletrônica, conforme as características do caso.

Também deverão ser expedidas certidões ou autorizada a extração de cópias das peças processuais, por determinação do presidente do procedimento, sempre que fundamentadamente requerido pelo interessado, desde que tal providência não implique violação a sigilo legal e não acarrete prejuízo às investigações, correndo as despesas por conta do interessado.

Daí porque a própria Resolução CNMP n. 23, 17 de setembro de 2007, em seu art. 7º, de modo categórico, afirmou aplicar-se ao inquérito civil o princípio da publicidade dos atos, "com exceção dos casos em que haja sigilo legal ou em que a publicidade possa acarretar prejuízo às investigações, casos em que a decretação do sigilo legal

---

4 Art. 4º O inquérito civil será instaurado por portaria, numerada em ordem crescente, renovada anualmente, devidamente registrada em livro próprio e autuada, contendo: I – o fundamento legal que autoriza a ação do Ministério Público e a descrição do fato objeto do inquérito civil; II – o nome e a qualificação possível da pessoa jurídica e/ou física a quem o fato é atribuído; III – o nome e a qualificação possível do autor da representação, se for o caso; IV – a data e o local da instauração e a determinação de diligências iniciais; V – a designação do secretário, mediante termo de compromisso, quando couber; VI - a determinação de afixação da portaria no local de costume, bem como a de remessa de cópia para publicação.

deverá ser motivada"[5], reproduzindo a lógica, igualmente presente na Lei de Acesso à Informação, de que a regra é a publicidade, e o sigilo a exceção.

Outra forma de se garantir a publicidade do inquérito civil, que decorre das garantias fundamentais de ampla defesa e do procedimento contraditório, é a concessão de vista dos autos, mediante requerimento fundamentado do interessado ou de seu procurador, podendo a concessão de vista dos autos ser parcial ou total, conforme o caso, especialmente nos casos de documentos apensados estarem cobertos por sigilo, o que será tratado adiante.

Em julgamento realizado nos autos do RMS n. 28989/RS[6], o SUPERIOR TRIBUNAL DE JUSTIÇA corroborou o entendimento de que o inquérito civil, como procedimento administrativo, de natureza inquisitiva e informativa, destinado precipuamente à formação da convicção do Ministério Público a respeito de fatos determinados, deve obediência ao princípio constitucional da publicidade. Todavia, partindo da consideração de que o princípio da publicidade dos atos administrativos não é absoluto, o Tribunal admitiu a mitigação de seus efeitos "quando haja fatos ou atos protegidos pelos direitos relacionados à intimidade e a privacidade do investigado, a exemplo do comando inserto no § 2º do art. 8º da Lei n. 7.347/85".

As hipóteses de exceção ao *princípio da publicidade* do inquérito civil, todavia, como se pretende demonstrar, não estão circunscritas à preservação da intimidade ou da privacidade do investigado, e podem ser validamente legitimadas por princípios, valores ou garantias de proteção do corpo social ou de natureza coletiva.

---

5 Evidentemente, a expressão "prejuízo às investigações" não pode ser presumida por si só, devendo ser objeto de devida fundamentação, à luz das circunstâncias fáticas e jurídicas do caso concreto, a exemplo do que ocorre com o fundamento da prisão preventiva decorrente da necessidade de "garantia da ordem pública".

6 STJ, Primeira Turma, Rel. Ministro Benedito Gonçalves, j. 23/3/2010, DJe 26/8/2010.

OS DIREITOS DA PERSONALIDADE E O SIGILO DAS COMUNICAÇÕES TELEFÔNICAS COMO GARANTIAS

De acordo com a CRFB, são invioláveis a intimidade, a vida privada, a honra e a imagem das pessoas, assegurado o direito a indenização pelo dano material ou moral decorrente de sua violação (art. 5º, X).

Segundo a *teoria analítica dos direitos*, a divisão dos direitos consagrados na Constituição deve ser realizada segundo as *posições jurídicas fundamentais* que possam representar, qualificando-os como direitos a algo, liberdades e competências[7].

Os primeiros, cuja expressão está associada à ideia de pretensão, são divididos em *direitos a ações negativas* (ou *direitos de defesa*) e *direitos a ações positivas*.

Os *direitos a ações negativas* (ou *direitos de defesa*), por sua vez, podem ser ainda subdivididos em *direitos ao não embaraço de ações*, *direitos à não afetação de características e situações* e, por fim, *direitos à não eliminação de posições jurídicas*.

Já os *direitos a ações positivas*, por sua vez, são representados por *direitos a ações positivas fáticas* e *direitos a ações positivas normativas*.

Na dogmática dos direitos fundamentais, os direitos consagrados em torno do livre desenvolvimento da personalidade, como a intimidade, a vida privada, a honra e a imagem dos indivíduos, podem ser qualificados tanto como *direitos a ações negativas* (ou *direitos de defesa*), como *direitos a ações positivas*[8].

Tal significa que esses direitos, como razões para juízos concretos de dever-ser, podem justificar a caracterização de obrigações jusfundamentais positivas ou negativas em relação ao Estado e a terceiros, ou seja, tanto podem caracterizar-se como restrições expressamente previstas ao *princípio da publicidade* – como na hipótese do art. 5º,

---

7 ROBERT ALEXY, *Theorie der Grundrechte*, Frankfurt am Main, 2006, trad. Virgílio Afonso da Silva, "Teoria dos Direitos Fundamentais", 2008, pp. 180 e ss.

8 ANTONIO ENRIQUE PÉREZ LUÑO, *Derechos Humanos, Estado de Derecho y Constituición*, 2005, p. 324-325.

LV, da CRFB –, quanto como obrigações jusfundamentais positivas fáticas ou normativas – no caso, por exemplo, do direito fundamental de acesso à informação previsto no art. 5º, XXXIII, CRFB – , caso em que obrigam os Poderes e órgãos do Estado não apenas a respeitar as ações, situações e posições jurídicas conquistadas pelos indivíduos, como a satisfazer positivamente essas mesmas posições, assegurando-lhes fática ou normativamente, por seus órgãos administrativos ou judiciais, o livre acesso à publicidade do inquérito civil, como dos procedimentos administrativos em geral.

Na perspectiva normativa, a Lei de Acesso à Informação (Lei n. 12.527, de 18 de novembro de 2011) pode ser apontada como um dos efeitos do direito a ações positivas normativas que decorrem da própria positivação do direito fundamental de acesso à informação, como desdobramento dos direitos consagrados em torno do livre desenvolvimento da personalidade (art. 5º, XXXIII, CRFB).

Por outro lado, o direito à ação fática que decorre da dimensão positiva dos direitos da personalidade pode ser evidenciado, por exemplo, na obrigação do responsável pela presidência do inquérito civil conceder vista dos autos, mediante requerimento do investigado ou de seu procurador, na necessidade de publicação dos extratos do procedimento na imprensa oficial e na divulgação em meios eletrônicos das respectivas portarias de instauração, na expedição de certiões e na extração de cópia dos autos.

A CRFB, em seu art. 5º, inciso XII, igualmente proclama ser "inviolável o sigilo da correspondência e das comunicações telegráficas, de dados e das comunicações telefônicas, salvo, no último caso, por ordem judicial, nas hipóteses e na forma que a lei estabelecer para fins de investigação criminal ou instrução processual penal".

A Lei n. 9.296, de 24 de julho de 1996, por seu turno, informa que a "interceptação de comunicações telefônicas, de qualquer natureza, para prova em investigação criminal e em instrução processual penal, observará o disposto nesta Lei e dependerá de ordem do juiz competente da ação principal, sob segredo de justiça" (art. 1º), quando houver indícios razoáveis da autoria ou participação em infração penal punida com pena de reclusão e a prova não puder ser realizada por outros meios.

Embora as hipóteses autorizativas de interceptação de dados e comunicações telefônicas estejam circunscritas, pelo próprio texto constitucional, à investigação ou instrução processual penal, é possível que o conteúdo das interceptações telefônicas, de dados ou telemáticas realizadas por ordem e supervisão do juízo criminal seja incorporado à investigação de natureza civil, por meio do compartilhamento da prova.

Neste caso, o sigilo do procedimento deflagrado perante o juízo criminal, com o compartilhamento da prova, acaba se projetando sob o inquérito civil e, por essa razão, deve ser observado como requisito de sua regular tramitação, passando a ser incorporado aos autos como prova documental.

No quadro da teoria dos direitos fundamentais, as garantias de inviolabilidade dos direitos da personalidade como a intimidade, a vida privada, a honra e a imagem das pessoas, bem como do sigilo das correspondências e comunicações telegráficas, de dados e telefônicas consubstanciam limites à atuação estatal persecutória de natureza civil, e devem ser observados, em regra, na instrução dos inquéritos civis nos quais sejam apurados atos de improbidade administrativa, sob pena de nulidade dos atos instrutórios praticados contrariamente à sua garantia e responsabilização civil do Estado e seus agentes.

O PRINCÍPIO DA SEGURANÇA COLETIVA E SOCIAL COMO LIMITE

De acordo com HUGO NIGRO MAZZILLI, "em regra os atos do inquérito civil são públicos ou aptos a receber publicidade (instauração, audiências, inquirições, vistorias, acesso aos autos, expedição de certidões). Entretanto, analogicamente ao que faz a lei processual penal em relação ao inquérito policial, também é possível que o presidente do inquérito civil imponha o sigilo necessário à elucidação do fato ou exigido pelo interesse da sociedade. Isso significa que, seja para preservar direitos de terceiros ou para preservar interesse do Estado e da sociedade, também se deverá impor sigilo às investigações se dentro dos autos do inquérito civil existirem dados ou informações sigilosas a que o Ministério Público teve acesso. Tratando-se dessa hipótese, o membro do Ministério Público deverá observar o sigilo legal, sob pena da prática de ato de improbidade, afora as eventuais consequências cíveis e penais"[9].

O *princípio da publicidade* e o do *livre acesso à informação*, como já se ressaltou, impõem a observância de medidas concretas de publicização do inquérito civil por parte do órgão que o preside, que iniciam desde sua instauração, com a publicação da respectiva portaria, e passam pela publicidade das audiências, diligências instrutórias e vistorias, a possibilidade de extração de certidões, de obtenção de cópia e vista dos autos, a cientificação dos interessados quanto ao indeferimento da representação ou arquivamento do procedimento, bem como a publicação da súmula do julgamento realizado pelo Conselho Superior do Ministério Público nessas hipóteses, em sessão igualmente pública do referido órgão colegiado.

Um primeiro limite à publicidade e ao livre acesso aos autos decorre da proteção aos já mencionados direitos da personalidade, haja vista a garantia constitucional de inviolabilidade da intimidade, da vida privada, da honra e imagem das pessoas (art. 5º, X, CRFB), impondo-se o sigilo total ou parcial do procedimento, sempre que qualquer documento ou informação com tal conteúdo esteja presente nos autos do inquérito civil, sob pena de responsabilização do agente responsável pela publicidade, conforme a natureza do conteúdo.

Ao lado dos direitos e garantias individuais inerentes aos direitos da personalidade, todavia, existem princípios e razões de interesse coletivo, social e de natureza indisponível, igualmente capazes de representar um limite ao princípio da publicidade no inquérito civil.

Conforme já assinalado, o direito à informação encontra-se consagrado no catálogo de direitos fundamentais previsto na CRFB, e consiste no direito que todos tem de receber dos órgãos públicos informações de seu interesse particular, ou de interesse coletivo ou geral, "ressalvadas aquelas cujo sigilo seja imprescindível à segurança da sociedade e do Estado" (art. 5º, XXXIII).

---

9 HUGO NIGRO MAZZILLI, *O Inquérito Civil – Investigações do Ministério Público, compromissos de ajustamento e audiências públicas*, Saraiva, 2015, pp. 185-186.

Ao regulamentar o exercício e os limites desse direito fundamental, por meio da Lei n. 12.527, de 18 de novembro de 2011 (Lei de Acesso à Informação), o legislador qualificou como "imprescindíveis à segurança da sociedade ou do Estado" aquelas situações que: possam pôr em risco a defesa e a soberania nacionais ou a integridade do território nacional; as capazes de prejudicar ou pôr em risco a condução de negociações ou as relações internacionais do País, tenham sido fornecidas em caráter sigiloso por outros Estados e organismos internacionais; que criem risco à vida, à segurança ou à saúde da população; que venham a oferecer elevado risco à estabilidade financeira, econômica ou monetária do País; as capazes de prejudicar ou causar risco a planos ou operações estratégicos das Forças Armadas; possam prejudicar ou causar risco a projetos de pesquisa e desenvolvimento científico ou tecnológico, assim como a sistemas, bens, instalações ou áreas de interesse estratégico nacional; ponham em risco a segurança de instituições ou de altas autoridades nacionais ou estrangeiras e seus familiares; por fim, aquelas capazes de comprometer atividades de inteligência, bem como de investigação ou fiscalização em andamento, relacionadas com a prevenção ou repressão de infrações (art. 3º).

Trata-se, pois, de um caso típico de restrições ao exercício de um direito fundamental expressamente autorizadas pela Constituição e densificadas por norma regulamentadora, fundada na convergência normativa do *princípio da segurança coletiva e social* (art. 5º, XXXIII, "in fine", CRFB).

A esse respeito, corroborando a aplicação do mencionado princípio constitucional na restrição do conteúdo do princípio da publicidade, o art. 24 da Lei de Acesso à Informação determina que a "informação em poder dos órgãos e entidades públicas, observado o seu teor e em razão de sua imprescindibilidade à segurança da sociedade ou do Estado, poderá ser classificada como ultrassecreta, secreta ou reservada".

De acordo com WOLFF, BACHOF e STOBER, o *princípio republicano* exige que a Administração atue exclusivamente no interesse coletivo, da *res publica*, e que, além disso, sua atuação se oriente pelo bem comum, visando à prossecução do melhor para a comunidade (*salus publica*)[10].

Por essa razão, se o legislador constituinte optou por assegurar a privacidade dos cidadãos, dando ao sigilo das correspondências e das comunicações a condição de direitos fundamentais, garantindo, ainda, a inviolabilidade da intimidade, da vida privada, da honra e imagem das pessoas, considerando-se a inexistência de direitos fundamentais absolutos - ao menos na forma de princípios -, admitiu a própria Constituição uma abertura às hipóteses de exceção previstas na legislação infraconstitucional, em razão da necessidade do Estado proteger a sociedade, garantindo a liberdade e a segurança de todos[11].

Essas hipóteses excepcionantes, fundadas em interesses coletivos de liberdade e segurança do corpo social, consubstanciam limites aos direitos fundamentais vinculados ao livre desenvolvimento da personalidade e ao sigilo das comunicações.

---

[10] HANS WOLFF, OTTO BACHOFF e RALF STOEBER, *Verwaltungsrecht*, Vol. 1, Müchen, 1999, trad. Antônio F. de Souza, "Direito Administrativo", Vol. I, Lisboa, 2006, p. 198.

[11] Segundo LENIO LUIZ STRECK, "se o constituinte, de um lado, optou por tutelar a privacidade dos cidadãos, dando ao sigilo da correspondência e das comunicações a condição de direito e garantia fundamental, de outro, estabeleceu algumas restrições ao seu exercício, em razão da necessidade de o Estado proteger a sociedade entendida em seu todo. Para tanto, permitiu que fossem previstas, por meio de lei ordinária, as hipóteses nas quais, mediante ordem judicial, possa ocorrer a interceptação das comunicações telefônicas de qualquer natureza. Assim sendo, a Lei n. 9.296/96 deve ser interpretada em conformidade com os direitos fundamentais, especialmente porque regula uma invasão na esfera da privacidade e inimidade do cidadão, excepcionalmente aceita/tolerada pela Constituição. Afinal de contas, sob a perspectiva do constitucionalismo contemporâneo, é possível afirmar que, quanto menos o Estado (secular) invadir, desnecessariamente, a vida privada de seus cidadãos, mais democrático ele se mostrará, visto que toda e qualquer restrição a um direito ou garantia fundamental deve levar em conta o fato de que o processo ideal é aquele que combate o crime e resguarda o cidadão. Dito de outro modo, o Estado apenas pode restringir, legitimamente, a liberdade dos indivíduos na medida em que essa limitação se mostrar imprescindível à liberdade e à segurança de todos" (STRECK, Lenio Luiz; CANOTILHO, José J. Gomes; MENDES, Gilmar Ferreira (Ed.). *Comentários à Constituição do Brasil*. Saraiva, 2013, p. 349.

De acordo com JORGE REIS NOVAIS, deve-se entender por limites ou restrições aos direitos fundamentais a ação ou omissão estatal que afeta desvantajosamente o conteúdo de um direito fundamental, seja porque se eliminam, reduzem ou dificultam as vias de acesso ao bem nele protegido e as possibilidades da sua fruição por parte dos titulares reais ou potenciais do direito fundamental, seja porque se enfraquecem os deveres e obrigações, em sentido lato, que da necessidade da sua garantia e promoção resultam para o Estado[12].

Por essa razão, toda atividade estatal de investigação que se projeta sobre os direitos fundamentais do investigado (como ocorre, por exemplo, no caso de quebra do sigilo bancário e fiscal) ou de seu defensor (quando se indefere o pedido de acesso a diligências em andamento, que podem colocar em risco a efetividade das investigações) deve encontrar o adequado amparo em princípios de garantias coletivas, como o *princípio da segurança coletiva e social* (art. 5º, XXXIII, "in fine", CRFB) e o *princípio da justiça penal eficaz* (art. 144, "caput", da CRFB[13]), mediante um juízo adequado de ponderação, fundado na máxima da proporcionalidade e suas variantes da necessidade, adequação e proporcionalidade em sentido estrito.

A jurisprudência igualmente tem admitido a restrição aos direitos inerentes à intimidade com base em princípios ou razões de interesse coletivo, como, por exemplo, quando reconhece que "o sigilo bancário não tem conteúdo absoluto, devendo ceder ao princípio da moralidade pública e privada, este sim, com força de natureza absoluta. A regra do sigilo bancário deve ceder todas as vezes que as transações bancárias são denotadoras de ilicitude, porquanto não pode o cidadão, sob o alegado manto de garantias fundamentais, cometer ilícitos. O sigilo bancário é garantido pela Constituição Federal como direito

---

12 JORGE REIS NOVAIS, *As Restrições Aos Direitos Fundamentais Não Expressamente Autorizadas pela Constituição*, Coimbra, 2003, p. 157.

13 Conforme restou reconhecido pelo Supremo Tribunal Federal nas discussões que ensejaram a edição da Súmula Vinculante n. 14, invocando-se a doutrina de Manuel da Costa Andrade.

fundamental para guardar a intimidade das pessoas desde que não sirva para encobrir ilícitos"[14].

A mesma linha de argumentação já percorreu o Supremo Tribunal Federal, ao assentar que a "jurisprudência desta Corte consagrou o entendimento de que o princípio constitucional da inviolabilidade das comunicações (art. 5º, XII, da CF) não é absoluto, podendo o interesse público, em situações excepcionais, sobrepor-se aos direitos individuais para evitar que os direitos e garantias fundamentais sejam utilizados para acobertar condutas criminosas"[15].

A DIFERENÇA ENTRE REGRAS E PRINCÍPIOS

A adequada compreensão das possibilidades que decorrem do condicionamento recíproco do *princípio da publicidade*, no âmbito da atividade investigatória realizada pelo Ministério Público em relação à persecução de atos de improbidade administrativa, com os princípios da segurança coletiva e social, bem como com o princípio da proteção da vida privada e do sigilo das comunicações, depende, em grande medida, da distinção entre as regras e os princípios, como categorias estruturalmente distintas de normas constitucionais.

Nesse sentido, embora a discussão sobre o conceito e a natureza dos princípios no quadro da teoria geral das fontes dos direitos e da interpretação jurídica tenha ocupado a doutrina em diversas frentes de investigação, especialmente a partir da segunda metade do século XX, com a obra fundamental de JOSEF ESSER[16] e, posteriormente, com os trabalhos de KARL LARENZ[17] e CLAUS-WILHELM CANARIS[18], foi RONALD DWORKIN um dos primeiros precursores

[14] STJ, REsp. 1060976/DF, Primeira Turma, Rel. Min. Luiz Fux, DJe 4/12/2009.

[15] STF, RHC 115983/RJ, Segunda Turma, Rel. Min. Ricardo Lewandowski, j. 16/4/2013.

[16] *Grundsatz und Norm in der Richterlichen Fortbildung des Privatrechts*, Türbigen, 1956.

[17] *Methodenlehre der Rechtswissenschaft*, München, 1960.

[18] *Systemdenken und Systembegriff in der Jurisprudenz*, Berlim, 1983, resultado da conferência realizada pelo autor no dia 20 de julho de 1967, perante a Faculdade de Direito da Universidade de Munique, no âmbito do seu processo de

do modelo de direitos fundamentais enquanto princípios[19], em sua célebre obra *Taking Rights Seriously*, editada pela primeira vez em Londres, no ano de 1977, na qual sustentou uma acentuada e forte diferença lógico-estrutual entre as regras e os princípios como modelos normativos, o que foi qualificado como uma crítica severa à concepção positivista do Direito, que preconiza um *model of rules* e uma separação conceitual entre direito e moral[20].

Com base nessa elaboração inicial de DWORKIN, sob os postulados da *common law*, no entanto, foi ROBERT ALEXY quem, sob os postulados da *civil law*, já na metade da década de oitenta do mesmo

---

habilitação. O autor ocupa atualmente a cátedra de Karl Larenz, hoje jubilado, cfr. prefácio da 1ª edição e introdução à edição portuguesa, *Pensamento Sistemático e Conceito de Sistema na Ciência do Direito*, Lisboa, 2008, trad. António Menezes Cordeiro.

19 De acordo com MANUEL ATIENZA e JUAN RUIZ MANERO, *Las piezas del Derecho – Teoría de los enunciados jurídicos*, Barcelona, 2007, p. 23, o capítulo segundo da célebre obra *Taking Rights Seriously*, na qual Ronald Dworkin inicia sua construção teórica em torno da distinção entre regras e princípios, é resultado de um artigo de sua autoria, publicado em 1967, com o título *The model of rules*, o qual foi posteriormente incorporado àquela obra. Apesar de Ronald Dworkin ser considerado um dos precursores da atual discussão sobre a distinção entre princípios e regras, de acordo com ANDRÉ RUFINO DO VALE, *Estrutura das Normas...*, pp. 56 e ss., a teoria de Rescoe Pound, ao lado de outras obras de grandes nomes da chamada jurisprudência sociológica norte-americana, como Oliver Wendell Holmes e Benjamin Cardozo, apresenta-se como um claro antecedente das críticas de Dworkin ao modelo de regras concebido pelo positivismo jurídico.

20 JORGE REIS NOVAIS, *As Restrições Aos Direitos Fundamentais Não Expressamente Autorizadas pela Constituição*, Coimbra, 2003, pp. 322 e ss.; MARTIN BROWSKI, *La estructura de los derechos fundamentales*, trad. Carlos Bernal Pulido, Bogotá, 2003, pp. 47 e ss. ALFONSO GARCÍA FIGUEROA, *Existen Diferencias Entre Reglas t Principios en el Estado Constitucional? Algunas Notas Sobre La Teoria de Los Principios de Robert Alexy*, *in* "Derechos sociales y ponderación", Madrid, 2009, p. 336. Nesse sentido, o próprio RONALD DWORKIN, *Taking rights seriously*, Harvard University Press, 1977, trad. Nelson Boeira, *Levando os direitos a sério,* São Paulo, 2007, pp. 35 e 73, afirma textualmente sua pretensão de lançar "um ataque geral contra o positivismo", alegando que as proposições centrais da teoria que denominou de positivismo estavam equivocadas e deviam ser abandonadas.

século[21], lançou os primeiros alicerces dogmáticos de uma concepção das normas de direitos fundamentais enquanto um "modelo combinado de regras e princípios", no âmbito de uma teoria geral dos direitos fundamentais[22].

Para ROBERT ALEXY, a diferença entre princípios e regras é basicamente estrutural[23], porque as normas só são princípios ou regras na estrita medida em que o sejam materialmente, o que é uma consequência da sua estrutura[24].

Valendo-se da mesma lógica, ROBERT ALEXY estabelece uma marcante diferença entre o caráter *prima facie* das regras e dos princípios[25].

Segundo ele, como os *princípios* ordenam que algo seja feito na maior medida possível, dentro das possibilidades jurídicas e fáticas existentes[26]; são normas que não contêm um mandamento definitivo e, portanto, apenas um mandamento *prima facie*, que pode ser afastado por razões antagônicas em face dos princípios colidentes e das possibilidades fáticas[27]. Os princípios, nessa lógica, consubstanciam "mandamentos de otimização".

Já as *regras*, por sua vez, porque ordenam que seja feito exatamente aquilo que preveem, havendo aí uma determinação da extensão

---

21 Em *Theorie der Grundrechte*, Baden-Baden, 1985, cfr. JORGE REIS NOVAIS, *As Restrições...*, p. 322.

22 Na sequência do qual seguiram outros expoentes da denominada "escola de Kiel", como, por exemplo, JAN SIECKMANN, MARTIN BOROWSKI e HEGE STÜCK, todavia, de uma maneira geral, sempre partindo da concepção dworkiniana original de uma diferença qualitativa entre princípios e regras, cfr. DAVID DUARTE, *A Norma de Legalidade...*, p. 133.

23 ROBERT ALEXY, *On the Structure of Legal Principles*, *in* Ratio Juris, 2000, pp. 296 e ss.

24 DAVID DUARTE, *A Norma de Legalidade Procedimental Administrativa – Teoria da Norma e a Criação de Normas de Decisão na Discricionariedade Instrutória*, Coimbra, 2006, p. 744.

25 ROBERT ALEXY, *Teoria...*, pp. 103 e ss.

26 ROBERT ALEXY, *Teoria...*, pp. 90 e 103 e ss.

27 ROBERT ALEXY, *Teoria...*, p. 104.

do seu conteúdo no âmbito das possibilidades jurídicas e fáticas, são normas que contêm um "mandamento definitivo", sempre que não houver o estabelecimento de alguma exceção[28].

Tanto as *regras*, quanto os *princípios*, devem ser considerados como razões para juízos concretos de dever-ser. As regras representam uma razão definitiva; os princípios, uma razão *prima facie*. Resulta daí, então, que enquanto os *princípios* são sempre razões para a definição de direitos *prima facie*, as *regras* consubstanciam razões para o estabelecimento de direitos *definitivos*, sempre que sejam válidas, aplicáveis e infensas a exceções[29].

As variadas concepções de regras e princípios como razões já tornam claras as diferentes consequências a que essas duas categorias de normas podem levar em relação ao tipo de proteção que conferem no tocante aos direitos fundamentais.

Com efeito, pois, segundo a teoria dos princípios, o principal critério de diferenciação entre regras e princípios consiste justamente na estrutura dos direitos aos quais essas normas se conectam e garantem, conforme se trate de direitos definitivos ou direitos *prima facie*. Enquanto as regras garantem direitos ou impõem deveres definitivamente, os princípios apenas os garantem ou impõem *prima facie*, o que equivale à constatação de que, se um direito é garantido por uma norma que tenha a estrutura de uma regra válida, aplicável e não excepcionada, então esse direito é definitivo e deverá ser realizado em sua totalidade[30].

---

28 ROBERT ALEXY, *Teoria...*, pp. 104 e ss.

29 ROBERT ALEXY, *Teoria...*, p. 108.

30 VIRGÍLIO AFONSO DA SILVA, *Direitos Fundamentais – conteúdo essencial, restrições e eficácia*, São Paulo, 2010, p. 45. A existência dessa dicotomia normativa diferenciadora, que se materializa em duas estruturas distintas de direitos, conduz à lógica conclusão, para a teoria dos princípios, de que se um determinado direito é garantido por uma norma que tem a estrutura de uma regra, então esse direito deve ser reconhecido como um direito definitivo e, por essa razão, não sendo o caso da aplicação de alguma regra de exceção válida, deve ser objeto de uma realização completa por parte do destinatário, ao contrário dos princípios, que podem ser realizados em diferentes graus.

Já em relação aos princípios, há uma diferença significativa entre aquilo que é garantido ou imposto *prima facie* e aquilo que é garantido ou imposto definitivamente, pois o "caminho que vai do princípio, isto é, do direito *prima facie*, até o direito definitivo passa pela definição de uma relação de preferência", isto é, na definição de uma regra de precedência condicionada por intermédio do método da ponderação[31].

Em termos práticos, tomar-se-á novamente em consideração o julgamento realizado pelo Superior Tribunal de Justiça nos autos do RMS n. 28989/RS.

Naquele julgamento, após a definição de que o princípio constitucional da publicidade deve ser observado na condução do inquérito civil pelo Ministério Público, entendeu o Tribunal que sua aplicação, à luz das condições fáticas e jurídicas do caso concreto, pode ser mitigada na presença de fatos ou atos protegidos pelos direitos relacionados à intimidade e à privacidade do investigado, excepcionando-se, assim, sua aplicação no caso concreto.

Ao afirmar que o princípio da publicidade dos atos administrativos não é absoluto, admitindo a mitigação de seus efeitos, o Tribunal acaba por reconhecer que os direitos e as posições jurídicas assegurados numa relação jurídico-processual com base no princípio da publicidade são direitos apenas *prima facie* assegurados ou garantidos, ou seja, são posições jurídicas que podem ser afastadas por razões antagônicas, em face da aplicação dos princípios colidentes ou das possibilidades fáticas existentes no caso concreto.

As exceções ao princípio da publicidade das investigações conduzidas no inquérito civil pelo Ministério Público, desse modo, ou decorrem das hipóteses previamente admitidas pelo próprio legislador, ou daquelas justificadas pela aplicação de princípios colidentes no caso concreto, por meio da ponderação.

---

[31] ROBERT ALEXY, *Teoria...*, p. 108.

AS EXCEÇÕES EXPRESSAMENTE AUTORIZADAS E A PONDERAÇÃO COMO ELEMENTO DO CONSTITUCIONALISMO DISCURSIVO;

São hipóteses de exceção expressamente previstas no próprio texto constitucional a restrição, pela lei, da publicidade dos atos praticados no inquérito civil "quando a defesa da intimidade ou o interesse social o exigirem" (art. 5º, LX, CRFB), bem como a restrição de acesso do indivíduo a informações de interesse particular ou coletivo, no curso do inquérito civil, quando o sigilo "seja imprescindível à segurança da sociedade e do Estado" (art. 5º, XXXIII, CRFB).

Ocorre, no entanto, que nem todas as hipóteses de exceção à aplicação do princípio da publicidade do inquérito civil podem ser previstas de antemão pelo legislador[32]. Essa característica das normas jurídicas denomina-se *derrotabilidade* ou *defeasibility*.

A derrotabilidade (*defeasibility*) de uma norma, em linhas gerais, pode ser compreendida como a propriedade de uma norma aplicável converter-se em uma norma inaplicável em um caso específico[33], isto é, o reconhecimento de que a norma jurídica está sujeita a exceções que não podem ser exaustivamente identificadas de antemão, não sendo possível antecipar quais as circunstâncias que serão determinantes e suficientes para sua aplicação no caso concreto.

Na tentativa de tornar o fenômeno mais claro, imagine-se que nos autos de um determinado inquérito civil em que se investiga a prática de atos de corrupção em uma grande empresa privada que atua no ramo petrolífero, sejam juntados aos autos documentos reservados da empresa, que indicam em quais bacias petrolíferas a empresa pretende expandir sua produção, por meio da aquisição de novas reservas.

---

32 De acordo com J.J.GOMES CANOTILHO, *Direito Constitucional e Teoria da Constituição*, Coimbra, 2003, p. 450, as restrições aos direitos fundamentais podem ser de três espécies: (i) as restrições feitas diretamente pela Constituição; (ii) as restrições feitas por lei mas expressamente autorizadas pela Constituição; (iii) as restrições não expressamente autorizadas pela Constituição.

33 ALFONSO GARCÍA FIGUEROA, *Existen Diferencias Entre Reglas y Principios en el Estado Constitucional? Algunas Notas Sobre La Teoria de Los Principios de Robert Alexy*, *in* "Derechos sociales y ponderación", Madrid, 2009. pp. 358 e ss.

Embora a publicidade do plano de negócios da empresa não possa ser considerada como uma ameaça à intimidade do indivíduo ou, mesmo, à segurança do Estado ou da sociedade, sendo igualmente duvidosa a restrição de sua publicidade com fundamento no interesse social, é certo que o acesso a esses documentos, pelas empresas concorrentes, pode fazer com que a empresa investigada venha a suportar danos graves ou de difícil reparação, a justificar a medida restritiva em relação a terceiros, com fundamento no princípio da livre concorrência e do livre exercício da atividade econômica.

O mesmo raciocínio é aplicável àquelas situações em que a publicidade, sem caracterizar uma interferência à intimidade do indivíduo propriamente dita, venha a afetar a obrigação de segredo profissional de determinadas categorias, mediante a exposição, por exemplo, de informações quanto à práticas ilícitas do investigado, obtidas a partir da relação entre o médico e o paciente, a justificar a restrição de acesso aos autos ao próprio investigado.

Em ambos os casos, a restrição à plena publicidade dos atos praticados no inquérito civil e do próprio acesso aos autos encontra-se justificada por razões que não encontram referência nas hipóteses de exceção expressamente previstas no texto constitucional e que, a priori, não puderam ser previstas.

Por isso, é possível afirmar que, ao lado das restrições expressamente previstas no texto da Constituição, como a proteção da intimidade e privacidade do indivíduo, a segurança do Estado ou da sociedade, o sigilo das comunicações telefônicas, ou outras razões de interesse social, existem restrições à publicidade e ao acesso aos autos que podem ser justificadas em face da existência de princípios e regras cuja aplicação, no caso concreto, impõem - por meio da ponderação ou da subsunção -, a mitigação total ou parcial da publicidade do inquérito civil.

Em julgamento paradigmático, o SUPERIOR TRIBUNAL DE JUSTIÇA, ao julgar o REsp. n. 1296281/RS, determinou a tramitação em segredo de justiça de ação civil pública cujo objeto caracterizava-se em torno da discussão quanto à eventual preço abusivo de combustível, pois, no inquérito civil instaurado pelo Ministério Público, haviam sido juntados documentos de natureza fiscal, cujos dados destinavam-se à apuração da margem bruta de lucro do investigado, e sua transposição, do procedimento extrajudicial para o processo jurisdicional de natureza pública, poderia prejudicar direito subjetivo da parte interessada, haja vista a possibilidade de que, com a publicidade das informações, poder-se-ia revelar o modelo ou as estratégias de negócio ou diferenciais de atuação da empresa investigada, porquanto, "num mercado regulado, a assimetria informacional é reduzida, mas não se pode afastar de plano e prematuramente sua existência"[34].

Por essa razão, no caso concreto, concedeu-se provimento à pretensão da recorrente para impedir o acesso aos autos por terceiros, eventuais competidores da parte, sem obstar, contudo, a regular apuração de eventuais ilícitos contra a ordem econômica, consumerista ou penal, pelos órgãos competentes.

Outra hipótese em que a publicidade do inquérito civil não é excepcionada com base na intimidade do indivíduo ou na segurança do Estado ou da sociedade, consiste no caso das vítimas e testemunhas ameaçadas e que estejam inseridas em programas de proteção estatal.

A Lei n. 9.807, de 13 de julho de 1999, ao estabelecer normas para a organização e a manutenção de programas especiais de proteção a vítimas e a testemunhas ameaçadas, e dispor sobre a proteção de acusados ou condenados que tenham voluntariamente prestado efetiva colaboração à investigação policial e ao processo criminal, restringiu a aplicação das medidas de proteção nela previstas somente às vítimas ou testemunhas "de crimes que estejam coagidas ou expostas a grave ameaça em razão de colaborarem com a investigação ou processo criminal" (art. 1º). Dentre as medidas de proteção previstas no aludido diploma legal, encontra-se a "preservação da identidade, imagem e dados pessoais" (art. 7º, IV), além do "sigilo em relação aos atos praticados em virtude da proteção concedida" (art. 7º, VIII).

Uma interpretação literal do dispositivo levaria à errônea conclusão de que a preservação da identidade da vítima ou da testemunha, bem como o sigilo quanto aos atos praticados pelos beneficiários do programa de proteção não seriam aplicáveis aos procedimentos inves-

---

[34] STJ, REsp. n. 1296281/RS, Segunda Turma, Rel. Min. Herman Benjamin, j. 14/5/2013, DJe 22/5/2013.

tigatórios de natureza civil, a exemplo do inquérito civil, porquanto a legislação de referência é explícita quanto à aplicação dos institutos de proteção apenas no curso de investigação ou processo criminal.

Apesar disso, considerando-se que em uma situação como a descrita encontra-se presente um conflito normativo concreto entre dois princípios constitucionais conducentes a direitos *prima facie* inconciliáveis entre si - de um lado, o *princípio da publicidade* do inquérito civil, que justifica a plena publicidade do procedimento e, de outro, o *princípio da proteção da vida e à segurança*, que impõem a preservação do sigilo quanto à identidade e dados pessoais da testemunha, bem como a decretação do sigilo em relação aos atos processuais praticados -, a solução a ser alcançada pressupõe a definição de uma regra de precedência condicionada dos princípios convergentes, que se dá por meio do método da ponderação.

Assim considerado o conflito normativo existente na situação descrita, e não havendo exceção previamente prevista pelo legislador capaz de resolvê-lo pelo método subsuntivo característico da aplicação das regras, a hipótese de restrição parcial à publicidade do procedimento investigatório pode ser justificada pela convergência do princípio da proteção à vida e à segurança do indivíduo, pelo método da ponderação.

Nesse sentido, cumpre destacar que o Novo Código de Processo Civil - NCPC, instituído pela Lei n. 13.105, de 16 de março de 2015, expressamente reconhece a ponderação como método adequado de resolução de conflitos normativos, ao prever que no "caso de colisão entre normas, o juiz deve justificar o objeto e os critérios gerais da ponderação efetuada, enunciando as razões que autorizam a interferência na norma afastada e as premissas fáticas que fundamentam a conclusão" (art. 489, §2º).

O reconhecimento da ponderação como método adequado de resolução de conflitos normativos, no Novo Código de Processo Civil, é um reflexo da ideia de *constitucionalismo discursivo*.

O *constitucionalismo discursivo*, segundo ROBERT ALEXY, é uma teoria que deriva da conexão de cinco conceitos diferentes: direitos fundamentais, ponderação, discurso, jurisdição constitucional e representação[35].

Para esse autor, o "caminho do constitucionalismo discursivo, que começa com os direitos fundamentais e segue com a ponderação, o discurso e a jurisdição constitucional terminará com uma ilusão, na qual a legitimação de qualquer coisa é possível"[36].

A *ponderação* ou *balancing*, nesse contexto, assume a função de instrumentalizar a racionalidade no constitucionalismo discursivo em torno da máxima da proporcionalidade[37].

Sua formulação estrutural é sintetizada pela *lei da ponderação*, segundo a qual "quanto maior for o grau de não-satisfação ou de afetação de um princípio, tanto maior terá que ser a importância da satisfação do outro"[38].

A *lei da ponderação*, portanto, é uma estrutura racional concebida para estabelecer a correção, ou valoração, do juízo jurídico de um discurso[39], o que significa dizer que a *ponderação* é uma forma de argumentação própria do *constitucionalismo discursivo*, instrumentalizada em torno da máxima da proporcionalidade.

---

35 ROBERT ALEXY, *Ponderação, Jurisdição Constitucional e Representação Popular, in* "A Constitucionalização do Direito – Fundamentos Teóricos e Aplicações Específicas", coord. Cláudio Pereira de Souza Neto e Daniel Sarmento, Rio de Janeiro, 2007 , p. 295.

36 ROBERT ALEXY, *Ponderação, Jurisdição Constitucional e Representação Popular...*, p. 303, porque a jurisdição constitucional, enquanto argumentação ou discurso, não permite qualquer coisa e, também, porque, enquanto representação, pode estar conectada com aquilo que o povo realmente pensa, racionalmente falando.

37 A respeito da natureza normativa da proporcionalidade enquanto *regra*, vide VIRGÍLIO AFONSO DA SILVA, *Direitos Fundamentais – conteúdo essencial, restrições e eficácia*, São Paulo, 2010 , p. 168.

38 ROBERT ALEXY, *Theorie der Grundrechte*, Frankfurt am Main, 2006, trad. Vírgílio Afonso da Silva, "Teoria dos Direitos Fundamentais", São Paulo, 2008, pp. 166 e ss. e 593 e ss.

39 ROBERT ALEXY, *Ponderação, Jurisdição Constitucional e Representação Popular...*, p. 300.

E ainda que a ponderação não possa ser tida por si mesma como um modelo suscetível de conduzir o intérprete à melhor decisão em todos os casos, o modelo da ponderação como um todo, ao associar a lei da colisão à teoria da argumentação jurídica, pode ser aceito como um modelo discursivo confiável, em cuja essência consiste a busca pela fundamentação racional de enunciados de precedências condicionadas entre dois ou mais valores, interesses ou princípios colidentes.

Daí porque, segundo já se atentou com propriedade, no Estado de direito contemporâneo não se reconhece a presença de direitos absolutos, mesmo de estatura de direitos fundamentais previstos no art. 5º da Constituição Federal, e em textos de Tratados e Convenções Internacionais em matéria de direitos humanos. Os critérios e métodos da razoabilidade e da proporcionalidade se afiguram fundamentais neste contexto, de modo a não permitir que haja prevalência de determinado direito ou interesse sobre outro de igual ou maior estatura jurídico-valorativa[40].

Desponta daí, portanto, a importância da máxima da proporcionalidade, independentemente na natureza constitucional que lhe atribua, e suas máximas parciais da *adequação*, *necessidade* e *proporcionalidade em sentido estrito*, considerando-se que, de acordo com a teoria dos direitos fundamentais, qualquer restrição de uma posição jurídica tutelada por uma norma de direito fundamental deve observar esses três elementos que a doutrina tradicionalmente divisa na proporcionalidade[41].

---

[40] STF, HC n. 93250/MS, Segunda Turma, Rel. Min. Ellen Gracie, j. 10/6/2008.

[41] Conforme JORGE REIS NOVAIS, *Direitos Fundamentais – Trunfos contra a maioria*, Coimbra, 2006, p. 279-280: "Logo, a restrição deverá ser apta à prossecução do fim visado (isto é, a medida restritiva em causa deve, no mínimo, permitir a realização parcial do fim visado); deve ser exigível (ou seja, de entre todas as possíveis medidas aptas a realizar, de forma igualmente eficaz, o fim pretendido, deve ser escolhida a menos agressiva para o titular do direito); deve, por último, ser proporcional em sentido estrito (a importância do fim, obrigatoriamente legítimo, prosseguido pela restrição e a medida da sua realização através do meio escolhido devem estar numa relação razoável, proporcional, adequada à medida e importância dos efeitos danosos produzidos na esfera do titular do direito), o que, em última análise, remete para um processo de ponderação de bens entre os valores em questão".

DECRETAÇÃO DE SIGILO E A NECESSIDADE DE FUNDAMENTAÇÃO;

Segundo já discorrido, prevalece no inquérito civil o princípio da publicidade de todos os atos e termos realizados no curso de sua tramitação, consubstanciando-se o sigilo sua exceção.

A garantia de publicidade se materializa por variadas formas no inquérito civil, e pode ser identificada, de acordo com o art. 7º, §2º, da Resolução CNMP n. 23/2007, na divulgação de extratos na impresa oficial, com o fim de garantir o conhecimento e o controle público da atividade investigatória; na divulgação em meios cibernéticos ou eletrônicos das portarias de instauração e extratos dos atos de conclusão; na expedição de certidão e na extração de cópias sobre os fatos investigados, mediante requerimento fundamentado do interessado, dirigido ao presidente do inquérito civil; na prestação de informações ao público em geral, a critério do Promotor de Justiça; na concessão de vistas dos autos, mediante requerimento fundamentado do interessado ou de seu procurador legalmente constituído e por deferimento total ou parcial do presidente do inquérito civil.

Por outro lado, prevalecendo a aplicação do princípio da publicidade dos atos do inquérito civil, as hipóteses de exceção, que importam na decretação, total ou parcial, do sigilo do procedimento, devem ser devidamente justificadas, em decisão fundamentada do presidente do procedimento investigatório.

As hipóteses de restrição da publicidade do inquérito civil, como assinalado, podem decorrer diretamente da Constituição; podem estar previstas em lei, mas expressamente autorizadas pela Constituição; ou, por fim, podem não estar expressamente autorizadas pela Constituição.

E ainda que não se possa prever todas as hipóteses de restrição da publicidade do inquérito civil, havendo uma infinidade de situações de restrições não expressamente autorizadas pela Constituição que dependem da análise do caso concreto, a Resolução CNMP n. 23/2007 tratou de prever duas situações em que a decretação do sigilo pode ser justificada, em decisão motivada do órgão que o preside: a) nos casos em que haja sigilo legal; b) nas hipóteses em que a publicidade possa acarretar prejuízo às investigações (art. 7º, "caput").

Assim como há a necessidade de fundamentação da decisão que decreta a interceptação telefônica (art. 5º, Lei n. 9.296/03), porque a medida restringe o direito fundamental à intimidade e à vida privada, do que decorre, igualmente, a necessidade de sigilo de seu procedimento (art. 8º), também a decretação do sigilo ou a restrição de acesso aos autos do inquérito civil deve ser adequadamente fundamentada, sob pena de nulidade, pois, por meio da medida, há uma restrição à garantia processual da publicidade, bem como ao próprio direito fundamental de acesso à informação.

O Novo Código de Processo Civil, instituído pela Lei n. 13.105, de 16 de março de 2015, manteve a disciplina anterior ao tratar dos elementos essenciais da sentença, mas trouxe significativa inovação ao explicitar as hipóteses em que a decisão – interlocutória ou de mérito – deve ser considerada como não fundamentada.

De acordo com o Novo Código de Processo Civil (art. 489, §1º), considera-se não fundamentada a decisão, sentença ou acórdão que: (*i*) se limitar à indicação, à reprodução ou à paráfrase de ato normativo, sem explicar sua relação com a causa ou a questão decidida; (*ii*) empregar conceitos jurídicos indeterminados, sem explicar o motivo concreto de sua incidência no caso; (*iii*) invocar motivos que se prestariam a justificar qualquer outra decisão; (*iv*) não enfrentar todos os argumentos deduzidos no processo capazes de, em tese, infirmar a conclusão adotada pelo julgador; (*v*) se limitar a invocar precedente ou enunciado de súmula, sem identificar seus fundamentos determinantes nem demonstrar que o caso sob julgamento se ajusta àqueles fundamentos; (*vi*) deixar de seguir enunciado de súmula, jurisprudência ou precedente invocado pela parte, sem demonstrar a existência de distinção no caso em julgamento ou a superação do entendimento.

Vale lembrar que, nos termos do art. 1.022, parágrafo único, inciso II, do NCPC, caberá embargos de declaração, no prazo de 5 (cinco) dias, em face da decisão que venha a incorrer em qualquer dos vícios elencados pelo art. 489, §1º, do mesmo diploma legal.

Em relação à ponderação, o Novo Código de Processo Civil previu requisitos próprios de fundamentação decisória, consignando expressamente que, no caso de colisão entre normas, "o juiz deve justificar o objeto e os critérios gerais da ponderação efetuada, enunciando as razões que autorizam a interferência na norma afastada e as premissas fáticas que fundamentam a conclusão" (art. 489, §2º).

A esse respeito, ainda que a ponderação não possa ser tida por si mesma como um modelo suscetível de conduzir o intérprete à melhor decisão em todos os casos de conflitos normativos não resolúveis por regras de exceção do ordenamento jurídico, o modelo da ponderação como um todo, ao concretizar a teoria da argumentação jurídica, pode ser aceito como um modelo discursivo confiável, em cuja essência consiste a busca pela fundamentação racional de enunciados de precedências condicionadas entre dois ou mais valores, interesses ou princípios colidentes.

Tais enunciados de precedências condicionadas decorrentes da ponderação de dois ou mais princípios no caso concreto consubstanciam regras atribuídas aos direitos fundamentais as quais, diante de determinadas condições, estabelecem a consequência jurídica em relação ao princípio prevalente.

No processo de criação e fundamentação de tais enunciados, no entanto, todos os argumentos possíveis na argumentação constitucional podem ser utilizados. Desse modo, para a fundamentação de um enunciado de preferência condicionada e, com isso, para a justificação da regra a que ele corresponde, pode-se recorrer a todos os cânones da interpretação e argumentos dogmáticos, precedentes, argumentos práticos e empíricos em geral, além de formas específicas de argumentação jurídica[42].

Essas exigências de fundamentação decorrem da necessidade de fundamentação das decisões judiciais próprias do Estado Democrático e de Direito, e aplicam-se integralmente aos procedimentos extrajudiciais conduzidos pelo Ministério Público, sobretudo quando em causa decisão que materialize uma restrição ao princípio da publicidade do inquérito civil, por se tratar de medida que afeta restritivamente um direito fundamental do investigado à publicidade e ao livre acesso às informações contidas no procedimento.

---

[42] ROBERT ALEXY, *Teoria...*, pp. 165-166.

Daí decorre que, embora do NCPC restrinja a possibilidade de oposição de embargos declaratórios em face da decisão que contenha qualquer dos vícios elencados no art. 489, §1º, entende-se cabível a oposição dos embargos também quando a decisão não observar as exigências próprias da fundamentação da ponderação decisória presentes no art. 489, §2º, não havendo qualquer razão para se afastar essa possibilidade, considerando-se que em ambas as hipóteses existe um vício juridicamente relevante em relação à motivação do ato decisório, seja por obscuridade, omissão ou contradição.

Nesse sentido, tem-se que qualquer modelo de direitos fundamentais que esteja fundado na distinção estrutural entre regras e princípios (e, por isso, que tenha em consideração os direitos fundamentais como normas dotadas de um suporte fático amplo), por alargar o âmbito de proteção dos direitos fundamentais ao máximo, e considerar toda e qualquer regulamentação como uma potencial ou real restrição, impõe um ônus argumentativo ao órgão estatal responsável pela restrição aos direitos fundamentais, "que não está presente em modelos que escamoteiam essas restrições por meio de definições de limites quase jusnaturalistas aos direitos fundamentais ou que escondem restrições atrás do conceito de regulamentação"[43].

Questão interessante diz respeito à sindicabilidade da decisão do presidente do inquérito civil quanto à decretação do sigilo do procedimento ou que imponha restrição de acesso aos autos em relação ao investigado ou ao seu procurador.

Nesse aspecto, embora não haja previsão expressa na Lei n. 8.625/93 (Lei Orgânica do Ministério Público dos Estados) e na Lei Complementar n. 75/93 (Lei Orgância do Ministério Público da União) quanto ao órgão da Administração Superior competente para o controle de tais decisões tomadas no curso do inquérito civil, no âmbito da tutela administrativa, tem-se que o Conselho Superior do Ministério Público dos Estados, e a Câmara de Coordenação e Revisão do Ministério Público da União, são os órgãos competentes para o conhecimento e a revisão das decisões que

[43] Como, por exemplo, o modelo defendido por VIRGÍLIO AFONSO DA SILVA, *O conteúdo essencial dos direitos fundamentais e a eficácia das normas constitucionais*, Revista de Direito do Estado, 2006, pp. 23-51.

determinam o sigilo do inquérito civil, ou lhe restrinjam o acesso pelo investigado ou seu procurador.

Tal conclusão decorre da própria natureza desses órgãos administrativos na estrutura do Ministério Público brasileiro, sendo adequado concluir que sua atuação não deve se restringir apenas como instâncias revisoras internas das decisões de arquivamento tomadas nos inquéritos civis, incumbindo-lhes, igualmente, a fiscalização da regular tramitação de tais procedimentos extrajudiciais em face da Constituição e das leis, impondo-lhes o controle, do mesmo modo, daqueles atos praticados no curso do inquérito civil que possam violar direitos fundamentais ou restingi-los indevidamente, velando-se pela preservação das garantias fundamentais decorrentes da aplicação do princípio do devido processo legal na esfera administrativa.

Embora se reconheça tratar-se de matéria *de lege ferenda*, cujo detalhamento deve ser melhor densificado por meio de alteração da legislação de referência, mediante a previsão de controle dos atos interlocutórios praticados no curso dos inquéritos civis dentre as atribuições dos referidos órgãos revisores (ampliando-se a atuação desses órgãos para além da revisão dos arquivamentos dos inquéritos civis), tem-se que, mesmo diante da ausência de previsão legal expressa, deva ser reconhecida a possibilidade de controle dos atos que possam violar ou afetar desproporcionalmente os direitos e garantias envolvidos no inquérito civil.

Entendimento diverso, admitindo o controle do Conselho Superior e da Câmara de Coordenação e Revisão exclusivamente às hipóteses de arquivamento do inquérito civil, restringiria a própria eficácia dos direitos fundamentais dos investigados contra terceiros, por eventuais violações às garantias constitucionais praticadas no curso do procedimento, cuja sindicabilidade restaria diferida apenas por ocasião da análise do arquivamento do procedimento, compelindo os interessados à impugnação pela via judicial, exclusivamente, o que não se coaduna com os postulados do direito administrativo contemporâneo, nomeadamente com o princípio da autotutela administrativa frente à máxima efetividade dos direitos fundamentais[44]. Aplicar-se-ia aqui, igualmente, o entendimento de que se podem esses órgãos exercer o controle sobre o mais, que seria o próprio arquivamento do procedimento, poderiam o menos, exercendo o controle sobre os atos interlocutórios que interfiram nas garantias processuais e nos direitos fundamentais envolvidos.

Por tais razões, tanto a decisão que decreta o sigilo do inquérito civil, quanto aquela que impõe a restrição de acesso aos autos em relação ao investigado ou ao seu procurador, poderão ser revistas pelo Conselho Superior ou pela Câmara de Coordenação e Revisão, independentemente da impetração do mandado de segurança, nas hipóteses cabíveis, prestigiando-se, desse modo, as instâncias ordinárias de controle interno, segundo parâmetros orientados pelas teses institucionais aplicáveis ao tema, fotalecendo-se o poder de autotuela administrativa das instâncias internas da própria Institição, conferindo-se maior transparência, segurança e efetividade a esse instrumento tão importante de tutela dos direitos fundamentais.

O LEVANTAMENTO DO SIGILO E OBRIGATORIEDADE DE FUNDAMENTAÇÃO;

De acordo com Constituição da República, a lei só poderá restringir a publicidade dos atos processuais quando a defesa da intimidade ou o interesse social o exigirem (art. 5º, LX, CRFB).

Decore daí, como visto, que se aplica ao inquérito civil, como regra, o princípio da publicidade, ressalvadas as hipóteses em que esteja presente a necessidade de preservação de sigilo por força de lei (para o cumprimento do mandamento de sigilo, em razão da juntada de relatório de interceptação telefônica no inquérito civil, por exemplo), ou em que a publicidade possa acarretar qualquer prejuízo às investigações (por meio do acesso aos autos, pelo advogado, no curso interceptação telefônica que esteja em andamento), conforme preconiza a

---

[44] STF, Súmula 473: "A administração pode anular seus próprios atos, quando eivados de vícios que os tornam ilegais, porque dêles não se originam direitos; ou revogá-los, por motivo de conveniência ou oportunidade, respeitados os direitos adquiridos, e ressalvada, em todos os casos, a apreciação judicial".

própria Resolução CNMP n. 23, 17 de setembro de 2007, em seu art. 7º, reproduzindo a lógica presente na Lei de Acesso à Informação, de que, nos inquéritos civis, a regra é a publicidade, e o sigilo, a exceção.

Por essa razão, a decretação do sigilo do procedimento deverá se materializar por meio de decisão com fundamentação adequada e específica (art. 93, IX, CRFB c/c art. 11 NCPC), capaz de justificar o afastamento do princípio da publicidade no caso concreto, diante da observância de uma regra ou em face da existência de razões que corroboram a necessidade de proteção dos demais princípios fundamentais envolvidos, ou seja, o princípio da intimidade da vida privada do indivíduo e os demais princípios de garantias coletivas envolvidos, como o *princípio da segurança coletiva e social* (art. 5º, XXXIII, "in fine", CRFB) e o *princípio da justiça penal eficaz* (art. 144, "caput", da CRFB[45]), o que se realiza mediante um juízo adequado de ponderação, à luz das circunstâncias presentes no caso concreto.

É certo, no entanto, que por meio do levantamento do sigilo das investigações, ao invés de se restringir a publicidade dos atos processuais e do conteúdo probatório produzido, como preconiza a norma constitucional, estará o presidente do inquérito civil ampliando a publicidade dos procedimentos realizados e, com isso, incorrendo na possibilidade de afetação dos direitos inerentes à intimidade do indivíduo e também dos próprios princípios de garantias coletivas envolvidos, que outrora justificaram o afastamento da publicidade do procedimento investigatório.

É o caso da restrição ao princípio da publicidade imposta pelo estabelecimento de uma regra de precedência condicionada entre os princípios em colisão, por meio da ponderação. Com efeito, de um lado, o princípio da publicidade impõe o lavantamento do sigilo do procedimento e, com isso, dos atos praticados e das informações e elementos de convicção coligidos pela atividade investigatória; de outro, o princípio da intimidade e da vida privada do investigado reclamam a preservação do sigilo do procedimento e do caráter reservado das informações nele existentes.

---

[45] Conforme restou reconhecido pelo Supremo Tribunal Federal nas discussões que ensejaram a edição da Súmula Vinculante n. 14, invocando-se a doutrina de Manuel da Costa Andrade.

Uma decisão de tal natureza, com potencial afetação aos direitos fundamentais envolvidos em favor da realização máxima do princípio da publicidade, deve revestir-se, tanto quanto a decisão que decreta o sigilo, da necessária fundamentação justificativa, sob pena de nulidade, permanecendo válidas, também aqui, as razões lançadas no item anterior quanto à observância dos requisitos previstos no art. 489, §1º, do NCPC, bem como, sendo o caso, da metodologia assinalada no §2º do mesmo dispositivo legal em relação à ponderação de normas.

A PROVA EMPRESADA E O COMPARTILHAMENTO DO SIGILO

O conteúdo das comunicações alcançado por meio da interceptação telefônica somente pode ser materializado num inquérito civil instaurado para apurar a prática de um ato de improbidade por meio da prova emprestada, ou seja, por meio do compartilhamento do seu conteúdo pelo juízo criminal.

Tal decorre do fato de que a própria Constituição da República (art. 5º, XII), seguida à regulamentação conferida pela Lei n. 9.296/96, ao disciplinar a interceptação de comunicações telefônicas de qualquer natureza, restringe a medida "para prova em investigação criminal e em instrução penal" (art. 1º). A restrição de seu âmbito de decretação, todavia, segundo a orientação dos Tribunais Superiores, não impede que o material obtido a partir de interceptações telefônicas autorizadas pelo juiz criminal seja utilizado como prova em investigação de atos de improbidade administrativa, no inquérito civil ou na respectiva ação de responsabilidade.

De acordo com o SUPREMO TRIBUNAL FEDERAL, os dados "obtidos em interceptação de comunicações telefônicas e em escutas ambientais, judicialmente autorizadas para produção de prova em investigação criminal ou em instrução processual penal, podem ser usados em procedimento administrativo disciplinar, contra a mesma ou as mesmas pessoas em relação às quais foram colhidos, ou contra outros servidores cujos supostos ilícitos teriam despontado à colheita dessa prova"[46].

[46] STF, Inq 2424 QO-QO/RJ, Tribunal Pleno, Rel. Min. Cezar Peluso, j. 20/6/2007, DJe 24/8/2007.

A jurisprudência do SUPERIOR TRIBUNAL DE JUSTIÇA reproduz a mesma orientação, quanto à possibilidade de que a interceptação telefônica seja utilizada como meio de prova em processo administrativo, desde que previamente autorizado o compartilhamento da prova pelo juízo criminal, respeitados os princípios do contraditório e da ampla defesa, sob pena de nulidade[47].

Segundo se afirmou por aquele Tribunal Superior, no julgamento do REsp. 1257058/RS, tanto "o STF quanto o STJ possuem posicionamento permitindo o uso da prova produzida em investigação criminal, na forma do art. 1º, da Lei 9.296/96 (interceptação de comunicações), em processo administrativo disciplinar e em ações de improbidade, desde que observado, no processo de destino seja administrativo, seja judicial, o devido processo legal e o contraditório"[48].

Admitida a validade do compartilhamento da prova obtida por meio de interceptações telefônicas, por decisão fundamentada do juízo criminal, questão interessante diz respeito a saber se o compartilhamento dessa prova importa em alguma restrição à publicidade do inquérito civil no qual venha a ser integrada.

A esse respeito, deve-se atentar que a Lei n. 9.296/96 preconiza que o procedimento destinado à interceptação das comunicações telefônicas "observará o disposto nesta Lei e dependerá de ordem do juiz competente da ação principal, <u>sob segredo de justiça</u>" (art. 1º). O art. 8º do mesmo diploma legal informa, ainda, que a interceptação "ocorrerá em autos apartados, apensados aos autos do inquérito policial ou do processo criminal, <u>preservando-se o sigilo das diligências, gravações e transcrições respectivas</u>".

Infere-se daí, portanto, (*i*) que a autoridade competente para a decretação da interceptação telefônica (e, por inflexão lógica, também para o seu compartilhamento) é o juiz da ação penal principal, se a denúncia já houver sido oferecida pelo órgão do Ministério Público, ou

---

[47] STJ, RMS 16.429/SC, Rel. Min. Maria Thereza Assis Moura, j. 3/6/2008. Precedentes citados no acórdão - do STF: RMS 24.956-DF, DJ 10/11/2005; do STJ: MS 9.212-DF, DJ 1º/6/2005, e MS 12.468-DF, DJ 14/11/2007.

[48] STJ, REsp. 1257058/RS, Segunda Turma, Rel. Min. Mauro Campbell Marques, j. 18/8/2015, DJe 28/8/2015.

o juiz vinculado ao inquérito policial ou ao procedimento investigatório respectivo, se a medida for decretada antes do oferecimento da denúncia; (*ii*) que o procedimento no qual for decretada a interceptação das comunicações telefônicas deverá tramitar em autos autônomos, apensados à respectiva ação penal ou procedimento investigatório, conforme o caso, devendo-se preservar, em qualquer hipótese, o sigilo do conteúdo das diligências, gravações e relatórios de investigações com as transcrições respectivas.

Estabelecida a obrigatoriedade do sigilo do procedimento da interceptação telefônica, o qual, por disposição legal expressa, deverá ser apensado à ação penal principal ou ao procedimento investigatório que lhe der origem, lógica é a conclusão quanto à obrigatoriedade de observância do sigilo da ação penal ou do procedimento investigatório como um todo, isto é, reconhecido o siglo do procedimento acessório, não se poderia, a toda evidência, negar-se a necessidade de preservação do segredo de justiça do procedimento principal, sob pena de a imposição legal do sigilo do procedimento da interceptação perder sua razão de ser.

A relativização do princípio da publicidade da ação penal e do procedimento investigatório criminal, na hipótese, caracteriza uma exceção expressamente prevista na Constituição, decorrente da aplicação do seu art. 5º, inciso XII, materializada na legislação infraconstitucional por meio da Lei n. 9.296/96. Tal significa, portanto, que uma vez autorizada a interceptação das comunicações telefônicas, o sigilo deste procedimento transmite-se à ação penal principal ou procedimento investigatório, fazendo com que aquilo que era a exceção (sigilo), passe a ser a regra.

Invertida a lógica da publicidade da ação penal ou do procedimento investigatório criminal, por força da incorporação de prova cuja exceção do sigilo é reservada por lei, o levantamento do sigilo do procedimento, mediante o restabelecimento da publicidade da respectiva ação penal ou procedimento investigatório dependerá de decisão judicial devidamente fundamentada do juízo criminal competente, sob pena de caracterização do crime previsto no art. 10 da Lei n. 9.296/96.

Desse modo, acredita-se que mesmo após o encerramento das investigações, com a juntada do relatório final das interceptações telefônicas aos autos, deve-se manter o sigilo das diligências, gravações e transcrições respectivas, salvo decisão fundamentada em contrário da autoridade competente, a quem recairá o ônus argumentativo pelo restabelecimento da publicidade, lembrando-se que a lei só poderá restringir a publicidade dos atos processuais quando a defesa da intimidade ou o interesse social o exigirem (art. 5º, LX, CRFB). Assim, uma vez concluídas as diligências investigatórias decorrentes da interceptação das comunicações telefônicas, em princípio, restará prejudicado o interesse social motivador da decretação do sigilo na produção da prova, justificado inicialmente na efetividade da jurisdição penal.

Evidentemente, uma vez concluídas as diligências e documentado nos autos da ação penal ou do procedimento investigatório criminal o resultado das investigações, com o auto circunstanciado das interceptações, o sigilo não poderá ser invocado em prejuízo do acusado e de seu defensor, devendo-lhes ser assegurado acesso ao conteúdo integral das interceptações, para que se possa efetivar o contraditório (diferido) e a ampla defesa[49].

De acordo com o Superior Tribunal de Justiça, ainda no julgamento do REsp. 1257058/RS, a prova emprestada, produzida sob siglo

---

[49] De acordo com RENATO BRASILEIRO DE LIMA, *Legislação Criminal Especial Comentada*, Salvador, 2014, p. 166: "Finda a medida, abre-se lugar ao contraditório e à ampla defesa com todos os recursos a ela inerentes (impugnações e direito à prova, v.g., perícias fonéticas, etc.). Em outras palavras, o contraditório será exercido posteriormente (contraditório diferido), ou seja, quando concluídas as diligências pertinentes à interceptação telefônica, ao investigado e a seu defensor deve ser franqueado o acesso ao conteúdo integral das gravações, a fim de que possam impugnar a prova produzida, exercendo o direito à ampla defesa. Mesmo após ser levantado o segredo de justiça para o investigado e seu defensor, todavia, não é qualquer pessoa que poderá ter acesso ao conteúdo das diligências, gravações e transcrições. Valores constitucionais como um processo justo, o direito à intimidade e à vida privada do acusado e das pessoas que com ele se comunicaram devem preponderar sobre o direito de que a todos seja assegurada a possibilidade de ter acesso ao teor das gravações telefônicas. Não há falar, portanto, em publicidade externa em relação aos elementos obtidos com a interceptação telefônica. Daí a própria lei ter tipificado a conduta de realizar interceptação de comunicações telefônicas, de informática ou telemática, ou *quebrar segredo da Justiça, sem autorização judicial ou com objetivos não autorizados em lei* (art. 10)".

legal, deverá observar o mesmo sigilo no juízo ou órgão em que tramitar a ação ou procedimento no qual a prova será incorporada[50].

Desse modo, seja para fins de instrução de procedimento administrativo disciplinar, de procedimento administrativo tributário, ou de inquérito civil, a prova emprestada pelo juízo criminal, que seja decorrente da interceptação de comunicações telefônicas, deverá ter o seu caráter sigiloso preservado, sendo-lhe aplicáveis as mesmas restrições à publicidade existentes na ação ou procedimento que a tenha dado causa, vale dizer, a prova emprestada pelo juízo criminal, decorrente de interceptações telefônicas, somente poderá se tornar pública - na esfera administrativa ou na jurisdição cível - quando for levantado o sigilo do procedimento que a tenha autorizado, por decisão fundamentada da autoridade competente.

Com efeito, pois a regra é o sigilo do inquérito ou da ação penal, por força da incidência do disposto no artigo 8º da Lei 9.296/96, que determina a preservação do sigilo das diligências, gravações e transcrições decorrentes da interceptação telefônica.

Embora o mencionado diploma legal não tenha expressamente regulamentado a questão, como já se afirmou, entende-se que mesmo após concluídas as diligências e apensados o relatório final das interceptações deve ser mantido o *status* de sigilo do inquérito, procedimento investigatório ou da ação penal, embora se deva igualmente reconhecer que a exceção do princípio da publicidade e a mitigação dos direitos inerentes à privacidade do investigado e de suas comunicações, com a decretação das interceptações telefônicas, se justifica precipuamente no interesse social que decorre do reconhecimento, pelo ordenamento jurídico-constitucional, do *princípio da efetividade da tutela penal* ou *princípio da justiça penal eficaz*. Assim sendo, a manutenção do *status* de sigilo do procedimento investigatório ou da ação penal, uma vez concluídas as diligências e não mais havendo risco para a produção da prova, passa a sofrer com maior intensidade a carga normativa do princípio da publicidade, fazendo com que seja maior, consequentemente,

---

50 "*[...] 11. Enviadas as informações ao Ministério Público, à Procuradoria-Geral da Fazenda Nacional e à Secretaria da Receita Federal do Brasil, sempre sob sigilo, se não houver ainda execução fiscal, a RFB efetuará o lançamento [...]*".

o ônus argumentativo pela justificação da manutenção do sigilo por parte da autoridade que preside o procedimento.

De todo o modo, com o compartilhamento da prova, mediante a autorização de sua incorporação em outra investigação ou processo, o sigilo das interceptações telefônicas se projeta para o inquérito civil, e o seu levantamento depende de decisão fundamentada da autoridade competente. Nessa hipótese, a questão a ser enfrentada diz respeito a saber quem é autoridade competente, ou seja, se a autoridade competente para levantar o sigilo de prova emprestada pelo juízo criminal decorrente de interceptações telefônicas, no inquérito civil ou respectiva ação de responsabilidade pela prática de atos de improbidade administrativa, é o juiz da ação penal na qual foi determinada a interceptação e o compartilhamento da prova, ou o promotor de justiça que preside o inquérito civil e, em juízo, do juiz da ação de improbidade.

A esse respeito, admitindo-se que a prova emprestada pelo juízo criminal decorrente de interceptação telefônica transmite o seu caráter sigiloso ao procedimento ou ação em que vier a ser incorporada, entende-se que a única autoridade competente para deliberar a respeito da manutenção ou não do segredo de Justiça é o juiz do procedimento investigatório criminal ou da ação penal principal, ou seja, com o compartilhamento da prova sigilosa, pelo juízo criminal, não tem a autoridade que preside o inquérito civil atribuição para decidir sobre os pedidos que importem, em qualquer medida, na publicização do procedimento ou acesso aos respectivos autos, à exceção do investigado e seu procurador, aos quais obrigatoriamente deverão ser asseguradas as garantias inerentes à ampla defesa e ao procedimento contraditório.

Por outro lado, o levantamento do sigilo, pelo juiz da respectiva ação de responsabilização pela prática de atos de improbidade administrativa, deverá ser objeto de decisão fundamentada, não se podendo presumir a publicidade como um efeito automático decorrente da incorporação da prova na ação civil pública, por conta do disposto no artigo 8º da Lei 9.296/96, cuja mitigação, no caso concreto, deve ser devidamente justificada pela autoridade competente.

ACESSO AOS AUTOS PELO RÉU OU SEU PROCURADOR E EFETIVIDADE DA TUTELA JURISDICIONAL

A publicidade dos procedimentos investigatórios conduzidos pelo órgão do Ministério Público na prática de atos de improbidade administrativa como regra, traz em si o necessário reconhecimento do direito de acesso irrestrito aos autos pelos investigados e seus procuradores; os primeiros, animados pelas garantias da ampla defesa e do contraditório, e estes, pelo direito fundamental ao livre exercício da profissão.

A Lei n. 13.245, de 12 de janeiro de 2016, dentro dessa lógica, alterou dispositivos do Estatuto da Ordem dos Advogados do Brasil, instituído pela Lei n. 8.906, de 4 de julho de 1994, para o fim de assegurar aos advogados o direito de "examinar, em qualquer instituição responsável por conduzir investigação, mesmo sem procuração, autos de flagrante e de investigações de qualquer natureza, findos ou em andamento, ainda que conclusos à autoridade, podendo copiar peças e tomar apontamentos, em meio físico ou digital" (art. 7º, XIV).

Referida alteração, na verdade, apenas ampliou direito já assegurado ao advogado, para substituir a expressão "em qualquer repartição policial", presente na redação anterior, pela expressão "em qualquer instituição responsável por conduzir investigação", de modo a compreender no exercício da prerrogativa do advogado também as investigações realizadas pelo Ministério Público e outros órgãos do Estado.

Além disso, também houve ampliação dos procedimentos abrangidos pela norma, que antes restringiam-se aos autos de prisão em flagrante e inquéritos policiais, para abrangem, na atual redação, "autos de flagrante e de investigações de qualquer natureza".

Por fim, admitiu-se a cópia de peças e transcrições por meio físico ou digital, o que se justifica pela crescente ampliação do processo judicial eletrônico no âmbito dos órgãos do Poder Judiciário.

O mesmo diploma legal ainda condicionou o exercício de tal prerrogativa profissional de acesso aos autos, nas situações sujeitas a sigilo, à apresentação de procuração pelo advogado (art. 7º, §10), resguardando o direito da autoridade competente em delimitar o acesso do advogado aos elementos de prova relacionados a diligências em andamento e ainda não documentados nos autos, quando houver risco de comprometimento da eficiência, da eficácia ou da finalidade das diligências (art. 7º, §11).

A possibilidade de delimitação do direito de acesso do advogado aos elementos de prova relacionados a diligências em andamento, e ainda não documentadas nos respectivos autos da ação penal ou do procedimento investigatório cível ou criminal, decorre da necessidade de conciliação das alterações formuladas no Estatuto da Ordem dos Advogados do Brasil com as disposições da Súmula Vinculante n. 14, do Supremo Tribunal Federal.

De acordo com referida Súmula Vinculante: "É direito do defensor, no interesse do representado, ter acesso amplo aos elementos de prova que, já documentados em procedimento investigatório realizado por órgão com competência de polícia judiciária, digam respeito ao exercício do direito de defesa".

É interessante notar que as alterações promovidas no Estatuto da Ordem dos Advogados do Brasil, pela Lei n. 13.245, de 12 de janeiro de 2016, em nada alteraram o cenário anteriormente existente em relação ao acesso, pelo advogado, a elementos de prova não documentados em procedimento investigatório, ou seja, em relação às diligências investigatórias em andamento - como, por exemplo, a interceptação telefônica, e a quebra do sigilo bancário e fiscal que ainda não tenham sido transportados para a ação civil pública ou inquérito civil, por compartilhamento -, não havendo a introdução de qualquer elemento capaz de ensejar a mudança na interpretação dos princípios constitucionais envolvidos no caso concreto, pelo Supremo Tribunal Federal.

Em primeiro lugar, porque a Lei n. 13.245/16, como já assinalado, nada mais fez do que ampliar a prerrogativa profissional já existente, para abranger as investigações conduzidas pelo Ministério Público, sem alterar, propriamente, a amplitude do exercício da prerrogativa (que continua podendo ser limitada, quando houver risco de comprometimento da eficiência, da eficácia ou da finalidade das diligências). Em segundo lugar, porque não houve mudança na interpretação dos princípios constitucionais envolvidos na discussão que ensejou a edição da Súmula Vinculante n. 14, pelo Supremo Tribunal.

Nesse sentido, sabe-se que a discussão que envolveu a edição de referida súmula vinculante girou em torno da aplicação de princípios constitucionais como o da publicidade, o princípio democrático, os princípios da ampla defesa e do contraditório, além de levar em consideração o direito fundamental ao livre exercício da profissão, bem como o princípio da efetividade da tutela penal ou princípio da justiça penal eficaz.

Mas é no voto do Ministro Carlos Ayres Britto que questão ganhou melhor precisão dogmática ao se realçar, com base nas teorias de Ronald Dworkin e Robert Alexy, o conflito normativo que caracteriza a discussão, buscando-se, a partir da ideia de otimização, a conciliação dos dois princípios constitucionais contrapostos ou colidentes no caso concreto, vale dizer, do princípio da ampla defesa, de um lado, e do princípio da justiça penal eficaz, de outro[51].

Nesse sentido, a expressão "quando houver risco de comprometimento da eficiência, da eficácia ou da finalidade das diligências" delimita o próprio âmbito de observância da prerrogativa de acesso aos autos, o que importa reconhecer a necessária aplicação do método da ponderação como instrumento de decisão, à luz das circunstâncias fáticas e jurídicas presentes no procedimento, do acesso do advogado "aos elementos de prova relacionados a diligências em andamento e ainda não documentadas nos autos", valendo também aqui as mesmas advertências quanto à necessidade de justificação do objeto e dos critérios gerais da ponderação efetuada, de acordo com a disciplina do Novo Código de Processo Civil (art. 489, §1º e §2º).

---

51 O *princípio da justiça penal eficaz*, desde então, tem sido reproduzido como fundamento decisório em diversos precedentes do Superior Tribunal de Justiça, dos quais destacam-se os seguintes julgados: HC n. 358408, publicado em 1/6/2016; RHC n. 069173, publicado em 30/3/2016; HC n. 319021, publicado em 30/3/2015; HC 316708, publicado em 2/3/2015; HC 179390, publicado em 30/8/2010.

REFERÊNCIAS

ALEXY, Robert. *Theorie der Grundrechte*, Frankfurt am Main, 2006, trad. Virgílio Afonso da Silva, "Teoria dos Direitos Fundamentais";

________. *On the Structure of Legal Principles*, *in* Ratio Juris, 2000;

________. *Ponderação, Jurisdição Constitucional e Representação Popular*; *in* "A Constitucionalização do Direito – Fundamentos Teóricos e Aplicações Específicas", coord. Cláudio Pereira de Souza Neto e Daniel Sarmento, Rio de Janeiro, 2007;

TAVARES, André Ramos. *Comentários à Constituição do Brasil*. STRECK, Lenio Luiz; CANOTILHO, José J. Gomes; MENDES, Gilmar Ferreira (Ed.), Saraiva, 2013.

PÉREZ LUÑO, Antonio Enrique. *Derechos Humanos, Estado de Derecho y Constituición*, Tecnos, 2005;

MAZZILLI, Hugo Nigro. *O Inquérito Civil – Investigações do Ministério Público, compromissos de ajustamento e audiências públicas*, Saraiva, 2015;

WOLFF, Hans; BACHOFF, Otto; STOEBER, Ralf. *Verwaltungsrecht*, Vol. 1, Müchen, 1999, trad. Antônio F. de Souza, "Direito Administrativo", Vol. I, Lisboa, 2006;

NOVAIS, Jorge Reis. *As Restrições Aos Direitos Fundamentais Não Expressamente Autorizadas pela Constituição*, Coimbra, 2003;

________. *Direitos Fundamentais – Trunfos contra a maioria*, Coimbra, 2006;

ATIENZA, Manuel; MANERO, Juan Ruiz. *Las piezas del Derecho – Teoría de los enunciados jurídicos*, Barcelona, 2007;

BROWSKI, Martin. *La estructura de los derechos fundamentales*, trad. Carlos Bernal Pulido, Bogotá, 2003;

FIGUEROA, Alfonso García. *Existen Diferencias Entre Reglas t Principios en el Estado Constitucional? Algunas Notas Sobre La Teoria de Los Principios de Robert Alexy*, *in* "Derechos sociales y ponderación", Madrid, 2009;

DWORKIN, Ronald. *Taking rights seriously*, Harvard University Press, 1977, trad. Nelson Boeira, *Levando os direitos a sério,* São Paulo, 2007;

SILVA, Virgílio Afonso da. *O conteúdo essencial dos direitos fundamentais e a eficácia das normas constitucionais*, Revista de Direito do Estado, 2006;

________. *Direitos Fundamentais – conteúdo essencial, restrições e eficácia*, São Paulo, 2010;

LIMA, Renato Brasileiro de. *Legislação Criminal Especial Comentada*, Salvador, 2014, p. 166

DUARTE, David. "A Norma de Legalidade Procedimental Administrativa – Teoria da Norma e a Criação de Normas de Decisão na Discricionariedade Instrutória", Coimbra, 2006;

CANOTILHO, J.J.Gomes. *Direito Constitucional e Teoria da Constituição*, Coimbra, 2003.

A MODERNA LÓGICA INVESTIGATIVA DO INQUÉRITO CIVIL QUE APURA A PRÁTICA DE ATO DE IMPROBIDADE ADMINISTRATIVA

André Tiago Pasternak Glitz[1]

INTRODUÇÃO

São corriqueiras as vozes que conclamam pela necessidade de aperfeiçoamento do inquérito civil.[2] Há uma certa unanimidade neste

---

1 Promotor de Justiça do Ministério Público do Estado do Paraná; *Masters of Laws* (LL.M.) pela *Columbia Law School*, NY/USA. Professor de processo penal e de investigação criminal da Fundação Escola do Ministério Público do Estado do Paraná (FEMPAR), unidade de Curitiba.

2 A recém-lançada CARTA DE BRASÍLIA, apontando a necessidade de modernização do Ministério Público brasileiro e implantação de um modelo resolutivo de atuação, deixa clara esta necessidade em diversas passagens: (a) Nas diretrizes referentes aos membros do Ministério Público prevê a necessidade de *"delimitação do objeto da investigação, com a individualização dos fatos investigados e das demais circunstâncias relevantes, garantindo, assim, a duração razoável da investigação"*; (b) nas diretrizes dirigidas à Corregedoria Nacional e às Corregedorias de cada um dos Ministérios Públicos para a avaliação, orientação e fiscalização das atividades extrajurisdicionais sugere a *"aferição da utilização eficiente e objetiva de instrumentos e métodos de investigação na determinação de diligências, bem como dos recursos extrajudiciais e judiciais visando à prevenção e à tempestiva correção de ilícitos"*; (c) em capítulo específico faz variadas orientações atinentes aos Inquéritos Civis e Procedimentos Preparatórios: "*instauração com amparo em fundamentos constitucionais ou legais; delimitação de objeto adequado e relevante do ponto de vista da atuação do Ministério Público na defesa dos direitos fundamentais; determinação somente de diligências necessárias; eficiência quanto ao andamento e à conclusão; apresentação dos fundamentos constitucionais e legais, em caso de tramitação com publicidade restrita; permissão de participação social, legitimamente interessada; priorização, sempre que possível, da resolução consensual; adoção tempestiva e adequada das medidas extrajudiciais e judiciais cabíveis, com vistas à cessação do ilícito ou sua correção.* A íntegra do documento pode

sentido, ungida no reconhecimento de que essas investigações conduzidas pelo Ministério Público devem fazer frente a complexidade dos fatos investigados.[3]

As alterações que são usualmente propostas referem-se à necessidade de ajustes normativos, seja com a previsão de novos instrumentos processuais de produção probatória[4], seja com a possibilidade do emprego de inovações tecnológicas.

Este artigo tem o propósito de apresentar o tema sob perspectiva diversa. Admite-se, é importante frisar, que as reivindicações por alterações legislativas são pertinentes e fundamentadas. No entanto, é possível, desde logo, tornar o inquérito civil que apura a prática do ato de improbidade administrativa um instrumento mais célere e eficiente a partir da aplicação de uma nova metodologia investigativa.

A Parte I se propõe a delimitar o objeto do artigo e a efetuar um diagnóstico das principais dificuldades na rotina dos inquéritos civis que investigam a prática de ato(s) ímprobo(s). Suas causas, argumenta-se, derivam do empréstimo de práticas do inquérito policial, como a supervalorização de rotinas burocráticas em detrimento do desenvolvimento de métodos eficientes de investigação. A Parte II sustenta a necessidade de se aplicar à atividade de investigação estudos científicos de ciências auxiliares ao Direito, em especial da lógica e da psi-

---

ser acessada em: http://www.cnmp.mp.br/portal/images/CARTA_DE_BRAS%-C3%8DLIA.pdf. Acesso em: 10 de fevereiro de 2017.

3 Neste sentido aplicável à improbidade administrativa a lição introdutória de MENDRONI em relação ao enfrentamento da criminalidade organizada: *"A evolução natural da humanidade, decorrente da modernização dos meios de comunicação, equipamentos tecnológicos de toda natureza, dos meios de transporte e de processamento de dados, trouxe também a reboque o incontrolável incremento da criminalidade, mas, em especial, da criminalidade organizada"*. MENDRONI, Marcelo Batlouni. *Crime Organizado: aspectos gerais e mecanismos legais*. 6. ed. São Paulo: Atlas, 2016. p.7.

4 Para uma ampla gama de sugestões ver: DINIZ, Cláudio Smirne; CAMBI, Eduardo; ROCHA, Mauro Sérgio. *Inquérito civil: entre avanços e retrocessos – Análise Crítica do PLS 233/2015*. In: Revista Jurídica do Ministério Público do Estado do Paraná, ano 3, nº 4, agosto de 2016. p.21-49. Disponível em: http://www.ceaf.mppr.mp.br/arquivos/File/Biblioteca/RevistaJuridicaMPPR_4.pdf. Acesso em: 10 de fevereiro de 2017.

cologia experimental. Assim, a investigação abandona sua condição artesanal e puramente intuitiva e passa a ser contaminada por métodos científicos como o raciocínio abdutivo, centrado no constante teste da hipótese investigativa pelas evidências produzidas. Na Parte III se apresenta a necessidade e a utilidade de ser executada, paralelamente à investigação principal do ato ímprobo e no bojo do próprio inquérito civil, uma investigação financeira. Seu conceito, objetivo e métodos são destacados, com ênfase em três aspectos: execução (coleta e análise de dados), organização e planejamento. A Parte IV trará um apanhado resumido dos principais temas discutidos ao longo do trabalho.

PARTE I

Não soa exagerado simbolizar o renovado perfil Institucional do Ministério Público brasileiro desenhado pela Constituição Federal de 1988 na figura do inquérito civil. Incumbido da função de proteger o patrimônio público e social, o meio ambiente e outros interesses difusos e coletivos, o próprio texto da Carta Magna atrelou o instrumento jurídico à proteção dos interesses transindividuais ou coletivos[5] (artigo 129, inciso III, CF).

De origem na Lei nº 7.347/85, o inquérito civil tem sido uma imprescindível ferramenta de investigação empregada pelo Ministério Público[6] para apurar fatos que representem ameaça de lesão, ou efetivo dano, aos denominados interesses transindividuais (ou coletivos *lato sensu*)[7], sendo conceituado pela doutrina como:

> *uma investigação administrativa prévia, presidida pelo Ministério Público, que se destina basicamente a colher elementos de convicção para que o próprio órgão ministerial possa identificar*

---

[5] Sobre a defesa dessa categoria de interesses ver: MAZZILLI, Hugo Nigro. *A defesa dos interesses difusos em juízo*. São Paulo: Saraiva, 2009.

[6] O inquérito civil é de exclusiva presidência de membro do Ministério Público, nos termos do artigo 8º, §1º, da Lei nº 7.347/85.

[7] MAZZILLI, Op. Cit. p.50.

se ocorre circunstância que enseje propositura de ação civil pública.[8]

O inquérito policial, histórica e paradigmática figura jurídica de investigação do Direito brasileiro, foi a fonte de inspiração legislativa e doutrinária para o inquérito civil.

Para fins de comparação, o inquérito policial, em clássica e objetiva definição doutrinária, é identicamente apontado como *um procedimento de índole meramente administrativa, de caráter informativo e preparatório.*[9]

Ocorre que a inspiração do inquérito civil no inquérito policial não se limitou às searas legislativa e doutrinária. De fato, o inquérito policial foi e ainda é pragmaticamente o modelo-base de investigação do operador jurídico brasileiro, referência que moldou as investigações do Ministério Público, dentre elas o inquérito civil.

O inquérito civil tomou para si não apenas os contornos jurídicos de seu coirmão da esfera criminal, mas incorporou também suas práticas e rotinas.

Consequentemente, reproduziu-se o formato bacharelesco de investigação dos inquéritos policiais, produto da formação jurídica de Delegados de Polícia e Promotores de Justiça. Neste contexto, o inquérito civil passou, também, a privilegiar atividades cartoriais em detrimento da própria investigação.

---

8 MAZZILLI, Hugo Nigro. *O inquérito civil.* 2. ed. São Paulo: Saraiva, 2000. p.45. No mesmo sentido se manifestara o então Assessor do Gabinete Civil da Presidência da República, Ministro José Celso de Mello, por ocasião do processo que resultou na edição da Lei nº 7.347/85: "*Trata-se* [o inquérito civil] *de procedimento meramente administrativo, de caráter pré-processual, que se realiza extrajudicialmente. O inquérito civil, de instauração facultativa, desempenha relevante função instrumental. Constitui meio destinado a coligir provas e quaisquer outros elementos de convicção que possam fundamentar a atuação processual do MP. O inquérito civil, em suma, configura um procedimento preparatório, destinado a viabilizar o exercício responsável da ação civil pública. Com ele, frustra-se a possibilidade, sempre eventual, de instauração de lides temerárias". GARCIA, Emerson. Ministério Público: organização, atribuições e regime jurídico. Rio de Janeiro: Lumen Juris, 2004. p.243-244.*

9 RANGEL, Paulo. *Direito Processual Penal.* 8. ed. Rio de Janeiro: Lumen Juris, 2004. p.71.

É notável como a observação de SALGADO em relação a ineficiência do inquérito policial aplica-se com precisão à realidade do inquérito civil:

> *Sucessivos pedidos de prorrogação do prazo das investigações, informações negativas, repetições de atos, oitivas desnecessárias, preocupações demasiadas com práticas cartorárias, fetiches procedimentais e formais que subtraem tempo e não conduzem a quaisquer resultados práticos, excesso de papéis inúteis, entre os quais se escondem os elementos de informação, são exemplos do desgaste funcional do inquérito.*[10]

Embora não consistam num problema por si só, as necessárias regulamentações internas feitas pelos Ministérios Públicos quanto ao trâmite do inquérito civil contribuíram e intensificaram sua tendência natural à burocratização.[11]

A relativa, porém, reconhecida inefetividade do inquérito civil surgiu e se agravou, sobretudo, pela carência de políticas institucionais voltadas à capacitação funcional dos membros do Ministério Público na atividade investigativa. O aperfeiçoamento e o desenvolvimento de métodos de investigação estiveram sempre em segundo plano.[12]

Outro sobressalente efeito indesejado da transposição do modelo do inquérito policial ao inquérito civil tem relação com uma questão de política-criminal, atinente à seletividade da investigação policial no Brasil.

Com o descompasso entre o vasto programa de *criminalização primária*[13] do país e os modestos investimentos na área da seguran-

---

[10] SALGADO, Daniel de Resende. *O controle externo, a seletividade e a (in)eficiência da investigação criminal*. In: Controle externo da atividade policial pelo Ministério Público. JUSPODVM: Salvador, 2013. p.179.

[11] O inquérito civil se encontra regulamentado nacionalmente pela Resolução nº 23/2007, do Conselho Nacional do Ministério Público.

[12] Sintoma desta carência são as portarias de instauração sem a delimitação do objeto; prorrogações de prazo com indicação de diligências desnecessárias; requisições genéricas de documentos para fins de meramente impulsionar o procedimento; requerimentos desnecessários de perícias, como serviços de auditoria, etc.

[13] ZAFFARONI conceitua criminalização primária como o programa penal de determinado país através de suas leis criminalizadoras de condutas. Por outro

ça pública, o sistema de justiça criminal opera seletivamente. Há, na prática, a escolha pela polícia *das infrações penais que* serão investigadas, seleção realizada com tímido controle pelo Ministério Público brasileiro.

O monopólio policial do processo de *criminalização secundária* concentra a investigação criminal policial e, por conseguinte, a atuação do Ministério Público e do Poder Judiciário na chamada *obra tosca da criminalidade*[14], de fácil detecção e investigação.

Logo, conforme detectado por BITTNER, *os casos são resolvidos (quando são resolvidos) ou no momento em que o crime acontece ou pouco depois de ter acontecido ou, então, de modo geral, nunca mais.*[15] Ou seja, é quase como se não houvesse investigação!

Portanto, com a transposição de modelos já identificada e a habitualidade com as rotinas de trabalho dos inquéritos policiais instaurados para investigar crimes de baixíssima dificuldade resolutiva, membros do Ministério Público tiveram (e têm) dificuldade em desenvolver práticas e rotinas de investigações complexas para os inquéritos civis.

Embora o inquérito civil possa em tese ser instaurado para apurar ameaça ou lesão a qualquer interesse metaindividual, as investigações que procuram desvendar a prática do ato ímprobo são, em sua maioria, intricadas do ponto de vista fático e jurídico. São, por assim dizer, investigações de elevado grau de dificuldade resolutiva.

Logo, a investigação instaurada para apurar a prática de ato de improbidade administrativa[16] deve necessariamente empregar méto-

---

lado, criminalização secundária é tida como a forma como o programa é levado a cabo pelas agências do Estado. ZAFFARONI, Eugenio Raul; BATISTA, Nilo; ALAGIA, Alejandro e SLOKAR, Alejandro. *Direito penal brasileiro – I*. Rio de Janeiro: Revan, 2003. p.43-53.

14 ZAFFARONI, Op. Cit. p.44.

15 BITTNER, *apud* ÁVILA, Thiago André Pierobom de. *Investigação criminal: o controle externo de direção mediata pelo Ministério Público*. Curitiba: Juruá, 2016. p.234.

16 No campo da improbidade administrativa o inquérito civil foi deliberadamente excluído do texto da Lei nº 8.429/92, sob o argumento de que se estaria conferindo ao Ministério Público "competência policialesca", conforme relatado por Wallace Paiva Martins Júnior. O mesmo autor, no entanto, alerta que a lei não

dos diferenciados de descoberta, atividade bastante distinta daquelas realizadas no desgastado e defasado modelo dos inquéritos policiais.

É preciso reconhecer que não basta ao membro do Ministério Público saber que no inquérito civil que apura a prática de ato ímprobo poderão ser colhidos depoimentos, requisitados documentos e perícias, de órgãos da administração pública ou de entidades privadas (artigo 26, incisos I e II, da Lei nº 8.625/93).

Para que sua finalidade seja efetivamente atingida é preciso ter domínio não apenas do quê fazer, mas também do quando e do como fazê-lo.

Neste viés, toda a apuração da existência e da autoria de um ato ímprobo demanda do investigador ao menos alguma familiaridade com a moderna lógica investigativa e capacidade de execução de uma investigação financeira. Cuidam-se de *know-hows* imprescindíveis para definitivamente elevar o inquérito civil ao patamar desejado pela Constituição Federal de 1988, como um efetivo instrumento de tutela da probidade administrativa.

PARTE II

A necessidade de revisão dos modelos investigativos brasileiros usualmente é focada em alterações na legislação e de arejados posicionamentos da doutrina e da jurisprudência.[17]

Da mesma maneira, é preciso refletir acerca da necessidade de avanços Institucionais dos órgãos legalmente incumbidos de investi-

---

exclui o inquérito civil, mas, antes, o pressupõe, já que *nada impede ao Ministério Público a promoção do inquérito civil com o uso dos poderes requisitórios correspondentes (perícias, estudos, dados técnicos, informações, depoimentos, notificações, etc.) para apuração de ato de improbidade administrativa, tendo em vista que a Constituição Federal (art.129, III e VI), a Lei federal n. 7.347/85 (arts. 1º, IV e 8º, paragrafo único) e, posteriormente, a Lei Federal nº 8.625/93 (arts.25, IV, e 26, I a III) inscrevem essas prerrogativas na instituição da proteção do patrimônio público, da moralidade administrativa e de qualquer outro interesse difuso ou coletivo.* JÚNIOR, Wallace Paiva Martins. Probidade administrativa. 4ª ed. São Paulo: Saraiva, 2009.p.481.

[17] No âmbito da investigação criminal ver, neste sentido: JÚNIOR, Aury Lopes. *Investigação preliminar no processo penal*. 6ª ed. São Paulo: Saraiva, 2014.

gar no país. Em geral, a investigação brasileira é escassa e de baixíssima qualidade.

No Brasil, a atividade de investigar é fundamentada exclusivamente em intuição e conjecturas. Aprende-se a investigar apenas na prática, com a reprodução irrefletida de ações muitas vezes inapropriadas ao caso concreto.

Não se olvida que a experiência é de fato um elemento relevante para o sucesso de uma investigação, mas não deve ser o único. Investigar é uma tarefa genuinamente difícil e há pesquisas científicas da psicologia e da lógica que podem auxiliar e qualificar o trabalho do investigador.

Um primeiro passo, portanto, é o reconhecimento Institucional de que urge introjetar alguma ciência na atividade de investigar. O estudo dos diferentes raciocínios lógicos que interferem na dinâmica investigativa é valor de suma importância a ser agregado à formação do investigador, tornando-o capaz de estabelecer mecanismos de controle para minimizar erros e obter melhores resultados.

Ter-se-á, assim, uma investigação ao mesmo tempo mais eficiente e mais protetora dos direitos dos cidadãos. De fato, a qualificação da investigação torna sua função de filtro igualmente mais qualificada, tornando mais raros os casos de acusação e condenação de inocentes.

Longe de aprofundar neste espaço o complexo tema, propõe-se apresentar as premissas do que seria a moderna lógica investigativa, iniciando com as duas espécies mais conhecidas de raciocínios lógicos: o indutivo e o dedutivo.

Em linhas bastante simplificadas, o raciocínio dedutivo é aquele no qual a conclusão deriva do que foi observado nas premissas. Já no raciocínio indutivo, o resultado extrapola a informação contida na premissa a partir de *conhecimentos de fundo*, ou conhecimentos de *background*.[18]

---

18 De forma inédita no Brasil DALLAGNOL trata da influência do conhecimento de mundo na prova: *"Se uma crença embasa outra crença, ambas "combinam" quando juntas. Por exemplo, a crença de que há fumaça "combina", ou é conectável, com a crença de que há fogo. Contudo, para que alguém possa saber que as crenças "combinam" ou se conectam, segundo Kelly , devem-se saber "quais pedaços do mundo tendem a acompanhar quais outros pedaços do*

Enquanto a dedução se assenta da verdade da premissa, ou seja, a conclusão depende, sempre, da validade daquela, na indução a conclusão representa um resultado tido como razoável a partir de observações anteriores, mas que não aposta todas as suas fichas na veracidade da solução. Ou seja, na indução a conclusão é apenas provável.

É justamente o raciocínio indutivo (ou inferencial) o usualmente empregado na investigação. Estudos de lógica testados pela psicologia experimental concluíram que a indução integra uma espécie de processo mais ampla de raciocínio lógico, o abdutivo, também conhecido como a *inferência para uma melhor explicação*.

O método de raciocínio lógico abdutivo é próprio de trabalhos de pesquisa, como o é uma investigação, sendo empregado para a formulação e teste de hipóteses.

PEIRCE é tido como o pesquisador que primeiro identificou o raciocínio abdutivo. Para ele, cuida-se de um método próprio das descobertas científicas revolucionárias, que se inicia pela escolha de uma hipótese explicativa que, a partir de um determinado fato, chega a nós como num *flash*:

> *Trata-se de uma questão intuitiva, embora extremamente falível. É fato que os diversos elementos da hipótese estão presentes em nossas mentes antes de sua formulação, mas é a ideia de agregar fatores que nós antes sequer sonhávamos em associar que faz automaticamente surgir a hipótese para nossa contemplação.*[19]

---

mundo", e por isso "investigando ela (a evidência) se alinha com investigar o próprio mundo". Isso mostra o papel central que o conhecimento de mundo (ou conhecimento de fundo, ou conhecimento de background, expressões que serão aqui tomadas como sinônimas) desempenha juntamente com a evidência e a inferência no suporte de crenças". DALLAGNOL, Deltan Martinazzo. As lógicas das provas no processo: prova direta, indícios e presunções. Porto Alegre: Livraria do Advogado, 2015. p.23.

[19] Tradução livre do autor. No original, em inglês: *"it is a matter of insight, although of extreme fallible insight. It is true that the differente elements of the hypothesis were in our minds before; but it is the idea of putting together what we had never before dreamed of putting together which flashes the new suggestion before our contemplation."* PIERCE, 1903, p.304, *apud* ANDERSON, Terence; SCHUM, David; TWINING, William. *Analysis of evidence*. 2. ed. Cambridge/UK: Cambridge University Press, 2005. p.57.

O esquema abaixo procura ilustrar o método abdutivo de raciocínio.[20]

RACIOCÍNIO ABDUTIVO

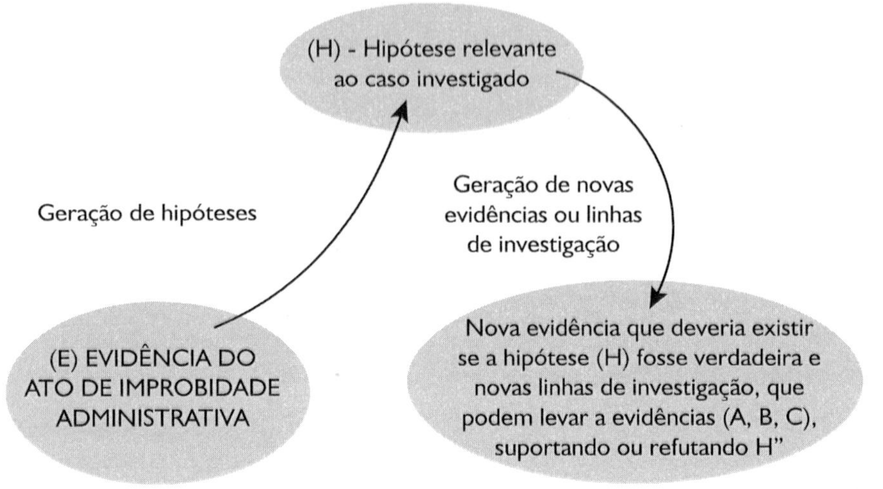

Em termos práticos que aqui interessam, a investigação de improbidade administrativa se desencadeia a partir do recebimento da evidência (E) que indica a existência de um ato ímprobo, a partir da combinação de (E) com conhecimentos de fundo do investigador. O *flash* anteriormente referido por PEIRCE consiste justamente na geração da hipótese investigatória (H) a partir desta junção.

Na sequência, caso verdadeira a hipótese acusatória (H), novos conhecimentos de fundo tornam provável a existência das evidências A, B e C. A busca por estas evidências desencadeará um processo contínuo de teste da hipótese original (H).

Neste ciclo, as evidências A, B e C podem:

i) reforçar a hipótese original (H) e naturalmente reformulá-la, fazendo surgir (H1). H1, por seu turno, produzirá novas linhas de in-

---

20 Este quadro teria sido concebido inicialmente pelo filósofo DAVID OLDROYD, originalmente usado como uma metáfora para descrever o processo de investigação e descoberta.ANDERSON, Terence; SCHUM, David; TWINING, William. *Analysis of evidence*. 2. ed. Cambridge/UK: Cambridge University Press, 2005.

vestigação e indicará novas evidências (D, E, F) cuja existência seria natural (a partir da conjugação com *conhecimentos de fundo*) no caso de H1 ser uma hipótese verdadeira.

ii) enfraquecer a hipótese original (H) e reformulá-la, produzindo uma outra hipótese (H2). Esta, indicará novas linhas de investigação e novas evidências (G, H, I), cuja existência seria lógica (novamente com a soma de conhecimentos de fundo) no caso de H2 ser uma hipótese verdadeira.

Portanto, a hipótese original (H), uma vez testada pela evidência, ingressa num processo cíclico de constante teste e reformulação (H1, H2, H3), até que surja uma hipótese (H10) suportada ou refutada por elementos suficientes à formação de juízo acerca da propositura da ação civil pública ou do arquivamento do inquérito civil.[21]

O raciocínio abdutivo é capaz de explicitar dois componentes diversos e igualmente fundamentais da lógica investigativa. O primeiro é justamente o tão relegado elemento científico, que diz respeito a uma avaliação inferencial adequada entre a evidência e a hipótese a partir da conjugação de conhecimentos de mundo com aquela. O segundo é a tradicional intuição/experiência do investigador, necessária para geração das hipóteses testadas e das evidências que serão buscadas.

Essa conjugação de fatores e a maneira como eles se relacionam é brilhantemente capturada por SIMON:

> O raciocínio abdutivo é um processo no qual são geradas e testadas hipóteses, voltado à eliminação das hipóteses inválidas e confirmação da hipótese correta. O teste de hipóteses possui dois componentes: a busca por informações, seguida de sua avaliação; isso é, avaliando a correção da inferência inicial a partir da evidência buscada. Se por um lado a avaliação da informação é uma

---

[21] Quanto ao *standard* para a deflagração de ação civil pública pela prática de ato de improbidade administrativa, o E. Superior Tribunal de Justiça tem consolidado em sua jurisprudência o entendimento de que *"é suficiente a demonstração de indícios razoáveis de prática de atos de improbidade e autoria, para que se determine o processamento da ação, em obediência ao princípio do in dubio pro societate, a fim de possibilitar o maior resguardo do interesse público"*. (Resp 1.197.406/MS, Rel. Min. Eliana Calmon, 2ª T., DJe 22/08/2013 e Resp 1.504.744/MG, Rel. Min. Sergio Kukina, 1ª T., DJe 24/04/2015).

questão de inferência lógica, a produção de hipóteses e as decisões acerca de quais provas perseguir exigem um certo grau de intuição e conjecturas.[22]

Ao final, o sucesso do trabalho investigativo dependerá do delicado equilíbrio entre a ciência e a arte. Se, por um lado, a falta de criatividade, de experiência investigativa ou de conhecimentos de fundo podem limitar as hipóteses e deixar escapar informações ou evidências úteis, eventuais excessos são capazes de drenar recursos em torno de hipóteses improváveis ou, ainda pior, levar à estagnação da apuração.[23]

Conhecer a lógica investigativa, sabendo que esta consiste num processo de rigoroso e contínuo teste e (re)formulação de hipóteses, representa, por si só, significativo avanço, apto a permitir que o investigador controle fatores incidentais capazes de afetar negativamente o resultado da apuração.[24]

O raciocínio investigativo-abdutivo se aplica tanto à investigação principal do ato ímprobo como à investigação financeira, já que ambas se complementam e devem constantemente testar a hipótese investigatória com base na totalidade da evidência coletada.

PARTE III

i) A Necessidade da investigação financeira.

---

[22] Tradução livre do autor. No original, em inglês: "a*bductive reasoning is a recursive process of generating and testing hypotheses, geared toward eliminating invalid hypotheses and substantiating the correct one. The testing of hypotheses has two components: a search for information, followed by tits evaluation, that is, the drawing of correct inferences from that information. While the evaluation of the information entails logical inference, the generation of hypotheses and decisions about which information to pursue require intuitive and conjectural thinking*".SIMON, Dan. *In Doubt: the psychology of the criminal justice process.* Cambridge: Harvard University Press, 2012. p.22.

[23] SIMON, Op. Cit., p.22.

[24] Este artigo não abordará os variados fatores incidentais (cognitivos e motivacionais) que influenciam toda a atividade investigativa. Para uma abordagem detalhada, no ponto de vista da psicologia experimental, ver: SIMON, Dan. *In Doubt: the psychology of the criminal justice process*. Cambridge: Harvard University Press, 2012.

A tutela jurídica da probidade administrativa foi consagrada no plano normativo brasileiro pela Constituição Federal de 1988[25] e pela Lei nº 8.429/92[26], mas sua efetividade não se esgota na abstrata possibilidade de aplicação de sanções ao ímprobo.

É imprescindível dar concretude à defesa deste interesse metaindividual e, para tanto, faz-se necessário o emprego adequado de mecanismos voltados à recomposição patrimonial, o que importa numa inafastável reconfiguração da investigação e persecução do ato de improbidade administrativa.

A própria Lei nº 8.429/92 evidencia esta preocupação ao cominar, dentre as sanções aplicáveis na hipótese de condenação pela prática de ato de improbidade administrativa, a perda de bens e valores acrescidos ilicitamente ao patrimônio e o ressarcimento integral do dano (artigo 12, incisos I, II e III, da Lei nº 8.429/92).[27]

---

25 BERTONCINI enumera as diversas passagens em que a Carta Magna de 1988 tratou da probidade administrativa: artigo 14, §9º; artigo 15, inciso V; artigo 37, §4º; artigo 85, inciso V. BERTONCINI, Matheus. *Ato de improbidade administrativa – 15 anos da Lei 8.429/92*. São Paulo: Revista dos Tribunais, 2007.p.22-23.

26 Para uma análise criteriosa das várias espécies de atos ímprobos, dos "pontos de contato" e da relação de especialidade entre as figuras do artigo 9º e aquelas dos artigos 10 e 11, da Lei nº 8.429/92, ver: BERTONCINI, Matheus. *Ato de improbidade administrativa – 15 anos da Lei 8.429/92*. São Paulo: Revista dos Tribunais, 2007.

27 O ressarcimento do dano e a perda dos valores acrescidos ilicitamente ao patrimônio do agente ímprobo, ou mesmo de terceiro que dele se beneficie, são, sempre, sanções passíveis de serem aplicadas para as três diferentes espécies de atos de improbidade administrativa. GARCIA e ALVES chamam a atenção para o fato de que o artigo 3º, da Lei nº 8.429/92 deixa claro que bens de terceiros também são passíveis de perda, mesmo não se tratando de agentes públicos, mas de particulares que eventualmente tenham se beneficiado dos atos ímprobos. GARCIA, Emerson; ALVES, Rogério Pacheco. Improbidade Administrativa. 2. ed. Rio de Janeiro: Lumen Juris, 2004. p.464. No mesmo sentido, a jurisprudência do Superior Tribunal de Justiça entende ser perfeitamente possível que particular sujeite-se à Lei de Improbidade Administrativa, sempre que: a) induzir, ou seja, incutir no agente público o estado mental tendente à prática do ato; b) concorrer juntamente com o agente público para a prática do ato; c) quando se beneficiar, direta ou indiretamente, do ato ilícito praticado pelo agente público. (Resp 1.171.017/PA, Rel. Min. Sérgio Kukina, 1ª T., DJe 6/3/2014). No entanto, o mesmo STJ condiciona a imputação da prática do ato ímprobo ao

Ademais, a Lei nº 8.429/92 dispõe de instrumental que visa assegurar a recomposição patrimonial positiva (na perspectiva de recomposição do dano causado ao erário) e negativa (no sentido de retirada do patrimônio do ímprobo), representadas pelas medidas cautelares patrimoniais de indisponibilidade de bens do artigo 7º[28] e a figura do sequestro do artigo 16.

Nesse contexto, surge a necessidade de se avaliar a pertinência de se proceder a uma investigação financeira paralela à investigação

---

particular à figuração, no polo passivo, do agente público responsável pelo ato ímprobo. (AgRg no Aresp 574500/PA, Rel. Min. Humberto Martins, 2ª T., DJe 10/06/2015).

[28] Sobre a indisponibilidade de bens há uma série de entendimentos do STJ, consolidados em teses, que reforçam a tendência de buscar a sua máxima efetividade: **é possível o deferimento da medida acautelatória de indisponibilidade de bens em ação de improbidade administrativa nos autos da ação principal sem audiência da parte adversa e, portanto, antes da notificação a que se refere o art.17, §7º, da Lei nº 8.429/92** (AgRg no AREsp 460279/MS, Rel. Min. Herman Benjamin, 2ª T., DJe 27/11/2014); **é possível a decretação da indisponibilidade de bens do promovido em ação civil pública por ato de improbidade administrativa, quando ausente (ou não demonstrada) a prática de atos (ou a sua tentativa) que induzam a conclusão de risco de alienação, oneração ou dilapidação patrimonial de bens do acionado, dificultando ou impossibilitando o eventual ressarcimento futuro** (AgRg no AREsp 1328769/BA, Rel. Min. Eliana Calmon, 2ª T., DJe 20/08/2013); **na ação de improbidade, a decretação de indisponibilidade de bens pode recair sobre aqueles adquiridos anteriormente ao suposto ato, além de levar em consideração, o valor de possível multa civil como sanção autônoma** (REsp 1461882/PA, Rel. Min. Sérgio Kukina, 1ª T., DJe 12/03/2015); **a indisponibilidade de bens previstas na LIA pode alcançar tantos bens quantos necessários a garantir as consequências financeiras da prática de improbidade, excluídos os bens impenhoráveis, assim definidos por lei** (AgRg no AREsp 436929/RS, Rel. Min. Benedito Gonçalves, 1ª T., DJe 31/10/2014); **os bens de família podem ser objeto de medida de indisponibilidade prevista na Lei de Improbidade Administrativa, uma vez que há apenas a limitação de eventual alienação do bem** (REsp 1461882/PA, Rel. Min. Sérgio Kukina, 1ª T., DJe 12/03/2015); **aplica-se a medida cautelar de indisponibilidade dos bens do art.7º aos atos de improbidade administrativa que impliquem violação dos princípios da administração pública – no art.11 da LIA** (AgRg no REsp 1311013/RO, Rel. Min. Humberto Martins, 2ª T., DJe 13/12/2012).

principal que apura a existência e a autoria do ato de improbidade, conforme reflexão de GARCIA e ALVES:

> *A eficácia da sanção, que terminará por minorar as consequências do ilícito, tornando inócuo o esforço despendido pelo ímprobo, dependerá da cuidadosa investigação do destino final dos bens ou valores amealhados por ele, o que exigirá a identificação dos intermediários comumente utilizados, a começar pelos familiares, bem como uma ampla pesquisa em países que normalmente recepcionam recursos de origem ilícita.*[29]

ii) A finalidade da investigação financeira e sua instrumentalidade em relação à investigação principal.

A investigação financeira não esgota sua utilidade na garantia da aplicação das sanções do artigo 12, da Lei nº 8.429/92. Além de identificar eventuais bens ou valores passíveis de constrições cautelares que poderão ser objeto de perdimento ou meio de ressarcimento de dano ao erário, ela auxilia o desenvolvimento da investigação principal.

Como a investigação financeira tem por finalidade determinar as possíveis fontes de renda dos investigados e levantar informações sobre o seu destino, sua adequada execução acaba desenvolvendo um amplo panorama financeiro dessas pessoas, sejam elas físicas ou jurídicas.

Assim, uma boa investigação financeira terá o potencial de acrescer novos personagens à apuração principal e desvendar esquemas que permitam identificar questões sistêmicas e estruturais que possibilitaram a ilegalidade pontualmente detectada.

Não é por outra razão que dentre as recomendações do GAFI (Grupo de Ação Financeira) figura a de execução de ampla investigação financeira em casos de lavagem de capitais.[30] Em semelhante

---

[29] GARCIA, Emerson; ALVES, Rogério Pacheco. Improbidade Administrativa. 2. ed. Rio de Janeiro: Lumen Juris, 2004. p.464. Para os autores, aliás, *"em rigor técnico, a perda de bens ou valores não representará verdadeira sanção, pois buscará unicamente reconduzir o agente à situação anterior à prática do ilícito, mantendo imutável seu patrimônio legítimo"*. Op. Cit. p.464.

[30] FINANCIAL ACTION TASK FORCE, *Recommendations*, 2012. Disponível em: http://www.fatf-gafi.org/media/fatf/documents/recommendations/pdfs/FATF-40-Rec-2012-Portuguese-Port.pdf, p.27. Acesso em: 29 de março de 2017.

sentido há dispositivos nas Convenções das Nações Unidas Contra a Corrupção[31] e Contra o Crime Organizado Transnacional.[32]

iii) Investigação financeira: planejamento, organização e execução.

Três aspectos fundamentais para o êxito da investigação financeira são o seu planejamento, sua capacidade de organização e uma execução exauriente. Cuidam-se de diferentes facetas que se inter-relacionam em um amplo processo investigativo e não de fases que seguem rigorosa ordem cronológica.

A execução de numa investigação financeira concentra-se em duas diferentes fases: a coleta e a análise de dados. A primeira mais expansiva, abrangente, que demanda minucioso planejamento. A segunda mais técnica, voltada à interpretação adequada do material angariado, dependente de uma ótima organização.

Coleta de dados. Os dados buscados em uma investigação financeira são usualmente classificados de acordo com o seu grau de acessibilidade em relação à fonte: fontes abertas, fontes restritas ou fontes protegidas.

O *Asset Forfeiture and Money Laundering Section* do *U.S. Department of Justice*, apresenta essa útil classificação:

> i) dados em fontes abertas são aqueles disponibilizados ao público em geral. *Tratam-se de dados usualmente mantidos por um agente público, mas desprotegidos, pois acessíveis por toda a população.*

O GAFI *"é um órgão intergovernamental de elaboração de políticas (policy-making-body) que trabalha intensamente para gerar a vontade política necessária à promoção de reformas legislativas e regulatórias no âmbito dos países" para prevenção e enfrentamento em matéria de lavagem de dinheiro".* Suas recomendações são, portanto, consideradas os padrões internacionais sobre a matéria. DE CARLI, Carla Veríssimo. *Sistema internacional antilavagem de dinheiro.* In: Lavagem de dinheiro: prevenção e controle penal. Porto Alegre: Verbo Jurídico, 2011. p.28.

31 Adotada pela Assembléia-Geral das Nações Unidas em 31 de outubro de 2003, assinada pelo Brasil em 09 de dezembro de 2003 e promulgada pelo Decreto nº 5.687/2006.

32 Adotada em Nova York, em 15 de novembro de 2000 e promulgada pelo Decreto nº 5.015/2004.

ii) dados em fontes restritas são geralmente disponíveis às agências de investigação e persecução. As principais fontes destes dados são os próprios bancos de dados das agências, relatórios de investigação e informações; iii) dados em fontes protegidas dizem respeito a inteligência não disponível à população, pois protegida. Para obter estes documentos é necessário um processo legal no qual são emitidas requisições ou mandados de busca.[33]

Usualmente, o ponto de partida do investigador financeiro são os dados situados em fontes abertas, por serem as que se encontram imediatamente disponíveis. O meio mais comum de acesso a tais dados é a rede mundial de computadores. Além da chamada *internet aberta* possibilitar um imenso horizonte para a coleta de informações sobre relacionamentos, bases territoriais e de natureza patrimonial, há, ainda, *sites* de acesso livre com informações que podem ser úteis ao estabelecimento de linhas de investigação.[34]

---

[33] Tradução livre do autor. No original, em inglês: i) *open source records refer to those records that are open to public inspection. They are usually maitained by a public official. These records are not protected and are available for inspection by the general public. ii) restricted records are generally available to the law enforcement community. Law enforcement database systems, investigative reports, and lead information are the primary sources of restricted information; iii) protected information is intelligence not open to public inspection. To obtain documents requires the service of process, such as a subpoena or a search warrant.*" Basic Financial investigations seminar – Participant guide. U.S. Department of Justice, Asset Forfeiture and Money Laundering Section, 2015.

[34] Em seu "Roteiro de Atuação – Persecução patrimonial e administração de bens", o Ministério Público Federal indica como fontes abertas: *"Páginas eletrônicas de Tribunais de Justiça (exemplos de dados de possível interesse: inventários, separações e divórcios, ações monitórias, ações de cobrança e de indenização, execuções propostas, execuções fiscais sofridas...); do Portal da Transparência (transferências de fundos, pensões pagas a anistiados, termos de parceria, imóveis funcionais...); do Comprasnet (licitações, contratos, catálogo padronizado de preços...); do Siga Brasil (emendas parlamentares, créditos adicionais...); dos sistemas de controle da Funasa e do FNDE (execução detalhada de projetos, pagamentos parciais...); dos sites dos órgãos de supervisão do Sistema Financeiro Nacional (instituições autorizadas a operar, fatos relevantes, andamento de processos punitivos, liquidações extrajudiciais...) e da CGU (tomadas de contas, listas negras...), do TCU (julgamentos de contas, listas negras...), do BNDES (fichas-resumo de operações, transferências de recursos...), da Receita Federal (sistema de acompanhamento de processos fiscais...) e do Ministério da*

Por seu turno, informações de acesso restrito demandam a construção de bancos de dados alimentados com informações disponibilizadas por órgãos externos. Aqui, caberá ao investigador conhecer este banco de dados e dominá-lo, de modo a ter ciência de seu potencial para aquela determinada investigação financeira.

Outra informação de acesso restrito de solar importância são os Relatórios de Inteligência Financeira (RIFs). É possível ao investigador solicitar que a unidade de inteligência financeira brasileira, o Conselho de Controle de Atividades Financeiras (COAF), produza Relatórios de Inteligência Financeira (RIFs) a partir de eventuais comunicações de operações suspeitas.[35]

Ainda no campo do acesso restrito podem ser citados os dados acessíveis diretamente pelo Ministério Público, através da requisição de informações e documentos de autoridades federais, estaduais e municipais, bem como dos órgãos e entidades da administração direta, indireta ou fundacional, de qualquer dos Poderes da União, dos Estados, do Distrito federal e dos Municípios ou de entidades privadas (artigo 26, inciso I, "b" e inciso II, da Lei nº 8.625/93).

Por fim, como dados protegidos no ordenamento jurídico brasileiro, podem ser mencionados aqueles cujo acesso depende de prévia autorização judicial. Numa investigação financeira serão de extrema relevância nesta seara os dados bancários e fiscais.[36]

Justiça (cartórios, cadastro de entes do terceiro setor...); do Jusbrasil (varredura simultânea de diários oficiais)". p.52-53.

35 Pedidos de RIFs podem ser efetuados diretamente pelas autoridades no Sistema Eletrônico de Informações (SEI) do COAF, em: http://www.coaf.sei.fazenda.gov.br/web_pedidos/default.asp. Há que se destacar a confusão conceitual que há no Brasil entre os conceitos de "inteligência de Estado", no sentido de informação "pura" e qualificada que tem por objetivo subsidiar ações estratégicas e a "inteligência financeira" materializada em RIFs, que de atividade de inteligência propriamente dita possui apenas relação operacional. Neste sentido ver: CAVALCANTI, José Robalinho. O sistema nacional antilavagem de dinheiro e seus atores. In: Lavagem de dinheiro: prevenção e controle penal. Porto Alegre: Verbo Jurídico, 2011. p.89-113.

36 O Superior Tribunal de Justiça tem sólido posicionamento de que o afastamento judicial dos sigilos bancário e fiscal é possível de ser decretado em investigações que apuram a prática de ato de improbidade administrativa, desde que existentes

Atualmente, os afastamentos de sigilo bancário são realizados de maneira padronizada no Brasil. Deferida a medida, o juízo expede um único ofício ao Banco Central do Brasil, determinando pesquisa no Cadastro de Clientes do Sistema Financeiro Nacional (CCS) e conseguinte comunicação às instituições financeiras que mantenham relação com o requerido para que encaminhem as informações bancárias[37] objeto da quebra de forma padronizada e informatizada, por um programa de transmissão e validação.

Essa padronização de leiaute das informações é atualmente obrigatória, nos termos da Carta Circular nº 3.454, do Banco Central do Brasil e da Instrução Normativa nº 03/2010, da Corregedoria Nacional de Justiça, o que facilita sobremaneira a análise dos dados por que seguem um idêntico formato eletrônico, de conteúdo pré-determinado e mais rico.

---

indícios de sua existência e prática. (AgRg no AResp 354881/SP, Rel. Min. OG Fernandes, 2ª T., DJe 29/11/2013; Resp 1.402.091/SP, Rel. Min. Benedito Gonçalves, 1ª T., DJe 04/12/2013).

37 Além das operações bancárias comumente encaminhadas pelo afastamento do sigilo cumpre destacar as "fitas do caixa", que devem ser objeto de requerimento específico e cuja utilidade é didaticamente explicada no "Roteiro de Atuação – Persecução patrimonial e administração de bens", o Ministério Público Federal: *"As fitas detalhe (fitas de auditoria ou fitas do caixa) registram as operações bancárias realizadas por uma mesma pessoa na sessão de atendimento do caixa da agência. Elas têm por objetivo verificar se, na mesma sessão de atendimento em que ocorreu a compensação de cheque ou saque de quantia em dinheiro, também ocorreram outras operações daquele mesmo cliente. Nesse sentido, o sistema bancário favorece as investigações porque, quando um cliente começa a ser atendido, o sistema registra na fita detalhe "abertura de sessão de atendimento" e, quando do seu término, é igualmente registrado "encerramento da sessão de atendimento". Logo após essa inscrição, o sistema registra ainda os acumuladores da operação, totalizando os pagamentos (lançamentos a débito do caixa: indicando a saída de recursos, tais como saques, descontos de cheques etc.) e os recebimentos (lançamentos a crédito do caixa: indicando a entrada de recursos, tais como depósitos, transferências interbancárias, recebimento de boletos etc.), informando o saldo da sessão. O dado mais importante na obtenção desses dados é que se pode afirmar com certeza matemática que todas as transações existentes entre a "abertura de sessão de atendimento" e o "encerramento da sessão de atendimento" foram realizadas pelo mesmo cliente."* p.59.

O afastamento de sigilo fiscal, por seu turno, permite a identificação de bens a partir da análise dos dados administrados pela Receita Federal, não restritos às declarações de imposto de renda dos demandados. É possível obter atualmente, pela via da quebra, informações do chamado Dossiê Integrado da Receita Federal do Brasil, contendo: informações de direitos reais sobre bens imóveis (DOI e Dimob), propriedade de imóveis rurais e atividades correlatas (ITR), despesas com cartões de crédito (Decred) e operações financeiras em geral (Decred).

Análise de dados. Cada novo dado que aporta na investigação financeira é sujeito à análise, com o propósito de correlacionar e contextualizar aquela informação com o caso investigado. Há três diferentes espécies de análise comumente feitas nas investigações financeiras[38]:

– *Timeline analysis* (análise da linha do tempo).

– *Link analysis* (análise de vínculos).

– *Money flow analysis* (análise do fluxo do dinheiro).

A análise da linha do tempo permite ao investigador identificar a evolução temporal da atividade ilícita de acordo com os fatos apurados pela investigação, bem como isolar eventos ou entidades específicas para fins de comparação. Trata-se de técnica que potencializa a identificação de informações para o estabelecimento de vínculo entre pessoas, ou entre pessoas e bens ou negócios/atividades.

Já a análise de vínculos possibilita visualizar como pessoas, bens e atividades se inter-relacionam, com o foco em um "alvo principal", qualificando a comunicação de elementos cruciais do caso investigado. Além disso, a informação é organizada de maneira visualmente simples, o que facilita a sua apresentação e compreensão àqueles que não estiveram diretamente envolvidos na investigação.[39]

Enfim, a análise do fluxo do produto da atividade ilícita representa visualmente o adágio da língua inglesa *follow the money* e sua beleza

---

[38] Basic Financial investigations seminar – Participant guide. U.S. Department of Justice, Asset Forfeiture and Money Laundering Section, 2015.

[39] Alguns programas usualmente utilizados para a análise de vínculos já se tornaram conhecidos dos brasileiros, como o PowerPoint®, Visio®, I2® e Casemap.

reside na simplicidade, resumindo o trabalho de análise de centenas de documentos. Eis um singelo exemplo de *money flow analysis*:

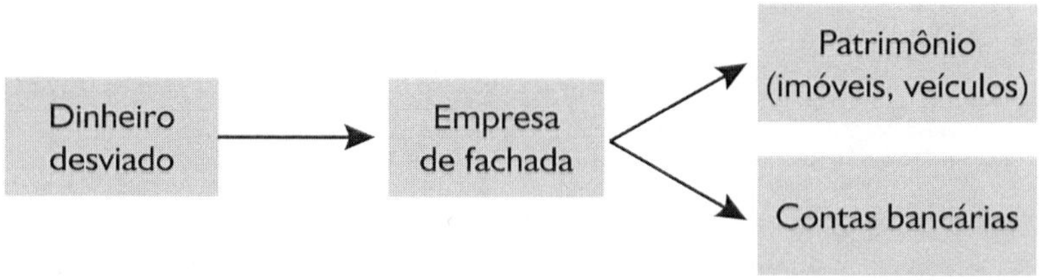

A coleta exauriente de dados levará o investigador a juntar centenas, quiçá milhares, de documentos. Para uma excelente análise é crucial ter todo o material organizado, a fim de aferir, com elevado grau de convicção, os próximos passos da investigação (financeira ou principal), a necessidade de serem decretadas medidas cautelares pessoais ou patrimoniais e o momento mais adequado para encerrar a apuração.

Algumas diretrizes básicas para a organização dos dados e documentos são apresentadas como forma de facilitar que se trace o perfil dos investigados, dos bens e atividades financeiras identificadas à medida que a investigação avança:

– Numerar sequencialmente todos os documentos obtidos na investigação, em autos separados aos do inquérito civil.

– Indexar os documentos de acordo com a fonte (requisição, afastamento de sigilo, consulta a banco de dados, etc) e categoria (transações bancárias, títulos de propriedades, etc.).

– Garantir a integridade dos documentos originais.

A organização da investigação financeira trará significativos ganhos para o seu planejamento, que se inicia antes mesmo da sua deflagração, mas se desenvolve como um processo constante ao longo de toda a sua execução.

Neste ponto, recomenda-se que o planejamento da investigação financeira considere sua execução de forma paralela à investigação principal, ou seja, no bojo do mesmo inquérito civil instaurado para investigar o ato de improbidade administrativa.

É importante não confundir esta recomendação de paralelismo com identidade de momentos:

> *ela* [a investigação financeira] *pode ocorrer antes, durante ou depois da deflagração da fase ostensiva da investigação principal; pode levar mais tempo para ser concluída do que aquela última, sobretudo quando pendente pedido de assistência para rastreio e bloqueio de ativos no exterior, e*, em havendo reflexos de natureza criminal, em especial de lavagem de ativos, *diante da acessoriedade limitada da lavagem em face do ilícito antecedente, bem como de sua autonomia processual, nada impede que seja instaurada antes do apuratório principal ou depois de sua conclusão.*[40]

O planejamento demanda que seja sempre avaliada a eventual repercussão na esfera penal. Há significativa vantagem em se desenvolver a investigação financeira paralelamente à do ato de improbidade e, em sendo o caso, com a investigação criminal. Assim, eventual fracasso desta não comprometerá a investigação financeira, que ainda pode servir para embasar medidas na esfera cível.[41]

O planejamento da investigação financeira também envolve delicadas decisões do investigador ao considerar os riscos trazidos para a investigação a partir do acesso às fontes para a coleta de dados durante sua execução. Eventuais vazamentos ou publicizações precipitadas têm o condão de comprometer a busca por evidências futuras, bem como obrigar que importantes decisões sejam antecipadas, afetando a dinâmica de todo o trabalho.

Por fim, em relação ao panejamento da investigação financeira, há que se ter destacada cautela quanto ao acesso de dado localizados em fontes restritas, sobretudo na requisição de documentos, bem como nas decisões de notificar pessoas para serem inquiridas. Uma requisi-

---

40 "Roteiro de Atuação – Persecução patrimonial e administração de bens", o Ministério Público Federal, p.47.

41 A oportuna lembrança é feita mais uma vez no "Roteiro de Atuação – Persecução patrimonial e administração de bens", o Ministério Público Federal, p.47. Vale lembrar, ainda, em relação à importante interlocução entre as esferas cível e criminal, que é pacífica na jurisprudência a possibilidade de utilização da prova colhida na persecução penal nas ações de improbidade administrativa, desde que assegurado o contraditório e a ampla defesa. AgRg no REsp 1299314/DF. Rel. Min. OG Fernandes, 2ª T., DJe 21/11/2014.

ção com objeto equivocado, assim como uma oitiva precipitada, podem comprometer irremediavelmente o resultado da apuração.

PARTE IV

Esta derradeira parte se limitará a fazer um apanhado resumido do que foi tratado ao longo do artigo. Eis, em suma, os seus principais pontos:

a) O inquérito policial serviu como arquétipo ao inquérito civil, que acabou incorporando sua natureza bacharelesca e suas rotinas burocráticas, privilegiando-as em detrimento da atividade de investigação propriamente dita.

b) A baixa complexidade dos fatos investigados nos inquéritos policiais gerou entraves para o desenvolvimento de práticas voltadas à apuração de fatos complexos nos inquéritos civis.

c) Dada a natureza dos fatos e os complicados esquemas investigados, inquéritos civis que investigam a prática de ato(s) de improbidade administrativa demandam metodologia investigativa distinta e especializada em relação aos demais inquéritos civis.

d) Essa nova e diferenciada metodologia importa na compreensão da moderna lógica investigativa, representada pelo raciocínio abdutivo e na implementação e disseminação da cultura investigativa de planejamento, organização e execução de investigações financeiras.

e) O raciocínio abdutivo é próprio daquele que se propõe a realizar pesquisas, como o é a investigação, e se assenta na necessidade de se estabelecerem hipóteses a serem constantemente testadas pelas evidências que são angariadas justamente para esta finalidade.

f) As vantagens do raciocínio abdutivo consistem: i) na introdução de um elemento científico à atividade investigatória; ii) na propositura de um método investigativo "aberto", ou seja, apto a admitir diferentes linhas de investigação guiadas pelas evidências produzidas; iii) no controle dos fatores incidentais (cognitivos e motivacionais), inerentes à atividade investigativa e responsáveis por resultados equivocados ao término da apuração.

g) A natureza dos fatos investigados e o ordenamento jurídico brasileiro clamam pela realização de uma investigação financeira no bojo do inquérito civil que apura a prática do ato de improbidade administrativa, notadamente nos casos de enriquecimento ilícito e dano ao erário (artigos 9º e 10, da lei nº 8.429/92).[42]

h) A investigação financeira tem por finalidade traçar um perfil financeiro do(s) investigado(s) e identificar bens ou valores passíveis de eventuais constrições cautelares (artigos 7º e 16, ambos da Lei nº 8.429/92) e perdimento na hipótese de condenação (artigo 12, da Lei nº 8.429/92).

i) Os três principais elementos de uma investigação financeira são: planejamento, organização e execução.

REFERÊNCIAS BIBLIOGRÁFICAS.

ANDERSON, Terence; SCHUM, David; TWINING, William. *Analysis of evidence*. 2. ed. Cambridge/UK: Cambridge University Press, 2005.

ÁVILA, Thiago André Pierobom de. *Investigação criminal: o controle externo de direção mediata pelo Ministério Público*. Curitiba: Juruá, 2016.

Basic Financial investigations seminar – Participant guide. U.S. Department of Justice, Asset Forfeiture and Money Laundering Section, 2015.

BERTONCINI, Matheus. *Ato de improbidade administrativa – 15 anos da Lei 8.429/92*. São Paulo: Revista dos Tribunais, 2007.

CAVALCANTI, José Robalinho. O sistema nacional antilavagem de dinheiro e seus atores. In: Lavagem de dinheiro: prevenção e controle penal. Porto Alegre: Verbo Jurídico, 2011

DALLAGNOL, Deltan Martinazzo. As lógicas das provas no processo: prova direta, indícios e presunções. Porto Alegre: Livraria do Advogado, 2015.

DE CARLI, Carla Veríssimo. *Sistema internacional antilavagem de dinheiro*. In: Lavagem de dinheiro: prevenção e controle penal. Porto Alegre: Verbo Jurídico, 2011.

DINIZ, Cláudio Smirne; CAMBI, Eduardo; ROCHA, Mauro Sérgio. *Inquérito civil: entre avanços e retrocessos – Análise Crítica do PLS 233/2015.*

[42] Quando se esteja diante de ato de improbidade administrativa de violação de princípios (artigo 11, da Lei nº 8.429/92), a investigação financeira não está descartada, sobretudo por que nestes casos pode haver a decretação de medida cautelar de indisponibilidade dos bens do art.7º, conforme jurisprudência sedimentada do STJ. Ver, neste sentido, a nota de rodapé 27.

In: Revista Jurídica do Ministério Público do Estado do Paraná, ano 3, nº 4, agosto de 2016

FINANCIAL ACTION TASK FORCE, *Recommendations*, 2012.

GARCIA, Emerson. *Ministério Público: organização, atribuições e regime jurídico*. Rio de Janeiro: Lumen Juris, 2004.

JÚNIOR, Aury Lopes. *Investigação preliminar no processo penal*. 6ª ed. São Paulo: Saraiva, 2014.

JÚNIOR, Wallace Paiva Martins. Probidade administrativa. 4ª ed. São Paulo: Saraiva, 2009.

MAZZILLI, Hugo Nigro. *O inquérito civil*. 2. ed. São Paulo: Saraiva, 2000.

________, Hugo Nigro. *A defesa dos interesses difusos em juízo*. São Paulo: Saraiva, 2009.

MENDRONI, Marcelo Batlouni. *Crime Organizado: aspectos gerais e mecanismos legais*. 6. ed. São Paulo: Atlas, 2016.

RANGEL, Paulo. *Direito Processual Penal*. 8. ed. Rio de Janeiro: Lumen Juris, 2004.

Roteiro de Atuação – Persecução patrimonial e administração de bens, Ministério Público Federal, 2017.

SALGADO, Daniel de Resende. *O controle externo, a seletividade e a (in) eficiência da investigação criminal*. In: Controle externo da atividade policial pelo Ministério Público. JUSPODVM: Salvador, 2013.

SIMON, Dan. *In Doubt: the psychology of the criminal justice process*. Cambridge/USA: Harvard University Press, 2012.

ZAFFARONI, Eugenio Raul; BATISTA, Nilo; ALAGIA, Alejandro e SLOKAR, Alejandro. *Direito penal brasileiro – I*. Rio de Janeiro: Revan, 2003.

INQUÉRITO CIVIL: ACESSO A DADOS SIGILOSOS (FISCAL, BANCÁRIO, TELEFÔNICO; NECESSIDADE DE ORDEM JUDICIAL)

Walter Claudius Rothenburg[1]
Geisa de Assis Rodrigues[2]

Sumário: *Acesso a dados sigilosos por outras vias – Privacidade e sigilo fiscal, bancário e telefônico – O sigilo médico – A instrução do inquérito civil com dados sigilosos – A publicidade do inquérito civil e dados sigilosos*

O acesso a dados sigilosos, para efeito de apurar a responsabilidade por improbidade administrativa, deve ser viabilizado de modo eficiente[3], para assegurar o resultado útil do procedimento de inquérito civil. A avaliação da utilidade do resultado deve levar em consideração a quantidade e qualidade das informações obtidas, a capacidade de elucidação dos atos de improbidade administrativa e de atribuição de responsabilidade, a eliminação ou dificultação das causas dos atos de improbidade, a recomposição do patrimônio público e o ressarcimento dos danos, bem como a efetividade das demais modalidades sancionatórias previstas no art. 12 da Lei 8.429/1992, tudo isso com presteza e emprego econômico de recursos financeiros, técnicos e hu-

---

[1] Procurador Regional da República na 3ª Região. Mestre e Doutor em Direito pela UFPR. Pós-graduado pela Universidade de Paris II. Professor do Centro Universitário de Bauru.

[2] Procuradora Regional da República na 3ª Região. Mestre e Doutora em Direito pela UERJ. Pós Doutora pelo Brazil Institut do Kings College. Professora licenciada da Universidade Federal da Bahia. Professora da Faculdade de Direito da Universidade Presbiteriana Mackenzie.

[3] Bertoncini, 2002, p. 116-128.

manos. Portanto, o Ministério Público deve instruir as investigações de forma refletida e estratégica para que seja alcançado o melhor resultado possível.

A presente discussão acerca do acesso a dados sigilosos, por meio do inquérito civil, para fins de apuração de improbidade administrativa, pauta-se nessa preocupação com a eficiência.

O inquérito civil, conquanto concebido, talvez, como procedimento preparatório de uma ação judicial, tem relativa autonomia e insere-se na relevante atuação *extrajudicial* do Ministério Público[4], que lhe amplia a capacidade resolutiva[5], seja porque enseja a avaliação da inexistência de justa causa para a demanda judicial, seja porque, na própria investigação, o litígio pode encerrar-se com a cessação das condutas violadoras, com a reparação de danos, com a pactuação do compromisso de ajustamento de conduta ou com o atendimento da recomendação legal, configurando-se, assim, verdadeiras soluções alternativas de resolução de disputas. Muito do protagonismo do Ministério Público nessa seara deve-se à existência desse procedimento administrativo de investigação.[6]

Foram instaurados, em 2015, 600.204 feitos de atuação extrajudicial (incluindo inquéritos civis e outros procedimentos) no âmbito dos Ministérios Públicos dos Estados, do Ministério Público do Distrito Federal e Territórios, do Ministério Público Federal e do Ministério Público do Trabalho, segundo a publicação "Retrato do Ministério Público".[7] Portanto, a reflexão sobre qualquer aspecto que possa aprimorar o exercício das atribuições extrajudiciais do Ministério Público tem um significativo impacto não só para a instituição, mas para toda a sociedade. Ademais, não se pode olvidar que o inquérito civil é um importante instrumento de participação política[8], na medida em que

---

4 Rothenburg, 2009, p. 1.632 e 1.640.

5 Jatahy, 2016; Gavronski e Mendonça, 2015.

6 Rodrigues, 2011.

7 Conselho Nacional do Ministério Público – CNMP, 2016.

8 Moreira Neto, 1992.

qualquer pessoa pode provocar o exame do Ministério Público sobre questões de relevância social.

Advirta-se, inicialmente, que o acesso a dados sigilosos pode ser obtido por outros meios e não apenas por intermédio do inquérito civil. É o caso, por exemplo, do processo administrativo disciplinar para apurar a responsabilidade administrativa de servidor público.

Acesso a dados sigilosos por outras vias

No âmbito federal, o processo administrativo disciplinar compreende o inquérito administrativo. Convém tomar cuidado com a confusão terminológica, haja vista que a expressão "inquérito", aqui, tem sentido diverso do que em "inquérito civil". O inquérito administrativo é uma fase do processo administrativo disciplinar, composta de três etapas: instrução, defesa e relatório.[9] Não surpreende, assim, que o inquérito administrativo – ao contrário do inquérito civil – deva observar o princípio do contraditório[10], especialmente porque envolve a defesa do servidor investigado. Mas é certo que a investigação no processo administrativo disciplinar pode contar com meios inquisitoriais em sentido estrito, ou seja, pesquisa de dados de modo não contraditório, como a obtenção de documentos, que depois deverão estar acessíveis para conhecimento e eventual contradição pelo servidor investigado.

Portanto, o acesso a dados sigilosos consistentes em informações fiscais, bancárias ou telefônicas pode ocorrer em inquérito administrativo e não apenas no inquérito civil. Quanto às instituições financeiras, a legislação estabelece expressamente "*a prestação de informações e o fornecimento de documentos sigilosos solicitados por comissão de inquérito administrativo destinada a apurar responsabilidade de servidor público por infração praticada no exercício de suas atribuições, ou que tenha relação com as atribuições do cargo em que se*

[9] Lei 8.112/1990 (regime jurídico dos servidores públicos civis federais), art. 151, II.

[10] Lei 8.112/1990, art. 153.

encontre investido", sob a condição de prévia autorização judicial.[11] Um "*parâmetro novo acerca da capacidade postulatória perante o juízo cível*" é estabelecido, conforme preceitua o manual de atuação "Quebra de sigilos fiscal e bancário", do Ministério Público Federal – MPF e do Ministério Público do Distrito Federal e Territórios – MPDFT, "*autorizando que a comissão de inquérito administrativo formule o pedido diretamente ao magistrado, quando se deparar com a necessidade absoluta da informação.*"[12] A investigação administrativa também deve ter acesso direto a informações fiscais do servidor, haja vista que ele tem o dever de informar periodicamente seus bens e rendimentos.[13]

Por outro lado, informações sigilosas obtidas em inquérito administrativo claro que podem ser aproveitadas pelo inquérito civil de improbidade administrativa. A Lei 8.429/1992 dispõe expressamente que "*[a] comissão processante dará conhecimento ao Ministério Público e ao Tribunal ou Conselho de Contas da existência de procedimento administrativo para apurar a prática de ato de improbidade*", sendo que o Ministério Público pode inclusive requerer a designação de "*representante para acompanhar o procedimento administrativo*".[14] Se pode haver acompanhamento do procedimento administrativo disciplinar em tempo real, claro que pode haver compartilhamento de dados com a investigação por improbidade.

Também as autoridades fazendárias podem ter acesso a dados sigilosos para fins de fiscalização. A Constituição é específica e enfática ao conceder à "*administração fazendária e seus servidores fiscais... precedência sobre os demais setores administrativos*"[15], o que significa que "*os órgãos responsáveis pela arrecadação dos principais recursos – os tributos – imprescindíveis à existência do Estado e à manutenção dos demais órgãos e serviços públicos, trabalhem de ma-*

---

11 Lei Complementar 105/2001 (sobre o sigilo das operações de instituições financeiras), art. 3º, § 1º.

12 2006, p. 37-38.

13 Lei 8.429/1992, art. 13, e Lei 8.730/1993; Garcia e Alves, 2006, p. 122-127.

14 Lei 8.429/1992, art. 15.

15 Constituição, art. 37, XVIII.

neira mais eficaz possível dentro de cada estrutura estatal" (Liziane Angelotti Meira)[16].

As administrações tributárias dos entes da federação "*atuarão de forma integrada, inclusive com o compartilhamento de cadastros e de informações fiscais*"[17]. Como observa Luciano de Araújo Ferraz, "*o compartilhamento dos cadastros e informações fiscais dos órgãos das administrações tributárias – que se estende até mesmo a informações fiscais protegidas por sigilo (art. 199, CTN) – buscou tornar mais diligente a ação fiscalizadora, tendo em vista a agilidade e a tempestividade da cobrança administrativa ou judicial*".[18]

Em relação aos impostos, a Constituição confere à administração tributária a faculdade de "*identificar, respeitados os direitos individuais e nos termos da lei, o patrimônio, os rendimentos e as atividades econômicas do contribuinte*".[19] Para Heleno Torres, cabe à Administração Pública "*o uso do poder investigatório, inquisitório, de diligências probatórias previstas na lei, como necessárias ao pleno conhecimento dos fatos*".[20] Lei complementar federal dispõe que "*as instituições financeiras informarão à administração tributária da União, as operações financeiras efetuadas pelos usuários de seus serviços*", sob critérios bem determinados.[21] A propósito, o Supremo Tribunal Federal afirmou a constitucionalidade desse dispositivo e ressaltou que não se trata de indevida quebra de sigilo bancário, mas sim de "*transferência de informações sigilosas no âmbito da Administração Pública*", com todas as cautelas devidas[22]; fixou-se a seguinte tese com repercussão geral: "*O art. 6º da Lei Complementar 105/01 não ofende o direito ao sigilo bancário, pois realiza a igualdade em rela-*

---

[16] 2014, p. 876.

[17] Constituição, art. 37, XXII.

[18] 2014, p. 886.

[19] Constituição, art. 145, § 1º.

[20] 2014, p. 1.597.

[21] Lei Complementar 105/2001, art. 5º.

[22] ADI 2.386/DF, ADI 2.390/DF, ADI 2.397/DF, ADI 2.859/DF, rel. Min. Dias Toffoli, 24/02/2016.

ção aos cidadãos, por meio do princípio da capacidade contributiva, bem como estabelece requisitos objetivos e o translado do dever de sigilo da esfera bancária para a fiscal."[23] Tem-se aqui uma modalidade de acesso direto a informações fiscais que sequer exige autorização judicial e que deve ser estendido ao inquérito civil.

Além da modalidade "judicialiforme" (mas de natureza administrativa) do inquérito civil; além da modalidade administrativa do inquérito administrativo; além da modalidade administrativa fiscal relativa às instituições financeiras, existe ainda a clássica modalidade *política* (e também "judicialiforme") das comissões parlamentares de inquérito como uma forma de acesso a dados sigilosos. Com efeito, a partir dos dizeres da Constituição, de que as comissões parlamentares de inquérito "*terão poderes de investigação próprios das autoridades judiciais*"[24], a legislação específica estatui que "*[a]s comissões parlamentares de inquérito, no exercício de sua competência constitucional e legal de ampla investigação, obterão as informações e documentos sigilosos de que necessitarem, diretamente das instituições financeiras, ou por intermédio do Banco Central do Brasil ou da Comissão de Valores Mobiliários*"[25].

Se o acesso a dados sigilosos pode ocorrer por diversos meios, é o inquérito civil, contudo, que desponta como o instrumento por excelência no combate à improbidade administrativa efetuado pelo Ministério Público.

PRIVACIDADE E SIGILOS FISCAL, BANCÁRIO E TELEFÔNICO

Seriam – e em que medida – cobertos pela privacidade os dados fiscais, bancários e telefônicos?

A esfera de privacidade, que é especialmente protegida como direito fundamental, compreende dados relacionados a aspectos pessoais que não se quer e não se precisa revelar ou divulgar. Importa,

---

23 RE 601.314/SP, rel. Min. Edson Fachin, 24/02/2016.

24 Constituição, art. 58, § 3º.

25 Lei Complementar 105/2001, art. 4º, § 1º.

sob o ângulo material ou de conteúdo, o tipo de informação, mas importa também um aspecto *subjetivo*: aquilo que, dizendo respeito à própria pessoa, é relevante para ela que fique sob reserva, ou seja, as informações que seu titular decide manter sob sigilo. Nos dizeres de Emerson Garcia e Rogério Pacheco Alves, "*todo homem tem o direito de alhear do conhecimento da coletividade aspectos que, por serem muito caros à sua história pessoal ou familiar, constituem elementos essenciais ao desenvolvimento de sua personalidade*".[26] Por exemplo, é certo que informações sobre os relacionamentos sentimentais são privadas, porém é decisivo que as pessoas envolvidas nesses relacionamentos desejem manter sigilo sobre isso.

"*Do ponto de vista da autonomia individual, o sigilo bancário é uma das expressões do direito de personalidade que se traduz em ter suas atividades e informações bancárias livres de ingerências ou ofensas, qualificadas como arbitrárias ou ilegais, de quem quer que seja, inclusive do Estado ou da própria instituição financeira.*" – asseverou o Supremo Tribunal Federal.[27] Com efeito, dados acerca dos rendimentos e do patrimônio das pessoas, suas movimentações financeiras, costumam revelar aspectos importantes, que elas normalmente consideram de caráter estritamente privado.[28] É provável que algumas pessoas sintam-se menos expostas com a divulgação de uma imagem doméstica, por exemplo, do que com a divulgação do extrato bancário. Para o titular das informações bancárias, portanto, existe "*o direito ao segredo sobre as notícias que lhe são concernentes e, para o banco, a correspondente obrigação de segredo a respeito dessas notícias obtidas no desempenho de sua atividade peculiar*" (Covello).[29]

Mais amplamente e numa dimensão extrapatrimonial, as informações relativas às comunicações interpessoais (que, hoje em dia, ocorrem cada vez mais por meio de mensagens eletrônicas) também estão resguardadas.

---

[26] 2006, p. 575.

[27] RE 601.314/SP, rel. Min. Edson Fachin, 24/02/2016.

[28] Sampaio, 1998, p. 359.

[29] 2001, p. 19.

Porque os dados fiscais, bancários e telefônicos usualmente fazem parte da esfera de privacidade das pessoas é que o acesso a tais informações por intermédio de um inquérito civil, na investigação de improbidade administrativa, apresenta-se como problemático. Todavia, dados desse jaez podem, eventualmente, não estar cobertos pela privacidade, ou seja, não estar contidos no âmbito de proteção do direito fundamental à privacidade. Isso ocorre, por exemplo, quando *recursos públicos* estão em jogo. As informações fiscais relativas ao montante de dinheiro público que um servidor recebe, por ano, a título de diárias para cobrir despesas com viagens e estadias a trabalho, por exemplo, não estão cobertas pelo sigilo, pois não são informações privadas.

O Supremo Tribunal Federal assentou, num caso paradigmático em que o Ministério Público requisitara ao Banco do Brasil informações bancárias relacionadas a empréstimo de verba pública para empresas do setor sucroalcooleiro, que as informações deveriam ser prestadas *diretamente* pela instituição financeira, sem necessidade de autorização judicial.[30] Dinheiro público transferido por convênio ou pago em contrato administrativo, por exemplo, não perde a característica de bem público, no contexto de uma relação de administração pública, e, assim, não é suscetível de oposição de sigilo. Afinal, é de interesse de toda a coletividade o conhecimento de como se administram os recursos públicos que transitam pelas instituições financeiras e não há o menor sentido na atribuição de sigilo bancário a esse tipo de conta, sendo inconteste a possibilidade de *acesso direto do Ministério Público*, em investigações civis e criminais, aos dados bancários relacionados a entes e fundos públicos.

Recentemente, o Conselho Nacional de Justiça e o Ministério Público Federal celebraram convênio com o Banco do Brasil para facilitar a investigação do uso de recursos públicos, garantindo-se o acesso ao módulo "Repasse de Recursos de Projeto de Governo – RPG", por meio do aplicativo "Autoatendimento Setor Público – ASP", o que permitirá às unidades e ramos do Ministério Público que aderirem aos termos do convênio o conhecimento dos saldos e extratos das contas

---

[30] MS 21.729-4/DF, rel. Min. Marco Aurélio, 05/10/1995. Está pendente de decisão uma questão semelhante no RHC 133.118/CE, rel. Min. Dias Toffoli.

específicas de Estados, Municípios, Distrito Federal e outras unidades, abertas automaticamente junto ao Banco do Brasil.[31] Espera-se que outras instituições, como a Caixa Econômica Federal, também venham facilitar o acesso direto de movimentação de contas públicas ao Ministério Público.

Deve-se, no entanto, ter cuidado com a divulgação indevida de outros dados fiscais ou bancários de caráter pessoal que porventura constem do mesmo banco de dados, como aconteceria, por exemplo, se fossem acessadas todas as informações fiscais de um contribuinte ou todas as informações bancárias de um correntista, inclusive aquelas que não guardassem relação com o objeto da investigação.

Talvez os registros de comunicações interpessoais com instruções de trabalho no âmbito do serviço público também não façam parte do âmbito de proteção da privacidade. Forma-se uma opinião prevalecente no sentido de que, se existe um correio eletrônico fornecido pelo empregador ou pela Administração Pública e direcionado para o cumprimento das atividades corporativas ou institucionais, então as mensagens enviadas e recebidas pelos empregados ou servidores públicos podem ser acessadas pelo empregador ou responsável administrativo, não estando cobertas pela privacidade.[32] Divirjo da amplitude desse entendimento, pois, embora reconheça que os dados contidos na mensagem eletrônica podem, eventualmente, ser públicos e, como tais, não abrangidos pelo sigilo devido à privacidade, aceito que os empregados e servidores públicos podem valer-se licitamente do correio eletrônico para diversas finalidades, inclusive de caráter pessoal. O fato de ser um correio eletrônico posto à disposição pelo empregador ou pela Administração Pública não elide a possibilidade de utilização pessoal, tal como o uso do telefone. Não admitir isso seria ignorar a realidade da utilização desses recursos de comunica-

---

31 <<http://www.cnmp.mp.br/portal/todas-as-noticias/10392-cnmp-mpf-e-banco-do-brasil-celebram-acordo-que-permite-consultas-a-repasses-de-recursos-federais>>

32 Tribunal Superior do Trabalho, 1ª Turma, RR - 61300-23.2000.5.10.0013, Relator Min. João Oreste Dalazen, 18/05/2005; 3ª Turma, AIRR 1461-48.2010.5.10.0003, Relator Min. Alexandre de Souza Agra Belmonte, 25/02/2015.

ção e transformar o ambiente de trabalho num espaço de vigilância e opressão. Veja-se que o art. 6º, parágrafo único, da Consolidação das Leis do Trabalho – CLT indica a equiparação do correio eletrônico do trabalho ao pessoal: "*Os meios telemáticos e informatizados de comando, controle e supervisão se equiparam, para fins de subordinação jurídica, aos meios pessoais e diretos de comando, controle e supervisão do trabalho alheio.*".[33]

A pretensa necessidade de autorização judicial em geral para o acesso a dados fiscais e bancários (e mesmo os telefônicos) prende-se ao caráter *privado* de tais dados. Contudo, no caso de recursos públicos e relações de administração pública, não há privacidade e, portanto, as informações devem ser fornecidas diretamente ao Ministério Público requisitante.

Mas pode acontecer de dados fiscais, bancários e telefônicos serem efetivamente privados, ou seja, estarem cobertos pelo âmbito de proteção do direito à privacidade, e justificar-se o acesso a eles no contexto de um inquérito civil que apura improbidade administrativa. Tratar-se-á então de uma situação de confronto entre direitos fundamentais. Do lado do investigado estará a privacidade, mas do lado da investigação estará o interesse público. Pressupondo que não existe direito preferencial em princípio, isto é, hierarquia originária entre os bens jurídicos em jogo, o conflito haverá de ser solucionado em concreto, mediante ponderação. Afinal, como leciona Mauro Sérgio Rocha, com base na melhor doutrina, "*a relação de precedência entre os princípios constitucionais é sempre condicionada à situação concreta*".[34] Tomemos o exemplo de um agente político suspeito de facilitar a adjudicação de uma licitação por conta de propina recebida do empresário interessado: o agente afirma que não manteve contato com o empresário, nem recebeu dele qualquer valor, mas o acesso a seus registros bancários e telefônicos, indubitavelmente cobertos pelo sigilo devido à privacidade, revela que houve diversos contatos entre ambos e o depósito de valores em conta corrente.

---

33 Redação conferida pela Lei 12.551/2011; veja-se CAMARGO, 2017.

34 2016, p. 141.

A questão é saber quem pode, legitimamente, realizar tal ponderação e acessar dados sigilosos. A opinião que prevalece no Brasil, como visto, é de que há necessidade de autorização judicial, ou seja, o direito fundamental à privacidade precisa ser salvaguardado pelo Poder Judiciário. Embora esse ponto de vista seja devoto da proteção aos direitos fundamentais em jogo e reconhecendo-se a parcialidade de quem investiga uma suposta ilicitude, não é essa a melhor interpretação nem o mais adequado arranjo institucional. O Ministério Público reúne isenção e condições técnicas que justificam a concessão de acesso a dados bancários, fiscais e telefônicos, para fins de investigação criminal *e extracriminal*, respeitado o caráter sigiloso de tais informações.

A legislação de regulação e controle do sistema financeiro aponta para esse acesso direto por parte do Ministério Público (com a colaboração das instituições implicadas, como o Banco Central), "*parecendo óbvio que a previsão de tal sancionamento* [responsabilização por divulgação indevida] *significa que o acesso aos dados sigilosos, quaisquer que sejam, lhe foi permitido*", asseveram Garcia e Alves, que prosseguem com um fundamento normativo de matriz constitucional: "*... tendo em vista, ainda, que a Constituição Federal comete ao* Parquet *a atribuição de instaurar o inquérito civil 'para a proteção do patrimônio público', não se poderia mesmo conceber que a sua atuação protetivo-reparadora se visse subordinada a uma decisão do Poder Judiciário, pois, como soa evidente, quem comete os fins (defesa do patrimônio público por intermédio do inquérito e da ação civil pública) deve, também, conferir os meios. Meios eficazes, que garantam a máxima potencialização dos preceitos constitucionais*".[35] A possibilidade de o Ministério Público ter "*acesso direto a quaisquer informações, inclusive nas hipóteses legais de sigilo*", chegou a ser prevista expressamente no projeto e durante o trâmite legislativo da Lei de Improbidade Administrativa.[36]

Ademais, a exigência de autorização judicial burocratiza em demasia o acesso a dados sigilosos e sobrecarrega o Poder Judiciário,

---

[35] 2006, p. 576-578.

[36] Garcia e Alves, 2006, p. 552, com referência a Wallace Paiva Martins Júnior.

interpondo obstáculos à agilidade e eficiência do controle. Devemos confiar na magistratura exercida pelo Ministério Público e na capacidade que ele tem de processar informações confidenciais sem risco de divulgação indevida, ou seja, com o máximo respeito à privacidade. O inafastável controle judicial deve ser remetido à sua justa função de garante em casos de extrapolação ou desvio de poder.

Em geral, no entanto, a opinião que prevalece é a de que, para o acesso a dados bancários, se o titular da conta corrente não dispuser voluntariamente de seu direito e apresentar os dados, requer-se autorização judicial, conforme entendeu o Supremo Tribunal Federal, ao decidir que o poder de requisição do Ministério Público não autoriza o acesso direto a tais informações, cobertas que estão pelo sigilo devido à privacidade.[37] A autorização judicial concedida no âmbito criminal permite que as informações obtidas sejam compartilhadas na esfera extracriminal e aparelhem o inquérito civil.[38]

O Ministério Público Federal desenvolveu uma importante ferramenta no âmbito da Secretaria de Pesquisa e Análise, chamada SIMBA – Sistema de Investigação de Movimentações Bancárias, que facilita o acesso a contas investigadas, com a devida autorização judicial, ensejando rapidez na comunicação com as instituições financeiras, o adequado controle do cumprimento dos prazos, bem como a produção de relatórios extremamente úteis para a análise dos dados. O SIMBA também pode ser utilizado quando se trata de acesso direto a contas públicas e está disponibilizado para quase todos os ramos do Ministério Público.

Uma situação que envolve a privacidade relativa aos dados fiscais, porém está autorizado o acesso imediato às informações por parte do Ministério Público, sem necessidade de autorização judicial, diz respeito aos bens e rendimentos dos agentes e servidores

---

[37] RE 215.301-0/CE, rel. Min. Carlos Velloso, 13/04/1999.

[38] Na investigação criminal, existem outras hipóteses de conhecimento de informações financeiras, como os Relatórios de Informação Financeira do COAF, que podem ser encaminhados ao Ministério Público ou solicitados por este para fins de apuração de indícios de lavagem de dinheiro, nos termos da Lei 9.613/2012, conforme reconhecido pela jurisprudência: STJ, 5ª Turma, RMS 52.677/SP, rel. Ministro Reynaldo Soares da Fonseca, 27/04/2017.

públicos. A legislação brasileira, em conformidade com a Convenção das Nações Unidas contra a Corrupção[39] e a Convenção Interamericana contra a Corrupção[40], exige de qualquer detentor de cargo, emprego ou função pública que apresente, periodicamente, "*declaração de bens, com indicação das fontes de renda*".[41] O objetivo da determinação legal é controlar a evolução patrimonial do agente ou servidor, inclusive – e especialmente – para fins de improbidade administrativa.[42] Portanto e se a própria Administração tem acesso a tais dados fiscais sigilosos, com mais razão o Ministério Público deve tê-lo para instruir inquérito civil.

Parece, com efeito, que a proteção aos dados fiscais é menos intensa, dado o caráter público da tributação. Justifica-se, assim, o acesso direto do Ministério Público a informações fiscais. O Código Tributário Nacional franqueia tais informações às autoridades administrativas, desde que exista um procedimento administrativo instaurado[43], e não há razão, portanto, para excluir a instrução de inquérito civil.

As comunicações telefônicas obviamente estão cobertos pelo âmbito de proteção do direito à privacidade. A proteção jurídica aqui é mais intensa, segundo o próprio texto constitucional, que reclama diversos requisitos concomitantes para o acesso às *comunicações*: ordem judicial, lei que preveja as hipóteses e a forma devida, e investigação criminal ou instrução processual penal.[44] Essas restrições referem-se à própria comunicação telefônica e dados a ela estritamente relacionados (números chamados, horário, duração, frequência...), em relação aos quais se exige, portanto e nos termos da lei[45], autorização judicial vinculada a algum procedimento ou processo criminal. Ob-

---

39 Art. 8º.5.

40 Art. III.4.

41 Lei 8.730/1993, art. 1º.

42 Lei 8.429/1992, art. 13. Veja-se Rocha, 2016a, p. 150-160.

43 CTN, art. 198, § 1º, II, com a redação da Lei Complementar 104/2001.

44 Constituição, art. 5º, XII.

45 Lei 9.296/1996.

tida essa autorização, será possível, justificadamente, o compartilhamento dos dados com inquérito civil.

Outras informações, como "*dados cadastrais dos usuários de linhas telefônicas (nome e endereço do assinante, local de instalação e 'propriedade' da linha etc.)*"[46], que não se referem às comunicações, não estão abrangidas por aqueles rigorosos requisitos e deveriam ser disponibilizadas diretamente ao Ministério Público.

O Ministério Público não pode solicitar a interceptação de conversas por telefone exclusivamente para apurar improbidade administrativa, ou seja, o inquérito civil por improbidade administrativa não pode ser instruído com essa medida em princípio. Essa interpretação assenta-se numa indevida valoração absoluta do campo criminal, como se o crime fosse sempre mais grave do que um caso de improbidade administrativa.[47] Uma alternativa interpretativa está em entender que a menção do texto constitucional à investigação e ao processo penal é meramente exemplificativa e significa que o fato deve ser suficientemente grave (como num crime) para autorizar a medida invasiva.

Admite-se, no entanto, que as provas obtidas para fins criminais podem ser aproveitadas para outros efeitos, inclusive para a investigação de improbidade administrativa. O inquérito civil pode, assim, ser instruído com provas colhidas em investigação ou processo criminal e, desse modo indireto, obter acesso a dados fiscais, bancários e telefônicos sigilosos, inclusive conversas telefônicas. O Supremo Tribunal Federal admitiu a prova decorrente de interceptação telefônica, "*autorizada e realizada em procedimento criminal, inquérito ou processo crime... como prova do mesmo ato visto sob a qualificação jurídica de ilícito administrativo ou disciplinar*"[48], bem como admitiu o compartilhamento de dados obtidos por interceptação telefônica

---

[46] Garcia e Alves, 2006, p. 585.

[47] Rothenburg, 2014, p. 157.

[48] Inq. 2.424 QO/RJ, rel. Min. Cezar Peluso, 25/04/2007.

autorizada em relação à apuração administrativa (ética e decoro parlamentar)[49].[50]

A proporcionalidade das medidas invasivas da privacidade não é apenas uma exigência à decisão judicial; é também e antes uma exigência ao pedido de acesso aos dados. Significa que o Ministério Público deverá justificar adequadamente o acesso, inclusive quanto à extensão e intensidade, pois é preciso atender o aspecto da necessidade, de modo que o meio utilizado traga o menor sacrifício possível para alcançar com eficácia semelhante o objetivo pretendido.[51] Se as informações obtidas da conta bancária de alguém puderem ser suficientes para o esclarecimento pretendido, não haverá razão para acessar informações da conta bancária do cônjuge, por exemplo. O Supremo Tribunal Federal negou validade a provas obtidas de interceptações telefônicas, sem que fossem tentados outros meios menos gravosos: "*A interceptação telefônica é subsidiária e excepcional, só podendo ser determinada quando não houver outro meio para se apurar os fatos tidos por criminosos, nos termos do art. 2º, inc. II, da Lei n. 9.296/1996.*"[52]

O SIGILO MÉDICO

A obtenção de dados sobre a condição de saúde e o tratamento médico de pessoas específicas também envolve sigilo, visto que se trata de informações residentes na esfera da privacidade. Tais dados podem, porém, suscitar interesse público, a exemplo de investigações relacionadas à violação do direito à saúde, à malversação de verbas públicas nessa área e a danos à saúde coletiva por força de lesões ao meio ambiente.

Ressalve-se que dados gerais de saúde pública, como perfis epidemiológicos da população, índices de notificação de doenças e outros,

---

49 Inq. 2.725/SP, rel. Min. Carlos Britto, 25/06/2008.

50 Rothenburg, 2014, p. 157-158.

51 Rothenburg, 2014, p. 100.

52 HC 108.147/PR, rel. Min. Cármen Lúcia, 11/12/2012.

são relativamente objetivos e constituem informações de acesso irrestrito, inclusive às investigações do Ministério Público.

O sigilo profissional foi uma pedra de toque do exercício da medicina, como nos revela o vetusto ensinamento de Hipócrates (460-351 a.C): "*aquilo que, no exercício ou fora do exercício da profissão e no convívio da sociedade, eu tiver visto ou ouvido, que não seja preciso divulgar, eu conservarei inteiramente secreto*". Além de infração ética, a violação do sigilo médico, sem a existência de justa causa, configura o crime de violação do segredo profissional.[53]

Todavia, o próprio paciente pode dispor do sigilo de seus dados de saúde, inclusive para fins de utilização pelo Ministério Público em inquérito civil. O paciente tem direito de acesso a seus exames e prontuários e, se quiser, pode repassá-los ao Ministério Público ou autorizar o acesso por escrito. A disponibilidade das informações de saúde pelo próprio paciente está prevista no Código de Ética Médica como razão que afasta o sigilo: "*É vedado ao médico: Revelar fato de que tenha conhecimento em virtude do exercício de sua profissão, salvo por motivo justo, dever legal ou consentimento, por escrito, do paciente.*"[54] Eventualmente, a intervenção do Ministério Público pode ser necessária para garantir ao próprio paciente o acesso a seu prontuário.

Mas há situações em que, independentemente da concordância do paciente, existe o dever legal de informar. É o caso da obrigatoriedade de notificação de determinadas doenças transmissíveis[55] e de franquear às autoridades médicas do Sistema Nacional de Auditoria o acesso a todas as informações, inclusive prontuários[56]. A propósito, se o paciente não pode ou não quer dar autorização de acesso aos dados ao Ministério Público e as informações que este precisa obter são mais genéricas, embora não sejam de notificação compulsória – como, por exemplo, sobre o tipo de atendimento prestado, a data da ocorrência, se houve remuneração pública, se esta foi compatível com

---

53 Código Penal, art. 154.

54 Resolução CFM 1931/2009, art. 73.

55 Lei 6.259/1975; Regulamento Sanitário Internacional, da Organização Mundial de Saúde – OMS, aprovado no país pelo Decreto Legislativo 395/2009.

56 Lei 8.080/1990, art. 16, XIX; Decreto 1.651/1995, art. 3º.

o procedimento –, esses dados podem ser obtidos mediante análise dos prontuários por médico integrante do Sistema Nacional de Auditoria do Sistema Único de Saúde, seja da esfera federal, estadual ou municipal. Não haverá, então, necessidade de acesso direto do Ministério Público aos prontuários, mas haverá um laudo do auditor médico sobre fatos de interesse da investigação, preservando-se, assim, tanto o interesse da coletividade, quanto a privacidade do paciente.

No mais, quando for imprescindível o exame de prontuário médico sem a autorização do paciente e a notificação não for legalmente compulsória, deve-se permitir o acesso direto do Ministério Público, sempre com o devido resguardo do direito à privacidade. Afinal, nem a objeção pessoal, nem o sigilo profissional são absolutos.[57]

A INSTRUÇÃO DO INQUÉRITO CIVIL COM DADOS SIGILOSOS

Sendo o inquérito civil um procedimento de natureza administrativa ("judicialiforme"), deve atender ao devido processo legal.[58] Conforme Lunardi, a cláusula do devido processo legal também repercute nos procedimentos de investigação, por isso que não se pode admitir, por exemplo, provas obtidas por meios ilícitos.[59] O rol dos direitos e garantias fundamentais não pode ser fragilizado na colheita de provas para qualquer tipo de processo ou procedimento. Os meios de prova orais e documentais, incluindo vídeos, fotografias, áudios etc., podem ser amplamente empregados na instrução do inquérito civil, desde que sejam regularmente obtidos, e devem ser integrados formalmente aos autos.

É a própria Constituição que legitima a atuação instrutória do Ministério Público no inquérito civil, com o poder de "*expedir notificações nos procedimentos administrativos de sua competência, requisitando informações e documentos para instruí-los, na forma da*

---

57 Nesse sentido, decisões clássicas do STF: RE 60.176, rel. Min. Luiz Gallotti, 17/06/1966; RE 91.218-5/SP, rel. Min. Djaci Falcão, 10/11/1981. E também do STJ: 5ª Turma, HC 140.123/MS, rel. Min. Laurita Vaz, 06/12/2011.

58 Constituição, art. 5º, LIV e LV.

59 2012, p. 133-134.

lei complementar respectiva".[60] O texto constitucional consagrou uma competência que fora inaugurada pela Lei de Ação Civil Pública, que atribuiu ao Ministério Público o poder de requisitar certidões, informações, exames ou perícias de qualquer organismo público ou particular.[61] As atribuições de instrução estão especificadas na legislação orgânica do Ministério Público e compreendem notificar testemunhas e requisitar sua condução coercitiva, no caso de ausência injustificada; requisitar informações, exames, perícias e documentos de autoridades da Administração Pública direta ou indireta; requisitar da Administração Pública serviços temporários de seus servidores e meios materiais necessários para a realização de atividades específicas; requisitar informações e documentos a entidades privadas; realizar inspeções e diligências investigatórias; ter livre acesso a qualquer local público ou privado, respeitadas as normas constitucionais pertinentes à inviolabilidade do domicílio; expedir notificações e intimações necessárias aos procedimentos e inquéritos que instaurar; ter acesso incondicional a qualquer banco de dados de caráter público ou relativo a serviço de relevância pública e requisitar o auxílio de força policial.[62]

O poder de requisição, inclusive quanto a dados fiscais, bancários e telefônicos, cabe a todos os membros do Ministério Público, salvo em relação a determinadas autoridades, às quais somente o chefe da instituição pode reportar-se: apenas o Procurador-Geral da República pode enviar correspondências, notificações e intimações ao Presidente da República, ao Vice-Presidente da República, ao membro do Congresso Nacional, ao Ministro do Supremo Tribunal Federal, ao Ministro de Estado, ao Ministro de Tribunal Superior, ao Ministro do Tribunal de Contas da União ou ao Chefe de missão diplomática de caráter permanente[63]; apenas o Procurador-Geral de Justiça pode expedir notificações e requisições ao Governador do Estado, membros

---

60 Art. 129, VI.

61 Lei. 7.347/1985, art. 8º, § 1º: "O Ministério Público poderá instaurar, sob sua presidência, inquérito civil, ou requisitar, de qualquer organismo público ou particular, certidões, informações, exames ou perícias, no prazo que assinalar, o qual não poderá ser inferior a 10 (dez) dias úteis."

62 Lei 8.625/1993, art. 26, I; Lei Complementar 75/1993, art. 8º.

63 Lei Complementar 75/1993, art. 8º, § 4º.

do Poder Legislativo e desembargadores[64]. A Resolução 23/2007 do Conselho Nacional do Ministério Público – CNMP vai além e atribui aos Procuradores-Gerais o poder de requisitar informações das autoridades máximas das esferas federais e estaduais, incluindo, ainda, os Conselheiros do Conselho Nacional de Justiça e do CNMP, os Conselheiros dos Tribunais de Contas e os Secretários de Estado. Essa Resolução explicita que não cabe aos Procuradores-Gerais exercer juízo de valor sobre as requisições, apenas examinar a presença dos requisitos legais e a adequação do tratamento protocolar.

Não se há de perder a perspectiva de que os ilícitos em geral devem ser devidamente demonstrados. Afinal, quanto mais sofisticado o esquema, mais difícil a prova. No entanto, nem a sanha persecutória autoriza presunções descabidas de responsabilidade, nem a defesa intransigente justifica comprovações indemonstráveis. Muito sensato e contemporâneo é, assim, o preceito do Código de Processo Civil que admite ao juiz a distribuição dinâmica do ônus da prova, "*diante de peculiaridades da causa relacionadas à impossibilidade ou à excessiva dificuldade de cumprir o encargo... ou à maior facilidade de obtenção da prova do fato contrário*".[65] Nessa medida e tendo em vista a importância dos dados fiscais, bancários e telefônicos, é recomendável que, no inquérito civil, se demonstre a dificuldade da produção de determinada prova, para que se possa pleitear a inversão do ônus probatório se eventualmente acionada a via judicial.[66]

Por se tratar de um *inquérito* civil, há certa unilateralidade e o procedimento não é contraditório.[67] A propósito, precedente do Superior Tribunal de Justiça assenta que "*[a]s provas colhidas no inquérito têm valor probatório relativo, porque colhidas sem a observância do contraditório, mas só devem ser afastadas quando há contraprova de hierarquia superior, ou seja, produzida sob a vigilância do contraditório*".[68] Nessa mesma linha, o Código de Processo Civil em muito

---

64 Lei 8.625/1993, art. 26, § 1º.

65 Art. 373, § 1º.

66 Rodrigues, 2016.

67 Garcia e Alves, 2006, p. 545.

68 Recurso Especial 476.660/MG, relatora Min. Eliana Calmon, 20/05/2003.

valoriza o trabalho de instrução do inquérito civil, pois o juiz pode dispensar a prova pericial quando considerar suficientes os pareceres técnicos e demais documentos elucidativos produzidos pelas partes.[69] Ainda nessa fase pré-processual, é possível a produção antecipada de prova com o fim de "*viabilizar a autocomposição ou outro meio adequado de solução de conflito*", o que pode resultar em uma prova até mais sólida, pois então submetida ao crivo do contraditório.[70]

A PUBLICIDADE DO INQUÉRITO CIVIL E DADOS SIGILOSOS

Poderoso instrumento de investigação que é, o inquérito civil, como os atos do Poder Público em geral, deve ser *público*. O princípio constitucional da publicidade[71] é enfatizado especificamente em relação ao Ministério Público, a quem cabe "*dar publicidade dos procedimentos administrativos não disciplinares que instaurar e das medidas adotadas*".[72] Por conseguinte, é excepcional o sigilo no inquérito civil e deve ser devidamente fundamentado.[73] Os interessados podem solicitar informações e certidões[74] a respeito do inquérito civil e o membro do Ministério Público incumbido do inquérito civil pode tomar a iniciativa de informar o público[75].

Entretanto, se o inquérito civil contiver dados sigilosos, tais como os fiscais, bancários ou telefônicos, a publicidade obviamente não poderá contemplá-los e tais dados deverão ser mantidos sob sigilo, inclusive com autuação em apenso[76]. Excepcionalmente, esses dados poderão comprometer a segurança da sociedade e do Estado e estarão, então, expressamente excetuados do âmbito de proteção do

[69] Art. 472.

[70] Código de Processo Civil, art. 381, II.

[71] Constituição, art. 37.

[72] Lei 8.625/1993 (Lei Orgânica Nacional do Ministério Público), art. 26, VI.

[73] Mazzilli, 2015, p. 185.

[74] Constituição, art. 5º, XIV, XXXIII e XXXIV.

[75] Resolução CNMP 23/2007, art. 8º.

[76] Resolução CNMP 23/2007, art. 7º, § 5º.

direito à informação consagrado na Constituição.[77] Ordinariamente, porém, esses dados deverão ser mantidos sob reserva em atenção aos direitos fundamentais de privacidade e de imagem dos sujeitos envolvidos.[78] Os responsáveis pela condução do inquérito civil e demais participantes – como servidores e peritos externos – são responsáveis pelo sigilo e podem ser cobrados nos âmbitos administrativo, civil (inclusive por improbidade) e criminal.[79]

O acesso aos dados sigilosos também é vedado aos advogados (exceto os advogados das pessoas cujo sigilo esteja a preservar-se), que, no geral, têm direito de acesso aos autos do inquérito civil.[80]

A publicidade que ilumina os atos do Poder Público em geral e que qualifica o Estado Democrático de Direito não impede que existam e se justifiquem aspectos e momentos de sigilo no inquérito civil. Diligências a serem realizadas, estratégias de atuação, registros de reuniões de trabalho da equipe de investigação, por exemplo, são dados de caráter reservado que, podendo ou não comprometer seriamente o escopo do procedimento, eventualmente atingem até a esfera de privacidade dos participantes da investigação. Embora a comparação não seja perfeita, por invocar de um lado o domínio privado da advocacia e de outro o exercício do poder estatal de investigação; de um lado o direito fundamental de defesa técnica e de outro a persecução pública, é semelhante a reserva que se garante ao advogado, seus apontamentos e seu local de trabalho.

A fundamentalidade dos direitos, a fragilidade diante do poder do Estado e o ranço histórico da arbitrariedade das autoridades públicas implicam que se acentue a publicidade. Contudo, o Ministério Público, ainda que se configure como autoridade do Estado e esteja comprometido com a investigação, tem um engajamento maior com "*a defesa da ordem jurídica, do regime democrático e dos interesses*

---

77 Constituição, art. 5º, XXXIII.

78 Constituição, art. 5º, X e XII; Garcia e Alves, 2006, p. 564, sendo que os autores parecem defender o caráter sigiloso do inquérito civil.

79 Lei Complementar 75/1993, art. 8º, § 1º; Lei 8.625/1993, art. 26, § 2º; Lei 8.429/1992, art. 11, III. Veja-se Garcia e Alves, 2006, p. 564-565.

80 Lei 8.906/1994, art. 7º, XIV; Resolução CNMP 23/2007, art. 7º, § 6º.

sociais e individuais indisponíveis", conforme determina a Constituição brasileira.[81] É precisamente nesse contexto e com tais parâmetros que se situa eventual sigilo do inquérito civil, tendo em vista sua eficiência.

REFERÊNCIAS BIBLIOGRÁFICAS

BERTONCINI, Mateus Eduardo Siqueira Nunes. *Princípios de direito administrativo brasileiro.* São Paulo: Malheiros, 2002.

CAMARGO, Aurélio Franco de. As novas tecnologias e as relações de trabalho. *Empório do direito*, 20/06/2017. <<http://emporiododireito.com.br/as-novas-tecnologias-e-as-relacoes-de-trabalho-por-aurelio-franco-de-camargo/>>, acesso em 10/07/2017.

COVELLO, Sérgio Carlos. *O sigilo bancário*. 2. ed. São Paulo: Livraria e Editora Universitária de Direito, 2001.

FERRAZ, Luciano de Araújo. Comentários ao artigo 37, XXII. In: CANOTILHO, J. J. Gomes; MENDES, Gilmar F.; SARLET, Ingo W.; STRECK, Lenio L. (Coord.). *Comentários à Constituição do Brasil.* São Paulo: Saraiva/Almedina, 2. tir., 2014, p. 885-886.

GAVRONSKI, Alexandre; MENDONÇA, Andrey Borges de. *Manual do Procurador da República*. Salvador: Juspodium, 2015.

JATAHY, Carlos Roberto de Castro. 20 anos de Constituição: o novo Ministério Público e suas perspectivas no Estado democrático de direito. In: FARIAS, Cristiano Chaves de; ALVES, Leonardo Barreto Moreira; ROSENVALD, Nelson (Org.). *Temas Atuais do Ministério Público.* Salvador: Juspodium, 2016.

LUNARDI, Soraya Gasparetto. Devido Processo Legal. In: TAVARES, André Ramos et al. (Org.) *Dicionário brasileiro de direito constitucional*. 2. ed. São Paulo: Saraiva, 2012, p. 133-134.

MAZZILLI, Hugo Nigro. *Inquérito civil: investigações do Ministério Público, compromissos de ajustamento e audiências públicas.* 4. ed. São Paulo: Saraiva, 2015.

MEIRA, Liziane Angelotti. Comentários ao artigo 37, XVIII. In: CANOTILHO, J. J. Gomes; MENDES, Gilmar F.; SARLET, Ingo W.; STRECK, Le-

[81] Constituição, art. 127.

nio L. (Coord.). *Comentários à Constituição do Brasil.* São Paulo: Saraiva/ Almedina, 2. tir., 2014, p. 874-876.

MOREIRA NETO, Diogo de Figueiredo. *Direito da participação política legislativa, administrativa e judicial. Fundamentos e técnicas constitucionais da democracia.* Rio de Janeiro: Renovar, 1992.

ROCHA, Mauro Sérgio. *Aplicação direta dos princípios constitucionais: controle de constitucionalidade das decisões judiciais.* Porto Alegre: Sergio Antonio Fabris, 2016.

ROCHA, Mauro Sérgio. Evolução patrimonial incompatível. In: DINIZ, Cláudio Smirne; ROCHA, Mauro Sérgio; CASTRO, Renato de Lima (Org.) *Aspectos controvertidos da lei de improbidade administrativa: uma análise crítica a partir dos julgados dos tribunais superiores.* v. 1. Belo Horizonte: Del Rey, 2016, p. 143-167.

RODRIGUES, Geisa de Assis. Breves reflexões sobre o potencial do novo Código de Processo Civil para aprimorar a tutela processual coletiva. In: RODRIGUES, Geisa de Assis; ANJOS FILHO, Robério Nunes. (Org.) *Reflexões sobre o novo Código de Processo Civil.* Brasília: ESMPU, 2016.

RODRIGUES, Geisa de Assis. *Ação civil pública e termo de ajustamento de conduta.* Rio de Janeiro: Forense, 2011.

ROTHENBURG, Walter Claudius. *Direitos fundamentais.* São Paulo: Método, 2014.

ROTHENBURG, Walter Claudius. Artigos 127 ao 130. In: BONAVIDES, Paulo; MIRANDA, Jorge; AGRA, Walber de Moura (Coord.). *Comentários à Constituição Federal de 1988.* Rio de Janeiro: Forense, 2009, p. 1.629-1.642.

SAMPAIO, José Adércio Leite. *Direito à intimidade e à vida privada.* Belo Horizonte: Del Rey 1998.

TORRES, Heleno. Comentários ao artigo 145. In: CANOTILHO, J. J. Gomes; MENDES, Gilmar F.; SARLET, Ingo W.; STRECK, Lenio L. (Coord.). *Comentários à Constituição do Brasil.* São Paulo: Saraiva/Almedina, 2. tir., 2014, p. 1.588-1.597.

INQUÉRITO CIVIL: CONTRADITÓRIO E AMPLA DEFESA

Mauro Sérgio Rocha[1]

Sumário: 1) Introdução. 2) Inquérito civil: natureza jurídica e finalidade. 3) Contraditório e ampla defesa: o texto da norma como limite à interpretação. 4) Precedente(s): STF e STJ. 5) Eficácia probatória do inquérito civil. 6) Conclusões. 7) Referências.

1. INTRODUÇÃO

O presente ensaio, tendo como fundo o entendimento dos Tribunais Superiores (STF e STJ), examinará a natureza jurídica e a finalidade do inquérito civil e, nessa ambiência, a viabilidade do exercício efetivo do direito fundamental ao contraditório (e à ampla defesa). Sendo assim, de imediato, coloca-se a seguinte inquietação: o inquérito civil, instrumento investigatório inaugurado pela Lei n.º 7.347/85 (art. 8º, §1º), e sucessivamente incorporado à Constituição Federal/88 (art. 129, inc. III), está no âmbito de proteção do invocado direito fundamental (CF, art. 5º, inc. LV).

---

[1] Doutor em Direito pela Universidade Federal do Paraná – UFPR. Mestre em Direito pela Universidade Estadual de Maringá – UEM. Membro do Instituto Brasileiro de Direito Processual – IBDP. Professor de Direito Processual Civil da Fundação Escola do Ministério Público – FEMPAR. Procurador de Justiça no Estado do Paraná. Coordenador do Núcleo de Controle de Constitucionalidade do Ministério Público do Paraná, órgão vinculado à Procuradoria-Geral de Justiça. Pós-doutor pela *Università degli Studi di Firenze*.

Pois bem, ainda que o tema não guarde sabor de novidade, ele recentemente ganhou destaque em razão do PLS 233/2015, iniciativa parlamentar que – dentre outros pontos – incorporou à regulamentação do inquérito civil previsões que detalhadamente densificam o devido processo legal. Exemplificativamente, vejamos: "É assegurado aos investigados o direito de acompanhar o processo pessoalmente ou por intermédio de procurador, produzir provas e contraprovas e formular quesitos, quando se tratar de laudo técnico." (art. 16, §11). "Os investigados serão intimados da prova ou da diligência ordenada, com antecedência mínima de três dias úteis, mencionando-se data, hora e local de realização, para acompanhamento da diligência." (art. 16, §12). Ainda: "A parte investigada será intimada para acompanhar as declarações e os depoimentos, podendo ser ladeada e representada por seu advogado." (art. 16, §15).

Em outras palavras, se porventura for aprovada a pretendida regulamentação, é certo, o contraditório e a ampla defesa incidirão diretamente no inquérito civil, desvirtuando, também veremos, a natureza e a finalidade do instituto. Ou seja, transformar-se-á um procedimento direcionado à formação do convencimento ministerial para o exercício responsável de suas atividades em inequívoco processo administrativo, pior, despido dos consectários que lhes são próprios, pois, rigorosamente, do inquérito civil não decorre a imposição de sanções. Eis, portanto, os principais contornos deste trabalho.

2. INQUÉRITO CIVIL: NATUREZA JURÍDICA E FINALIDADE(S)

Sob a perspectiva da(s) finalidade(s) do inquérito civil, pode-se dizer que ele foi concebido como mecanismo voltado ao esclarecimento de fatos[2]; como instrumento dirigido à formação do convencimento ministerial no exercício prudente e efetivo de suas re-

2 Sobre a origem do inquérito civil, consultar: FERRAZ, Antonio Augusto Mello de Camargo. **Inquérito Civil**: 10 anos de um instrumento da cidadania – 1985. In: Ministério Público e Afirmação da Cidadania. São Paulo: Ed. pelo autor, 1997, p. 101.

levantes atividades[3], aliás, à semelhança do que ocorre na esfera repressiva. Com ele, por exemplo, evitar-se-á a provocação da tutela jurisdicional do Estado sem um mínimo de provas, prevenindo-se o ajuizamento de lides temerárias. Sendo assim, não se duvida, é ele dispensado quando a Instituição, por outros meios, já obteve lastro probatório suficiente para uma eventual judicialização e/ou para a tomada de outras providências[4].

Ora, à luz do inquérito civil não se objetiva a solução de um conflito de interesses e nem mesmo a punição do infrator, desdobramentos, à evidência, que reivindicam um comando sentencial marcado por cognição plena e exauriente, palco, agora, em que se destacam o contraditório e da ampla defesa. Ninguém poderá ser responsabilizado e/ou privado de seus bens sem o devido processo legal, eis aí uma das relevantes marcas do Estado Constitucional.

Já em relação à natureza jurídica, é possível afirmar que o inquérito civil não encerra em processo, mas, diferentemente, revela apenas um procedimento de cunho administrativo, preparatório e inquisitorial. Nele não há litigantes, não há partes, e nem mesmo de acusação se pode também cogitar[5]. Acima de tudo, o inquérito civil e/ou o resultado dele proveniente não repercute (e não deve repercutir) diretamente na esfera jurídica do cidadão[6]. Com razão, diz Ricardo de Barros Leonel: "Não se pode confundir procedimentos administrativos

---

3 Há, no que diz respeito ao âmbito de incidência do inquérito civil, duas importantes correntes. Uma mais restritiva, advogando a tese de que tal instrumento serve exclusivamente à apuração de lesão e/ou ameaça a direito coletivo. Uma mais ampla, permitindo o uso deste instrumento para a apuração de qualquer lesão ou ameaça a direito, inclusive individual. A respeito, consultar: DIDIER JR., Fredie; ZANETI JR., Hermes. **Curso de Direito Processual Civil**: processo coletivo. 9 ed. Salvador: Editora JusPODIVM, 2014, p. 207.

4 O inquérito civil – é sabido – não é condição de procedibilidade para o exercício das funções ministeriais.

5 Cf. GARCIA, Emerson; ALVES, Rogério Pacheco. **Improbidade Administrativa**. 7 ed. São Paulo: Saraiva, 2013, p. 743.

6 O colendo STF, independentemente da terminologia empregada (processo e/ou procedimento), entende, com razão, serem cabíveis o contraditório e a ampla defesa quando há "punições disciplinares" e/ou "restrição a direitos" em jogo, enfim, quando a questão debatida diretamente repercuta no âmbito dos inte-

de cunho investigatório, dos quais não decorre diretamente qualquer sanção, ou a privação de liberdade ou de bens da pessoa investigada, com os processos administrativos propriamente ditos, em que há, em caráter direto, a possibilidade de aplicação de sanções de natureza administrativa."[7]

Trata-se de peça puramente informativa, mas construída mediante a observância de determinados preceitos, para, evidentemente, coibirem-se abusos e/ou desvios na sua instauração e/ou na sua condução[8]. Ou seja, ele não está imune à existência de controle, porém, dadas às características do instrumento, esta sindicabilidade é induvidosamente limitada. Como restará evidenciado, ele, por força da diferenciada natureza e finalidade, não é alcançado pelo comando constitucional (contraditório e ampla defesa), pois, a rigor, também os direitos fundamentais encontram limites, internos e externos. Eis, no particular, o contido no art. 1° da Resolução n.° 23, de 17 de setembro de 2007, do egrégio Conselho Nacional do Ministério Público – CNMP:

> "Art. 1° – O inquérito civil, de natureza unilateral e facultativa, será instaurado para apurar fato que possa autorizar a tutela dos interesses ou direitos a cargo do Ministério Público nos termos da legislação aplicável, servindo como preparação para o exercício das atribuições inerentes às suas funções institucionais. Parágrafo único: O inquérito civil não é condição de procedibilidade para o ajuizamento das ações a cargo do Ministério Público, nem para a realização das demais medidas de sua atribuição."

---

resses individuais. Precedente(s): STF, RE 594.296/MG, Pleno, Rel. Min. Dias Toffolli, j. 21.9.2011.

[7] LEONEL, Ricardo de Barros. **Manual do Processo Coletivo**. São Paulo: RT, 2002, p. 321.

[8] Cf. MAZZILLI, Hugo Nigro. **A Defesa dos Interesses Difusos em Juízo**: meio ambiente, consumidor, patrimônio cultural, patrimônio público e outros interesses. 19 ed. São Paulo: Saraiva, 2006, p. 402-403.

3. CONTRADITÓRIO E AMPLA DEFESA: O TEXTO DA NORMA COMO LIMITE À INTERPRETAÇÃO

A Constituição Federal, art. 5º, inc. LV, dispõe: "aos litigantes, em processo judicial ou administrativo, e aos acusados em geral são assegurados o contraditório e ampla defesa, com os meios e recursos a ela inerentes." Vale dizer, o dispositivo constitucional exterioriza um dos mais prestigiados direitos fundamentais[9], mas, aqui, ainda que se opere com a noção de suporte fático amplo, decorrência da adoção da teoria externa, ele não alcança o inquérito civil. Não há litigantes no inquérito civil, porque não há processo; e nem mesmo se pode cogitar da presença de acusados, pois, evidentemente, incompatíveis com a sua natureza e a sua finalidade. Tem-se, no particular, o texto da norma como limite à interpretação.

Não há que se falar em litigantes, pois, para tanto, antes, é reivindicada a existência de uma pretensão de direito material resistida ou, ao menos, de uma pretensão de direito material insatisfeita[10]. Explica Pontes de Miranda: "Pretensão é a posição subjetiva de poder exigir de outrem alguma prestação positiva ou negativa. [...]. Não há pretensão sem destinatário. [...]. Na pretensão, o direito tende para dian-

---

9 O colendo Supremo Tribunal Federal já fixou jurisprudência no sentido de que o contraditório e a ampla defesa implicam no direito à informação, à manifestação e, ainda, na garantia de que os argumentos da parte serão efetivamente analisados pelo julgador. Precedente(s): STF, RE 527814/PR, 2ª Turma, Rel. Min. Eros Grau, j. 5.8.2008. Aliás, no mesmo sentido, operou recentemente o legislador ao redigir o art. 7º do CPC, cuja redação segue: "É assegurada às partes paridade de tratamento em relação ao exercício de direitos e faculdades processuais, aos meios de defesa, aos ônus, aos deveres e à aplicação de sanções processuais, competindo ao juiz zelar pelo efetivo contraditório."

10 Ada Pellegrini Grinover, ao interpretar o disposto no art. 5º, inc. LV, da Constituição Federal, sustenta que a previsão constitucional alcança todos os processos administrativos "em que haja litigantes". E – contrariamente ao sustentado pelo ensaísta – complementa: "Litigantes existem sempre que, num procedimento qualquer, surja um conflito de interesses. Não é preciso que o conflito seja qualificado pela pretensão resistida, pois neste caso surgirão a lide e o processo jurisdicional. Basta que os partícipes do processo administrativo se anteponham face a face, numa posição contraposta. [...]." (GRINOVER, Ada Pellegrini. **Do direito de defesa em inquérito administrativo**. In: O processo em evolução. Rio de Janeiro: Forense Universitária, 1996, p. 84-85).

te de si, dirigindo-se para que alguém cumpra o dever jurídico"[11]. De outro ângulo, se o propósito do inquérito civil está dirigido ao esclarecimento de fatos, é mais do que óbvio que nenhuma imputação nele se faz (ou se deve fazer), situação, no caso, reservada para o momento de uma eventual judicialização.

Sobre os critérios relativos à admissão de determinada situação fática no âmbito de proteção dos princípios constitucionais, veiculadores de direitos fundamentais ou não, pouco importa, já tivemos oportunidade de discorrer, pedindo, agora, licença para transcrição da respectiva passagem:

> "A visualização dos princípios constitucionais como comandos prima facie ou mandamentos de otimização está condicionada às circunstâncias fáticas e jurídicas, dependendo, por igual, das escolhas valorativas na delimitação do conteúdo desses preceitos. Sendo assim, contrariamente à rígida categorização ou à prévia delimitação conceitual do âmbito de proteção desses comandos; diferentemente da adoção de um suporte fático restrito, cujo alcance é desde logo definido com o auxílio da teoria interna ou teoria dos limites imanentes[12]; com alguma mitigação, prefere-se contemplar a norma principial numa perspectiva alargada (suporte fático amplo), porquanto não se exige do constituinte e do intérprete o detalhamento das inúmeras hipóteses de incidência dos princípios constitucionais. Tal concepção, com a ajuda da teo-

---

[11] MIRANDA, Pontes de. **Tratado das Ações**. Tomo I. Campinas: Bookseller, 1998, p. 68-69. Aliás, sobre o paralelo entre os planos do direito material e do processual e, por conseguinte, sobre a existência de um direito material de ação, consultar: ROCHA, Mauro Sérgio. **Teoria dualista da ação**: ação de direito material x ação de direito processual. In: Revista Jurídica do Ministério Público do Estado do Paraná, nº 1, p. 243-269, 2014.

[12] Explica Virgílio Afonso da Silva: "Como visto até aqui, independentemente das estratégias argumentativas, toda teoria que se baseia em suporte fático restrito para os direitos fundamentais tem como principal tarefa fundamentar o que se inclui e o que não deve ser incluído no âmbito de proteção desses direitos, bem como definir qual é a extensão do conceito de intervenção estatal nesse âmbito." (SILVA, Virgílio Afonso da. **Direitos Fundamentais**: conteúdo essencial, restrições e eficácia. 2 ed. São Paulo: Malheiros, 2010, p. 94).

ria externa[13], dissocia direitos de restrições, de modo que melhor resolve as hipóteses de colisão entre princípios constitucionais. Com efeito, é preferível trabalhar um âmbito de proteção ou domínio normativo potencial (CANOTILHO, 2002, p.1255), um direito ilimitado prima facie, leitura, porém, que não arreda o esforço hermenêutico em ver inicialmente afastadas algumas situações fáticas do âmbito de proteção dos princípios constitucionais, pois, diferentemente disso, tudo estará sujeito aos mais subjetivos critérios ponderativos.[14] Desse modo, um dos primeiros passos da

---

13 J. J. Gomes Canotilho bem analisa as teorias interna e externa, entendimento que constrói com a ajuda de dois conceitos operacionais básicos. Explica: "É hoje comum, na literatura juspublicística, a distinção entre âmbito de protecção (*Schutzbereich*) e âmbito de garantia efetiva (*Grarantie-bereich*). [...]. O âmbito de protecção significa que um bem é protegido, mas, nesse âmbito, podem intervir medidas desvantajosas de entes públicos ou de entes privados, que, mesmo sendo lícitos, carecem de justificação e de limites. O âmbito de garantia efectiva é o domínio dentro do qual ingerência, pública ou privada, é ilícita." Então, do cotejo entre as teorias ressalta: "A teoria interna parte das seguintes premissas: (1) os direitos e os respectivos limites são imanentes a qualquer posição jurídica; (2) o conteúdo definitivo de um direito é, precisamente, o conteúdo que resulta desta compreensão do direito, <nascido> com limites; logo (3) o âmbito de protecção de um direito é o âmbito de garantia efectivo desse direito. Por sua vez, a teoria externa propõe o seguinte esquema: (1) os direitos e as restrições são dimensões separadas; (2) as restrições são sempre <desvantagens> impostas externamente aos direitos; (3) o âmbito de protecção de um direito é mais extenso do que a garantia efectiva, porque, aos direitos sem restrições, são opostos limites que diminuem o âmbito inicial de protecção." (CANOTILHO, J. J. Gomes. **Estudos sobre Direitos Fundamentais**. São Paulo: RT, 2008, p. 201-202).

14 Eis as considerações de Cláudio Pereira de Souza Neto e Daniel Sarmento: "O primeiro passo na ponderação é a verificação da existência de efetivo conflito entre normas constitucionais. [...], deve-se analisar se o caso em discussão está ou não contido no interior da hipótese de incidência de normas constitucionais distintas, que apontem soluções diferentes para o caso. Em algumas situações, chegar-se-á à conclusão de que uma das normas constitucionais em debate não incide sequer *prima facie*, não havendo qualquer necessidade de ponderação." (SARMENTO, Daniel; SOUZA NETO, Cláudio Pereira de. **Direito Constitucional**: teoria, história e métodos de trabalho. Belo Horizonte: Fórum, 2013, p. 517). Em sentido contrário, a posição de Virgílio Afonso da Silva, quando sustenta um suporte fático amplo sem "exclusão *a priori* de condutas" Ainda, procura o autor demonstrar a incompatibilidade entre a noção de limites imanentes (típica das exclusões *a priori*) e a exigência de sopesamento, pois, na sua concepção, "se os limites de cada direito são definidos internamente e se não há possibilidade de restrição cons-

metodologia sugerida está voltado à definição de situações que não entram na esfera de proteção do princípio constitucional ou, mais precisamente, de situações concretas que previamente devem ser afastadas do campo de incidência do princípio constitucional, investida que não se apresenta incompatível com as eventuais restrições ou limitações exteriores.[15] Contudo, uma necessária advertência: a prévia exclusão depende do ônus argumentativo, sendo insuficiente a simples intuição do intérprete. Explica Ingo Wolfgang Sarlet: as situações que não estejam manifestamente fora do âmbito de proteção sugerem enfrentamento no plano dos limites dos direitos fundamentais (SARLET, MARINONI; MITIDIERO, 2012, p.330). Colocam-se, portanto, dois limitadores: (i) o texto da norma; e (ii) a interpretação dos fatos (dados da realidade) na revelação da norma jurídica. O texto da norma como limite à construção de sentidos: a norma jurídica não se confunde com o texto normativo, na medida em que esboça um resultado.[16] Ela (a nor-

---

titutiva externa, é evidente que não há qualquer possibilidade de sopesamento entre direitos fundamentais." (SILVA, Virgílio Afonso da. **Op. cit.**, p. 97).

15 Os direitos fundamentais não são absolutos e nem ilimitados. Convivem, diz José Carlos Vieira de Andrade, com limites internos e externos, de modo que (i) algumas vezes essa limitação "atinge o seu próprio âmbito de protecção constitucional, de tal maneira que exclui em termos absolutos certas formas ou modos do seu exercício – fala-se então de limites imanentes"; e (ii) noutras "a limitação resulta dos compromissos naturais entre valores constitucionais que concorrem directamente em determinados tipos de situações e que, nessas circunstâncias, reciprocamente se limitam – estamos perante as *colisões* de direitos ou *conflitos* em sentido estrito." (ANDRADE, José Carlos Vieira de. **Os Direitos Fundamentais na Constituição Portuguesa de 1976**. Coimbra: Almedina, 1983, p. 214). Ainda J. J. Gomes Canotilho (2008, p.202): "A moderna teoria do direito tem revisitado o problema da radical alternatividade das teorias externa e interna das restrições para demonstrar a insustentabilidade de teorias puras, quando na grelha analítica introduzimos duas outras dimensões metódicas: (1) a distinção entre *princípios e regras* no campo dos direitos fundamentais; (2) a indispensabilidade da *ponderação de direitos e de bens*, irreconduzível à fixação de padrões teóricos abstratos." (CANOTILHO, J. J. Gomes. **Op. cit.**, p. 202).

16 Eis as considerações de Riccardo Guastini: "*Nell'uso comune, il vocábulo 'norma' è ambiguo. Talvolta, è usato per riferirsi ad un frammento del discorso delle fonti: un enunciato normativo, una 'disposizione' come suol dirsi. Talaltra, è usato per riferirsi al contenuto di significato di una disposizione. Ora palesemente, se per 'norma' si entende l'enunciato normativo, si può dire che l'attività interpretativa si eserciti su norme. Ma se, per contro, per 'norma' si intende*

ma jurídica) resulta da interpretação (GRAU, 2009, p.85). Afirma Giovanni Tarello (1980, p.102): 'Nelle organizzazioni moderne, le norme sono i significati che si attribuiscono ai documenti delle leggi e degli altri atti normativi giuridici. A questa attribuzione di significato si dà il nome di interpretazione.' Então, por isso, se diz que o intérprete cria a norma jurídica, no sentido de que complementa o trabalho do legislador (GRAU, 2009, p.64), mas isso não significa uma total liberdade ou arbítrio na formulação da norma jurídica, na medida em que a interpretação tem o texto da norma como limite (CANOTILHO, 2002, p.1204). Significa dizer: eventuais superações podem ensejar um criticável 'realismo deciosionista' (NEVES, 2010, p.20; MÜLLER, 2009, p.161). Ainda Konrad Hesse (1998, p.69): 'Interpretação está vinculada a algo estabelecido. Por isso, os limites da interpretação constitucional estão lá onde não existe estabelecimento obrigatório da Constituição, onde terminam as possibilidades de uma compreensão conveniente do texto da norma ou onde uma resolução iria entrar em contradição unívoca com o texto da norma.' Continua (1998, p.70): 'para a interpretação constitucional, que parte do primado do texto, é o texto limite insuperável de sua atividade.' No particular, inclusive, é preciso dizer que há significados que independem da visão voluntarista do intérprete[17], significados esses plenamente partilhados

---

il contenuto di significato dell'enunciato, allora si deve dire che l'attività interpretativa si esercita non su norme, ma su disposizioni, e che le norme sono non già l'oggetto, mas piuttosto il risultado, il prodotto, dell'interpretazione." (GUASTINI, Riccardo. **Il giudice e la legge**. Torino: G. Giappichelli editore, 1995, p. 17).

[17] Ensina Friedrich Müller: "Os elementos da pré-compreensão devem ser introduzidos de forma racionalizada e controlável no nexo da fundamentação jurídica, sob pena de permanecerem fontes de erros sem responsabilização, posto que irracionais; com isso não se daria nenhum passo além do positivismo, que os ignorou ou silenciou sobre eles." (MÜLLER, Friedrich. **O Novo Paradigma do Direito**: introdução à teoria e metódica estruturantes. Trad. Ana Paula Barbosa-Fohrmann et al. 2 ed. São Paulo: RT, 2009, p. 81) Ainda Mauro Cappelletti: "Mas também é verdade que existe, pelo menos, um baluarte extremo, digamos uma fronteira de bom senso, que se impõe tanto no caso da interpretação do *case law*, quanto no do direito legislativo, ao menos porque também as palavras têm frequentemente um significado tão geralmente aceito que até o juiz mais criativo e sem preconceitos teria dificuldade de ignorá-lo." (CAPPELLETTI, Mauro. Juízes Legisladores? Trad. Carlos Alberto Álvaro de Oliveira. Porto Alegre: **Sergio Antonio Fabris**, 1993, p. 25-26).

pelo tecido social, de modo que muito mais adequado é dizer que interpretar é construir a partir de algo, é reconstruir. Ensina Humberto Ávila (2011, p.32-34): 'Todavia, a constatação de que os sentidos são construídos pelo intérprete no processo de interpretação não deve levar à conclusão de que não há significado algum antes do término desse processo de interpretação. [...]. Por conseguinte, pode-se afirmar que o intérprete não só constrói, mas reconstrói sentido, tendo em vista a existência de significados incorporados ao uso linguístico e construídos pela comunidade do discurso. [...]. Daí se dizer que interpretar é construir a partir de algo, por isso significa reconstruir: a uma, porque utiliza como ponto de partida os textos normativos, que oferecem limites à construção de sentidos; a duas, porque manipula a linguagem, à qual são incorporados núcleos de sentidos, que são, por assim dizer, constituídos pelo uso, e preexistem ao processo interpretativo individual.' Não é outra a lição de Riccardo Guastini (2005, p.141): 'A teoria cética é sustentada, na literatura contemporânea, especialmente pelas correntes do assim chamado 'realismo jurídico' (norte-americano, escandinavo, italiano). Essa teoria evidentemente descura dos vínculos e limites objetivos, aos quais estão fatalmente sujeitas as escolhas dos intérpretes. Esses vínculos dependem da circunstância de que, em todo ambiente cultural dado, os usos linguísticos correntes admitem uma gama, ainda que vasta, de qualquer maneira limitada, de significados possíveis para toda expressão dada. As atribuições de significado que não caem dentro dessa gama são dificilmente sustentáveis, sujeitas à crítica e provavelmente destinadas ao insucesso. E é óbvio que entre os hábitos linguísticos difundidos estão incluídas, se existirem, as interpretações já creditadas e consolidadas de um certo texto normativo. É também óbvio que são escassamente praticáveis todas as interpretações que o intérprete não esteja em condição de argumentar (ou motivar) de maneira convincente segundo os padrões de racionalidade acolhidos no seu ambiente cultural.' Nessa perspetiva, porque o texto da norma limita a interpretação ou a construção de sentidos[18], é tam-

[18] Tal assertiva, porém, ainda sugere esclarecimentos. Ora, a afirmação de que o texto impõe restrições não quer significar que esses limites sejam estabelecidos pelo autor do texto (originalismo). No particular, são importantes as considerações de Konrad Hesse: "A concretização do conteúdo de uma norma constitucional e sua realização são, por conseguinte, somente possíveis com o emprego das condições da 'realidade', que essa norma está determinada a ordenar. As parti-

> bém possível afirmar que a adoção de um suporte fático amplo não autoriza uma incondicionada liberdade na elaboração da norma jurídica. Há um ponto de partida que não pode ser ignorado pelo intérprete e que pode sinalizar para uma ausência prima facie de chancela normativa à determinada situação concretizada. Ao discorrerem sobre o método hermenêutico-concretizador, sintetizam Clèmerson Merlin Clève e Alexandre Reis Siqueira Freire (2002, p.36): 'Assim, para a hermenêutica constitucional que parte do primado do texto, é o texto constitucional o limite intransponível da atividade hermenêutica."[19]

Enfim, o inquérito civil não está no âmbito de proteção do direito fundamental em comento, pois, dada à sua configuração, a norma reconstruída encontra limitação no texto constitucional (CF, art. 5º, inc. LV)[20]. Sendo assim, é mais que do certo, o enfrentamento da inquietação inicial não exige qualquer ponderação e/ou sopesamento, pois, tal metodologia, utilizada para a superação de conflitos normativos, sempre pressupõe que a situação analisada esteja sob a tutela de mais de um direito fundamental. Aqui, não é o caso, já que a questão é resolvida num estágio muito anterior. A partir dessa premissa, portanto, é que serão analisados alguns dos precedentes das Cortes de Superposição.

---

cularidades, muitas vezes, já moldadas juridicamente, dessas condições formam o 'âmbito da norma' que, da totalidade das realidades, afetadas por uma prescrição, do mundo social, é destacado pela ordem, sobretudo expressada no texto da norma, o 'programa da norma', como parte integrante do tipo normativo. Como essas particularidades, e com elas o 'âmbito da norma', estão sujeitas às alterações históricas, podem os resultados da concretização da norma modificar-se, embora o texto da norma (e, com isso, no essencial, o 'programa da norma') fique idêntico." (HESSE, Konrad. **Elementos de Direito Constitucional da República Federativa da Alemanha**. Trad. Luís Afonso Heck. Porto Alegre: Sergio Antonio Fabris, 1998, p. 50-51).

19 ROCHA, Mauro Sérgio. **Aplicação Direta dos Princípios Constitucionais**: controle de constitucionalidade das decisões judiciais. Porto Alegre: Sergio Antonio Fabris, 2016, p. 128-133.

20 Aliás, também é evidente que não há que se falar em nulidade no âmbito do inquérito civil. Precedente(s): STJ, REsp nº 1.119.568/PR, 1ª Turma, Rel. Min. Arnaldo Esteves Lima, j. 2.9.2010.

4. PRECEDENTE(S): STF E STJ

"EMENTA: AGRAVO REGIMENTAL NO RECURSO EXTRAORDINÁRIO. PROCESSUAL CIVIL E ADMINISTRATIVO. RECURSO EM CONFRONTO COM A JURISPRUDÊNCIA DOMINANTE DO SUPREMO TRIBUNAL FEDERAL. LEGITIMIDADE DA APLICAÇÃO DO ART. 557 DO CÓDIGO DE PROCESSO CIVIL. DESNECESSIDADE DE OBSERVÂNCIA NO INQUÉRITO CIVIL DOS PRINCÍPIOS DO CONTRADITÓRIO E DA AMPLA DEFESA[21]. PRECEDENTES. AGRAVO REGIMENTAL AO QUAL SE NEGA PROVIMENTO." (STF, AgReg no RE 481.855/PR, 1ª Turma, Rel. Min. Cármen Lúcia, j. 10.05.2011).

"EMENTA: PROCESSUAL CIVIL. ADMINISTRATIVO. RECURSO EM MANDADO DE SEGURANÇA. INQUÉRITO CIVIL PÚBLICO. AÇÃO AJUIZADA. PERDA DO OBJETO SUPERVENIENTE. LEGITIMIDADE DO MINISTÉRIO PÚBLICO PARA INSTAURAR INQUÉRITO CIVIL. PROCEDIMENTO ADMINISTRATIVO. NATUREZA INQUISITORIAL. [...]. 3. O Ministério Público possui legitimidade para promover o inquérito civil, procedimento este que tem natureza preparatória da ação judicial, não lhes sendo inerentes os princípios constitucionais da ampla defesa e do contraditório. [...]. 5. A norma imposta pelo inciso LV, do art. 5º da Constituição da República é expressa no sentido de sua observância no processo judicial e no administrativo. Entretanto, no procedimento meramente informativo, o contraditório e a ampla defesa não são imprescindíveis, salvo se houver restrição de direitos e aplicação de sanções de qualquer natureza, o que inocorre in casu. 6. O inquérito civil público é procedimento informativo, destinado a formar a opinio actio do Ministério Público. Constitui meio destinado a colher provas e outros elementos de convicção, tendo natureza inquisitiva. (REsp. 644.994/MG, 2a Turma, DJ 21/03/2005). Precedentes desta Corte de Justiça: REsp 750591/GO, 5a Turma, DJe 30/06/2008; REsp 886137/MG, 2a Turma, Dje 25/04/2008). 7. A doutrina do tema é

---

[21] Constou do v. Acórdão: "[...]. 3. Ademais, como afirmado na decisão agravada, o Supremo Tribunal Federal assentou que as garantias constitucionais da ampla defesa e do contraditório não são aplicáveis na fase do inquérito civil, que tem natureza administrativa, de caráter pré-processual, e somente se destina à colheita de informações para propositura da ação civil pública."

coadjuvante do referido entendimento, verbis: (...). Tal aspecto, o de servir o inquérito como suporte probatório mínimo da ação civil pública, já havia sido notado por José Celso de Mello Filho quando, na qualidade de assessor do Gabinete Civil da Presidência da República, assim se pronunciou no procedimento relativo ao projeto de que resultou a Lei n. 7.347/85: 'O projeto de lei, que dispõe sobre a ação civil pública, institui, de modo inovador, a figura do inquérito civil. Trata-se de procedimento meramente administrativo, de caráter pré-processual, que se realiza extrajudicialmente. O inquérito civil, de instauração facultativa, desempenha relevante função instrumental. Constitui meio destinado a coligir provas e quaisquer outros elementos de convicção, que possam fundamentar a atuação processual do Ministério Público. O inquérito civil, em suma, configura um procedimento preparatório, destinado a viabilizar o exercício responsável da ação civil pública. Com ele, frustra-se a possibilidade, sempre eventual, de instauração de lides temerárias. (grifos nossos). (Rogério Pacheco Alves, em sua obra intitulada 'Improbidade Administrativa', 2a edição, págs. 582-583). 8. Como mero instrumento de apuração de dados, o inquérito civil, a símile do que ocorre com o inquérito policial, tem caráter inquisitório, não se aplicando, em decorrência disso, os postulados concernentes ao princípio do contraditório. (...). No inquérito civil, inexistem litigantes, porque o litígio, se houver só vai configurar-se na futura ação civil; nem acusados, porque o Ministério Público limita-se a apurar fatos, colher dados, juntar provas e, enfim, recolher elementos que indiciem a existência de situação de ofensa a determinado interesse transindividual indisponível. (...). Sendo inaplicável, pois, o princípio do contraditório e da ampla defesa, não pode ser exigido do Ministério Público que acolha peças de contestação, indicação de testemunhas de defesa, pedido de alegações escritas ou orais e outros semelhantes. Nada impede, é verdade, que o órgão que presida o inquérito civil atenda a pedidos formulados por interessados, mas se o fizer será apenas para melhor constituição dos dados do procedimento. (...). (Ação Civil Pública, comentários por artigo, 5a edição, José dos Santos Carvalho Filho, pág. 254)." (STJ, RMS nº 21.038/MG, 1ª Turma, Rel. Min. Luiz Fux, j. 07.09.2009). No mesmo sentido: STJ, 2ª Turma, REsp nº 448.023-SP, Min. Eliana Calmon, j. 20.5.2003; STJ, 2ª Turma, REsp nº 644.994-MG, Rel. Min. João Otávio de Noronha, j. 17.2.2005; STJ, 2ª Turma, AgRg no Agravo em REsp nº 527.859-RJ, j. 18.12.2004.

Em outros termos, analisando-se os precedentes dos Tribunais Superiores, chega-se à inevitável conclusão de que eles estão em absoluta convergência com a natureza jurídica e finalidade do inquérito civil, material jurídico, por sua vez, que deve ser observado pelo Parlamento no exame do mencionado projeto legislativo (PLS 233/2015). Nesse estágio, é de fundamental importância que os precedentes extraídos das Cortes Superiores, sem prejuízo ao legítimo exercício do poder de legislar, criem o necessário constrangimento, isso para que investidas desse viés não operem falsas expectativas e/ou eventualmente conturbem a tramitação das relevantes investigações em curso. Não há justificável motivo para o pretendido overruling, ainda que na esfera legislativa[22].

Em complementação, ao contrário do contido na exposição de motivos inserta na proposta legislativa, "a mera sujeição de um indivíduo ou de uma pessoa jurídica a um inquérito civil" não é "capaz de causar constrangimentos e prejuízos jurídicos", mas, antes, são os eventuais desvirtuamentos e/ou precipitações ministeriais que poderão causá-los, sítio, aliás, que eventualmente está a merecer uma maior atenção pelos órgãos de fiscalização (Corregedorias, Conselhos etc.).

5. EFICÁCIA PROBATÓRIA DO INQUÉRITO CIVIL

Firmado o entendimento de que o inquérito civil está fora do âmbito de incidência do específico direito fundamental, então é preciso examinar as consequências dessa afirmação. Vale dizer, se os elementos probatórios colhidos no âmbito do inquérito civil são suficientes para a instauração da instância, e mesmo para o deferimento das tutelas de provisórias[23], eles, em juízo, guardam relativo valor probatório. Precedente(s): STJ, AgRg no Agravo em REsp nº 572.859/RJ, Rel. Min. Humberto Martins, j. 18.12.2014; STJ, REsp nº 1.449.894/RJ, 1a Turma, Rel. Min. Benedito Gonçalves, j. 26.8. 2014; STJ, AgRg no REsp nº 659.571/RS, 4a Turma, Rel. Min. Raul Araújo, j.

---

22 A respeito, consultar: ROCHA, Mauro Sérgio. **Op. cit.**, p. 197.

23 Precedente(s): STJ, AgRg no Agravo em REsp nº 362.027/MG, 2ª Turma, Rel. Min. Herman Benjamin, j. 5.8.2014; STJ, AgRg no REsp nº 1.201.266-MT, 2ª Turma, Rel. Min. Herman Benjamin, j. 7.11.2013.

4.2.2014; STJ, REsp nº 1.280.321-MG, 2ª Turma, Rel. Min. Mauro Campbell Marques, j. 06.3.2012; STJ, REsp nº 401.472/RO, 2a Turma, Rel. Min. Herman Benjamin, j. 15.6.2010; STJ, 2ª Turma, REsp nº 644.994/MG, Rel. Min. João Otávio de Noronha, j. 17.2.2005.

Dito de modo diverso, as provas colhidas no inquérito civil, se não forem ratificadas em juízo; se porventura não forem coadjuvadas por elementos probatórios produzidos à luz do contraditório; acrescente-se, dificilmente alimentarão um decreto condenatório[24]. Então, se assim é, mesmo diante do descabimento da observância do contraditório e da ampla defesa no inquérito civil, recomenda-se, se conhecida a autoria do ilícito[25], e quando ausente qualquer prejuízo às investigações, que o Ministério Público – titular exclusivo do inquérito civil – faça incidi-los, mesmo que de forma mitigada. Não se duvida, tal postura, quando cuidadosamente operada, se de um lado atribuirá maior valor às provas (CPC, arts. 371 e 372), evitando-se, por vezes, a sua reprodução em juízo; de outro, quando possível, ainda muito contribuirá para a solução extraprocessual da controvérsia, seja pela via do termo de ajustamento de conduta e/ou das recomendações administrativas.

Vale dizer, quando se enxerga a atuação ministerial como uma atividade de resultados, eis, no particular, uma importante estratégia. Com tal modo de agir, frise-se, o trabalho realizado no âmbito do inquérito civil cresce em termos de convencimento[26], reduzindo, mais,

---

[24] Em relação à prova documental colhida no inquérito civil, é mais do que óbvio, pode-se trabalhar com a hipótese de contraditório diferido e/ou postecipado. A respeito, consultar: MARINONI, Luiz Guilherme *et al.* **Op. cit.**, p. 650.

[25] Cf. NERY JR., Nelson. **Princípios do Processo na Constituição Federal**. 10 ed. São Paulo: 2010, p. 222.

[26] A respeito, discorre Ricardo de Barros Leonel: "A concessão de oportunidade de participação, com ciência dos atos da apuração e acompanhamento de diligências, certamente reforçarão o valor intrínseco dos elementos de informação colhidos na fase pré-processual. Como consequência, poderão receber maior importância na formação da convicção do magistrado, dentro do princípio do livre convencimento motivado, mormente considerando que são admitidos no processo todos os meios de prova, desde que não ilícitos." (LEONEL, Ricardo de Barros. **Op. cit.**, p. 322). Tal postura, ainda, dentre tantas outras situações legítimas, poderá tornar desnecessária (CPC, art. 464, inc. II) ou mesmo dispensável (CPC, art. 472) a realização de prova pericial.

as eventuais críticas que possam recair sobre a atividade ministerial. Aliás, porque não dizer, o esclarecimento dos fatos – e quem atua na área pode comprovar – pode também ganhar em detalhamento e/ou sofisticação com a eventual participação do interessado.

A compulsória inserção do contraditório e da ampla defesa no inquérito civil é censurável, pois, como visto, a previsão constitucional não o alcança. O legislador, ao assim proceder, incorre em manifesta inconstitucionalidade[27], isso com reflexos diretos na tutela de direitos, especialmente coletivos. Tal exigência – caso prevaleça – desconfigurará a natureza jurídica do instituto e indiscutivelmente deturpará a sua finalidade. Enfim, o contraditório e a ampla defesa, no inquérito civil, não podem ser encarados como um ato vinculado, mas, antes, devem ser vistos como uma atitude discricionária da presidência.

6. CONCLUSÕES

Do que precede, constata-se que os precedentes extraídos dos Tribunais Superiores – ao afastarem o contraditório e a ampla defesa no âmbito do inquérito civil – estão em estreita conformidade com a natureza e a finalidade do instituto. Se assim é, acrescente-se, pode-se dizer que a investida parlamentar, consubstanciada no PLS 233/2015, para além de desconfigurá-lo, afrontando o já consolidado em sede jurisprudencial, ainda incorre em inequívoca hipótese de inconstitucionalidade, pois, a rigor, o âmbito de proteção do respectivo direito fundamental não alcança o inquérito civil. Há, no particular, o texto da norma como limite da interpretação.

Tal panorama, porém, a critério da presidência, e desde que não haja prejuízo à investigação, poderá ser flexibilizado, iniciativa, normalmente, que se reverte em efetivo benefício para a tutela de direitos a cargo do Ministério Público, aliviando, mais, as críticas que recaem sobre a condução do inquérito civil. Aliás, bem fixadas as premissas, não seria inadequado sugerir que tal abertura constasse expressamente da Resolução n.º 23 do Conselho Nacional do Ministério Público – CNMP, instrumento, hoje, que regulamenta o inquérito civil em âmbito nacional.

---

27 A respeito, consultar: ROCHA, Mauro Sérgio. **Op. cit.**, p. 171-172.

7. REFERÊNCIAS

ANDRADE, José Carlos Vieira de. Os Direitos Fundamentais na Constituição Portuguesa de 1976. Coimbra: Almedina, 1983.

CANOTILHO, J. J. Gomes. Estudos sobre Direitos Fundamentais. São Paulo: RT, 2008.

CAPPELLETTI, Mauro. Juízes Legisladores? Trad. Carlos Alberto Álvaro de Oliveira. Porto Alegre: Sergio Antonio Fabris, 1993.

DIDIER JR., Fredie; ZANETI JR., Hermes. Curso de Direito Processual Civil: processo coletivo. 9 ed. Salvador: Editora JusPODIVM, 2014.

FERRAZ, Antonio Augusto Mello de Camargo. Inquérito Civil: 10 anos de um instrumento da cidadania – 1985. In: Ministério Público e Afirmação da Cidadania. São Paulo: Ed. pelo autor, 1997.

GARCIA, Emerson; ALVES, Rogério Pacheco. Improbidade Administrativa. 7 ed. São Paulo: Saraiva, 2013.

GRINOVER, Ada Pellegrini. Do direito de defesa em inquérito administrativo. In: O processo em evolução. Rio de Janeiro: Forense Universitária, 1996.

GUASTINI, Riccardo. Il giudice e la legge. Torino: G. Giappichelli editore, 1995.

HESSE, Konrad. Elementos de Direito Constitucional da República Federativa da Alemanha. Trad. Luís Afonso Heck. Porto Alegre: Sergio Antonio Fabris, 1998.

LEONEL, Ricardo de Barros. Manual do Processo Coletivo. São Paulo: RT, 2002.

MAZZILLI, Hugo Nigro. A Defesa dos Interesses Difusos em Juízo: meio ambiente, consumidor, patrimônio cultural, patrimônio público e outros interesses. 19 ed. São Paulo: Saraiva, 2006.

MIRANDA, Pontes de. Tratado das Ações. Tomo I. Campinas: Bookseller, 1998.

MÜLLER, Friedrich. O Novo Paradigma do Direito: introdução à teoria e metódica estruturantes. Trad. Ana Paula Barbosa-Fohrmann et al. 2 ed. São Paulo: RT, 2009.

NERY JR., Nelson. Princípios do Processo na Constituição Federal. 10 ed. São Paulo: 2010.

ROCHA, Mauro Sérgio. Teoria dualista da ação: ação de direito material x ação de direito processual. In: Revista Jurídica do Ministério Público do Estado do Paraná, nº 1, p. 243-269, 2014.

______. Mauro Sérgio. Aplicação Direta dos Princípios Constitucionais: controle de constitucionalidade das decisões judiciais. Porto Alegre: Sergio Antonio Fabris, 2016.

SARMENTO, Daniel; SOUZA NETO, Cláudio Pereira de. Direito Constitucional: teoria, história e métodos de trabalho. Belo Horizonte: Fórum, 2013.

SILVA, Virgílio Afonso da. Direitos Fundamentais: conteúdo essencial, restrições e eficácia. 2 ed. São Paulo: Malheiros, 2010

INQUÉRITO CIVIL: ARQUIVAMENTO E SEU CONTROLE PELO COLEGIADO

Rodrigo Régnier Chemim Guimarães[1]

Para exercitar a ação civil pública por ato de improbidade administrativa ou para promover termos de ajuste de conduta ou, ainda, entabular acordos de leniência[2], o Ministério Público necessita de elementos de convicção preliminar que permitam decidir por um destes caminhos.

Estes elementos de convicção preliminar podem ser trazidos de forma suficiente pelo noticiante/representante da prática de eventual ato de improbidade, preenchendo as condições da ação e dispensando aprofundamento na coleta de novos dados, informações ou provas. Neste caso, parte-se de imediato para a propositura de alguma medida administrativa ou judicial. Há situações, no entanto, em que a notícia apresentada pode ser considerada visivelmente despropositada, ensejando um arquivamento de plano do caso mediante a decisão de não

---

1 Procurador de Justiça no Ministério Público do Paraná. Professor de Direito Processual Penal do Unicuritiba – Centro Universitário Curitiba; da FAE – Centro Universitário Franciscano; da FEMPAR – Fundação Escola da Magistratura do Paraná; da EMAP – Escola da Magistratura do Paraná; da ESMAFE – Escola da Magistratura Federal no Paraná. Professor e Coordenador do Curso de Pós-graduação em Direito Penal e Processual Penal do Unicuritiba. Mestre em Direito das Relações Sociais e Doutor em Direito de Estado pela UFPR.

2 Ainda que a Lei 8.429/92 vede expressamente a possibilidade de acordos entre o Ministério Público e a pessoa processada por ato de improbidade administrativa no curso das ações civis públicas, alguns Estados da federação, invocando o tratamento dado na Lei nº 12.846, de 01.08.2013; Lei nº 12.529, de 30.11.2011; e no art. 16, da Lei 12.846, de 1º.08.2013, dentre outras referências, vêm admitindo a celebração de acordos, inclusive regrando a esse respeito, como se vê da Resolução nº 01/2017, do Conselho Superior do Ministério Público do Estado do Paraná.

investigar a notícia/representação. O normal, no entanto, é que com a notícia ainda não se tenha condição de avaliar o caminho a seguir. Portanto, como regra, antes da ação civil pública ou de alguma medida administrativa de ajustamento de conduta, recomenda-se uma investigação dos fatos noticiados.

São dois os modelos de procedimentos de investigação preliminar à disposição do Ministério Público na esfera cível: o chamado "procedimento preparatório", disciplinado na Resolução nº 23, de 17 de setembro de 2007, do Conselho Nacional do Ministério Público - CNMP[3], e o chamado "inquérito civil público", regulado tanto na Lei 7.347/85, quanto na referida Resolução do CNMP, quanto, também e de forma complementar, nas respectivas Leis Orgânicas dos Ministérios Públicos e nos Regimentos Internos, Resoluções, Assentos, Súmulas e demais atos normativos dos órgãos colegiados superiores do Ministério Público.

Antes de analisar os mecanismos de controle de arquivamento destes procedimentos investigatórios e as respectivas consequências, é preciso dizer um pouco mais a respeito da pronta decisão pela não instauração de inquérito civil público que, na prática, também se caracteriza como um arquivamento da notícia/representação em seu nascedouro. Nos termos do art. 5º da Resolução nº 23/2007 do CNMP, o Promotor de Justiça, no âmbito dos Estados, ou o Procurador da República, no âmbito da União, pode decidir pela não investigação quando os fatos "não configurem lesão aos interesses ou direitos mencionados no artigo 1º" da Resolução, ou o fato indicado já tenha "sido objeto de investigação ou de ação civil pública" ou mesmo quando "os fatos apresentados" já estejam "solucionados". Nestas hipóteses, frise-se, admite-se a decisão do Promotor de Justiça (ou do Procurador da República) pela não instauração do inquérito civil público, numa espécie de arquivamento "ab ovo" da notícia/representação. Desta decisão de não instauração de inquérito civil, que deve ser fundamentada, o órgão do Ministério Público deve dar ciência pessoal tanto ao representante quanto ao representado, permitindo recurso administrativo pelo interessado, direcionado ao órgão colegiado revisio-

---

3 Alterada pelas Resoluções nºs **35/2009, 59/2010, 107/2014, 126/2015, 143/2016** e 161/2017.

nal do Ministério Público, a saber: o Conselho Superior, nos Estados e a Câmara de Coordenação e Revisão no Ministério Público Federal. A Resolução 23/2007 prevê, em seu artigo 5º, o procedimento do recurso referido: o prazo de sua interposição é dez dias, com as razões, e ele possui duplo efeito devolutivo – iterativo e reiterativo – ou seja, devolve a matéria tanto ao próprio órgão ministerial que decidiu pela não instauração do inquérito civil público, o qual pode rever a própria decisão, quanto, caso mantida a decisão de não instauração do inquérito civil, devolve a apreciação do tema também ao Conselho Superior do Ministério Público ou à chamada Câmara de Coordenação e Revisão existente no âmbito do Ministério Público Federal. Alguns Estados da federação – a exemplo de São Paulo[4] – preveem recurso administrativo também da decisão que instaurar o inquérito civil, mas não há uniformidade neste tema, devendo ser consultados os atos normativos de cada Ministério Público estadual e do Ministério Público Federal (que, inclusive, variam com o tempo).

Aliás, aproveitando a referência, é preciso abrir um parêntese aqui para destacar que há muitas praxes e recomendações consolidadas de forma diversa em atos normativos dos Conselhos Superiores dos diferentes Ministérios Públicos estaduais ou da chamada Câmara de Coordenação e Revisão existente no âmbito do Ministério Público Federal e, assim, é relevante que se tenha familiaridade com as orientações respectivas. Por exemplo: em 2014 o Conselho Superior do Ministério Público do Paraná emitiu Recomendação administrativa estabelecendo uma forma de proceder específica quando evidenciada duplicidade de inquéritos civis públicos com sobreposição de temas, fazendo-o nos seguintes termos:

> (...) descabe a remessa ao Conselho Superior do Ministério Público, para homologação, os casos em que o Agente Ministerial, no âmbito da investigação de ameaça ou lesão a interesses difusos, coletivos ou individuais homogêneos, se deparar com a existência de dois ou mais procedimentos tratando do mesmo objeto ou objeto

4 Ato Normativo nº 484-CPJ, de 05 de outubro de 2006, do Colégio de Procuradores de Justiça do Ministério Público de São Paulo, que regulamenta o Inquérito Civil Público naquele Estado e foi alterado pelo Ato Normativo 941, de 08 de dezembro de 2015.

> mais amplo contendo outro, quando deverá, tão somente, promover o apensamento ao mais antigo ou de maior amplitude, continuando a investigação em apenas um feito, exceto quando se tratar de procedimentos absolutamente idênticos, em relação ao tema, conteúdo e abrangência, hipótese em que o segundo poderá ser arquivado, ressalvando-se expressamente o prosseguimento da investigação no bojo do procedimento inicialmente instaurado. Ademais, se o objeto de investigação for ampliado, poderá ocorrer o aditamento da portaria de instauração ou apensamento do segundo ao primeiramente instaurado. Ou, ainda, dá-se prosseguimento ao primeiro, concluindo-o e instaurando-se outro com objeto diverso.[5]

O mesmo regramento não existe, com o idêntico detalhamento, nos demais Estados da Federação, ainda que o Ministério Público Federal traga regramento aproximado, porém muito mais "enxuto" nas particularidades do caso concreto, conforme referido no Enunciado nº 31, de 01 de setembro de 2015: "o arquivamento de procedimento preparatório, inquérito civil ou investigação criminal, com base na existência de outro procedimento de idêntica natureza, para a apuração dos mesmos fatos, prescinde de homologação da 5ªCCR, bastando o registro no Sistema Único para fins de cientificação"[6]. Como as regras não são exatamente as mesmas, vem daí a importância de estar atento às particularidades disciplinadas no âmbito interno de cada Conselho Superior do Ministério Público estadual e da chamada Câmara de Coordenação e Revisão existente no âmbito do Ministério Público Federal.

Fecha-se o parêntese para retornar à análise da decisão pela não instauração do inquérito civil à luz da Resolução nº 23/2007 do CNMP. Essa Resolução não regulamenta o que acontece caso o Conselho Superior ou a Câmara de Revisão entendam que a decisão de não instauração esteja equivocada. Será caso de designação de outro membro do Ministério Público? Ou será que pode ocorrer a deter-

---

[5] Ministério Público do Estado do Paraná. Conselho Superior. **Recomendação Administrativa nº 01/2014, de 02 de janeiro de 2014**. Disponível em http://www.mppr.mp.br/modules/conteudo/conteudo.php?conteudo=4334.

[6] Ministério Público Federal. Câmara de Coordenação e Revisão. **Enunciado nº 31, de 01 de setembro de 2015**. Disponível em http://www.mpf.mp.br/atuacao-tematica/ccr5/enunciados.

minação de instauração ao próprio órgão que antes havia entendido pela não instauração do inquérito civil? Há uma lacuna neste ponto, podendo ser utilizada, por analogia, a regra alusiva à decisão de arquivamento tanto do "procedimento preparatório" quanto do próprio "inquérito civil público", quando, em homenagem ao princípio da independência funcional dos membros do Ministério Público, designa-se outro Promotor de Justiça (ou outro Procurador da República) para dar seguimento ao feito. Vale o registro de que em se tratando de atribuição originária do Procurador-geral, a Resolução do CNMP estabelece que "caberá pedido de reconsideração no prazo e na forma do parágrafo primeiro" do art. 5º.

Outra situação se dá quando o "procedimento preparatório" ou o "inquérito civil público" são efetivamente instaurados e, somente ao final de seus trâmites, dá-se a decisão pelo seu respectivo arquivamento. Aqui o arquivamento é cabível, à luz do artigo 9º, caput, da Lei 7.347/85, quando se identificar a "inexistência de fundamento para a propositura da ação civil", ou seja, quando não estiverem presentes as condições da ação, ou, em outras palavras e nos termos consagrados na doutrina, compilados por Emerson Garcia e Rogério Pacheco Alves[7], quando:

> 1) a natureza do interesse não legitima a atuação do Ministério Público; inocorrência de lesão ao interesse transindividual; transação;
>
> 2) falta de um dos elementos da ação (parte, pedido ou causa de pedir); falta de comprovação do fato em si; ausência de fundamento jurídico do pedido, ainda que existente o fato;
>
> 3) não identificação da lesão; desaparecimento do interesse de agir ou da possibilidade jurídica do pedido; transação.

Quanto ao "procedimento preparatório" vale reforçar que ele antecede a instauração do "inquérito civil público" e sua prévia instauração não é obrigatória ou uma condição de procedibilidade para o inquérito civil, assim como este não o é para o exercício da ação civil pública, nos termos expressamente disciplinados no parágrafo único do art. 1º da Resolução nº 23/2007, do CNMP.

---

7 GARCIA, Emerson. ALVES, Rogério Pacheco. **Improbidade Administrativa**. 8ª ed., São Paulo: Saraiva, 2014, p. 849.

Seja como for, tanto o "procedimento preparatório" quanto o "inquérito civil público" podem ser instaurados e, portanto, ambos podem ser encerrados mediante arquivamento, quando não prestarem para as demais providências administrativas ou judiciais que o caso possa ensejar. Interessa-nos aqui os modelos de arquivamento destes procedimentos na apuração dos atos de improbidade administrativa definidos na Lei 8429/92, seja quando eles visam apenas identificar possível violação dos princípios de legalidade, impessoalidade, moralidade e publicidade, seja, também, quando visam verificar lesão ao patrimônio público passível de ressarcimento ou o enriquecimento ilícito do agente público ímprobo ou de terceiro beneficiário.

Vale anotar que o "procedimento preparatório" tem caráter bem precário, de verificação preliminar da notícia, quando há dúvida consistente se é caso ou não de se iniciar uma investigação por meio de "inquérito civil público" e, assim, não deve ser utilizado para substituir o "inquérito civil público" cuja finalidade é limitada à própria investigação. Ou seja: normalmente, quando uma notícia de ato ímprobo chega ao conhecimento do Estado-Ministério Público, ressalvada a hipótese de flagrante, o juízo de valor que se tem em relação a ela é de "possibilidades equivalentes", isto é, as razões positivas que levam o Promotor de Justiça ou o Procurador da República a acreditar que o fato noticiado possa ter ocorrido nos termos em que está sendo noticiado se equivalem às razões negativas que o levam a não acreditar nessa mesma notícia. Pode ter acontecido assim, mas pode não ter acontecido assim. É o quanto basta para se instaurar desde logo um "inquérito civil público", sem a necessidade de prévio "procedimento preparatório". É no "inquérito civil público" que a coleta de dados servirá para que se possa sair do juízo de mera "possibilidade equivalente" e se alcançar um "juízo de probabilidade", no qual as razões positivas que fazem acreditar na notícia se sobrepõem às razões negativas de desconfiança. A pergunta que surge é: quando, então, optar pelo "procedimento preparatório" anterior ao "inquérito civil público" se o juízo de valor exigido para este já é precário? Quando a notícia não permitir sequer um juízo de "possibilidades equivalentes", mas, ao mesmo tempo não permitir um "juízo de certeza" de sua não ocorrência, fazendo com que ela não possa ser de imediato descartada. O "procedimento preparatório" serve, por exemplo, para prévia apuração de verossimilhança de uma notícia anônima, evitando a formalização precipitada e temerária de inquérito civil público o qual, neste caso, poderia até mesmo ser "trancado" via mandado de segurança. A própria condição da notícia ser anônima faz com que recaia sobre ela uma ambivalência, que oscila entre a falta de credibilidade acentuada à "possibilidade" ou até mesmo à "probabilidade" de ocorrência. Em outras palavras: sabe-se que muitas vezes o noticiante é alguém de dentro da administração pública que, temendo por represálias, optou pela notícia anônima; porém, sabe-se, também, que não seria descartada a hipótese do noticiante anônimo ser um inimigo pessoal do noticiado querendo usar o Ministério Público e a Justiça como mola propulsora para uma vingança pessoal evitando simultaneamente uma responsabilização por denunciação caluniosa. Neste exemplo, algumas diligências preliminares poderiam dar maior segurança ao Promotor de Justiça ou ao Procurador da República para a instauração do inquérito civil público, servindo de filtro para evitar investigações embasadas em notícias muito precárias. Assim, o "procedimento preparatório" não deve ser utilizado como substituto ao "inquérito civil público", sob pena de se cair na redundância de se investigar uma notícia para depois iniciar uma investigação sobre a mesma notícia. Não deve haver sobreposição de procedimentos o que, além de desnecessário, resulta em morosidade. No âmbito do "procedimento preparatório", portanto, pode o membro do Ministério Público adiar a instauração do "inquérito civil público" e condicioná-la à verificação preliminar de alguns dados. Nestes termos, inclusive, tem sido a jurisprudência dos Tribunais Superiores quando avalia a possibilidade de se investigar notícias anônimas em procedimentos criminais. A jurisprudência tem entendido que não é possível instaurar inquéritos policiais apenas com base em notícias anônimas, sem que antes se promovam diligências preliminares de verificação da verossimilhança do conteúdo da notícia, mas que é possível dar seguimento a estas notícias quando confirmada sua verossimilhança em procedimento antecedente à instauração do inquérito policial, como se vê deste julgado do Supremo Tribunal Federal:

> "(...) nada impede, contudo, que o Poder Público, provocado por delação anônima ("disque-denúncia", p. ex.),adote medidas informais destinadas a apurar, previamente, em averiguação sumária,

> "com prudência e discrição", a possível ocorrência de eventual situação de ilicitude penal, desde que o faça com o objetivo de conferir a verossimilhança dos fatos nela denunciados, em ordem a promover, então, em caso positivo, a formal instauração da "persecutio criminis", mantendo-se, assim, completa desvinculação desse procedimento estatal em relação às peças apócrifas.[8].

O entendimento acima, proferido em sede de investigação criminal, pela similitude, pode ser empregado também aqui, no inquérito civil público. Vale ainda anotar que a confusão que alguns fazem ao usar o "procedimento preparatório" como se inquérito civil público" fosse, decorre até mesmo da questão semântica e da natureza jurídica primordial dos diversos instrumentos, já que tanto o "procedimento preparatório", quanto o "inquérito civil público", com o perdão da redundância, são "procedimentos preparatórios". Assim, quando a lei cria dois procedimentos preparatórios distintos e dá a um deles o nome pleonástico de "procedimento preparatório", não quer com isso dizer que a natureza jurídica do inquérito civil público também não seja de um verdadeiro procedimento preparatório. Como um antecede ao outro, é possível dizer que um deles tem maior potência que o outro. Do contrário ficariam sobrepostos e um deles seria inútil. A questão é que notícias anônimas muitas vezes vêm desacompanhadas de dados mais consistentes, razão pela qual, como visto, os Tribunais têm entendido que seria necessário promover diligências preliminares à instauração do próprio procedimento preliminar. No âmbito penal não há regramento detalhando como se denomina esse procedimento preliminar ao procedimento preliminar chamado de inquérito policial (se mais uma vez me permitem a redundância). Analogamente é o que se dá com o "procedimento preparatório" em relação ao "inquérito civil público", com a diferença de que aqui houve regramento específico sobre o tema.

Pode ocorrer que ao final destas diligências tomadas no curso de um "procedimento preparatório" e que visam sanar a dúvida inaugural do Promotor de Justiça ou do Procurador da República quanto à viabilidade de se iniciar uma efetiva investigação através do "inquéri-

---

[8] BRASIL. Supremo Tribunal Federal. **HC 109598, julgado em 15 de março de 2016, Relator Ministro Celso de Mello.**

to civil público", haja entendimento pelo arquivamento do "procedimento preparatório", sem que o "inquérito civil público" correspondente venha a ser instaurado. Como este modelo não é regrado na Lei 7.347/85, quem dele se ocupou foi a Resolução nº 23/2007 do CNMP, que trata especificamente do arquivamento do "procedimento preparatório", nos mesmos moldes que trata do arquivamento do "inquérito civil público", em seu art. 10.

Ainda que o "inquérito civil público" não se confunda com o inquérito policial ou mesmo com o "procedimento administrativo de investigação criminal" utilizado pelo Ministério Público em investigações criminais próprias, ele possui características muito similares a estes – e outros – instrumentos de investigação estatais (v.g. C.P.I.s, sindicâncias, etc.). Todos são procedimentos e não processos (neles não há partes), são administrativos e não jurisdicionais, são preliminares às eventuais ações correspondentes, são preparatórios da formação da opinião técnica do Ministério Público e do destino a ser-lhes dado, são provisórios no que concerne à valoração probatória dos depoimentos colhidos, são definitivos no aspecto probatório em relação a documentos, perícias e demais provas irrepetíveis, possuem publicidade interna à exceção aos investigados e seus advogados no que diz respeito aos elementos de prova ainda não documentados, e servem de base para eventual ação a ser proposta.

Essas similitudes, no entanto, não ocorrem quando se trata de avaliar os mecanismos de controle dos seus respectivos arquivamentos. Enquanto os arquivamentos dos procedimentos investigatórios de natureza criminal são objeto de prévio controle externo jurisdicional, por força do que determina o artigo 28 do Código de Processo Penal, com eventual posterior controle administrativo interno pelo Procurador-geral, o arquivamento dos procedimentos preparatórios e dos inquéritos civis públicos passam, inicialmente e necessariamente, por mecânica de controle interno junto ao Conselho Superior ou à Câmara de Coordenação e Revisão do próprio Ministério Público. Há um reexame necessário da promoção de arquivamento em sede de controle interno. Outra diferença essencial é que na seara penal não há controle da vítima no rito de arquivamento do inquérito policial, enquanto que no cível caso a vítima seja a noticiante/representante ela deve ser cientificada da promoção de arquivamento para querendo, poder participar do julgamento da revisão desta promoção de arquivamento, valendo-se de arrazoados e novas provas que podem ser apresentadas para valoração conjunta na revisão levada a efeito no Conselho Superior do Ministério Público estadual ou na Câmara de Coordenação e Revisão existente no âmbito do Ministério Público Federal. A mesma possibilidade de participação se dá ao representado, tudo nos termos do artigo 10 da Resolução 23 do CNMP.

Seja como for, em todos os casos, por se tratar de exercício de poder estatal, é necessário estabelecer-se mecanismos de controle do Ministério Público. Portanto, decidir pelo não exercício da ação civil pública e optar pelo arquivamento, seja do "procedimento preparatório", seja do "inquérito civil público", é ato que merece ser controlado. Como referido acima, o legislador cível optou por um misto de controle interno e externo da promoção de arquivamento, afastando o juiz dessa valoração, no que andou bem. O controle judicial da promoção de arquivamento não é o melhor modelo, pois impulsiona o juiz a analisar previamente o caso que ele poderá no futuro vir a julgar. Permitir que o juiz emita juízos de valor a respeito da justa causa ou não para iniciar um processo contra alguém não é algo salutar, ainda que a última palavra no inquérito policial fique no âmbito do Ministério Público por seu Procurador-geral. A questão é que não há como não considerar que esse controle judicial pressupõe que o juiz tomou uma posição contrária ao arquivamento decidido pelo Ministério Público. Isso implica, por evidente, na emissão de um juízo de valor por parte do Magistrado, o que compromete sua imparcialidade, notadamente caso ele permaneça competente para julgar o mérito do caso cujo arquivamento foi revisto pelo Procurador-geral. É quase como juntar as funções de acusar e julgar na mesma pessoa, aproximando-se de modelos inquisitoriais medievais. Quem deve decidir se exercitará ou não a ação (que no âmbito cível é o direito de invocar a tutela jurisdicional) não é o juiz, mas o Ministério Público. O Juiz só deve analisar o que lhe for trazido via provocação autônoma de terceiro, no caso, do titular da ação que é o Ministério Público.

Assim, o melhor modelo é este mesmo do controle interno, feito pelo Conselho Superior do Ministério Público nos Estados ou pela Câmara de Coordenação e Revisão existente no Ministério Público Federal, secundado por possibilidade de controle externo via reforço argumentativo no âmbito revisional administrativo seja do representante, do representado, seja da vítima ou de qualquer interessado. O modelo de controle interno da promoção de arquivamento vem regrado nos parágrafos do art. 9º da Lei 7.347/85 (Lei de Ação Civil Pública):

> "Art. 9º Se o órgão do Ministério Público, esgotadas todas as diligências, se convencer da inexistência de fundamento para a propositura da ação civil, promoverá o arquivamento dos autos do inquérito civil ou das peças informativas, fazendo-o fundamentadamente.
>
> § 1º Os autos do inquérito civil ou das peças de informação arquivadas serão remetidos, sob pena de se incorrer em falta grave, no prazo de 3 (três) dias, ao Conselho Superior do Ministério Público.
>
> § 2º Até que, em sessão do Conselho Superior do Ministério Público, seja homologada ou rejeitada a promoção de arquivamento, poderão as associações legitimadas apresentar razões escritas ou documentos, que serão juntados aos autos do inquérito ou anexados às peças de informação.
>
> § 3º A promoção de arquivamento será submetida a exame e deliberação do Conselho Superior do Ministério Público, conforme dispuser o seu Regimento.
>
> § 4º Deixando o Conselho Superior de homologar a promoção de arquivamento, designará, desde logo, outro órgão do Ministério Público para o ajuizamento da ação."

Acrescenta-se ao quanto disciplinado no regramento acima, as regras do artigo 10 e seus parágrafos, da Resolução nº 23/2007 do CNMP:

> "Art. 10. Esgotadas todas as possibilidades de diligências, o membro do Ministério Público, caso se convença da inexistência de fundamento para a propositura de ação civil pública, promoverá, fundamentadamente, o arquivamento do inquérito civil ou do procedimento preparatório.
>
> §1º Os autos do inquérito civil ou do procedimento preparatório, juntamente com a promoção de arquivamento, deverão ser remetidos ao órgão de revisão competente, no prazo de três dias, contado

da comprovação da efetiva cientificação pessoal dos interessados, através de publicação na imprensa oficial ou da lavratura de termo de afixação de aviso no órgão do Ministério Público, quando não localizados os que devem ser cientificados.

§2º A promoção de arquivamento será submetida a exame e deliberação do órgão de revisão competente, na forma do seu Regimento Interno.

§3º Até a sessão do Conselho Superior do Ministério Público ou da Câmara de Coordenação e Revisão respectiva, para que seja homologada ou rejeitada a promoção de arquivamento, poderão as pessoas co-legitimadas apresentar razões escritas ou documentos, que serão juntados aos autos do inquérito ou do procedimento preparatório.

§4º Deixando o órgão de revisão competente de homologar a promoção de arquivamento, tomará uma das seguintes providências:(Redação dada pela Resolução nº 143, de 14 de junho de 2016)

I – converterá o julgamento em diligência para a realização de atos imprescindíveis à sua decisão, especificando-os e remetendo os autos ao membro do Ministério Público que determinou seu arquivamento, e, no caso de recusa fundamentada, ao órgão competente para designar o membro que irá atuar; (Redação dada pela Resolução nº 143, de 14 de junho de 2016)

II – deliberará pelo prosseguimento do inquérito civil ou do procedimento preparatório, indicando os fundamentos de fato e de direito de sua decisão, adotando as providências relativas à designação, em qualquer hipótese, de outro membro do Ministério Público para atuação.

§5º Será pública a sessão do órgão revisor, salvo no caso de haver sido decretado o sigilo."

Como se vê do regramento acima, notadamente da redação do §2º, ainda é preciso consultar o Regimento Interno do Conselho Superior ou da Câmara de Coordenação e Revisão e também os Assentos, Súmulas, Resoluções ou quaisquer outros atos normativos que tenham sido porventura editados – o que pode variar de Estado para Estado e também no âmbito da União; a variação também ocorre ao longo do tempo, com a mudança dos integrantes dos Conselhos a cada dois anos – para avaliar novos detalhamentos do processo de arquivamento. Por exemplo, no caso do Estado do Paraná, uma questão relevante se dá com o Assento nº 45, de 19 de setembro de 2007, no qual o Conselho Superior firmou seu entendimento de que "a promoção de arquivamento de procedimento administrativo ou peças de informação em que haja notícia de qualquer infração penal será feita perante o Poder Judiciário"[9]. Este "Assento nº 45" foi depois, em, 2011, incorporado ao novo Regimento Interno do mesmo Conselho Superior do Ministério Público do Paraná, detalhando ainda mais o tema:

> "Art. 17. Chegando ao CSMP a promoção de arquivamento de procedimento preparatório ou inquérito civil, e sendo detectado que a questão versa unicamente sobre notícia de qualquer infração penal, o feito será convolado em PIC e serão restituídos os autos ao membro oficiante, para que promova, se for o caso, o arquivamento perante o órgão jurisdicional competente, ou para adoção de outras providências cabíveis.
>
> Parágrafo único. Se no feito em que se promove arquivamento houver concomitância de questão cível com a notícia de infração penal, será observado no CSMP se houve a extração das peças que se refiram à infração penal, para encaminhamento ao órgão do Ministério Público com atribuições correspondentes, a fim de serem adotadas as providências cabíveis, e, caso não tenha sido tomada a providência pelo órgão que promoveu o arquivamento, deverá ser suprida a omissão." [10]

O §4º do artigo 10 da Resolução 23/2007 do CNMP, acima reproduzido, ainda indica as providências que podem ser determinadas pelo Conselho Superior caso ainda não tenha elementos suficientes para decidir a respeito da homologação ou não do arquivamento. Neste caso, diz a regra, é possível determinar a realização de diligências complementares a serem realizadas pelo mesmo membro do Ministério Público que patrocinou o arquivamento ou, em caso de recusa

---

9 Ministério Público do Estado do Paraná. Conselho Superior. **Assento nº 45/2007**. Disponível em http://www.mppr.mp.br/modules/conteudo/conteudo.php?conteudo=2624.

10 Ministério Público do Estado do Paraná. Conselho Superior. **Regimento Interno**. Disponível em http://www.mppr.mp.br/modules/conteudo/conteudo.php?-conteudo=141.

fundamentada deste, nos termos de sua independência funcional, através da designação de outro membro do Ministério Público para prosseguir. Caso se discorde da promoção de arquivamento do Promotor de Justiça ou do Procurador da República oficiante em primeiro grau, delibera-se pelo prosseguimento do procedimento preparatório ou do inquérito civil público, com designação de outro membro do Ministério Público. Neste último caso, como também deixa claro a regra do art. 11 da mesma Resolução, não poderá ser o mesmo Promotor ou Procurador da República que se manifestou pelo arquivamento aquele a dar sequência às investigações. No Ministério Público do Estado do Paraná há regramento tanto no Regimento Interno do Conselho Superior, quanto em posterior entendimento sumulado pelo mesmo Conselho Superior a respeito deste tema. Diz o Regimento Interno paranaense, com nova redação datada de outubro de 2011:

> "Art. 19. Poderá o colegiado ou o Conselheiro Relator:
>
> I - requisitar de qualquer órgão público ou particular, certidões, informações, exames, perícias ou outras providências, estabelecendo prazo não inferior a dez dias úteis para o atendimento;
>
> II - converter o julgamento em diligência para a realização de atos imprescindíveis à sua decisão, especificando-os e estabelecendo prazo razoável para o cumprimento, remetendo o feito, quando for o caso, à PGJ, para a designação do membro que irá atuar.
>
> §1º. Na hipótese do inciso anterior, se o Relator verificar o indispensável cumprimento de diligências de caráter meramente informativo, o feito retornará ao membro oficiante ou ao membro que o tiver sucedido, por questões de celeridade, objetividade e economicidade, exceto quando o objeto da diligência venha a conflitar com o posicionamento de mérito, caso em que será designado outro membro.
>
> §2º. Não sendo homologada a promoção de arquivamento e sendo deliberado o prosseguimento do inquérito civil ou do procedimento preparatório, o CSMP, indicando os fundamentos de fato e de direito de sua decisão, cuidará de indicar providências para designação de outro membro do Ministério Público para atuar, se for o caso.
>
> §3º. Sendo o caso de designação de outro membro para atuar, o Relator poderá determinar o cumprimento de novas diligências,

> bem como poderá concluir pela obrigatoriedade de propositura da respectiva ação.
>
> §4º. Na hipótese do parágrafo anterior, se o membro designado concluir pelo arquivamento após o cumprimento das diligências, não estará vinculado ao entendimento de mérito exarado pelo Relator, salvo se tiver sido determinada a propositura de ação.[11]

E o tema, como dito, é complementado pela Súmula 05, de 07 de abril de 2014, do Conselho Superior do Ministério Público do Paraná:

> "Convertido o julgamento em diligência, reabre-se ao Promotor de Justiça que tinha promovido o arquivamento do inquérito civil ou das peças de informação, ou ao membro do Ministério Público que lhe houver sucedido, a oportunidade de reapreciar o caso, em respeito à independência funcional, podendo manter sua posição favorável ao arquivamento ou propor a ação civil pública, como lhe pareça mais adequado. Neste último caso, imprescindível a comunicação do ajuizamento da ação por ofício ao Conselho e o registro no sistema PRO-MP".[12]

Vê-se, portanto e mais uma vez, o cuidado de sempre estar atento às normativas internas e aos entendimentos assentados ou sumulados de cada Conselho Superior de cada Ministério Público estadual e também da Câmara de Coordenação e Revisão do Ministério Público Federal para alcançar a plenitude de direcionamento nos mais variados temas em sede administrativa.

Um cuidado maior deve se dar com a questão do chamado "arquivamento implícito". Em seu artigo 13, a Resolução 23/2007 do CNMP deixa assentado que não é possível o arquivamento implícito:

> Art. 13. O disposto acerca de arquivamento de inquérito civil ou procedimento preparatório também se aplica à hipótese em que estiver sendo investigado mais de um fato lesivo e a ação

---

[11] Ministério Público do Estado do Paraná. Conselho Superior. **Regimento Interno**. Disponível em http://www.mppr.mp.br/modules/conteudo/conteudo.php?-conteudo=141.

[12] Ministério Público do Estado do Paraná. Conselho Superior. **Súmula nº 05/2014**. Disponível em http://www.mppr.mp.br/modules/conteudo/conteudo.php?conteudo=5584.

civil pública proposta somente se relacionar a um ou a algum deles.

O mesmo entendimento vem expressamente consignado nos termos do art. 9º da Lei 7.347/85 (Lei de Ação Civil Pública): "se o órgão do Ministério Público, esgotadas todas as diligências, se convencer da inexistência de fundamento para a propositura da ação civil, promoverá o arquivamento dos autos do inquérito civil ou das peças informativas, fazendo-o fundamentadamente".

A lei, portanto, deixa clara a necessidade de promoção de arquivamento fundamentado, como, aliás, determina, contrario sensu, a Constituição da República no inciso VIII do art. 129 e como o faz, expressamente, o art. 43, III, da Lei 8.625/93 (Lei Orgânica Nacional do Ministério Público).

O tema do arquivamento implícito já foi muito discutido no âmbito do processo penal. Aliás, alguns doutrinadores de processo penal até admitem que ele possa ocorrer na prática, mas criticam a possibilidade, como se vê, a título ilustrativo, nas obras de Afrânio Silva Jardim[13], Paulo Rangel[14] e Fernando da Costa Tourinho Filho[15]. No entanto, vale frisar que essa possibilidade não existe em nosso ordenamento jurídico, valendo apenas o arquivamento expresso. Ainda no contexto da doutrina de processo penal, a abalizada doutrina de Eugênio Pacelli de Oliveira[16]:

> "...deve ser observado que a decisão de arquivamento do inquérito ou das peças de informação deve ser sempre explícita, para tornar indiscutível a matéria (salvo com o surgimento de novas provas), a tanto não se prestando o simples recebimento da denúncia em relação apenas aos indiciados incluídos pelo Ministério Público

---

13 JARDIM, Afrânio Silva. **Direito Processual Penal**, 11ª ed., Rio de Janeiro: Forense, 2007, p. 170.

14 RANGEL, Paulo. **Direito Processual Penal**, 8ª ed., Rio de Janeiro: Lúmen Iuris, 2004, p. 189.

15 TOURINHO FILHO, Fernanda da Costa. **Processo Penal**, vol. 1, 25ª ed., São Paulo: Saraiva, 2003, p. 427.

16 OLIVEIRA, Eugênio Pacelli de. **Curso de Processo Penal**, 10ª ed., Rio de Janeiro: Lumen Iuris, 2008, p. 54.

na peça acusatória. Assim, quando houver indiciado não incluído naquela, cumpre ao magistrado renovar vista ao órgão do parquet para manifestação expressa sobre a exclusão, não se admitindo arquivamento implícito." (grifo nosso)

Na mesma trilha, dentre outros, seguem os doutrinadores Gustavo Henrique Righi Ivahy Badaró[17], Denilson Feitoza Pacheco[18], José Antonio Paganella Boschi[19], Edilson Mougenot Bonfim[20], Julio Fabbrini Mirabete[21], Marcellus Polastri Lima[22] e Guilherme de Souza Nucci[23]. O mesmo ocorre na doutrina que trata especificamente do inquérito civil público, a exemplo[24] de Hugo Nigro Mazzilli[25]:

> Entretanto, pode ocorrer, e na prática a cotio ocorre, que, ao menos em parte, o inquérito civil irregularmente termine sem a propositura da correspondente ação civil pública e sem o necessário contro-

---

17 BADARÓ, Gustavo Henrique Righi Ivahy. **Direito Processual Penal – Tomo I**, Rio de Janeiro: Elsevier, 2008, pp. 60-61.

18 PACHECO, Denílson Feitoza. **Direito Processual Penal, Teoria, Crítica e Práxis**, 3ª ed., Niterói: Ímpetus, 2005, p. 239.

19 BOSCHI, José Antonio Paganella. **Persecução Penal**, Rio de Janeiro: Aide, 1987, p. 209.

20 BONFIM, Edilson Mougenot. **Curso de Processo Penal**, 4ª ed., São Paulo: Saraiva, 2009, p. 137.

21 MIRABETE, Julio Fabbrini. **Processo Penal**, 16ª ed., São Paulo: Atlas, 2004, p. 104.

22 LIMA, Marcellus Polastri. **Curso de Processo Penal**, vol. 1, Rio de Janeiro: Lúmen Iuris, 2002, p. 175.

23 NUCCI, Guilherme de Souza. **Manual de Processo Penal e Execução Penal**, 5ª ed., São Paulo, RT, 2008, p. 178.

24 A maioria da doutrina que trata do tema no âmbito cível, remete à lição de Hugo Nigro Mazzilli. Nesse sentido, a título ilustrativo, vide: MACÊDO, Marcus Paulo Queiroz. **O Ministério Público e o Inquérito Civil. Aspectos teóricos e práticos**. Belo Horizonte: Arraes, 2012, p. 230. Ou ainda: OLIVEIRA, Sílvio A. G. de. **Inquérito Civil e Peças de Informação: arquivamento. Análise geral das causas de arquivamento. Homologação pelo Conselho Superior**. Curitiba: Juruá, 2000, p. 58. E também: ALMEIDA, Gustavo Milaré. **Poderes Investigatórios do Ministério Público nas Ações Coletivas**. São Paulo: Atlas, 2010, pp. 151 e ss..

25 MAZZILLI, Hugo Nigro. **O Inquérito Civil**. São Paulo: Saraiva, 1999, pp. 205 e ss..

le de arquivamento. É o que se chama de arquivamento implícito do inquérito civil, grave irregularidade que deve ser coibida, ainda quando praticada de forma involuntária, seja por desatenção, seja até por negligência. Por falhas ou descuidos, isso se pode dar especialmente quando: a) haja vários atos ilícitos, em tese, e o promotor de Justiça só enfrente expressamente a falta de base para o ajuizamento da ação civil pública apenas quanto a alguns desses atos na promoção de arquivamento; b) haja vários possíveis autores ou responsáveis pelas ilegalidades e, na promoção de arquivamento, o promotor de Justiça não enfrente expressamente a ausência de responsabilidade de alguns deles; c) o promotor de Justiça proponha a ação civil pública, mas esta que não cobre todos os atos ilícitos ou todos os possíveis responsáveis pelas ilegalidades.

Portanto, mesmo que a lei exija fundamentação, o arquivamento implícito pode ocorrer na prática quando, por exemplo, o Promotor de Justiça ou o Procurador da República simplesmente nada refere a respeito de um determinado fato conexo ao primeiro que ensejou a propositura da ação civil pública ou deixa de mencionar um coautor ou partícipe envolvido no caso. Se o arquivamento for submetido ao controle interno do Conselho Superior ou da Câmara de Coordenação e Revisão, fica mais fácil detectar quando isso ocorre e corrigir a questão, determinando o retorno dos autos ao Promotor ou Procurador da República de origem para que ele diga algo expressamente a respeito do quanto ficou silente. Importante que o feito retorne ao primeiro grau para esta providência, observando aqui o princípio do Promotor natural. Mas a questão ganha um colorido diferente quando o arquivamento implícito se verifica no âmbito de uma ação civil pública judicializada. Neste caso, discute-se se seria o juiz quem deve efetivar esse controle. Já acenamos acima que o ideal é que o juiz não promova controles desta natureza, ainda mais na esfera cível, na qual não há regramento algum nesse sentido. O caso aqui pode passar desapercebido e se consolidar indefinidamente, mas não há como admitir que houve efetivo arquivamento pela ausência de referência a fatos não judicializados. Repita-se, para deixar marcado: ainda que se possa verificar a ausência de manifestação expressa isso não implica em dizer que houve efetivo arquivamento daquilo que não foi objeto de fundamentação. Como recorda Hugo Nigro Mazzilli, "negar esse raciocínio seria permitir a burla ao sistema de arquivamento do inquérito civil e das peças de informação. Em outras palavras, se o promotor de Justiça arquivasse fundamentadamente o inquérito civil, haveria controle do colegiado; mas, se arquivasse sem fundamento algum ou sem apreciar fato algum, ou se propusesse uma ação com objeto menos abrangente que o devido, poderia não haver qualquer controle para seu ato, o que seria rematado absurdo"[26].

Sobre o chamado "arquivamento implícito" no âmbito penal, mas que serve de igual parâmetro para o inquérito civil público, destaca-se a jurisprudência do Colendo Supremo Tribunal Federal, da qual se destaca, por todas, a decisão proferida no RHC 127011, Relatora Ministra Cármen Lúcia, julgado em 12 de maio de 2015:

> "(...) ressalte-se ser firme a jurisprudência deste Supremo Tribunal Federal no sentido de inexistir arquivamento implícito da denúncia, pois o arquivamento da ação penal demanda manifestação expressa do Ministério Público, o que não ocorreu na espécie vertente.
>
> Nesse sentido:
>
> "Recurso ordinário em habeas corpus. 2. Satisfeitos os requisitos do CPP 41 e não comprovada, de plano, atipicidade da conduta, a incidência de causa extintiva de punibilidade ou a ausência de indícios de autoria e materialidade, inviável trancar a ação penal. 3. Nos termos da jurisprudência do STF, não há arquivamento implícitode ação penal pública. Precedentes. 4. Recurso ao qual se nega provimento" (RHC 116.052, Relator o Ministro Gilmar Mendes, DJ 13.11.2013).
>
> No mesmo sentido: AI-AgR 803.138, Relator o Ministro Gilmar Mendes, DJe 15.10.2012; RHC 113.273, Relator o Ministro Luiz Fux, DJe 14.8.2013; HC 104.356, Relator o Ministro Ricardo Lewandowski, Dje 2.12.2010; RHC 95.141, Relator o Ministro Ricardo Lewandowski, DJe 23.10.2009 e HC 96.700, Relator o Ministro Eros Grau, DJe 14.8.2009[27].

---

[26] MAZZILLI, Hugo Nigro. **O Inquérito Civil**. Ob. cit., p. 209.

[27] Disponível em http://redir.stf.jus.br/paginadorpub/paginador.jsp?docTP=TP&docID=8522894.

Na mesma linha de discurso, também se evidencia o pensamento do Superior Tribunal de Justiça, no AgRg no HC 344227, Relator Ministro Félix Fischer, julgado em 14 de março de 2017:

> No presente caso, "Ausente expresso pedido ministerial de arquivamento da investigação em face de agentes, não se tem arquivamento implícito, hoje diretamente inexistente, mas opção de imediata acusação contra os investigados em face de quem já se encontra presente a justa causa, podendo a persecução penal em face dos demais ser ainda desenvolvida por aditamento à denúncia ou em ação penal autônoma" (RHC n. 75.856/SP, Sexta Turma, Rel. Min. Nefi Cordeiro, julgado em 6/12/2016, DJe de 16/12/2016).[28]

Todo raciocínio vale para o inquérito civil público, por similitude e analogia. Assim, ao não se admitir a possibilidade do chamado "arquivamento implícito" o Promotor de Justiça ou o Procurador da República precisa se pronunciar expressamente quanto à necessidade, ou não, de oferecimento da ação civil pública em relação aos possíveis implicados. Do contrário, significa dizer que não arquivou em relação aos demais e pode – e deve – haver controle por parte do Conselho Superior ou da Câmara de Coordenação e Revisão também neste aspecto.

A Resolução nº 23/2007 do CNMP ainda prevê a possibilidade de desarquivamento do mesmo procedimento preparatório ou do inquérito civil público caso surjam novas provas ou novo fato conexo a ser apurado, observado o prazo máximo de seis meses após a decisão de seu arquivamento. Caso este prazo já tenha sido ultrapassado não significa que não se poderá investigar novo fato ou promover novo inquérito civil público para o mesmo fato diante de novas provas. Também não equivale a dizer que não serão aproveitáveis as provas já colhidas. A questão aqui é muito similar ao arquivamento do inquérito policial por falta de base para a denúncia. Tanto no inquérito policial, quanto no inquérito civil público, a decisão de arquivamento não faz coisa julgada material, até porque se trata de decisão administrativa,

---

[28] Disponível em https://ww2.stj.jus.br/processo/revista/documento/mediado/?componente=ITA&sequencial=1579616&num_registro=201503090673&data=20170406&formato=PDF

à luz da cláusula rebus sic stantibus, ou seja, enquanto o cenário probatório for este, a decisão é pelo arquivamento, porém, se amanhã ou depois se tiver notícia de novas – e melhores – provas, é possível rever a decisão anterior e reabrir a investigação. Caso uma vez reaberta a investigação ou instaurado novo procedimento investigatório, ao final se entender mais uma vez pelo seu arquivamento, segue-se novamente toda mecânica de arquivamento com reiteração dos controles internos e externos respectivos.

Outro ponto relevante a ser compreendido passa por identificar o que norteia a decisão do membro do Ministério Público quanto a exercitar ou não a ação civil pública. Estaria ele orientado pela obrigatoriedade como ocorre, em regra, na ação penal pública? Ou, por se tratar de questão cível, a oportunidade seria o norte?

Essa discussão em torno da obrigatoriedade ou não do exercício da ação, passa, também lá no processo penal, por uma constante discussão. Enquanto alguns países, a exemplo da França e dos Estados Unidos, orientam-se pela oportunidade, outros, a exemplo da Itália e do Brasil, traçam a obrigatoriedade da ação penal pública como princípio.

Mesmo no âmbito penal o que se tem visto nas últimas décadas é uma forte aproximação com o modelo anglo-saxão para a mitigação da obrigatoriedade, naquilo que a doutrina vem referindo como "oportunidade regrada", de que são exemplos a transação penal no âmbito dos Juizados Especiais Criminais e a colaboração premiada, repaginada com a Lei 12.850/13. Nas duas situações, mesmo que estejam presentes as condições para o exercício da ação penal pública, o Ministério Público pode deixar de exercitar a ação caso o noticiado aceite proposta de acordo como forma de exclusão do processo. Frise-se que no campo penal não se trata de uma oportunidade plena, como ocorre na ação penal privada, mas de uma oportunidade regrada, pois as leis respectivas, trazem requisitos para permitir o não exercício da ação penal pública.

No âmbito da improbidade administrativa, ainda que a lei de improbidade não traga, expressamente, um princípio de obrigatoriedade, o caput do artigo 10 da Resolução 23/2007 do CNMP prevê a necessidade de esgotamento das diligências o que indica implicitamente a obrigatoriedade, decorrência lógica do fato que se está lidando com a proteção do patrimônio público. Alguns autores, no entanto, a exemplo de Antonio Augusto Mello de Camargo Ferraz, Édiz Milaré e Nelson Nery, secundados por Sílvio A. G. de Oliveira[29], aparentam confusão ao dizer, num primeiro momento, que o Ministério Público deve agir orientado por uma "obrigatoriedade temperada com conveniência e oportunidade"(sic), para, em seguida, afirmarem que "não vamos ao extremo de dizer que a atividade do Ministério Público quanto à ação civil pública é ilimitadamente discricionária, ficando ao alvedrio do órgão a propositura ou não da ação"; e, logo depois, retornarem ao critério de "oportunidade e conveniência", dizendo que se for verificado que "não é oportuna ou conveniente essa propositura, poderá deixar de exercer o poder-dever da ação"[30]. A sequência de colocações dos autores, com o respeito devido, realmente ficou confusa. Como regra, ou o exercício da ação é obrigatório toda vez que preencher as condições da ação, ou não é obrigatório e, assim, se avaliam sempre a conveniência e a oportunidade de agir, podendo deixar de exercitar a ação mesmo com as condições da ação presentes. Não é possível dizer que o exercício da ação é, ao mesmo tempo, obrigatório e oportuno. Uma coisa anula a outra. Na verdade, o que se admite em termos de mitigação da obrigatoriedade está circunscrito às hipóteses legais, não como uma oportunidade plena, mas naquilo que a doutrina de processo penal melhor organizou como uma "oportunidade regrada", isto é, exercitada a análise de conveniência e oportunidade apenas nos casos e nos limites previstos em lei. Assim, como regra, preenchidas as condições da ação, o seu exercício é obrigatório à exceção dos casos em que estejam disciplinadas as possibilidades de acordos e composições, seja pela via do termo de ajuste de conduta, seja pela novidade que vem sendo empregada do acordo de leniência, nos limites regrados. Nestes últimos casos é que entra a oportunidade,

---

29 OLIVEIRA, Sílvio A. G. de. **Inquérito Civil e Peças de Informação: arquivamento. Análise geral das causas de arquivamento. Homologação pelo Conselho Superior**. Curitiba: Juruá, 2000, pp. 44-45.

30 FERRAZ, Antonio Augusto Mello de Camargo; MILARÉ, Édis; NERY, Nelson. **A Ação Civil Pública e a Tutela Jurisdicional dos Interesses Difusos.** São Paulo: Saraiva, 1984, p. 84.

regrada, frise-se. Ou seja: não pode o Promotor de Justiça ou o Procurador da República simplesmente dizer que entende que não é conveniente e oportuna a ação fora das hipóteses dos acordos negociados.

No campo da oportunidade regrada ainda é possível equiparar estes acordos ao arquivamento da investigação, ainda que nestes modelos existam soluções ajustadas com o representado. Se é assim, também aqui é preciso efetivar mecanismos de controle interno no âmbito do Conselho Superior do Ministério Público ou da Câmara de Coordenação e Revisão do Ministério Público Federal[31]. É o que prevê, por exemplo, o regramento paranaense permissivo dos acordos de leniência em sede de improbidade administrativa nos §§4º, 5º e 6º, do art. 5º:

> "§ 4o. O termo de ajustamento de conduta ou o acordo de leniência, seja ele celebrado na fase pré-processual, seja na fase processual, deverá ser homologado pelo Conselho Superior do Ministério Público;
>
> § 5o. O Conselho Superior do Ministério Público, com prioridade sobre os demais feitos, verificará a regularidade, legalidade e pertinência do ato jurídico para homologação;
>
> § 6o. Formalizado o termo de ajustamento de conduta ou o acordo de leniência os autos de procedimento preparatório ou inquérito civil serão encaminhados ao C.S.M.P. no prazo de 3 (três) dias, podendo o colegiado em sessão plenária, por maioria simples, homologar, rejeitar o ato jurídico celebrado, determinar a realização de diligências complementares ou de adequações, podendo nesta última hipótese, caso necessário, ser designado outro Promotor de Justiça para referidas adequações;"[32]

---

31 No mesmo sentido: GARCIA, Emerson; ALVES, Rogério Pacheco. **Improbidade Administrativa**. 8ª ed., São Paulo: Saraiva, 2014, p. 864. Em sentido contrário: José dos Santos Carvalho Filho tem posição diferente, entendendo que por ocasião do termo de ajuste de conduta, o arquivamento não precisa ser submetido ao controle do Conselho Superior (CARVALHO FILHO, José dos Santos. **Ação Civil Pública. Comentários por artigo (Lei nº 7.347, de 24/7/85)**. Rio de Janeiro: Lumen Iuris, 2011, p. 298).

32 Ministério Público do Estado do Paraná. Conselho Superior. **Resolução nº 01/2017, de 15 de maio de 2017**. Disponível em http://www.mppr.mp.br/modules/conteudo/conteudo.php?conteudo=4334.

Caso o acordo de leniência seja celebrado no âmbito de um processo em curso, a homologação será precedida de avaliação do Conselho Superior, mas será efetivada mesmo pelo juiz da causa, nos termos dos §§7º e 8º do mesmo art. 5º da regulamentação paranaense.

Vê-se, portanto, que o tema do arquivamento dos procedimentos cíveis à disposição do Ministério Público não é uniforme no país, estando mesmo em constante mutação nos planos estaduais, até porque o quadro de Conselheiros muda a cada dois anos e as particularidades de cada caso acabam criando situações novas que muitas vezes se consolidam em novas normativas internas. Uniformizar entendimentos no plano nacional seria providência salutar para consolidar o modelo de fiscalização, publicidade e controle interno do inquérito civil público e seus instrumentos correlatos.

OS RECURSOS NO INQUÉRITO CIVIL PÚBLICO

Rodrigo Leite Ferreira Cabral[1]

1. INTRODUÇÃO.

O presente artigo propõe-se a tratar do tema relativo aos recursos administrativos que eventualmente possam ser interpostos no âmbito do inquérito civil público. Esse exame será feito de acordo com a proposta central desta obra, que pretende examinar distintos aspectos do inquérito civil utilizando-se como referencial interpretativo um julgado de Tribunal Superior.

Para tanto, porém, existe uma dificuldade para o assunto específico deste artigo, uma vez que, por se tratar de matéria administrativa, ela é normalmente decidida no âmbito interno do Ministério Público, sendo raramente objeto de questionamentos judiciais.

Assim, o precedente aqui escolhido, ainda que não diga especificamente sobre recurso no inquérito civil, foi escolhido precisamente por trazer como fundamento subjacente importante norte interpretativo para a compreensão do assunto.

O julgado é acórdão que proferido no RMS 37.679/RR, de relatoria do Min. Herman Benjamin e que tem a seguinte ementa, citada apenas na parte que interessa:

---

[1] Doutor em Ciências Jurídicas e Políticas pela Universidad Pablo de Olavide. É Promotor de Justiça do Ministério Público do Estado do Paraná.

> "CONSTITUCIONAL, ADMINISTRATIVO E PROCESSUAL CIVIL. MANDADO DE SEGURANÇA QUE BUSCA IMPEDIR O DESENVOLVIMENTO DE INVESTIGAÇÃO PRELIMINAR AO INQUÉRITO CIVIL PARA APURAR SUPOSTA IMPROBIDADE ADMINISTRATIVA PRATICADA, EM TESE, PELO DEFENSOR PÚBLICO. DEVER CONSTITUCIONAL E LEGAL DE INVESTIGAÇÃO PELO MINISTÉRIO PÚBLICO.
>
> 1. Na origem, foi impetrado Mandado de Segurança contra investigação preliminar instaurada pelo Ministério Público para apurar a prática, em tese, de ato de improbidade pelo Defensor Público da comarca, que teria apresentado atestado médico firmado por sua esposa, recomendando dois dias de repouso, não obstante tenha o causídico sido encontrado no mesmo dia trabalhando nas dependências do foro local, o que sugere tenha ele se servido desse expediente apenas para frustrar a realização de sessão plenária do júri na qual estava designado para atuar.
>
> 2. Estando o Ministério Público constitucional e legalmente vocacionado à defesa dos interesses difusos e coletivos (art. 129, III da CF/88 e arts. 8º e 9º da Lei 7.34785), não há ilegalidade alguma na instauração de procedimento investigatório preliminar voltado à apuração de suposto ato de improbidade, o que revela apenas o estrito cumprimento de um dever legal que foi exercitado com absoluta cautela. Precedentes.
>
> 3. No caso, os próprios recorrentes transcrevem excertos do processo que evidenciam a presença de justa causa para a deflagração daquela investigação, que se reveste, portanto, de absoluta legalidade, razoabilidade e prudência, uma vez que o Promotor de Justiça local procurou colher elementos prévios de informação antes mesmo da instauração do inquérito civil, justamente com o propósito de zelar pelos valores da intimidade e da preservação da imagem em relação aos quais os impetrantes reclamam proteção.
>
> (...)
>
> (STJ - RMS 37.679/RR, Rel. Ministro HERMAN BENJAMIN, SEGUNDA TURMA, julgado em 15/08/2013, DJe 02/02/2015)

No referido acórdão, o em. Ministro Herman Benjamin apresenta dois fundamentos que, sem sombra de dúvidas, se prestam como relevante horizonte hermenêutico para a compreensão do tema dos recursos no inquérito civil.

O primeiro fundamento preconiza que, chegando a notícia de fatos que em tese poderiam constituir um ato de improbidade administrativa (ou que envolva outro interesse coletivo *latu sensu*), impõe-se ao Membro do Ministério Público um *"dever legal"* de investigá-los de modo efetivo.

O segundo, extraído do corpo do acórdão, proclama que o arquivamento do inquérito civil público tem *"caráter excepcional"* e *"só é admitido se o Parquet estiver convencido da inexistência de fundamento para a propositura da Ação Civil (art. 9º, caput), o que sugere a incidência do princípio in dubio pro societate nesta fase investigatória."*

Com atenção a essas duas premissas, que permearão implícita ou explicitamente o exame do tema, é que será desenvolvida a presente exposição sobre os recursos no âmbito do Inquérito Civil Público.

O estudo do tema abordará os seguintes tópicos: a) Instauração de inquérito civil público e recurso administrativo; b) Indeferimento do pedido de instauração de inquérito civil público e recurso administrativo; c) Diligências investigativas e recurso administrativo; d) Demora no encerramento do inquérito civil público e recurso administrativo e e) Decisão de arquivamento do inquérito civil público e recurso administrativo.

2. INSTAURAÇÃO DE INQUÉRITO CIVIL PÚBLICO E RECURSO ADMINISTRATIVO

A primeira hipótese a ser estudada sobre o cabimento ou não de recurso administrativo, diz respeito aos casos em que o interessado não concorda com a decisão proferida pelo Membro do Ministério Público que, de ofício ou com base em representação a ele encaminhada, determina a instauração do inquérito civil.

A Lei da Ação Civil Pública, que estabelece as normas gerais de regência do inquérito civil público, não trouxe em seu bojo a possibilidade da interposição desse tipo de recurso.

Possivelmente, por conta do dever legal que é imposto ao Ministério Público de apurar os fatos que chegam ao seu conhecimento (conforme expressamente reconhecido no acórdão aqui utilizado como paradigma), o legislador federal optou por não criar demasiadas barreiras à ampla possibilidade de abertura de investigações.

Isso porque, ainda que muitas vezes a instauração do inquérito se dê a partir de elementos bastante incipientes e até mesmo frágeis, a atuação investigativa do Ministério Público inegavelmente pode descortinar ilícitos de grande monta e relevância social.

Assim, é de se ter claro que, nessa fase preliminar, como também consignado no julgado do STJ, deve vigorar o princípio do *in dubio pro societate*. Mesmo porque, a instauração do inquérito civil público pressupõe um quadro fático duvidoso, em que se pretende, com a sua instrução, avaliar se existe justa causa para eventual propositura de ação civil pública (ou outra medida que solucione a questão subjacente ao inquérito), uma vez que – caso já houvesse, desde o princípio, justa causa – não seria o caso de instauração de ICP, mas sim de ajuizamento, de plano, de ação civil pública (ou mesmo de expedição de recomendação administrativa ou celebração de termo de ajustamento de conduta, conforme o caso).

Nada obstante a opção do legislador federal de não prever o cabimento de recurso contra a decisão de abertura de inquérito civil público, nada impede, conforme já decidiu o Pleno do Supremo Tribunal Federal, no julgamento da medida cautelar na ADI n. 1285, que as Leis Orgânicas dos Ministérios Públicos Estaduais prevejam tal possibilidade.

Aliás, é nesse sentido, por exemplo, a previsão do art. 108, da Lei Complementar n. 734/98, do Estado de São Paulo (LOMPSP), que tem a seguinte redação:

> "Art. 108. Da instauração do inquérito civil, caberá recurso do interessado ao Conselho Superior do Ministério Público, com efeito suspensivo.
>
> § 1º- O prazo de interposição dos recursos será de 5 (cinco) dias a contar da ciência do ato impugnado."

Foi precisamente contra esse dispositivo (além de outros da LOMPSP), que foi ajuizada pelo Procurador-Geral da República a referida Ação Direta, que estava fundamentada em representação formulada por Membros do Ministério Público de São Paulo.

O argumento central da ADI foi o de que o aludido artigo padecia de inconstitucionalidade formal, uma vez que ele tratava de matéria processual, cuja competência legislativa exclusiva é da União[2].

Apesar dessa argumentação, conforme já adiantado, o Supremo negou o pedido de concessão de medida liminar, estando, atualmente, o processo constitucional, ainda, pendente de julgamento definitivo.

A ementa do acórdão que apreciou o pedido cautelar foi a seguinte:

> "EMENTA:- Ação direta de inconstitucionalidade. Pedido de liminar. Artigos 105, 108, "caput" e § 1º, 111, 166, V e X (este só no tocante à remissão ao inciso V do mesmo artigo), 299, § 2º, todos da Lei Complementar nº 734, de 26 de novembro de 1993, do Estado de São Paulo. - O inquérito civil é procedimento pré-processual que se insere na esfera do direito processual civil como procedimento, à semelhança do que sucede com relação ao inquérito policial em face do direito processual penal. Daí, a competência concorrente prevista no artigo 24, XI, da Constituição Federal. - A independência funcional a que alude o artigo 127, § 1º, da Constituição Federal é do Ministério Público como instituição, e não dos Conselhos que a integram, em cada um dos quais, evidentemente, a legislação competente pode atribuir funções e competência, delimitando, assim, sua esfera de atuação. Pedido de liminar deferido em parte, para suspender a eficácia, "ex nunc" e até o julgamento final desta ação, das expressões "e a ação civil pública" contidas no inciso V do artigo 116 e das expressões "de promoção ou" contidas no § 2º do artigo 299, ambos da Lei Complementar estadual nº 734, de 26 de novembro de 1993, do Estado de São Paulo."

---

2 A representação apresentada ao Procurador-Geral da República foi firmada pelos eminentes Membros do Ministério Público de São Paulo, Antônio Visconti, Carlos Roberto Barreto, Hugo Nigro Mazzilli, José Geraldo Brito Filomeno, Luiz Antônio Guimarães Marrey e Munir Cury. O seu inteiro teor pode ser consultado no seguinte endereço da internet: http://redir.stf.jus.br/paginadorpub/paginador.jsp?docTP=TP&docID=721651 (consultado no dia 19 de setembro de 2016).

(STF - ADI 1285 MC, Relator(a): Min. MOREIRA ALVES, Tribunal Pleno, julgado em 25/10/1995, DJ 23-03-2001 PP-00084 EMENT VOL-02024-01 PP-00154)

No corpo do acórdão, no que diz respeito à impugnação do art. 108 da LOMPSP, o relator Min. Moreira Alves argumentou que:

> "Com efeito, sendo o inquérito civil procedimento pré-processual, insere-se ele na esfera do direito processual civil como procedimento, à semelhança do que sucede em relação ao inquérito policial na fase do direito processual penal, e, consequentemente, é plausível dizer-se que, no que diz respeito a ele, há a competência concorrente prevista no artigo 24, XI, da Constituição Federal. Ora, em assim sendo, e não dispondo em contrário, explícita ou implicitamente, a legislação federal relativa à ação civil pública (*omissis*), não há, num primeiro exame, óbice que a legislação estadual possa, com base nessa competência concorrente, editar a norma ora atacada."

De tal maneira, verifica-se que o Supremo Tribunal Federal, ainda que em decisão proferida há mais de vinte anos, autoriza que as Leis Orgânicas dos Ministérios Públicos Estaduais estabeleçam a possibilidade de interposição de recurso contra a decisão que determina a instauração de inquérito civil público.

Apesar de tal possibilidade, não parece ser oportuna essa previsão, uma vez que burocratiza demasiadamente um procedimento que deve ser célere e instrumental para a investigação, permitindo, também, que o investigado obstaculize ou mesmo inviabilize as investigações que, em muitos casos, se não forem expeditas podem prejudicar o sucesso da apuração, frustrando, assim, os objetivos do inquérito civil público[3].

Ainda sobre a possibilidade de impugnação da decisão que determina a abertura de inquérito civil público, cumpre esclarecer que se tem entendido que é possível a impetração de mandado de segu-

---

3 Sobre uma visão crítica a respeito da possibilidade de tal recurso, com a qual estamos de acordo, confira-se: MAZZILLI, Hugo Nigro. O Inquérito Civil: Investigações do Ministério Público, compromissos de ajustamento e audiências públicas. 4ª ed. São Paulo: Saraiva, 2015, pp. 280 e ss.

rança, tendo-se em conta que essa decisão constitui claramente um ato de autoridade[4].

Apesar dessa possibilidade, é imprescindível deixar-se claro que o *writ* somente pode ser concedido em casos de manifesta e indiscutível arbitrariedade na abertura do inquérito civil público[5].

Isso porque, como já afirmado, os primeiros elementos de informação que fundamentam a abertura do ICP, muitas vezes, constituem tão apenas um pequeno indício de grandes ilegalidades, que somente podem ser desveladas caso se permita o bom fluxo investigativo, com o objetivo de detalhar e aprofundar a notícia inicial, que pode, inclusive, ganhar contornos outros que sequer eram imaginados quando da instauração do ICP.

De tal maneira, interromper prematuramente uma investigação por meio de uma decisão em mandado de segurança pode importar

---

4 Nesse sentido, dentre outros, defende FERRARESI: "*A instauração de inquérito civil constitui ato de autoridade. Por isso, quando se instaura inquérito civil sem justa causa, o prejudicado poderá se valer do mandado de segurança para trancar a investigação.*" FERRARESI, Eurico. Inquérito Civil. Rio de Janeiro: Grupo Gen, 2010, p. 54.

5 Sobre a excepcionalidade do trancamento de inquérito civil público via mandado de segurança, confira-se o seguinte julgado do Superior Tribunal de Justiça: "*PROCESSO CIVIL E ADMINISTRATIVO - MANDADO DE SEGURANÇA - TRANCAMENTO DE INQUÉRITO CIVIL PARA APURAÇÃO DE ATO DE IMPROBIDADE ADMINISTRATIVO - ENRIQUECIMENTO ILÍCITO - JUSTA CAUSA - PRESCRIÇÃO.*
1. Somente em situações excepcionais, quando comprovada, de plano, atipicidade de conduta, causa extintiva da punibilidade ou ausência de indícios de autoria, é possível o trancamento de inquérito civil.
2. Apuração de fatos típicos (artigo 9º da Lei nº 8.429/92), com indícios suficientes de autoria desmentem a alegação de inviabilidade da ação de improbidade.
3. Denúncia anônima pode ser investigada, para comprovarem-se fatos ilícitos, na defesa do interesse público.
4. A ação civil de ressarcimento por ato de improbidade é imprescritível, inexistindo ainda ação contra o impetrante.
5. Recurso ordinário desprovido."
(STJ - RMS 30.510/RJ, Rel. Ministra ELIANA CALMON, SEGUNDA TURMA, julgado em 17/12/2009, DJe 10/02/2010).

em nítido cerceamento do dever-poder de investigação do Ministério Público, impossibilitando que fatos relevantes sejam descobertos.

Ademais, para a concessão de mandado de segurança deve estar demonstrada, por prova pré-constituída, não apenas a inexistência de elementos iniciais para a investigação, mas também, e principalmente, a inexistência de qualquer horizonte promissor de investigação, o que afigura-se bastante difícil, especialmente no âmbito restrito dessa ação constitucional.

Dito isso, é possível resumir as conclusões a respeito da possibilidade de interposição de recurso administrativo contra a decisão que instaura inquérito civil, da seguinte maneira: (i) a Lei de Ação Civil Pública não prevê a possibilidade desse tipo de recurso; (ii) de acordo com decisão do STF, é possível que Lei Orgânica do Ministério Público Estadual preveja expressamente essa hipótese; (iii) não se afigura conveniente a previsão dessa modalidade de recurso, uma vez que pode embaraçar ou mesmo inviabilizar a produção célere de elementos de informação, burocratizando sobremaneira um procedimento que deve ser expedito e simplificado; (iv) somente em situações de manifesta e indiscutível inviabilidade presente e futura do inquérito civil público, é possível ser ele trancado via mandado de segurança, sendo imprescindível a existência de prova pré-constituída também da ausência de qualquer horizonte investigativo, o que afigura-se bastante dificultoso, dada a natureza, muitas vezes, incipiente da notícia dos fatos trazidos a conhecimento do Ministério Público.

3. INDEFERIMENTO DO PEDIDO DE INSTAURAÇÃO DE INQUÉRITO CIVIL PÚBLICO E RECURSO ADMINISTRATIVO

Outro ponto aspecto interessante a ser abordado sobre o tema aqui tratado, diz respeito ao cabimento ou não de recurso contra a decisão de indeferimento do pedido de abertura de inquérito civil público.

É sabido que, uma vez apresentada representação pela instauração de inquérito civil público ao Membro do Ministério Público, este poderá, no prazo de 30 (trinta) dias, por decisão fundamentada, indeferir tal pedido, conforme prevê o artigo 5º, *caput*, da Resolução n. 23/07 do Conselho Nacional do Ministério Público.

Diante dessa possibilidade, a aludida resolução estabeleceu, também, expressamente a possibilidade da interposição de recurso contra essa decisão.

Para uma compreensão mais clara sobre esse tema, é de rigor que se realize uma análise mais detalhada a esse respeito, que será dividida nos seguintes tópicos: (i) do objeto da decisão de indeferimento; (ii) da ciência decisão; (iii) do prazo do recurso e suas respectivas razões; (iv) do juízo de retratação e do encaminhamento ao CSMP; (v) das contrarrazões ao recurso.

(i) Do objeto da decisão de indeferimento: O indeferimento liminar do pedido para abertura de inquérito civil somente pode ser realizado nas estritas hipóteses previstas no *caput* do art. 5º da Resolução 23/07-CNMP, que são as seguintes, conforme explicita CARVALHO FILHO:

> "O inquérito civil pode ser objeto de **indeferimento** por parte do órgão responsável por sua instauração em três hipóteses: 1ª) se os fatos não se revelarem ofensivos aos interesses sob tutela; 2ª) se já estiverem sendo objeto de investigação em outro inquérito; 3º) se já tiverem sido solucionados." (grifos no original)[6]

Assim, o indeferimento do pedido de instauração de inquérito civil não se presta para analisar questões relativas ao mérito dos bens e interesses que devem ser tutelados pelo Ministério Público, salvo quando restar patente a inexistência de ofensas aos interesses tutelados pelo MP.

De tal maneira, é de se ter bem clara a diferença entre o indeferimento do pedido de instauração e a promoção de arquivamento do inquérito civil, que constituem dois tipos distintos de decisão e que são submetidos a regimes jurídicos diversos.

---

[6] CARVALHO FILHO, José dos Santos. Ação Civil Pública: Comentários por artigo (Lei n. 7.347, de 24/7/85). 7ª ed., 2ª tir. Rio de Janeiro: Lumen Juris, 2011, p. 271. Sobre essas questões, é importante ressaltar que, conforme aponta GAVRONSKI, *"as hipóteses de indeferimento de instauração se assemelham às preliminares de mérito nos processos judiciais, respectivamente: à ilegitimidade* ad causam, *à litispendência ou coisa julgada ou à falta de interesse de agir."* GAVRONSKI, Alexandre Amaral; MENDONÇA, Andrey Borges de. Manual do Procurador da República: Teoria e Prática. Salvador: Juspodivm, 2013, p. 760.

No indeferimento liminar, caso não exista recurso, não há submissão dessa decisão à homologação pelo Conselho Superior, que é obrigatória no caso de arquivamento do ICP.

Assim, deve-se tomar cuidado para que não se desvirtue o indeferimento liminar do pedido de instauração de inquérito civil público, utilizando-o para casos em que o adequado seria o seu arquivamento.

Isso porque, o uso inadequado do indeferimento liminar acaba por desvirtuar o importante sistema de controle de arquivamento, previsto no § 1º do art. 9º da Lei n. 7.347/85, além da decisão transbordar o *numero clausus* previsto no art. 5º da Resolução 23/07-CNMP, que autorizam a decisão de indeferimento liminar[7].

(ii) Da ciência da decisão: Tanto a pessoa que apresentou a representação para a instauração do inquérito civil, quanto o representado, deverão ter ciência pessoal da decisão que indefere o pedido de abertura de inquérito civil (Resolução 23/07, art. 5º, *caput*, *in fine*).

(iii) Do prazo do recurso e das suas respectivas razões: O prazo para a interposição de recurso é de 10 (dez) dias, devendo ser contado da data da ciência da decisão pela parte interessada.

Essa ciência pode ocorrer (a) na data da assinatura de Aviso de Recebimento (AR), caso a cópia da decisão seja encaminhada por correio; (b) na data da ciência pessoal, caso o interessado compareça pessoalmente à Promotoria ou Procuradoria; ou mesmo (c) no termo final do prazo do edital de intimação, caso ela se dê *"através de publicação na imprensa oficial ou da lavratura de termo de afixação de aviso no órgão do Ministério Publico, quando não localizados os que devem ser cientificados"*, nos termos do § 1º, do art. 10, da Resolução,

---

7 Há quem defenda ser possível o exame de mérito no indeferimento liminar, desde que seja feito no prazo de 30 (trinta) dias, uma vez que a resolução permite o arquivamento sob o argumento de que os fatos não se revelam ofensivos aos interesses sob tutela. No entanto, essa possibilidade parece ser endereçada apenas para aqueles casos em que há manifesto desinteresse do Ministério Público, como é o caso da tutela de interesses individuais disponíveis, sem transcendência coletiva. Ainda que a necessidade de instauração de inquérito civil público para, logo em seguida, promover seu arquivamento acabe por burocratizar a atuação, tal providência inegavelmente é a única que atende aos ditames legais e a que dá mais transparência e controle aos atos do Ministério Público.

que também é aplicável às hipóteses em que se deve dar ciência do indeferimento liminar do pedido de instauração de ICP.

Veja-se que o prazo começa a correr a partir da data da cientificação, precisamente por ser esse o ato procedimental de comunicação da parte interessada, previsto na Resolução 23/07-CNMP[8].

Assim, caso pretenda o interessado interpor recurso, deverá fazê-lo no prazo de 10 (dez) dias de sua ciência, sendo que, no momento de interposição do recurso administrativo, deverá também o recorrente apresentar as razões recursais, nos termos do art. 5º § 1º, da Resolução 23/07-CNMP, sob pena de não conhecimento[9].

(iv) Do juízo de retratação e do encaminhamento ao CSMP: Uma vez recebido o recurso, é dado ao Membro do Ministério Público, eventualmente, retratar-se da decisão proferida, conforme previsto no 5º, § 2º, da aludida Resolução[10].

Caso não realize esse juízo de retratação, poderá a decisão ser mantida pelos seus próprios fundamentos, salvo se, nas razões recursais, forem trazidos novos fundamentos que não tenham sido apreciados pela decisão recorrida. Nesse caso, deverá o Membro do Ministério Público apreciar essas novas razões, indicando os motivos pelos quais elas não importam em retratação da decisão recorrida.

---

8 Nesse sentido, MAZZILLI consigna que: *"O prazo para interpor o recurso correrá da data em que o interessado tiver ciência da decisão ministerial"* MAZZILLI, Hugo Nigro. O Inquérito Civil: Investigações do Ministério Público, compromissos de ajustamento e audiências públicas. 4ª ed. São Paulo: Saraiva, 2015, p. 284.

9 Assim, também, MAZZILLI: *"Sob pena de não conhecimento, o recurso será interposto já com as razões de inconformidade."* MAZZILLI, Hugo Nigro. O Inquérito Civil: Investigações do Ministério Público, compromissos de ajustamento e audiências públicas. 4ª ed. São Paulo: Saraiva, 2015, p. 284.

10 Nesse sentido, inclusive, é a nova regência para o recurso contra o indeferimento da petição inicial prevista pelo art. 331 do Novo Código de Processo Civil *"Art. 331. Indeferida a petição inicial, o autor poderá apelar, facultado ao juiz, no prazo de 5 (cinco) dias, retratar-se. § 1o Se não houver retratação, o juiz mandará citar o réu para responder ao recurso. § 2o Sendo a sentença reformada pelo tribunal, o prazo para a contestação começará a correr da intimação do retorno dos autos, observado o disposto no art. 334. § 3o Não interposta a apelação, o réu será intimado do trânsito em julgado da sentença."*

(v) Das contrarrazões ao recurso: Mantida a decisão que indeferiu o pedido de abertura de inquérito civil público, cumprirá ao Ministério Público notificar a pessoa contra quem é oferecida a representação, agora para, querendo, apresentar contrarrazões ao recurso (Resolução 23/07, art. 5º § 3º).

Ainda que não exista previsão normativa expressa a respeito do prazo para apresentar as contrarrazões, afigura-se adequado conceder-se ao requerido o mesmo prazo recursal de 10 (dez) dias que a Resolução confere ao recorrente.

Isso porque essa igualdade de prazos, para recurso e contrarrazões ao recurso, já faz parte da tradição do nosso sistema jurídico, podendo-se invocar, ademais, por analogia, as disposições tanto do Código de Processo Penal (CPP, art. 600) quanto do Código de Processo Civil (NCPC, art. 1.010, §1º).

Por outro lado, poderia argumentar-se que o representado tem o direito de apresentar contrarrazões até o julgamento pelo Conselho Superior (conforme previsto nos casos de homologação de arquivamento pelo art. 9º, § 2º da Lei 7.347/85), com base, inclusive, no direito constitucional de petição.

No entanto, essa não parece ser a solução mais adequada. A apresentação de contrarrazões é uma fase procedimental específica, que é prevista na Resolução, devendo ela ter prazo e a sua não observância deve estar sujeita aos efeitos da preclusão.

Por fim, cumpridos todos esses requisitos, serão os autos encaminhados, no prazo de 03 (três) dias, ao Conselho Superior do Ministério Público ou à Câmara de Coordenação e Revisão responsável para apreciação do recurso (Resolução 23/07, art. 5º § 2º) [11].

---

[11] A respeito do tema, CARVALHO SANTOS sintetiza: "*Contra o ato de indeferimento cabe **recurso administrativo** no prazo de dez dias. O recurso será oferecido junto ao órgão que indeferiu o pedido, que poderá reconsiderar. Trata-se, pois, de recurso bipolarizado, contendo inicialmente um pedido de reconsideração, a ser apreciado pelo mesmo órgão que procedeu ao indeferimento, e, no caso de não ser atendido, passa a valer como recurso hierárquico destinado ao órgão revisional (Conselho Superior ou Câmara de Coordenação e Revisão)*" (grifos no original) CARVALHO FILHO, José dos Santos. Ação Civil Pública:

4. DILIGÊNCIAS INVESTIGATIVAS E RECURSO ADMINISTRATIVO

Já que se está tratando sobre a interposição de recursos no âmbito do Inquérito Civil Público se poderia indagar se é possível a interposição de recursos contra as decisões que determinam a realização de diligências no curso da investigação civil, como se fosse uma espécie de agravo de instrumento.

Para responder essa pergunta, deve-se ter bem claro que um dos princípios fundamentais que regem o inquérito civil público (assim como o inquérito policial) é o princípio da investigação[12].

Esse princípio impõe ao Membro do Ministério Público que preside o inquérito o dever de dar o devido impulso investigativo, determinando de ofício a realização das diligências e investigações pertinentes à adequada instrução do feito.

Assim, o Membro do Ministério Público não depende de requerimento de quaisquer interessados para dar andamento ao inquérito, devendo investigar os fatos por sua própria iniciativa.

Comentários por artigo (Lei n. 7.347, de 24/7/85). 7ª ed., 2ª tir. Rio de Janeiro: Lumen Juris, 2011, p. 271.

12 Na doutrina brasileira se costuma a denominar esse princípio de princípio inquisitório. No entanto, não se pode confundir o princípio da investigação (*Ermittlungsgrundsatz*) com o princípio inquisitório (*Inquisitionsprinzip*), conforme esclarece KINDÄUSER: *"O princípio da investigação não deveria mais ser, nem terminologicamente, equiparado ao denominado princípio inquisitório, que é consubstanciado por um processo inquisitorial, em que há unidade entre os órgãos de investigação e o órgão julgador na apuração dos fatos e que acaba resultando em um controvertido sistema, em que a investigação e o processo penal ficam totalmente submetidos a um domínio do juiz. Uma tal equiparação, com a atual diferenciação entre as funções de acusar e de julgar não é (mais) apropriada."* Tradução livre de: *„Der Ermittlungsgrundsatz sollte auch terminologisch nicht mit dem sog. Inquisitionsprinzip, das die Sachverhaltserforschung im Inquisitionsprozess durch die Einheit von Ermittlungsorgans und Richter und die daraus resultierende umstrittenen vollständige Verfahrensherrschaft des Gerichts beschreibt, gleichgestellt werden. Eine solche Gleichstellung ist nach der heute bestehenden Aufteilung von Anklagebehörde und Gerichtsbarkeit nicht (mehr) sachgerecht.“* KINDHÄUSER, Urs. Strafprozessrecht. 4a ed. Baden-Baden: Nomos, 2016, p. 48.

Esses impulsos investigativos, precisamente por conta do princípio da investigação, não estão sujeitos a recurso, uma vez que se inserem na esfera de liberdade investigativa que o presidente do inquérito civil detém para apurar os fatos.

Isso porque, como pontua MACÊDO:

> "(...) o poder-dever investigar do Ministério Público não pode ser limitado por ingerências indevidas na investigação, não previstas na legislação ou na Constituição da República, uma vez que ele, por ter caráter inquisitivo, não está submetido aos princípios processuais constitucionais." [13]

Aliás, caso fosse possível o recurso, haveria nítida violação da independência funcional do Promotor Natural por parte do Conselho Superior, já que, apesar de a lei prever a possibilidade do CSMP rever as decisões de arquivamento, não autoriza a substituição da estratégia investigativa do Promotor-Presidente pela estratégia investigativa do Conselho Superior.

Ademais, a Constituição da República, ao consagrar o princípio da independência funcional prevê justamente a insindicabilidade dos atos realizados na atividade-fim, rejeitando, pois, como regra, o princípio hierárquico[14].

---

13 MACÊDO, Marcus Paulo Queiroz. O Ministério Público e o Inquérito Civil: Aspectos teóricos e práticos. Belo Horizonte: Arraes, 2012, p. 148. Nesse sentido, também, sustenta PROENÇA: *"Como instrumento preparatório que é, não tem o inquérito civil, por escopo, a aplicação de qualquer sanção ao investigado, em outras palavras, é procedimento administrativo não-punitivo, não havendo razão para sobre ele serem aplicados aqueles princípios constitucionais. Não traz acusado, tratando-se de mera investigação. Nesta, não há, outrossim, 'litigantes', tendo em vista que a situação não é de litígio, pois a convicção do Ministério Público sobre a real e efetiva responsabilidade de um infrator só pode se dar ao final da instrução do inquérito civil; de contrário, deveria ele desde logo ajuizar a medida judicial indicada."* PROENÇA, Luis Roberto. Inquérito Civil: Atuação investigativa do Ministério Público a serviço da ampliação do acesso à Justiça. São Paulo: RT, 2001, p. 35.

14 O princípio institucional da independência funcional se presta justamente para isso, proteger os Membros do Ministério Público contra tentativas de reforma ou retaliação por conta de promoções ou pronunciamentos por eles tomados no exercício das funções. E a proteção repousa precisamente aí, na insindicabilidade dos atos ministeriais praticados sob o pálio da independência funcional.

De tal maneira, o dever de investigar (reconhecido no acórdão do STJ, aqui utilizado como guia de análise), impõe ao Membro do Ministério Público a proatividade e iniciativa na condução das investigações, determinando *sponte propria* a realização dos atos necessários para a elucidação dos fatos que são objeto do inquérito civil público, sendo que esses atos são insindicáveis e não podem ser substituídos por recurso hierárquico.

5. DEMORA NO ENCERRAMENTO DO INQUÉRITO CIVIL PÚBLICO E RECURSO ADMINISTRATIVO

O afirmado no item anterior, no sentido de que não cabe recurso contra as decisões interlocutórias que deem concretude ao princípio investigativo que deve orientar o inquérito civil público não quer, no entanto, significar que o autor da representação que amparou a instauração do inquérito civil público ou mesmo o investigado fiquem sem qualquer instrumento contra a demora desarrazoada no encerramento da investigação.

Nesses casos, o interessado pode lançar mão de dois expedientes previstos na Constituição da República (artigo 130-A, § 2º): a) a Representação por Inércia ou Excesso de Prazo (RIEP); e b) a reclamação disciplinar.

A Representação por Inércia ou Excesso de Prazo (RIEP) pode ser apresentada perante o Conselho Nacional do Ministério Público nos casos em que fique patente a inércia ou excesso injustificado de prazo na realização de atos processuais ou administrativos podendo, se for o caso, inclusive ser fixado prazo, pelo Conselho Nacional, para que a irregularidade seja sanada (RI-CNMP, art. 87).

Cf.: PACILEO, Vincenzo. Pubblico Ministero: Ruolo e funzioni nel processo penale e civile. Assago: Utet Giuridica, 2011, p. 387. Sobre a a inexistência do princípio hierárquico no Ministério Público brasileiro, MAZZILLI preconiza que: *"Em face das peculiaridades de nosso Ministério Público, hierarquia, portanto, só se concebe num sentido administrativo, pela natural chefia exercida na instituição pelo procurador-geral (poderes de designação na forma da lei, disciplina funcional, solução de conflitos de atribuições, etc.). Diante da independência funcional dos órgãos do Ministério Público, não se pode cogitar, pois, de hierarquia em sentido funcional."* MAZZILLI, Hugo Nigro. Regime Jurídico do Ministério Público. 8a ed. São Paulo: Saraiva, 2014, p. 133.

Assim, ainda que nem a Lei, nem a Resolução[15], corretamente não tenham fixado prazo final para o encerramento do inquérito civil público[16], inegavelmente aplica-se a esse procedimento o princípio da razoável duração do processo[17].

Já a reclamação disciplinar pode ser oferecida perante a Corregedoria Nacional do Ministério Público ou perante a Corregedoria de origem do Membro do Ministério Público e ela tem por objetivo apurar notícia de falta funcional atribuída a membro ou servidor do Ministério Público (RI-CNMP, art. 74 e seguintes).

De tal maneira, ainda que os interessados não possam recorrer dos impulsos (ou falta de impulsos) investigativos realizados pelo Membro do Ministério Público no bojo do inquérito civil público, têm eles instrumentos a serem manejados contra eventual inércia ou excesso de prazo eventualmente constatados no decorrer de sua tramitação[18].

---

15 Apesar de fixar o prazo de 01 (um) ano para sua conclusão, a Resolução 23/07 permite a sua renovação, após a avaliação sobre a necessidade de prosseguimento da investigação, por quantas vezes isso for necessário (art. 9º).

16 *"A lei não cuidou de fixar prazo para a conclusão das investigações a serem efetuadas no bojo do inquérito civil."* MAZZILI, Hugo Nigro. O Inquérito Civil: Investigações do Ministério Público, compromisso de ajustamento e audiências públicas. 4ª ed. São Paulo: Saraiva, 2015, p. 51.

17 Conforme consignam DONIZETTI e CERQUEIRA: *"Aplica-se ao inquérito civil o princípio constitucional da eficiência dos atos da administração pública (art. 37, caput, da CR), que se relaciona diretamente com o direito fundamental ao inquirido e do grupo titular do direito coletivo à duração razoável do procedimento investigatório (art. 5º, LXXVIII, da CR).*
Portanto, cabe ao órgão ministerial evitar formalismos desnecessários e conduzir o procedimento de forma mais célere possível, de maneira a evitar situações de incerteza que possam prejudicar, patrimonial e moralmente, os envolvidos na investigação." DONIZETTI, Elpídio; CERQUEIRA, Marcelo Malheiros. Curso de Processo Coletivo. São Paulo: Atlas, 2010, p. 291. Para uma análise mais detalhada sobre o princípio da duração razoável, confira-se: CABRAL, Rodrigo Leite Ferreira. *Sobre o juízo de admissão do pedido de provas no processo penal.* Revista Jurídica do Ministério Público do Estado do Paraná, pp. 267-292, 2015.

18 É importante ressaltar que, no inquérito civil, *"eventual excesso de prazo de encerramento não gera nulidades."* MAZZILI, Hugo Nigro. O Inquérito Civil:

6. DECISÃO DE ARQUIVAMENTO DO INQUÉRITO CIVIL PÚBLICO E RECURSO ADMINISTRATIVO

Forte na ideia de existir um dever de investigação imposto ao Ministério Público no inquérito civil e de que nessa fase do procedimento deve vigorar o princípio do *in dubio pro societate*, a Lei da Ação Civil Pública estabeleceu um sistema de controle sobre as decisões de arquivamento de tais procedimentos.

Assim, para que se aperfeiçoe o arquivamento do ICP, deve essa decisão ser submetida a homologação por parte do Conselho Superior do Ministério Público, no caso dos MPs Estaduais ou das Câmaras de Coordenação, nos casos dos ramos do MPU[19].

Nesse caso, existe uma clara exceção ao princípio constitucional da independência funcional, uma vez que a Lei prevê uma hipótese de reforma da decisão do Membro do Ministério Público lançada no exercício de sua atividade-fim, criando exemplo de superioridade hierárquica no âmbito da atividade-fim do MP, em que a decisão do órgão superior pode substituir a decisão do órgão inferior.

Investigações do Ministério Público, compromisso de ajustamento e audiências públicas. 4ª ed. São Paulo: Saraiva, 2015, p. 51.

[19] Sobre a homologação da decisão de arquivamento do inquérito civil público no âmbito do Ministério Público da União, vale trazer a advertência de CARVALHO FILHO: "*No que concerte ao Ministério Público Federal, a Lei Complementar nº 75/93 não conferiu a atribuição revisional ao Conselho Superior, e sim às Câmaras de Coordenação e Revisão, conforme dita o art. 62, IV. O dispositivo, porém, não tem a clareza desejável, uma vez que só alude à manifestação do órgão 'sobre arquivamento de inquérito policial, inquérito parlamentar ou peças de informação', não mencionando, de forma expressa, o inquérito civil.*
Há, todavia, outras impropriedades na citada lei. Uma delas é a de que sequer foi atribuído poder revisional do inquérito civil à Câmara de Coordenação e Revisão do Ministério Público do Trabalho, embora tenha sido assegurada a esse MP a propositura de ação civil pública. Contrariamente, a lei registrou expressamente a atribuição revisional do inquérito civil conferida às mesmas Câmaras do Ministério Público do Distrito Federal e Territórios.
Como se pode observar, o tratamento relacionado à homologação do arquivamento do inquérito civil no âmbito do Ministério Público Federal padece de clareza e precisão." CARVALHO FILHO, José dos Santos. Ação Civil Pública: Comentários por artigo (Lei n. 7.347, de 24/7/85). 7ª ed., 2ª tir. Rio de Janeiro: Lumen Juris, 2011, pp. 307-308.

De tal maneira, o art. 9º da Lei n. 7.347/85 dispõe que:

> "Art. 9º Se o órgão do Ministério Público, esgotadas todas as diligências, se convencer da inexistência de fundamento para a propositura da ação civil, promoverá o arquivamento dos autos do inquérito civil ou das peças informativas, fazendo-o fundamentadamente.
>
> § 1º Os autos do inquérito civil ou das peças de informação arquivadas serão remetidos, sob pena de se incorrer em falta grave, no prazo de 3 (três) dias, ao Conselho Superior do Ministério Público."

Assim, a rigor não se pode falar que exista um recurso contra a decisão de arquivamento de inquérito civil público, uma vez que a legislação prevê uma espécie de reexame necessário para essa promoção, impondo uma verdadeira necessidade de revisão hierárquica sobre ela.

Apesar disso, a Lei não esqueceu-se totalmente dos interessados, trazendo, assim, previsão específica em que habilita as associações e pessoas co-legitimadas para o ajuizamento da ação civil pública o oferecimento de razões e documentos[20], previsão essa que – agora sim, ante a ausência de um momento legítimo para os interessados se manifestarem – poderá ser estendida àqueles que requereram a instauração do inquérito civil, por força do direito de petição[21].

---

20 O § 2º, do art. 9º da Lei 7.347/85, dispõe que: *"§ 2º Até que, em sessão do Conselho Superior do Ministério Público, seja homologada ou rejeitada a promoção de arquivamento, poderão as associações legitimadas apresentar razões escritas ou documentos, que serão juntados aos autos do inquérito ou anexados às peças de informação."* O conteúdo desse parágrafo foi ampliado, pelo § 3º, do art. 10 da Resolução 23/07-CNMP, para atribuir, também, tal possibilidade para os demais legitimados para o ajuizamento da ACP: *"§ 3o Até a sessão do Conselho Superior do Ministério Público ou da Câmara de Coordenação e Revisão respectiva, para que seja homologada ou rejeitada a promoção de arquivamento, poderão as pessoas co-legitimadas apresentar razões escritas ou documentos, que serão juntados aos autos do inquérito ou do procedimento preparatório."*

21 Conforme defende MAZZILI: *"Embora a lei só se refira às associações, qualquer interessado pode fazê-lo (o investigado, terceiros interessados, e até os co-legitimados, ainda que não associações), pois isso é decorrência do direito constitucional e genérico de petição."* MAZZILI, Hugo Nigro. As investigações

Veja-se que a necessidade de submeter-se à homologação as promoções de arquivamento de inquérito civil público aplica-se, inclusive, àquelas investigações que são de atribuição originária do Procurador-Geral da República ou do Procurador-Geral de Justiça, conforme bem preceitua MAZZILLI:

> *"Sendo o procurador-geral de justiça órgão de execução do Ministério Público, não raro recebe representações ou petições que noticiem lesões ao patrimônio público ou a interesses difusos ou coletivos, envolvendo comportamentos omissivos ou comissivos de órgãos governamentais.*
>
> *Nesses casos, pode ocorrer que o próprio procurador-geral, diretamente ou por assessores, promova o arquivamento das peças de informação, sem instaurar* inquérito civil, ou promova o arquivamento do inquérito civil instaurado. Por primeiro, só poderá fazê-lo, sem violação do princípio do promotor natural, nos casos em que lhe caiba originariamente atuar. Em segundo, *é evidente que, sob pena de violação ao art. 9º da Lei n. 7.347/85, também ele terá submetida sua decisão de arquivamento de inquérito civil ou peças de informação à revisão do Conselho Superior do Ministério Público.*
>
> *Quanto ao procurador-geral da República, seus atos de arquivamento de inquérito civil ou de peças de informação não são revistos por Câmara de Coordenação e Revisão – cuja competência se limita à revisão de arquivamento de inquérito policial, inquérito parlamentar ou de peças de informação em geral, expressamente excetuados os casos de competência originária do chefe do parquet. Isso, entretanto, não o livra do dever de submeter seu ato ao controle do Conselho Superior do Ministério Público Federal, nos termos do próprio art. 9º da Lei da Ação Civil Pública, que, no particular, não é excepcionado pela lex specialis. Não fosse assim, seus atos de arquivamento, mesmo que arbitrários, ficariam imunes a controle, em fraude à previsão da lei."*[22]

---

do Ministério Público, *in* Ação Civil Pública: 20 anos da Lei n. 7.347/85. Belo Horizonte: ANPR e Del Rey, 2006, p. 383.

[22] MAZZILI, Hugo Nigro. O Inquérito Civil: Investigações do Ministério Público, compromisso de ajustamento e audiências públicas. 4ª ed. São Paulo: Saraiva, 2015, p. 236.

Diante disso, se pode concluir que, ainda que formalmente não exista a previsão de recurso contra as promoções de arquivamento de inquérito civil público, é certo que a legislação impôs um rigoroso sistema de controle hierárquico, em que as decisões, inclusive as proferidas pelo Chefe da Instituição, seja PGR, seja PGJ, devam ser necessariamente submetidas à homologação pelo Conselho Superior ou pela respectiva Câmara de Coordenação.

Além disso, é perfeitamente possível que os co-legitimados para a propositura de ação civil pública e outros interessados, apresentem petições com argumentos jurídicos ou novos documentos, com o objetivo de ver não-homologada a decisão submetida à apreciação superior.

7. CONCLUSÕES

Como se viu no presente trabalho, é de rigor que se privilegie no inquérito civil público o dever de investigação e a ideia de que, em caso de dúvidas, é de rigor a instauração de inquérito para apurar os fatos, sendo o caso de se rechaçar qualquer tentativa de coarctar a função investigatória que deve ser exercida por meio do inquérito civil.

Aliás, a ideia de recurso administrativo no inquérito civil deve ser vista como excepcional, com vistas a não burocratizar demasiadamente um procedimento que deve ser simples e célere, além do que há que se lembrar que os atos proferidos pelo Membro do Ministério Público no âmbito do ICP são, em regra, insindicáveis, uma vez que protegidos pelo princípio da independência funcional, que rechaça a possibilidade de Membros do Ministério Público de hierarquia superior reformem ou cassem decisões proferidas por Membros de hierarquia inferior, já que nossa Constituição claramente optou por não adotar o princípio hierárquico como princípio institucional do Ministério Público brasileiro.

8. REFERÊNCIAS BIBLIOGRÁFICAS

CABRAL, Rodrigo Leite Ferreira. Sobre o juízo de admissão do pedido de provas no processo penal. Revista Jurídica do Ministério Público do Estado do Paraná, pp. 267-292, 2015.

CARVALHO FILHO, José dos Santos. Ação Civil Pública: Comentários por artigo (Lei n. 7.347, de 24/7/85). 7ª ed., 2ª tir. Rio de Janeiro: Lumen Juris, 2011.

DONIZETTI, Elpídio; CERQUEIRA, Marcelo Malheiros. Curso de Processo Coletivo. São Paulo: Atlas, 2010.

FERRARESI, Eurico. Inquérito Civil. Rio de Janeiro: Grupo Gen, 2010.

GAVRONSKI, Alexandre Amaral; MENDONÇA, Andrey Borges de. Manual do Procurador da República: Teoria e Prática. Salvador: Juspodivm, 2013.

KINDHÄUSER, Urs. Strafprozessrecht. 4a ed. Baden-Baden: Nomos, 2016.

MACÊDO, Marcus Paulo Queiroz. O Ministério Público e o Inquérito Civil: Aspectos teóricos e práticos. Belo Horizonte: Arraes, 2012.

MAZZILI, Hugo Nigro. As investigações do Ministério Público, in Ação Civil Pública: 20 anos da Lei n. 7.347/85. Belo Horizonte: ANPR e Del Rey, 2006.

MAZZILI, Hugo Nigro. O Inquérito Civil: Investigações do Ministério Público, compromisso de ajustamento e audiências públicas. 4ª ed. São Paulo: Saraiva, 2015.

MAZZILLI, Hugo Nigro. Regime Jurídico do Ministério Público. 8a ed. São Paulo: Saraiva, 2014.

PACILEO, Vincenzo. Pubblico Ministero: Ruolo e funzioni nel processo penale e civile. Assago: Utet Giuridica, 2011.

PROENÇA, Luis Roberto. Inquérito Civil: Atuação investigativa do Ministério Público a serviço da ampliação do acesso à Justiça. São Paulo: RT, 2001.

RECOMENDAÇÕES ADMINISTRATIVAS PARA A PROTEÇÃO DO PATRIMÔNIO PÚBLICO

Cláudio Smirne Diniz[1]

Ementa: 1. Mecanismos extrajudiciais de solução de conflitos. 2. Aspectos gerais das recomendações administrativas. 3. Finalidades. 4. Características. 5. Elementos. 6. Outras providências. 7. Um pouco da casuística. 8. Conclusão. 9. Referências.

1. MECANISMOS EXTRAJUDICIAIS DE SOLUÇÃO DE CONFLITOS

Na história jurídica brasileira prepondera o sentimento de que o Estado-juiz é o encarregado único pela solução das controvérsias, percepção tão acentuada que os meios extrajudiciais de solução de conflitos, para muitos, não se apresenta sequer como objeto de cogitação.

Ilustra esta constatação a própria cultura jurídica desenvolvida nas academias, voltada precipuamente à formação de profissionais preparados para propor ações judiciais e não, necessariamente, para resolver problemas[2]. A petição inicial, exemplificativamente, mira-se estritamente na obtenção de uma sentença judicial favorável que,

---

1 Promotor de Justiça. Doutor em Direito. Professor de Direito Administrativo.

2 Ver WATANABE, Kazuo. Cultura da sentença e cultura da pacificação social. In: ***Estudos em homenagem à professora Ada Pellegrini Grinover.*** YARSHELL, Flávio Luiz; MORAES, Maurício Zanoide de (Coord.). São Paulo: DPJ, 2005.

imagina-se, irá por fim à lide e não se presta, exatamente, a exercer a função de projeto para a pacificação social no caso concreto.

De maneira absolutamente salutar, o cenário jurídico brasileiro experimenta significativa modificação de concepção no tocante a estes mecanismos de solução dos conflitos, sendo possível observar o surgimento, ainda que em níveis incipientes, de novas frentes pautadas pela extrajudicialidade, de onde se destacam a arbitragem, a mediação e a conciliação.

Exemplo disso é a Resolução nº 125/2010 do Conselho Nacional de Justiça (CNJ), que dispõe sobre a Política Nacional de Resolução Apropriada de Conflitos e apresenta as primeiras diretrizes para a implementação dos meios não adjudicatórios de resolução de conflitos.

O Conselho Nacional do Ministério Público (CNMP), por sua vez, editou a Resolução nº 118/2014, que dispõe sobre a Política Nacional de Incentivo à Autocomposição no âmbito do Ministério Público. Esta resolução determina não só a orientação para que os agentes ministeriais busquem os meios consensuais, mas também a realização de cursos e preparações técnicas quanto a tais métodos.

Na mesma esteira e com projeção significativamente maior, o Novo Código de Processo Civil (NCPC) privilegia a arbitragem e a solução consensual dos conflitos (NCPC, art. 3º e art. 42). Determina que a conciliação, a mediação e outros métodos de solução consensual de conflitos deverão ser estimulados, dentre outros, pelos membros do Ministério Público, inclusive no curso do processo judicial (NCPC, art. 3º, § 3º).

Na verdade, importa destacar, nos métodos autocompositivos, o papel desempenhado pelas partes assume nova feição, tendo-as como efetivas protagonistas do procedimento. O objetivo deixa de ser que um terceiro, o juiz, diga quem tem a razão e passa a ser, especialmente na mediação, a implementação de métodos que permitam que os interessados sejam capazes de identificar, sobretudo pelo diálogo profícuo, os pontos estruturais sobre os quais se assentam a controvérsia.

Esta mudança de postura refletirá até mesmo na redação da petição inicial, que deixa de ter por escopo único a resposta do réu e a sentença a ser proferida, para também incorporar o discurso convincente que, antes de mais nada, trará o réu para audiência, para fins de autocomposição, quer pela conciliação, quer pela via da mediação.

Estabelece a nova legislação processual ser incumbência do juiz promover a autocomposição (NCPC, art. 139, V), além de dispor sobre os conciliadores e mediadores judiciais (NCPC, art. 165 a 175). Prevê expressamente a audiência de conciliação ou de mediação (NCPC, art. 334), não sendo esta realizada apenas em duas hipóteses: i) se ambas as partes manifestarem, expressamente, desinteresse na composição consensual; e, ii) quando não se admitir a autocomposição (NCPC, art. 334, § 4º). Sendo assim, ainda que seja o desejo de apenas uma das partes, haverá a designação de audiência conciliatória.

O art. 174 do NCPC prescreve que a União, os Estados, o Distrito Federal e os Municípios deverão instituir câmaras de conciliação, na esfera administrativa, para dirimir conflitos envolvendo órgãos e entidades administrativas, avaliar a admissibilidade de solução de conflitos por meio de conciliação e promover, quando for o caso, a celebração de termo de ajustamento de conduta.

Complementarmente, ainda quando da vacatio legis do NCPC, promulgou-se a chamada "Lei de Mediação" (Lei 13.140/2015), com o objetivo de disciplinar a autocomposição de conflitos.

Pois bem. Ao tempo em que se opta, preferencialmente, pela solução extraprocessual, as recomendações administrativas, ao lado dos termos de ajustamento de conduta, passam a merecer maior ênfase, dentre os instrumentos de trabalho colocados à disposição do Ministério Público.

Isto se justifica, dentre outros fatores, pela demora na tramitação das ações judiciais, o que em muito se deve às deficiências estruturais dos órgãos jurisdicionais. Outro ponto deve-se à complexidade inerente às tutelas coletivas, especialmente aquelas dotadas de intensa litigiosidade, o que contribui para que o provimento proferido nem sempre seja o que melhor resolva a lide. É disso que se passa a tratar.

2. ASPECTOS GERAIS DAS RECOMENDAÇÕES ADMINISTRATIVAS

Constitui-se a recomendação em instrumento de atuação extrajudicial do Ministério Público, "por intermédio do qual este expõe, em ato formal, razões fáticas e jurídicas sobre determinada questão, com o objetivo de persuadir o destinatário a praticar ou deixar de praticar determinados atos em benefício da melhoria dos serviços públicos e de relevância pública ou do respeito aos interesses, direitos e bens defendidos pela instituição, atuando, assim, como instrumento de prevenção de responsabilidades ou correção de condutas" (Res. CNMP n. 164, de 28.03.2017, art. 1o., caput).

A recomendação administrativa encontra fundamento legal no inc. XX do art. 6º da Lei Complementar nº 75, de 20.05.1993[3], que estabelece a competência do Ministério Público da União para expedir recomendações, visando à melhoria dos serviços públicos e de relevância pública, bem como ao respeito, aos interesses, direitos e bens cuja defesa lhe cabe promover, fixando prazo razoável para a adoção das providências cabíveis[4].

No âmbito dos Estados, a expedição de recomendações administrativas está prevista no inc. IV do parágrafo único do art. 27 da Lei 8.625, de 12.02.1993, que institui a Lei Orgânica Nacional do Ministério Público e dispõe sobre normas gerais para a organização do Ministério Público dos Estados:

> Art. 27. Cabe ao Ministério Público exercer a defesa dos direitos assegurados nas Constituições Federal e Estadual, sempre que se cuidar de garantir-lhe o respeito:
>
> [...]
>
> Parágrafo único. No exercício das atribuições a que se refere este artigo, cabe ao Ministério Público, entre outras providências:

---

3 A matéria encontra-se normatizada pela Resolução CNMP no. 164, de 28.03.2017, que disciplina a expedição de recomendações pelo Ministério Público brasileiro.

4 "A recomendação conterá a indicação de prazo razoável para a adoção das providências cabíveis, indicando-as de forma clara e objetiva" (Res. CNMP n. 164, de 28.03.2017, art. 8º).

> [...]
>
> IV - promover audiências públicas e emitir relatórios, anual ou especiais, e recomendações dirigidas aos órgãos e entidades mencionadas no caput deste artigo, requisitando ao destinatário sua divulgação adequada e imediata, assim como resposta por escrito.

O instrumento é largamente reconhecido na jurisprudência: "A faculdade conferida ao Ministério Público de emitir recomendações decorre do cumprimento de sua missão institucional de zelar pela proteção aos serviços públicos, aos serviços de relevância pública, bem como aos direitos constitucionalmente assegurados cuja defesa lhe cabe" (STJ. AgRg no REsp. 762.440-RS. Rel. Min. Paulo de Tarso Sanseverino. J. 14.12.2010).

A adoção de mecanismos extrajudiciais de solução de conflitos, conforme foi acima analisado, sugere nova postura por parte do Ministério Público, naturalmente mais comprometida com a eficiência na atuação, para o que as recomendações apresentam-se como mecanismo de destaque.

Nessa perspectiva, para além de se evitar a judicialização, tanto quanto possível, há que se priorizar o acompanhamento contemporâneo dos acontecimentos, de forma ativa, antecipando-se aos danos ou, ao menos, coletando-se os dados e informações necessários para futuras providências, a partir de diligências céleres, estrategicamente definidas, tão logo os fatos ocorram. Tal forma de agir mostra-se proficiente na área da tutela do patrimônio público, especialmente pelo caráter preventivo que as recomendações administrativas encerram.

Passa-se, pois, à análise dos aspectos mais relevantes das recomendações administrativas na área de proteção ao patrimônio público.

3. FINALIDADES

As recomendações podem ter função preventiva, pois por meio delas anuncia-se a ocorrência de lesão ou ameaça de lesão aos interesses coletivos, na perspectiva de se evitar que a lesão se acentue ou mesmo que ela efetivamente ocorra.

A recente Carta de Brasília, elaborada no âmbito do Conselho Nacional do Ministério Público, destaca a "atuação preventiva, de modo a atuar programaticamente para combater ilícitos que possam gerar situações de lesão ou de ameaça aos direitos fundamentais afetos à atuação do Ministério Público, priorizando, para tanto, medidas extrajurisdicionais e judiciais que sejam efetivas e eficientes para evitar essa prática".

Em seguida, faz expressa menção à necessidade de esgotamento "das alternativas de resolução extrajudicial dos conflitos, controvérsias e problemas, com o incremento da utilização dos instrumentos como a Recomendação, Termo de Ajustamento de Conduta [...]".

Podem também as recomendações assumirem função corretiva, indicando a adequação da conduta, por exemplo, quando acena os ajustes necessários voltados a tornar a prestação de serviços públicos eficiente, aponta medidas para o respeito aos interesses transindividuais ou propõe a recomposição amigável dos danos.

Nos termos do caput do art. 3o da Res. CNMP n. 164, de 28.03.2017, é possível a utilização das recomendações visando à "edição ou alteração de normas".

Por outro lado, as recomendações exercem papel fundamental de estímulo ao exercício da autotutela, fomentando o funcionamento de seus mecanismos de controle interno, o qual, essencialmente, permite a fiscalização, correção e revisão dos atos e comportamentos administrativos pela própria Administração Pública (CF, arts. 70 e 74).

Destina-se, também, a conferir ciência ao destinatário da ocorrência do ilícito, prestando-se como indicador do elemento subjetivo do agente, de forma tal que, na hipótese de eventual responsabilização, não será possível ao agente público que tenha previamente sido destinatário de recomendação invocar qualquer desconhecimento acerca dos fatos. Na verdade, restará evidenciado que, apesar de cientificado do ilícito, nada fez para saná-lo ou mesmo para evitá-lo.

Emerson Garcia exemplifica: "no caso de existir dúvida em relação ao dolo do agente na violação aos princípios regentes da atividade estatal, situação passível de configurar o ato de improbidade previsto no art. 11 da Lei n. 8.429/1992: demonstrada a ilicitude do comportamento, mas persistindo o agente em adotá-lo, o dolo restará inequivocamente demonstrado"[5].

4. CARACTERÍSTICAS

As recomendações podem expressar conteúdo positivo (fazer algo ou suprir alguma omissão) ou negativo (deixar de fazer algo).

Possuem caráter estritamente admonitório e, portanto, são desprovidas de natureza de ordem ou de mandamento. Logo, por não terem "caráter coercitivo"[6], não obrigam o destinatário a assumir o comportamento ali proposto, de forma que resta assegurado o convencimento do recomendado quanto à legalidade de seu comportamento.

No entanto, as recomendações, dotadas de força persuasiva de natureza jurídica, moral e política, tendem, ao apontar certa anomalia, convencer o destinatário a saná-la e adverti-lo das consequências que decorrem da persistência do ilícito e, assim, de certa forma, induzem à avaliação quanto ao risco da judicialização.

Conforme aborda Hugo Nigro Mazzilli:

> Embora as recomendações, em sentido estrito, não tenham caráter vinculante, isto é, a autoridade destinatária não esteja juridicamente obrigada a seguir as propostas a ela encaminhadas, na verdade têm grande força moral, e até mesmo implicações práticas. Com efeito, embora as recomendações não vinculem a autoridade destinatária, passa esta a ter o dever de: a) dar divulgação às recomendações; b) dar resposta escrita ao membro do Ministério Público, devendo fundamentar sua decisão[7].

Assumem as recomendações natureza unilateral, já que expedidas pelo Ministério Público sem qualquer necessidade de prévia comunicação ou aquiescência do destinatário. Porque inseridas no âmbito do

---

5 GARCIA, Emerson. Ministério Público: organização, atribuições e regime jurídico. São Paulo: Saraiva, 2015, p. 559.

6 Res. CNMP n. 164, de 28.03.2017, art. 1º., caput.

7 MAZZILLI, Hugo Nigro. O Inquérito Civil: investigações do Ministério Público, compromissos de ajustamento e audiências públicas. São Paulo: Saraiva, 2015, p. 356.

inquérito civil, as recomendações operam-se sem qualquer intervenção judicial.

Outro ponto está em que a expedição de recomendação obriga o destinatário a se manifestar quanto ao seu conteúdo, ainda que seja no sentido de declinar as razões pelas quais deixou de acatar o quanto proposto.

Embora tratem-se ambos de mecanismos de solução extrajudicial de conflitos, as recomendações diferem-se dos termos de ajustamento de conduta, pois as primeiras possuem caráter unilateral e não vinculante, enquanto os segundos são negócios jurídicos bilaterais e veiculam obrigações, constituindo-se, inclusive, em título executivo extrajudicial.

Conforme foi anteriormente examinado, as recomendações não têm caráter vinculante e, portanto, o descumprimento da recomendação não implicará qualquer condenação ou privação de bens, o que se dará, apenas, por ordem judicial. Por estas razões, as recomendações não são passíveis de sindicabilidade, inclusive judicial.

5. ELEMENTOS

Embora não haja forma definida em lei, as recomendações administrativas devem ser motivadas, por meio de substanciosa fundamentação jurídica. Para tanto, imprescindível que previamente à sua expedição, sejam os fatos investigados e reunidos todos os aspectos técnicos que envolvam a questão, para, consistentemente, apontar-se os problemas e as soluções.

É nesse sentido que o § 1o do art. 3o da Res. CNMP n. 164, de 28.03.2017, faz menção à necessidade de, preliminarmente à expedição de recomendação à autoridade pública, requisitar-se "informações ao órgão destinatário sobre a situação jurídica e o caso concreto a ela afetos, exceto em caso de impossibilidade devidamente motivada".

Conforme expõe Emerson Garcia, "embora não sejam propriamente atos executórios, é de todo recomendável que assumam as vestes de um ato administrativo válido e eficaz, indicando o destinatário, os motivos que o conduziram à sua edição, o respectivo objeto e a finalidade pretendida"[8].

Registre-se que, mesmo na hipótese de após a coleta de dados restar frustrada a tentativa de solução extrajudicial do conflito, o acervo probatório será utilizado para a propositura de ação judicial, facilitando, inclusive, a obtenção de tutelas provisórias, como, por exemplo, a suspensão de determinado contrato administrativo lesivo ao erário.

Deve, ainda, ser apta a convencer o destinatário, permitindo que conclua que mais plausível se faz o acolhimento da recomendação que a sujeição à judicialização, já que tal caminho poderá levar, inclusive, à sua responsabilização.

O autor da recomendação deverá, ainda, indicar como evitar a continuidade da prática ilícita de que se está a tratar, apontando, com clareza, os comportamentos a serem adotados.

Mostra-se relevante que o emitente cumule com a recomendação requisição de informações ao destinatário sobre o acatamento ou não da recomendação, assinalando prazo para se apresentar este posicionamento: "O órgão do Ministério Público poderá requisitar, em prazo razoável, resposta por escrito sobre o atendimento ou não da recomendação, bem como instar os destinatários a respondê-la de modo fundamentado" (Res. CNMP n. 164/2017, art. 10).

Se o membro do Ministério Público entender que a recomendação atendeu ao quanto se buscava no inquérito civil, promoverá seu arquivamento e remeterá os autos ao colegiado competente para a revisão do arquivamento.

Observa-se que o Ministério Público poderá determinar a "divulgação adequada e imediata" da recomendação (Lei 8.625/1993, art. 27, par. único, IV), para que as pessoas que, em tese, tenham interesse em seu respectivo acatamento possam acompanhar o cumprimento do quanto tenha sido recomendado. No mesmo sentido, o art. 9o da Res. CNMP nº 164, de 28.03.2017: "O órgão do Ministério Público poderá requisitar ao destinatário a adequada e imediata divulgação da reco-

---

8 GARCIA, Emerson. Ministério Público: organização, atribuições e regime jurídico. São Paulo: Saraiva, 2015, p. 559.

mendação expedida, incluindo sua afixação em local de fácil acesso ao público, se necessária à efetividade da recomendação".

6. OUTRAS PROVIDÊNCIAS

As recomendações devem, preferencialmente, ser entregues pessoalmente ao destinatário, ocasião em que pode ser realizada a explanação oral acerca dos principais fundamentos e da linha de argumentação do Ministério Público, sempre na intenção de se obter o convencimento acerca das medidas recomendadas.

O Ministério Público deverá dar ciência das recomendações aos órgãos de controle, na perspectiva de que estes, ao tomarem conhecimento da ilicitude apontada e das providências que se mostram necessárias, também possam deflagrar, dentro de suas respectivas esferas de atuação, seus procedimentos próprios de controle, potencializando-se a possibilidade de êxito na solução do ilícito.

O Ministério Público poderá cumular na própria recomendação requisição de resposta pelo destinatário. Vale dizer, ainda que a recomendação, como foi examinado, não contenha caráter imperativo, é possível que se requisite informações sobre seu acatamento ou não, com o fim de balizar as medidas que deverão ser tomadas.

Embora não possua caráter vinculante, o descumprimento da recomendação sugere a judicialização da questão, sob pena, dentre outros fatores, de comprometimento da própria atuação do Ministério Público: "Na hipótese de desatendimento à recomendação, de falta de resposta ou de resposta considerada inconsistente, o órgão do Ministério Público adotará as medidas cabíveis à obtenção do resultado pretendido com a expedição da recomendação" (Res. CNMP n. 164/2017, art. 11).

Destaca-se que o destinatário da recomendação, na hipótese de não acatá-la, deverá declinar as razões pelas quais assim procedeu. Estas razões, à luz da teoria dos motivos determinantes, poderão ser questionadas em juízo, tendo por objetivo a obtenção de provimento judicial que determine a adequação da conduta.

7. UM POUCO DA CASUÍSTICA

Há situações recorrentes na área do patrimônio público, em relação às quais as soluções têm sido alcançadas, não raras vezes, pela expedição de recomendação administrativa. Passa-se a analisar, exemplificativamente, um pouco desta casuística.

Concurso Público. Em matéria de concurso público, ocorre com certa frequência a notícia de prática de eventual fraude, antes do término do processo. Nessas situações, em que os indícios do ilícito aparentam certa relevância, como na hipótese de vazamento de questões, parentesco dos candidatos com membros da banca, execução por empresa terceirizada, considerada não idônea, publicidade inadequada, critérios subjetivos de avaliação, previsão de prazos inadequados, dentre outros; as recomendações administrativas têm sido utilizadas para suspender o certame[9], evitando-se a conclusão do processo e, sobretudo, a nomeação dos aprovados, hipótese que certamente geraria maiores prejuízos à Administração Pública.

Cargos em comissão. A regra geral para o provimento de cargos, empregos e funções públicas é a realização do concurso (CF, art. 37, II e V), sendo exceção o provimento em comissão, reservado às atribuições de direção, chefia e assessoramento.

Nessa medida, a instituição de cargos em comissão exige específica previsão legal, em que se estabeleçam os requisitos ao seu exercício (CF, art. 37, II), os respectivos padrões remuneratórios (CF, art. 37, X) e, notadamente, as funções a serem desempenhadas pelos seus ocupantes, sendo insuficiente a disciplina por ato infralegal (STF. ADI

---

9 AGRAVO REGIMENTAL. SUSPENSÃO DE LIMINAR E DE SENTENÇA. CONCURSO PÚBLICO. SUSPEITAS DE IRREGULARIDADES. POSSIBILIDADE DE FRAUDE. PEDIDO INDEFERIDO. AGRAVO REGIMENTAL IMPROVIDO. – A suspensão da nomeação e posse de candidatos aprovados em concurso público suspeito de fraude pelo Tribunal de origem não acarreta, por si, lesão à ordem, à saúde, à segurança e à economia públicas. – A ausência de comprovação de grave dano aos bens tutelados pela lei de regência impõe a manutenção da decisão agravada que indeferiu o pedido de suspensão da liminar. Agravo regimental improvido. (AgRg na SLS 1.100/PR, Rel. Ministro CESAR ASFOR ROCHA, CORTE ESPECIAL, julgado em 03/02/2010, DJe 04/03/2010)

nº 4125. Tribunal Pleno. Unânime. Rel. Min. CÁRMEN LÚCIA. J. 10.06.2010).

As funções, portanto, devem necessariamente ser descritas em lei, para que o legislador possa avaliar se a hipótese diz respeito, efetivamente, às exceções constitucionais.

A recomendação, utilizada nesse contexto, pretende que o Chefe do Executivo apresente projeto de lei especificando as respectivas funções correspondentes aos cargos, submetendo a análise da juridicidade do cargo ao Parlamento.

Contratação temporária. Embora ilícito, é frequente o atendimento de necessidade permanente da Administração Pública por meio de sucessivas contratações temporárias. Sabe-se, no entanto, ser possível a contratação temporária somente quando preenchidos os seguintes requisitos: i) atendimento de necessidade temporária de excepcional interesse público; e, ii) regulamentação prévia em legislação infraconstitucional.

Assim, é inconstitucional lei que institua hipóteses abrangentes e genéricas de contratações temporárias sem concurso público e tampouco especifique a contingência fática que evidencie situação de emergência (STF. RE 658.026/MG. Rel. Min. Dias Toffoli. J. 09.04.2014).

Nesse sentido, quer-se com as recomendações que se inicie, em prazo razoável, concurso público para provimento efetivo dos cargos, organizando-se cronologicamente o concurso, para possibilitar que as nomeações dos aprovados ocorram até o final dos contratos por tempo determinado.

Portais da Transparência. As recomendações administrativas têm sido largamente utilizadas em situações em que se constata a insuficiência ou a inadequação do conteúdo do Portal da Transparência de determinada Administração Pública, dificultando o controle da gestão pública.

Sabe-se que o acesso à informação propicia o controle sobre as atividades administrativas e, de igual forma, constitui-se em instrumento para a participação efetiva na tomada de decisões de caráter coletivo.

O direito de ter acesso à informação encontra-se previsto em diversos tratados e convenções internacionais, dos quais o Brasil é signatário[10]. Na ordem jurídica interna, o acesso às informações assume envergadura constitucional: "todos têm direito a receber dos órgãos públicos informações de seu interesse particular, ou de interesse coletivo ou geral, que serão prestadas no prazo da lei, sob pena de responsabilidade, ressalvadas aquelas cujo sigilo seja imprescindível à segurança da sociedade e do Estado" (CF, art. 5º, XXXIII).

Diversos marcos regulatórios procuram dar concretude ao mandamento constitucional. Destaca-se, aqui, a Lei de Responsabilidade Fiscal (LC 101/2000), diploma normativo que representa nova etapa em termos de prudência no âmbito das finanças públicas, a partir de dois direcionamentos fundamentais: a transparência e a participação popular, ambos dependentes entre si.

Posteriormente, a Lei Complementar 131, de 27.05.2009, alterou a LC 101/2000 e ampliou as normas de transparência. Assim, a Lei de Responsabilidade Fiscal, em capítulo próprio, trata da transparência, do controle e da fiscalização da gestão fiscal. Em seus arts. 48 e 48-A, assim dispõe:

> Art. 48. São instrumentos de transparência da gestão fiscal, aos quais será dada ampla divulgação, inclusive em meios eletrônicos de acesso público: os planos, orçamentos e leis de diretrizes orça-

---

[10] Declaração Universal dos Direitos Humanos de 1948 (art. 19): "Todo ser humano tem direito à liberdade de opinião e expressão; este direito inclui a liberdade de, sem interferência, ter opiniões e de procurar, receber e transmitir informações e ideias por quaisquer meios e independentemente de fronteiras". Convenção das Nações Unidas contra a Corrupção de 2005 (arts. 10 e 13): "Cada Estado-parte deverá (...) tomar as medidas necessárias para aumentar a transparência em sua administração pública (...) procedimentos ou regulamentos que permitam aos membros do público em geral obter (...) informações sobre a organização, funcionamento e processos decisórios de sua administração pública (...)". Declaração Interamericana de Princípios de Liberdade de Expressão de 2000 (item 4): "O acesso à informação mantida pelo Estado constitui um direito fundamental de todo indivíduo. Os Estados têm obrigações de garantir o pleno exercício desse direito". Pacto Internacional dos Direitos Civis e Políticos de 1992 (art. 19): "Toda pessoa terá direito à liberdade de expressão; esse direito incluirá a liberdade de procurar, receber e difundir informações e ideias de qualquer natureza (...)".

> mentárias; as prestações de contas e o respectivo parecer prévio; o Relatório Resumido da Execução Orçamentária e o Relatório de Gestão Fiscal; e as versões simplificadas desses documentos.
>
> Parágrafo único. A transparência será assegurada também mediante:
>
> I – incentivo à participação popular e realização de audiências públicas, durante os processos de elaboração e discussão dos planos, lei de diretrizes orçamentárias e orçamentos;
>
> II – liberação ao pleno conhecimento e acompanhamento da sociedade, em tempo real, de informações pormenorizadas sobre a execução orçamentária e financeira, em meios eletrônicos de acesso público;
>
> III – adoção de sistema integrado de administração financeira e controle, que atenda a padrão mínimo de qualidade estabelecido pelo Poder Executivo da União e ao disposto no art. 48-A.
>
> Art. 48-A. Para os fins a que se refere o inciso II do parágrafo único do art. 48, os entes da Federação disponibilizarão a qualquer pessoa física ou jurídica o acesso a informações referentes a:
>
> I – quanto à despesa: todos os atos praticados pelas unidades gestoras no decorrer da execução da despesa, no momento de sua realização, com a disponibilização mínima dos dados referentes ao número do correspondente processo, ao bem fornecido ou ao serviço prestado, à pessoa física ou jurídica beneficiária do pagamento e, quando for o caso, ao procedimento licitatório realizado;
>
> II – quanto à receita: o lançamento e o recebimento de toda a receita das unidades gestoras, inclusive referente a recursos extraordinários.

Atente-se que a Administração Pública, em observância à regra da transparência ativa, não deve prestar informações apenas quando provocada. Ao contrário, exige-se do administrador público que, de maneira regular e sistemática, tome as medidas necessárias para que naturalmente as informações cheguem ao conhecimento da população.

Para tanto, deve a Administração Pública utilizar-se dos meios mais eficientes, com o propósito de conferir pleno acesso às informações pela população, acerca do que se sucede em seu ambiente interno. Dentre esses meios, sobressai a divulgação de informações pela internet, em tempo real, considerando, para esta determinação, a ampla difusão que tal canal comunicativo atinge nos mais diversos segmentos sociais.

Nessa perspectiva, os portais da transparência, disponíveis pelos meios eletrônicos, apresentam-se como a primeira ferramenta indispensável para a concretização do direito de acesso. Neles devem constar, dentre outras informações: i) endereços e telefones das unidades e horários de atendimento; ii) dados gerais para acompanhamento de programas, ações, projetos e obras; iii) informações diárias sobre a execução do orçamento; iv) recursos públicos transferidos e sua aplicação; v) admissão, nomeação, demissão, exoneração e aposentadorias de servidores e empregados públicos, incluídos os comissionados; vi) atos relacionados à contratação de fornecedores e prestadores de serviços, incluindo os respectivos editais de licitação.

A jurisprudência tem delineado os contornos desses portais. Registre-se exemplificativamente, que o STF julgou constitucional a Lei 9.755/98, que dispõe sobre a criação, pelo TCU, de sítio eletrônico de informações sobre finanças públicas, com dados fornecidos por todos os entes federados. Aduziu-se, com fundamento de constitucionalidade, que o portal teria o escopo de reunir as informações tributárias e financeiras das diversas unidades da federação, a fim de facilitar o acesso desses dados pelo público. Observou-se, ainda, que os documentos declinados no art. 1º da norma questionada já seriam de publicação obrigatória nos veículos oficiais de imprensa das diversas entidades federativas (STF. ADI 2.198/PB. Rel. Min. Dias Toffoli. J. 11.04.2013)[11].

De acordo com a sistemática vigente, a abrangência das informações deve ser a mais ampla possível. Nesse sentido, a Lei de Aces-

[11] Outro exemplo pode ser encontrado em julgamento proferido pelo Superior Tribunal de Justiça que entendeu que "o nome de quem recebe um passaporte diplomático emitido por interesse público não pode ficar escondido do público. O interesse público pertence à esfera pública e o que se faz em seu nome está sujeito ao controle social, não podendo o ato discricionário de emissão daquele documento ficar restrito ao domínio do círculo do poder. A noção de interesse público não pode ser linearmente confundida com 'razões de Estado', e, no caso concreto, é incompatível com o segredo da informação" (STJ. MS 16.179-DF. Rel. Min. Ari Pargendler. J. 09.04.2014).

so à Informação (Lei 12.527, de 18.11.2011) enriquece o conteúdo dos Portais e, por adotar a concepção da transparência ativa, institui a obrigação dos órgãos públicos, por iniciativa própria, Publicarem e tornarem acessíveis a todos as informações sobre suas atividades. Depreende-se daí que nos Portais devem conter os elementos expressamente indicados na legislação e, além deles, outras tantas informações públicas que possam ser relevantes e, portanto, devem também ser espontaneamente disponibilizadas[12]. Muitas vezes as recomendações administrativas atingem essa finalidade.

Terceirizações na área da saúde. As recomendações administrativas que tratam das terceirizações na área da saúde, a exemplo daquelas que se operam mediante a celebração de contratos de gestão com organizações sociais, procuram fazer prevalecer a concepção segundo a qual a assistência à saúde é livre à iniciativa privada, que poderá participar, contudo, apenas de forma complementar ao Sistema Único de Saúde (SUS), conforme diretrizes deste, mediante contrato de direito público ou convênio, tendo preferência as entidades filantrópicas e as sem fins lucrativos (CF, art. 199).

Destaca-se que a situação de insuficiência material, que justificaria o ingresso do serviço privado na rede pública, deverá constar no Plano de Saúde e ser aprovado pelo controle social local, com indicadores precisos da parcela do serviço que está sendo transferido à determinada entidade privada.

Realça-se que um dos pilares constitucionais do SUS é a participação da comunidade (CF, art. 198, III). Desta forma, eventual afetação

---

12Destaca-se inexistir ressalvas quanto a divulgação da remuneração de todos os agentes públicos. O STF, ao aplicar o princípio da publicidade administrativa, entendeu presente o dever estatal de divulgar os atos públicos. Destacou-se que a gestão da coisa pública deveria ser realizada com o máximo de transparência, pois todos teriam direito a receber, dos órgãos públicos, informações de interesse particular ou geral, tendo em vista a efetivação da cidadania, no que lhes competiria acompanhar criticamente os atos de poder. Aduziu-se que a divulgação dos vencimentos brutos de servidores, a ser realizada oficialmente, constituiria interesse coletivo, sem implicar violação à intimidade e à segurança deles, uma vez que esses dados diriam respeito a agentes públicos em exercício nessa qualidade (STF. SS 3.902. Rel. Min. Ayres Britto. J. 09.06.2011). Nesse mesmo sentido: STF. Rec. Extr. 652.777-SP. Rel. Min. Teori Zavascki. J. 23.04.2015.

dos serviços públicos de saúde a entidades privadas é uma das decisões essenciais da política de saúde em determinado ente federativo, de sorte que é da atribuição do Conselho de Saúde sobre ela deliberar, seja para propô-la, aprová-la ou rejeitá-la.

Controle da constitucionalidade. Por fim, as recomendações administrativas podem ser utilizadas com razoável possibilidade de êxito no controle extrajudicial da constitucionalidade, com a intenção de provocar o autocontrole da constitucionalidade pelo Poder Legislativo ou pelo Chefe do Poder Executivo, por meio do exercício do veto.

Seriam estas situações, trazidas em caráter meramente exemplificativo, que se apresentam comumente tratadas em sede de recomendações administrativas na área da proteção ao patrimônio público.

8. CONCLUSÃO

Prepondera no cenário jurídico nacional a cultura de se provocar o Poder Judiciário para a obtenção das soluções, postura esta que encontra dificuldades na morosidade da tramitação das ações judiciais e na complexidade inerente às tutelas coletivas, razão pela qual mostra-se absolutamente pertinente a consolidação, sobretudo no âmbito do Ministério Público, de política de incentivo aos mecanismos de autocomposição, dentre os quais as recomendações administrativas apresentam-se como destacado instrumento de eficiência.

9. REFERÊNCIAS

GARCIA, Emerson. Ministério Público: organização, atribuições e regime jurídico. São Paulo: Saraiva, 2015.

MAZZEI, Rodrigo; CHAGAS, Bárbara Seccato Ruis. Breve ensaio sobre a postura dos atores processuais em relação aos métodos adequados de resolução de conflitos. Revista Brasileira de Direito Processual – RBDPro, Belo Horizonte, ano 24, n. 95, p. 245-267, jul./set. 2016.

MAZZILLI, Hugo Nigro. O Inquérito Civil: investigações do Ministério Público, compromissos de ajustamento e audiências públicas. São Paulo: Saraiva, 2015.

MIRANDA, Marcos Paulo de Souza. A recomendação ministerial como instrumento extrajudicial de solução de conflitos ambientais. In: FARIAS, Cristiano Chaves (Coord.). Temais atuais do Ministério Público.

RODRIGUES, Geisa de Assis. Reflexões sobre a atuação extrajudicial do Ministério Público: Inquérito Civil Público, Compromisso de Ajustamento de Conduta e Recomendação Legal. In: FARIAS, Cristiano Chaves (Coord.). Temais atuais do Ministério Público.

WATANABE, Kazuo. Cultura da sentença e cultura da pacificação social. In: Estudos em homenagem à professora Ada Pellegrini Grinover. YARSHELL, Flávio Luiz; MORAES, Maurício Zanoide de (Coord.). São Paulo: DPJ, 2005.

A CONSENSUALIDADE NO DIREITO SANCIONADOR BRASILEIRO: POTENCIAL DE INCIDÊNCIA NO ÂMBITO DA LEI Nº 8.429/1992

Emerson Garcia[1]

Resumo: o direito sancionador brasileiro, tradicionalmente refratário à consensualidade, tem paulatinamente reconhecido a sua importância em distintas instâncias de responsabilização. O fio condutor dessa mudança tem sido a maior celeridade e eficácia na identificação e reprimenda de condutas de elevado potencial lesivo ao ambiente sociopolítico. O objetivo de nossas considerações é o de apresentar uma visão global a respeito da incorporação da consensualidade em nosso direito sancionador, com análise mais detida a respeito de sua possível aplicação aos ilícitos previstos na Lei nº 8.429/1992.

Sumário: 1. Considerações iniciais; 2. O direito sancionador e as instâncias de responsabilização; 3. A consensualidade na ordem jurídica brasileira; 4. Legalidade e indisponibilidade do interesse nos negócios jurídicos celebrados pelo Poder Público; 5. A consensualidade

[1] Doutor e Mestre em Ciências Jurídico-Políticas pela Universidade de Lisboa. Especialista em *Education Law and Policy* pela *European Association for Education Law and Policy* (Antuérpia – Bélgica) e em Ciências Políticas e Internacionais pela Universidade de Lisboa. Membro do Ministério Público do Estado do Rio de Janeiro, Consultor Jurídico da Procuradoria-Geral de Justiça e Diretor da Revista de Direito. Consultor Jurídico da Associação Nacional dos Membros do Ministério Público (CONAMP). Membro da *American Society of International Law* e da *International Association of Prosecutors* (Haia – Holanda). Membro Honorário do Instituto dos Advogados Brasileiros (IAB).

na responsabilização administrativa; 6. A consensualidade na responsabilização penal; 7. A consensualidade na responsabilização cível; 7.1. A experiência com o compromisso de ajustamento de conduta no âmbito da tutela coletiva; 7.2. A consensualidade no âmbito da Lei de Responsabilização das Pessoas Jurídicas; 7.3. A consensualidade no âmbito da Lei de Improbidade Administrativa; Epílogo; Referências Bibliográficas.

1. CONSIDERAÇÕES INICIAIS

Acordo e indisponibilidade do interesse são coisas que *hurlent de se trouver ensemble*, isso para utilizarmos a conhecida máxima francesa. E por que gritam quando se encontram? Por uma razão muito simples: não se transige com o que não se pode dispor. Apesar da obviedade dessa constatação, é palpável, na realidade brasileira, que situações de ruptura da ordem jurídica têm sido remediadas ou recompostas justamente a partir da consensualidade.

A consensualidade, em sua expressão mais simples, indica a convergência de vontades em prol de um objetivo comum. Pode oscilar entre os extremos da submissão ou da plena transação.

Na submissão, um dos acordantes se submete às diretrizes estabelecidas pelo outro. Tanto pode decorrer de uma opção do submisso como estar vinculada ao desequilíbrio de forças, o que é bem mais comum. Esse desequilíbrio pode ocorrer entre atores privados, normalmente em razão da primazia econômica de um deles, ou entre atores privados e públicos, em que a legislação ampara o público e limita o privado, ou mesmo entre atores públicos, em razão da superioridade política ou econômica de um deles, o que é particularmente nítido na federação brasileira, em que os entes federativos, apesar de autônomos entre si, não conseguem ombrear com a União, que concentra as competências legislativas mais relevantes e tem primazia na arrecadação tributária. A submissão é o modelo mais adotado quando presente a indisponibilidade do interesse. Neste caso, há uma espécie de norma-quadro, à qual devem ajustar-se os pactuantes.

Na plena transação, os pactuantes, numa posição de total igualdade formal e material, acordam livremente direitos e obrigações, instrumentalizando-os da forma que melhor lhes aprouver. Encontra-se alicerçada no livre exercício da autonomia da vontade, que não sofre a influência de qualquer limitador passível de comprometer a sua exteriorização. Esse modelo, como é perceptível, mostra-se de todo incompatível com a indisponibilidade, total ou parcial, dos interesses envolvidos. Afinal, a indisponibilidade limita o acordo passível de ser realizado.

Além desses modelos extremos, é possível nos depararmos com uma pluralidade de modelos intermédios. São modelos híbridos, em que determinados aspectos do acordo somente admitem a submissão e em outros prepondera a plena transação. Para que a coexistência desses modelos seja possível, ou se identifica uma livre manifestação de vontade do pactuante que ocupa uma posição de primazia, anuindo em conferir certa liberdade ao outro pactuante, ou se está perante uma norma-quadro que limita o universo do acordo, indicando, desde logo, o que é estranho ao poder de disposição dos pactuantes. Em ambos os casos, como se percebe, uma parte do ajuste somente se compatibiliza com a submissão de um dos pactuantes às diretrizes estabelecidas pelo outro pactuante ou decorrentes da própria ordem jurídica.

No âmbito do direito sancionador, em razão de suas próprias características estruturais, já que o Estado deve zelar pelos bens jurídicos tutelados e o infrator pode sofrer sanções que restrinjam aspectos de sua esfera jurídica insuscetíveis de plena disposição, como a liberdade ou, a depender do sistema, a própria vida, o modelo da plena transação dificilmente será adotado. Afinal, caso houvesse total liberdade entre os pactuantes, seria plenamente possível que o Estado deixasse de estabelecer qualquer reprimenda ou afastasse por completo o dever de reparação. Ou, no extremo oposto, que o infrator incursionasse na própria essência das sanções a serem aplicadas.

Portanto, em rigor lógico, o direito sancionador mais se afeiçoa ao modelo da submissão ou a um modelo híbrido. Apesar da compatibilidade conceitual com o modelo da submissão, não se pode deixar de observar que a plena e irrestrita sujeição às cominações legais raramente será atrativa aos infratores, que certamente optarão por aguardar o desfecho da relação processual ao invés de sofrerem a sanção de maneira antecipada. A tendência é a adoção de um modelo híbrido, em que o Estado, sem dispor por completo do bem jurídico tutelado, transige em relação a alguns aspectos afetos à sua essência ou de natureza periférica, enquanto o infrator aceita as imposições antes da resolução do processo, judicial ou administrativo, ou, mesmo, do seu próprio início.

O objetivo de nossas breves reflexões é o de analisar as características básicas das instâncias de responsabilização no direito sancionador brasileiro e a evolução da consensualidade nessa seara. Para tanto, analisaremos o potencial expansivo da consensualidade nos planos administrativo, penal e cível, culminando com a análise da possibilidade de aplicá-la, ou não, aos ilícitos civis previstos na Lei nº 8.429/1992 (Lei de Improbidade Administrativa).

2. O DIREITO SANCIONADOR E AS INSTÂNCIAS DE RESPONSABILIZAÇÃO

Como já tivemos oportunidade de afirmar[2], o reconhecimento de que uma única conduta pode se ajustar a uma pluralidade de instâncias de responsabilização é típico de sistemas, como o brasileiro, que adotam a independência entre as instâncias. Com isso, é possível que o agente sofra inúmeras sanções ao final de cada relação processual. À luz desse quadro, para a obtenção de padrões mínimos de organicidade sistêmica, é necessário que a ordem jurídica defina em que medida ocorrerá a interpenetração entre as instâncias, inclusive com a possibilidade de a absolvição em uma relação processual projetar os seus efeitos sobre outra. No extremo, ainda será preciso estabelecer um referencial de proporcionalidade sistêmica, de modo a evitar que esse critério seja valorado unicamente sob o prisma de cada relação processual, ignorando o efeito sinergético de todas as sanções aplicadas.

A existência de mais de uma instância de responsabilização ainda permite que sanções de idêntica natureza jurídica sejam aplicadas em mais de uma instância, o que também contribui para alimentar o de-

---

2 *Improbidade Administrativa*, 1ª parte. 9ª ed. São Paulo: Saraiva, 2017, p. 794-797.

bate a respeito de um possível excesso punitivo por parte do Estado com a violação ao princípio do *ne bis in eadem*.

Dito isso, o primeiro aspecto a ser considerado é a identificação dos pressupostos básicos para o enquadramento de uma única conduta em mais de um sistema punitivo. O direito sancionador brasileiro, de natureza estatal, pode ser dividido em penal e extrapenal.

O direito penal trata da estatuição e das consequências jurídicas decorrentes da prática de uma infração penal, cuja definição é oferecida pelo art. 1º da Lei de Introdução ao Código Penal[3]. As sanções cominadas, que alcançam o direito de liberdade, são necessariamente aplicadas por um órgão jurisdicional, o que sequer precisa ser lembrado, tamanha a penetração dessa concepção nos dogmas do Estado de Direito. O direito extrapenal, por sua vez, de contornos muito mais amplos, é individualizado por exclusão: suas sanções, regra geral, alcançam uma pluralidade de bens jurídicos, que não a liberdade, e podem ser igualmente aplicadas por órgãos não jurisdicionais. A exceção fica por conta da prisão administrativa militar, implicitamente prevista na própria Constituição da República, ao vedar o uso do *habeas corpus* contra as punições disciplinares militares[4]. Ainda merece menção o fato de a ordem constitucional autorizar a prisão como meio de coerção para o cumprimento da obrigação alimentar[5], o que não configura verdadeira sanção.

No direito sancionador extrapenal, a natureza do órgão responsável pela aplicação da sanção e a sistemática processual a ser adotada assumem singular importância, devendo ser consideradas juntamente com o bem jurídico a ser restringido. Assim ocorre porque, diversamente ao que se verifica em relação ao direito sancionador penal, não

---

3 Decreto-lei nº 3.914/1941, art. 1º: "*Considera-se crime a infração penal que a lei comina pena de reclusão ou de detenção, quer isoladamente, quer alternativa ou cumulativamente com a pena de multa; contravenção, a infração penal a que a lei comina, isoladamente, pena de prisão simples ou de multa, ou ambas, alternativa ou cumulativamente*".

4 CR/1988, art. 142, § 2º. *Vide* Lei nº 6.880/1980, art. 47, § 1º.

5 CR/1988, art. 5º, LXVII. Sobre a impossibilidade de prisão do depositário infiel, também prevista na literalidade do preceito constitucional, *vide* Súmula Vinculante nº 25, do STF.

há um diploma normativo definindo, em relação a cada instância de responsabilização, as sanções que lhe são características.

Com os olhos voltados à constatação anterior, podemos falar na existência de um direito sancionador extrapenal de natureza judicial, no qual são aplicadas sanções que restringem a esfera jurídica individual, assumindo contornos cíveis *lato sensu*. Essas sanções coexistem com as cominações cíveis *stricto sensu*, classicamente reconduzíveis ao dever de recomposição do *status quo* (*v.g.*: deveres de reparar e de devolver), que não configuram, em sua essência, verdadeira sanção. Como exemplos, podemos mencionar a aplicação, por um órgão jurisdicional, das sanções previstas nas Leis nº 8.429/1992 (Lei de Improbidade Administrativa) e 12.846/2013 (Lei de Responsabilização das Pessoas Jurídicas).

É importante frisar que a existência de sanções cíveis *lato sensu* é combatida por muitos, que parecem não visualizar a possibilidade de um Estado de Direito decidir instituir uma tipologia de ilícitos, com as sanções que lhe são correlatas, em um sistema não penal. Não reconhecem, portanto, a possibilidade de ser adotado um sistema repressivo com legitimados à propositura da ação, regras processuais, juízo competente e efeitos genéricos e específicos da sanção diversos daqueles encampados pelo direito penal. A soberania estatal não albergaria opção como essa? Ou será que qualquer sanção aplicável por um magistrado deve necessariamente assumir contornos penais?

A Lei nº 12.846/2013, que "*dispõe sobre a responsabilização administrativa e civil das pessoas jurídicas pela prática de atos contra a administração pública, nacional ou estrangeira*", oferece um exemplo bem sugestivo a esse respeito. Apesar de sua ementa fazer menção à responsabilização civil, o que é reiterado pelos arts. 1º, *caput* e 2º, além de o julgamento ficar a cargo de um órgão jurisdicional, alguns insistem em afirmar que a natureza jurídica das sanções é penal, pois a esfera cível somente se harmoniza com a ideia de recomposição[6].

---

6 Nesse sentido: DE PONTES, Evandro Fernandes. Dissolução Compulsória da Pessoa Jurídica: Desafios Sobre a Lei 12.846/2013 e o Sistema Financeiro Nacional. *In: Revista de Direito Empresarial*, vol. 14, mar.-abr./2016, p. 155 e ss. e NUCCI, Guilherme de Souza. *Corrupção e Anticorrupção*. Rio de Janeiro: Forense, 2015, p. 90 e ss.

Será isto verdade? Não poderia o Estado instituir outros sistemas de responsabilização, de modo a impor restrições na esfera jurídica individual sem que o pano de fundo seja a privação da liberdade? A nosso ver, é tarefa assaz difícil alcançar respostas positivas a esses questionamentos sem a identificação de um fundamento constitucional que venha a embasá-las.

Outra categoria é a do direito sancionador administrativo, largamente estudado pela doutrina espanhola, em razão dos próprios termos da Constituição de 1978, cujo art. 25, 3, dispõe que "*la Administración civil no podrá imponer sanciones que, directa o subsidiariamente, impliquen privación de libertad*". São enquadradas nessa categoria as sanções aplicadas por uma autoridade administrativa, que tanto podem limitar-se a restringir as relações jurídicas de natureza estatutária (*v.g.*: quando o superior hierárquico aplica as sanções de advertência ou de demissão) como restringir outros aspectos da esfera jurídica individual (*v.g.*: quando o Tribunal de Contas aplica a sanção de multa em razão do alcance praticado pelo gestor do dinheiro público).

Por fim, o direito sancionador político fica a cargo do Poder Legislativo, que avalia condutas juridicamente relevantes sob o prisma político. Com isso, atrai distinções de elevada monta em relação ao processo tipicamente judicial, em especial no que diz respeito à imparcialidade do julgador e ao dever de fundamentação (*v.g.*: no julgamento do Chefe do Poder Executivo por crime de responsabilidade).

Cada uma das manifestações do direito sancionador será influenciada pelos princípios gerais, de estatura constitucional, afetos ao direito sancionador penal, que oferece as garantias mais básicas para o indivíduo em relação ao Estado. A partir daí, serão observados os demais direitos fundamentais, aplicados indistintamente a todos os indivíduos, com especial ênfase para as garantias do contraditório, da ampla defesa e do devido processo legal, bem como colhidos os influxos do sistema processual a ser utilizado, que pode ser o administrativo ou o judicial de natureza cível. Não há, nesse particular, correlação necessária entre o ramo do direito regente da conduta praticada ou da relação jurídica que lhe deu origem e aquele que disciplinará o respectivo sistema de responsabilização. Essa constatação, por óbvio, não permite seja ignorada a disciplina jurídica que rege a conduta praticada ao aferir-se o seu enquadramento, ou não, no plano da juridicidade. Em prol dessa conclusão, merece referência o art. 26, 2, da Convenção das Nações Unidas de Combate à Corrupção, que dispõe sobre a necessidade de o Estado Parte perquirir a responsabilidade das pessoas jurídicas pelos ilícitos ali previstos (*v.g.*: o suborno de funcionários públicos nacionais – art. 15), que "*poderá ser de índole penal, cível ou administrativa*".

Se não há maiores dúvidas em reconhecer a possibilidade de o responsável pela conduta ser simultaneamente punido com base em mais de um ramo do direito sancionador, o mesmo não pode ser dito em relação à pluralidade de punições em um mesmo ramo. Esse aspecto torna-se particularmente relevante ao lançarmos os olhos sobre o art. 30 da Lei nº 12.846/2013 (Lei de Responsabilização das Pessoas Jurídicas), preceito que tem a seguinte redação: "*a aplicação das sanções previstas nesta Lei não afeta os processos de responsabilização e aplicação de penalidades decorrentes de: I - ato de improbidade administrativa nos termos da Lei nº 8.429, de 2 de junho de 1992; e II - atos ilícitos alcançados pela Lei nº 8.666, de 21 de junho de 1993, ou outras normas de licitações e contratos da administração pública, inclusive no tocante ao Regime Diferenciado de Contratações Públicas - RDC instituído pela Lei nº 12.462, de 4 de agosto de 2011*". Como se percebe, o inciso I autoriza a duplicidade de incidência do direito sancionador extrapenal, de natureza judicial, sujeitando o responsável pela conduta às sanções da Lei nº 8.429/1992 e da LRPJ. No mesmo norte, aliás, caminha o art. 12 da Lei nº 8.429/1992 (Lei de Improbidade Administrativa), ao dispor que as sanções ali previstas serão aplicadas "*independentemente das sanções penais, civis e administrativas previstas na legislação específica*". Já o mencionado inciso II do art. 30 da LRPJ autoriza uma pluralidade de enquadramentos no direito sancionador administrativo, sem olvidar as sanções passíveis de aplicação pelo Tribunal de Contas. Haveria, nessas hipóteses, afronta ao *ne bis in eadem*? A nosso ver, a resposta deve ser negativa.

A inexistência de afronta ao *ne bis in eadem* exigirá que a objetividade jurídica afetada seja diversa, de modo que o enquadramento plúrimo decorra de distintas facetas da mesma conduta, que será cotejada com microssistemas normativos de natureza diversa, todos integrados ao mesmo ordenamento jurídico.[7] Nesse caso, não teremos uma única ofensa punida com mais de uma sanção, mas, sim, uma pluralidade de ofensas jurídicas, derivadas da mesma conduta fática, o que justifica a pluralidade de sanções. É justamente o que ocorre quando a pessoa jurídica é simultaneamente enquadrada na Lei nº 12.846/2013 e na Lei nº 8.429/1992. Na LRPJ, o epicentro de análise é a conduta praticada no interesse ou em benefício da pessoa jurídica, a qual, eventualmente, pode contar com a participação de um agente público, nos termos do art. 3º e da tipologia do art. 5º. Essa conduta será valorada em conformidade com a relação jurídica existente, ou em vias de ser estabelecida, entre a pessoa jurídica e a Administração Pública. Já no sistema da Lei nº 8.429/1992, sua incidência depende da presença de um agente público e a pessoa jurídica pode eventualmente figurar como partícipe ou beneficiária, nos termos do art. 3º deste diploma legal. Neste caso, é analisada a observância, pelo agente público, dos deveres jurídicos inerentes ao cargo. Portanto, se uma pessoa jurídica, em conluio com o agente público, frauda licitação, será possível que ambos sejam responsabilizados com base na LRPJ (pessoa jurídica como autora e agente público como terceiro) e na Lei nº 8.429/1992 (agente público como autor e pessoa jurídica como terceiro).[8]

Caso o simultâneo enquadramento da mesma conduta em mais de um microssistema normativo de responsabilização passe no teste de compatibilização, não haverá óbice a que sanções de idêntica natureza jurídica, como a multa, o perdimento de bens e a proibição de recebimento de recursos do Erário sejam aplicadas em todos eles. O que não se permite é que, exaurida a circunstância fática que embasa a existência da sanção, em razão da anterior aplicação e execução de

---

7 A respeito das discussões em torno do *bis in eadem* no âmbito da cooperação jurídica internacional, vide a densa exposição de Renata Ribeiro Baptista: Dilemas e boas práticas do modelo multijurisdicional no combate ao ilícitos transfronteiriços: algumas pautas para a aplicação da Lei nº 12.846/13. *In* SOUZA, Jorge Munhós e QUEIROZ, Ronaldo Pinheiro de. *Lei Anticorrupção*. Salvador: Editora Juspodivm, 2015, p. 111-127.

8 Em sentido contrário, entendendo que a simultânea incidência da LRPJ e da Lei nº 8.429/1992 caracteriza indevido *bis in eadem*, *vide*: PEREIRA NETO, Miguel. A Lei Anticorrupção e a Administração Pública Estrangeira. *In Revista dos Tribunais*, vol. 947, set. de 2014, p. 331 e ss.

sanção de idêntica natureza, insista-se em uma nova execução. Nesse caso, efetivamente ocorrerá o *bis in eadem*. Uma vez executada a sanção de perda de bens aplicada com base na LRPJ, não será possível executar aquela aplicada por força da Lei nº 8.429/1992, ainda que a respectiva sentença tenha transitado em julgado. O mesmo há de ocorrer com a determinação de reparação dos danos causados, não se admitindo sejam reparados mais de uma vez.

A possibilidade de uma mesma conduta ser simultaneamente enquadrada em mais de uma instância de responsabilização, daí decorrendo a aplicação das respectivas sanções, ainda exige seja analisada a possibilidade de interpenetração entre as instâncias. Sob essa ótica, não é necessário maior esforço intelectivo para alcançar a conclusão inicial de que a individualidade existencial dessas instâncias denota que a interpenetração não pode ser arbitrária e muito menos absoluta, sob pena de a independência se transmudar em absorção.

A maneira de assegurar a harmônica coexistência entre individualidades distintas consiste no reconhecimento de um fio condutor, que assegure a sua pertença a um todo. É assim que devemos compreender as diversas instâncias de responsabilização existentes em um mesmo sistema jurídico. Esse fio condutor é oferecido pelos princípios constitucionais afetos ao sistema penal, que devem nortear os distintos ramos do direito sancionador brasileiro. A partir daí, cada instância tem a sua individualidade delineada.

Apesar de cada instância ter a sua individualidade e ser independente das demais, é perfeitamente possível que a ordem jurídica disponha sobre a interpenetração entre elas. É o que ocorre, por exemplo: (a) no âmbito do direito penal, em que o reconhecimento de que o fato não existiu, de que o réu não foi o seu autor ou de que agiu amparado por uma excludente de antijuridicidade produz efeitos nas demais esferas de responsabilização que não a política[9]; (b) com a celebração

---

[9] Caso a pretensão deduzida na ação penal seja julgada anteriormente às demais, fará coisa julgada nas esferas administrativa e cível sempre que reconhecer: a) ter sido o ato praticado em circunstâncias que excluam o crime ou isentem o réu de pena (arts. 20, 21, 22, 23, 26 e § 1º do art. 28, todos do Código Penal e arts. 65 e 386, VI, do CPP); b) a inexistência material do fato (arts. 66 e 386, I, do CPP); c) estar provado que o réu não concorreu para a infração penal (art. 386, IV, art.

de acordos de leniência pelo CADE, como autorizado pelos arts. 86 e 87 da Lei nº 12.529/2011, o que acarreta a extinção da punibilidade de certas categorias de infrações penais; (c) com o acordo de leniência previsto na Lei nº 12.846/2013, celebrado no plano administrativo com base no seu art. 16, que afasta a aplicação, no âmbito da responsabilização judicial de natureza cível, da sanção prevista no art. 19 ["*proibição de receber incentivos, subsídios, subvenções, doações ou empréstimos de órgãos ou entidades públicas e de instituições financeiras públicas ou controladas pelo poder público, pelo prazo mínimo de 1 (um) e máximo de 5 (cinco) anos*"].

3. A CONSENSUALIDADE NA ORDEM JURÍDICA BRASILEIRA

A Constituição de 1988, logo em seu preâmbulo, afirmou o seu comprometimento, "*na ordem interna e internacional, com a solução pacífica das controvérsias*". A consensualidade é um objetivo a ser sempre perseguido. Contribui para harmonizar e pacificar as relações sociais; atenua a intensa tensão dialética entre os referenciais de lícito e ilícito; acarreta a redução de custos, inerentes à longa tramitação de certas relações processuais, administrativas ou judiciais; e tende a aumentar os índices de satisfação dos envolvidos, que ganham em certeza e celeridade, em patamares sensivelmente superiores àqueles que obteriam ao fim da relação processual.

No plano infraconstitucional, a conciliação e a arbitragem há muito foram objeto de disciplina normativa específica; a mediação, por sua vez, recebeu tratamento normativo autônomo a partir de 2015,

---

935 do Código Civil de 2002). Note-se que tais efeitos somente alcançam os fatos discutidos no processo, permanecendo a possibilidade de livre valoração em relação aos demais. Afinal, como há muito reconheceu o STF na Súmula nº 18, "pela falta residual, não compreendida na absolvição pelo juízo criminal, é admissível a punição administrativa do servidor público." Caso haja absolvição por ausência de provas (art. 386, II, V e VII, do CPP) ou por não constituir o fato infração penal (art. 386, III, do CPP), poderá a questão ser amplamente examinada nas esferas cível e administrativa. O mesmo ocorrerá nas hipóteses em que sequer for deflagrada a ação penal, havendo o arquivamento do procedimento inquisitorial respectivo (art. 67, I, do CPP). No caso de condenação criminal, tornar-se-á certa a obrigação de reparar o dano causado, servindo a sentença de título executivo judicial (art. 91 do CP e art. 515, VI, do CPC/2015).

sendo inicialmente prevista na Lei nº 13.105, de 16 de março de 2015, que veiculou o novo Código de Processo Civil, e logo em seguida na Lei nº 13.140, de 26 de junho de 2015. A consensualidade, portanto, é algo que permeia o sistema processual civil, alcançando, inclusive, a Administração Pública.

O reconhecimento da consensualidade no direito sancionador tende a ser extremamente útil ao Poder Público. Além de ser uma alternativa à investigação direta, nem sempre exitosa, é importante frisar, estimula o retorno do infrator ao plano da juridicidade, abrevia o curso do processo sancionador e, a depender das características que sejam atribuídas ao instituto, coloca em permanente risco aqueles que pratiquem os ilícitos em grupo, já que um dos infratores pode sempre decidir colaborar com as autoridades. É, portanto, um "*elemento desestabilizador*"[10] da ilicitude. Sob esta última ótica, não nos parece que o rompimento de um suposto código ético entre os infratores, "traídos" que foram pelo colaborador, venha a colocar em risco os valores de convivência subjacentes ao ambiente sociopolítico. A referida "traição", em verdade, somente apresenta esses contornos em relação aos infratores, pois, perante o Poder Público e a sociedade em geral, soará como mero cumprimento de um dever geral de convivência e de respeito à juridicidade.

A consensualidade no direito sancionador deve ser estruturada com certo cuidado, de modo que os infratores em potencial não venham a utilizá-la, *a priori*, como mera variável no cálculo das vantagens e desvantagens de suas ações. Esse aspecto torna-se particularmente relevante se o objetivo for generalizá-la para toda e qualquer infração. O bônus decorrente da consensualidade jamais deve ser visto como um prêmio para a ilicitude. Algum ônus deve ser imposto ao colaborador. Somente em situações extremas, pela relevância das informações fornecidas e os reflexos gerados no ambiente sociopolítico, deve ser afastada, de modo amplo e irrestrito, a responsabilização do colaborador.

---

[10] RIBEIRO, Amadeu e NOVIS, Maria Eugênia. Programa Brasileiro de Leniência: Evolução, Efetividade e Possíveis Aperfeiçoamentos. *In: Revista do IBRAC* – Direito de Concorrência, consumo e Comércio Internacional, vol. 17, jan.-jun./2010, p. 147 e ss.

Os atrativos da consensualidade certamente serão influenciados pela probabilidade de o colaborador ser identificado pelos meios regulares de investigação e vir a ser condenado após o curso regular de uma relação processual, administrativa ou judicial, em que lhe sejam asseguradas as garantias do contraditório e da ampla defesa. Além disso, os custos de um litígio e os reflexos da condenação sobre bens jurídicos relevantes para o colaborador, como a liberdade e a propriedade, também serão considerados.

A consensualidade pode visar, pura e simplesmente, à cessação de uma prática ilícita ou ao aperfeiçoamento de uma atividade, sem qualquer incursão no plano sancionador propriamente dito, destinando-se, muitas vezes, a evitar a caracterização de um ilícito passível de sanção.

A consensualidade também pode estar funcionalmente voltada à obtenção de um benefício no plano sancionador. Nesse caso, pode assumir os contornos de consensualidade de colaboração ou puramente de reprimenda.

A *consensualidade de colaboração* é caracterizada pela obtenção de um benefício em razão do fornecimento de informações úteis ao Poder Público na realização dos fins previstos em lei. Essa espécie de consensualidade pode ser acompanhada de *avaliação judicial* ou de *homologação judicial*: no primeiro caso, o juiz avalia a prova dos autos e decide que benefícios conceder; no segundo, o juiz tão somente homologa o acordo entre as partes, que definem, *a priori*, a relevância das informações e os benefícios a serem concedidos, podendo, se for o caso, ajustá-lo à juridicidade. Apesar de a voluntariedade no agir ser da essência dessa figura, a exemplo dos clássicos institutos penais da desistência voluntária e do arrependimento eficaz[11], a colaboração exi-

[11] O fundamento dessas figuras não é pacífico. A esse respeito, merecem referência a teoria subjetiva, baseada na exigência político-criminal de premiar quem desiste do propósito criminoso (*ponti d'oro al nemico che fugge*); a teoria dos fins da pena, sob o plano dúplice da prevenção geral e da prevenção especial, levando em conta a menor gravidade da conduta e periculosidade do sujeito; a teoria premial ou do mérito, de modo a recompensar o livre e voluntário retorno ao direito, o qual, embora não apague as consequências da conduta já executada, pode minorá-las; e a teoria objetivo-funcional, que, considerando a complementariedade das teorias, identifica a carência de ofensa ao bem jurídico tutelado,

ge um *plus*, vale dizer, que o colaborador forneça informações úteis a outros propósitos correlatos ao ilícito que praticou (*v.g.*: localização da vítima, individualização de comparsas, descoberta de ilícitos até então desconhecidos etc.). Na *consensualidade de pura reprimenda*, por sua vez, o autor aceita a imediata oposição de uma restrição em sua esfera jurídica, não sendo necessário que ofereça informações úteis.

Nos itens subsequentes, procuraremos oferecer uma visão da consensualidade no âmbito do direito sancionador brasileiro, com abordagem direcionada aos planos administrativo, penal e cível.

4. LEGALIDADE E INDISPONIBILIDADE DO INTERESSE NOS NEGÓCIOS JURÍDICOS CELEBRADOS PELO PODER PÚBLICO

O denominado "*Estado de Direito*", que somente encontrou o seu apogeu a partir do século XIX, é caracterizado, em seus contornos mais basilares, pela submissão do Estado ao Direito. Reflete, portanto, a superação do Estado Absoluto ou de Força, praticamente hegemônico até o século XVII e no qual se tinha a total preeminência dos poderes do soberano, com abstração dos interesses dos súditos, e do Estado de Polícia, caracterizado pelo absolutismo iluminado de fins do século XVIII e no qual a força, consoante o juízo valorativo do soberano, era direcionada à felicidade dos súditos. Nesses dois modelos, as normas de conduta somente vinculavam os súditos, sob a forma de regras de natureza cível, penal e processual, não havendo qualquer limitador para a Administração, por inexistir um direito público propriamente dito.

A transição do Estado de Polícia para o Estado de Direito é caracterizada pela superação do caráter ilimitado do poder estatal e pela submissão de algumas de suas atividades ao direito civil. Nesse primeiro momento, é factível que o referencial de legalidade assume contornos semelhantes àqueles extensivos aos cidadãos em geral. Em outras palavras, o Estado poderia fazer tudo que não lhe fosse por lei

---

ao que se soma o objetivo da pena. *Cf.* LATTANZI, Giorgio e LUPO, Ernesto. *Codice Penale, vol. II, Il reato, Libro I*, artt. 39-58-bis. Milano: Giuffrè Editore, 2010, p. 991-993.

vedado. Com o reconhecimento da soberania popular e o avanço das ideias democráticas, concentrou-se, no Parlamento, a prerrogativa de definir o padrão de conduta a ser seguido, que seria tão somente materializado, na realidade, pelo Poder Executivo, subdividido nos ramos da justiça, que somente adquiriu autonomia existencial com o reconhecimento das garantias dos Juízes (*vide* o *Act of Settlement* inglês, de 1701) e da administração. A legalidade, nesse segundo momento, já assumia contornos bem similares àqueles que direcionariam o direito público contemporâneo: pressupunha a separação dos poderes e dispunha que a Administração somente poderia atuar nos limites por ela estabelecidos[12]. Esse arquétipo básico, exposto de modo singelo, sofreu novo redimensionamento ao se perceber que a lei seria incapaz de exaurir, por completo, as opções do administrador, o que lhe assegurava uma certa liberdade valorativa na densificação do seu conteúdo e na escolha das medidas a serem adotadas, o que é da essência do denominado poder discricionário. À luz desse quadro, na síntese de Zagrebelsky[13], "*a predeterminação legislativa da ação administrativa era fatalmente destinada a retroceder*".

No direito contemporâneo, a legalidade coexiste com o referencial de constitucionalidade, que direciona e limita o seu conteúdo, com especial ênfase à proteção dos direitos individuais, e costuma assegurar uma certa margem de liberdade ao administrador em relação a aspectos específicos do ato a ser praticado, como a identificação dos motivos que o autorizam e a escolha do respectivo objeto.

Ainda que sejam intensos os debates a respeito do conteúdo do princípio da legalidade[14], é inegável o seu papel de alicerce funda-

---

12 MAYER, Otto. *Le Droit Administratif Allemand, Tome Premier*. Paris: V. Giard & E. Brière, 1903, p. 66-71.

13 ZAGREBELSKY, Gustavo. *Il diritto mite*. Torino: Einaudi, 1992 (12ª reimp. de 2010), p. 40.

14 Aproveitando-nos da pesquisa realizada por Charles Eisenmann (*O Direito Administrativo e o princípio da legalidade*, RDA 56/47), "podemos identificar três tendências a respeito da matéria. Para André de Laubadère (*Traité*, nº 369), a legalidade é o conjunto: a) das leis constitucionais; b) das leis ordinárias; c) dos regulamentos; d) dos tratados internacionais; e) dos usos e costumes; f) das normas jurisprudenciais, entre as quais, em primeiro lugar, os princípios gerais

mental do Estado de Direito, bem como que os regulamentos são atos derivados, não podendo inovar na ordem jurídica com intensidade semelhante à lei, ainda que esse dogma seja diuturnamente posto à prova com o poder normativo das agências reguladoras. A legalidade pode ser concebida em uma perspectiva dicotômica: a) como uma *relação de compatibilidade* (ou vinculação negativa, como preferem alguns) do ato com a lei, resultando na não contrariedade dos preceitos normativos; ou b) como uma *relação de conformidade* do ato com a lei, o que somente legitimaria a atuação estatal em havendo previsão normativa e na medida em que os atos praticados se mantivessem adstritos aos seus limites.

Certamente, inexistirão dúvidas de que nenhum agente público está autorizado a praticar atos contrários à lei, o que inclui o seu dever de agir ou de se abster sempre que esta o determinar. O mesmo, no entanto, não pode ser dito nas hipóteses em que inexistir previsão legal. Nesse caso, estará o agente legitimado a agir da forma que melhor lhe aprouver para a consecução do interesse público?

Atualmente, o princípio da legalidade é concebido em uma perspectiva distinta da de outrora, época em que a atividade estatal não tinha como pressuposto a previsão normativa, mas unicamente a ausência de limitação por ela imposta. Caso nada dispusesse a lei, ou sendo ela obscura, reconhecia-se ao agente público uma larga margem de liberdade para a apreciação dos fatos e consequente definição de sua esfera de atuação. De acordo com essa concepção, majoritária até o século XIX, a administração pública podia fazer tudo o que não

---

do direito – ou seja, quatro elementos de caráter 'escrito', dos quais os dois primeiros formam o 'bloco legal' (Hauriou), os três primeiros o 'bloco legal das leis e regulamentos', e dois elementos de caráter não escrito. Georges Vedel (*La Soumission de l'Administration à la loi, nº* 47) encampa uma posição ainda mais ampla de legalidade, acrescendo que 'às regras de direito obrigatórias para a Administração vêm unir-se as normas peculiares que as vinculam – as dos atos administrativos individuais e as dos contratos. Assim, compõem o 'bloco da legalidade' a totalidade das normas cuja observância impor-se-ia à Administração; a legalidade se identifica então pura e simplesmente com a regulamentação jurídica em seu todo, com o 'direito vigente'". Por último, tem-se a noção originária e restritiva do princípio da legalidade, impondo à Administração a observância das normas criadas pelo legislador, as quais se reduzem à lei (*lato sensu*).

lhe fosse proibido por lei. A liberdade era a regra, sendo a vinculação a exceção, o que tornava exigível que existisse unicamente uma *relação de compatibilidade* entre o ato e a lei, vale dizer, o ato era válido sempre que não a contrariasse, ainda que na lei não encontrasse amparo imediato.

Com o evolver da doutrina publicista e a contínua reflexão sobre o papel desempenhado pelo Estado, a lei deixou de ser unicamente o elemento limitador da atividade estatal, passando a assumir a posição de seu substrato legitimador, o que interdita a prática de atos *contra legem* ou *praeter legem* e torna cogente a obrigação de agir *secundum legem*, conforme a conhecida fórmula de Stassinopoulos[15].

Como consectário lógico da organização política da República Federativa do Brasil, o princípio da legalidade encontra previsão expressa no art. 37, *caput*, da Constituição, sendo cogente sua observância por parte da administração pública de qualquer dos Poderes. O tratamento dispensado pelo sistema constitucional[16] ao referido princípio denota claramente que, regra geral, deve existir uma *relação de conformidade* entre os atos administrativos e a lei. A atividade estatal deve adequar-se ao princípio da legalidade em uma dupla vertente: pressupõe a antecedência da lei e deve ser conforme a ela sob os prismas formal e material.

---

15 Nas palavras de Kelsen (*Teoria Geral do Direito e do Estado*. São Paulo: Martins Fontes, 2000, p. 376), "um indivíduo atua como órgão do Estado apenas na medida em que atua baseado na autorização conferida por alguma norma válida. Esta é a diferença entre o indivíduo e o Estado como pessoas atuantes, ou seja, entre o indivíduo que não atua como órgão do Estado e o indivíduo que atua como órgão do Estado. Um indivíduo que não funciona como órgão do Estado tem permissão para fazer qualquer coisa que a ordem jurídica não o tenha proibido de fazer, ao passo que o Estado, isto é, um indivíduo que funciona como órgão do Estado, só pode fazer o que a ordem jurídica o autoriza a fazer. É, portanto, supérfluo, do ponto de vista da técnica jurídica, proibir alguma coisa a um órgão do Estado. Basta não autorizá-lo. Se um indivíduo atua sem autorização da ordem jurídica, ele não mais o faz na condição de órgão do Estado". Acrescenta, ainda, que "é preciso proibir um órgão de efetuar certos atos apenas quando se deseja restringir uma autorização prévia" (p. 377).

16 Na Constituição da República, também são manifestações expressas do princípio da legalidade os arts. 5º, II (geral) e XXXIX (matéria penal), 84, IV (adstrição do Executivo à lei) e 150, I (matéria tributária).

Percebe-se que a *conformidade* contém em si a *compatibilidade*, pois o ato conforme a lei será necessariamente com ela compatível, bem como que, no sistema da conformidade, a Administração somente pode atuar após a intervenção do legislador, enquanto no sistema da compatibilidade a atuação é admissível independentemente da existência de expressa disciplina legal, o que resulta em maior restrição no primeiro sistema e em ampla liberdade no segundo.

Essa relação de conformidade do ato com a lei não será exigível nas hipóteses em que a próprio sistema o permitir. É o que ocorre em relação aos atos que tenham como fundamento de validade a própria ordem constitucional, o que dispensa a intermediação da lei. O mesmo se verifica com os regulamentos, os quais têm o seu limite estabelecido pela lei e devem manter uma relação de adequação com ela, mas podem dispor sobre tudo aquilo que não infrinja o princípio da reserva de lei e não contrarie os termos da norma cuja execução visam a disciplinar, o que denota uma nítida relação de compatibilidade quanto às disposições que não se limitem a repetir o conteúdo da lei. Ou, no que diz respeito ao objeto do nosso estudo, com os acordos celebrados no âmbito do direito sancionador, que consubstanciam exceção ao exercício da regra de competência sancionadora prevista na ordem jurídica, mas devem ajustar-se à lógica da respectiva instância de responsabilização.

5. A CONSENSUALIDADE NA RESPONSABILIZAÇÃO ADMINISTRATIVA

A consensualidade tem sido largamente utilizada no direito administrativo como mecanismo de recomposição da juridicidade, o que tende a ocorrer de maneira mais célere, com níveis de eficácia mais elevados e menor dispêndio de recursos. A tendência, ao menos no direito brasileiro, é o seu direcionamento, pela lei, às infrações originárias de relações jurídicas de maior complexidade e impacto social.

A esse respeito, destacaremos, a seguir, a relevância da consensualidade como instrumento de restabelecimento da juridicidade quando identificadas infrações contra a ordem econômica, o mercado de valores mobiliários e as normas de regência de um setor regulado.

Mais recentemente, também o sistema financeiro foi alcançado pela consensualidade.

A utilização da consensualidade no combate aos cartéis[17] e na consequente defesa da concorrência remonta ao *Leniency Program*, instituído em 1978 pelo Departamento de Justiça norte-americano e utilizado pela *Antitrust Division*. Nessa sistemática, o primeiro envolvido a colaborar com a autoridade antitruste receberia certos benefícios, deixando de ser alcançado pela carga sancionadora em toda a sua intensidade. Como não eram previstas com exatidão as vantagens a serem obtidas pelo colaborador, sendo atribuída ampla liberdade valorativa às autoridades, o programa não teve o êxito esperado. Essa liberdade, aliás, é uma característica inerente ao sistema americano, em que, apesar da larga utilização do direito escrito, é estruturalmente direcionado pelos institutos de *common law*, como a vinculatividade dos precedentes e o reconhecimento da obrigatoriedade das práticas reiteradas.

Esse quadro foi alterado com o *Corporate Leniency Policy* de 1993, que sucedeu e aperfeiçoou a sistemática anterior com o *Amnesty Program*. Foram previstos: os benefícios que poderiam ser obtidos pelo colaborador; a possibilidade de o colaborador ser anistiado da multa caso a colaboração fosse ofertada antes de iniciada a investigação ou tê-la reduzida em se tratando de colaboração posterior; e a extensão dos efeitos do acordo às pessoas físicas que atuavam junto à pessoa jurídica. A partir de então, foi muito difundido, pelo Departamento de Justiça, o *slogan*: "*making companies an offer they shouldn't refuse*".

O *Leniency Plus*, de 1999, foi editado com o objetivo de beneficiar os colaboradores que fornecem informações úteis à identificação de cartel que atua em mercado diverso, estranho à sua linha de produtos e serviços.

---

17 O cartel é caracterizado pela uniformidade de comportamento ou pela atuação conjunta e ordenada, ainda que cada sociedade empresária permaneça autônoma em relação às demais. *Cf.* SALOMÃO FILHO, Calixto. *Direito Concorrencial: as estruturas*. São Paulo: Malheiros Editores, 1998, p. 229. A prática é extremamente deletéria para a economia, pois elimina a concorrência e reduz os direitos dos consumidores.

Com a aprovação do *Antitrust Criminal Penalty Enhacement and Reform Act* de 2004, as penas cominadas para os casos de conluio entre os atores econômicos foram ampliadas, o que serviu de estímulo à celebração dos acordos.

São utilizados basicamente dois instrumentos, o *consent decree*, em que se busca a cessação da prática, sem reconhecimento de culpa, e que deve ser homologado pelo Poder Judiciário[18], sendo a fonte de inspiração do compromisso previsto no art. 85 da Lei nº 12.529/2011, que atualmente disciplina o sistema brasileiro de defesa da concorrência, com a diferença de que a matéria é integralmente apreciada no âmbito do Conselho Administrativo de Defesa da Concorrência (CADE); e o *plea agreement*, que também carece de homologação pelo Poder Judiciário, em que há cessação da conduta ilícita, tipificada como crime no sistema norte-americano, obtenção de provas úteis à identificação do cartel, reconhecimento de culpa e aplicação de sanção inferior àquela que provavelmente seria aplicada ao fim do processo regular.[19]

O colaborador, no direito norte-americano, ainda é beneficiado com a não incidência dos "danos triplos" (*treble damages*), os denominados "danos punitivos" (*punitive damages*) que acarretam o dever de os integrantes do cartel, no caso de condenação, serem obrigados a ressarcir o triplo dos prejuízos causados. É a "detriplicação" (*detre-*

---

18 Sobre os mais de cem anos de utilização do *consent decree*, pelo Departamento de Justiça, no combate aos carteis, *vide*: EPSTEIN, Richard A. *Antitrust Consent Decrees in Theory and Practice*. EUA: AEI Press, 2007.

19 Ainda merece referência a possibilidade de serem oferecidas outras garantias, principalmente quando a investigação envolve carteis internacionais e as informações são obtidas junto a cidadãos estrangeiros. Nesses casos, o Departamento de Justiça, em articulação com o Serviço de Imigração e Naturalização, assegura, de modo expresso, antes mesmo da celebração do *plea agreement*, a possibilidade de esses colaboradores poderem viajar livremente para os Estados Unidos da América. *Cf.* PEARLSTEIN, Debra J. (*Chair*). *ABA Section of Antitrust Law. Antitrust Law Developments*, vol. II. 5ª ed. USA: American Bar Association, 2002, p. 1198.

bling). Arcam com danos simples, dividindo-se os dois terços restantes entre os demais integrantes do cartel.[20]

O potencial lesivo dos cartéis para a livre concorrência e o fato de muitos terem atuação transnacional exigiu que os clássicos instrumentos de coibição, sobrepostos aos limites da soberania de cada Estado de Direito, fossem redimensionados de modo a tornar viável uma atuação integrada.

No âmbito das organizações internacionais de integração, em que os Estados-Partes delegam parte de seus poderes soberanos à respectiva organização, cujas deliberações produzem eficácia no direito interno independentemente de anterior ratificação, merecem destaque as iniciativas adotadas no âmbito da União Europeia. A Comissão Europeia instituiu um programa de leniência por meio da *Commission Notice on the non-imposition or reduction of fines*, 1996 C 207/04, de 18 de julho de 1996, estabelecendo as diretrizes a serem observadas para a redução da multa administrativa cominada à formação de cartéis. Ainda que o colaborador não fosse o primeiro a prestar informações sobre o cartel, poderia se beneficiar com reduções percentuais da multa cominada. Em momento posterior, nova sistemática foi introduzida pela *Commission Notice on the non-imposition or reduction of fines*, 2002 C 45/03, de 19 de fevereiro de 2002, sendo reduzida a liberdade da Comissão e estabelecida a imunidade automática para a sociedade empresária que preenchesse os requisitos exigidos (*v.g.*: ser a primeira a se manifestar e que, até então, inexistissem provas suficientes da existência do cartel). Em relação às organizações internacionais de cooperação, que expressam o modelo clássico e são a grande maioria, merecem destaque as iniciativas adotadas no âmbito da Organização de Cooperação e Desenvolvimento Econômico, que conta com o *Commitee on Competition Law and Policy*. Esse órgão tem buscado aumentar a cooperação internacional[21], de modo a facilitar a identificação e consequente coibição de práticas ilícitas.

---

20 *Cf.* DRAGO, Bruno de Luca. Acordos de Leniência – Breve Estudo Comparativo. *In: Revista do IBRAC* – Direito de Concorrência, consumo e Comércio Internacional, vol. 14, Jan, 2007, p. 49 e ss.

21 A respeito da cooperação internacional no combate aos carteis, com destaque para as iniciativas brasileiras, *vide*: ARRUDA, Vivian Anne do Nascimento e

No direito brasileiro, são utilizados basicamente dois instrumentos, com predomínio da consensualidade, no combate às práticas lesivas à concorrência: o acordo de leniência e o compromisso de cessação de conduta, opções que se oferecem para evitar a tramitação do processo administrativo regular, em que é possível a aplicação de sanção ao final.

O acordo de leniência foi introduzido pela Medida Provisória nº 2.055, de 11 de agosto de 2000, reeditada quatro vezes até ser convertida na Lei nº 10.149, de 21 de dezembro de 2000. Este diploma normativo alterou a Lei 8.884/1994, que criara o Conselho Administrativo de Defesa Econômica (CADE) e dispusera sobre as infrações contra a ordem econômica, para autorizar, no art. 35-B, a celebração de acordo visando à extinção da ação punitiva da Administração Pública ou à redução da penalidade aplicável à pessoa física ou jurídica autora da infração, neste último caso desde que fosse a primeira a procurar as autoridades e efetivamente colaborasse para a identificação dos demais envolvidos. Trata-se de uma "*corrida para tocar o sino (ring the bell)*" [22], de modo a incentivar a colaboração com as autoridades. O benefício, no entanto, não alcança aqueles que "*tenham estado à frente da conduta tida como infracionária*", mas seria extensivo aos dirigentes e administradores que firmassem o mesmo instrumento.

O acordo seria celebrado pela União, por intermédio da Secretaria de Direito Econômico do Ministério da Justiça, e não se sujeitaria à homologação do CADE, que deveria apenas seguir os seus termos.

O art. 35-C, por sua vez, dispôs expressamente sobre a interpenetração entre as instâncias penal e administrativa ao estatuir que, nos crimes contra a ordem econômica tipificados na Lei nº 8.137/1990, a celebração do acordo de leniência acarretaria a suspensão do prazo prescricional e impediria o oferecimento da denúncia. Cumprido o acordo, seria extinta a punibilidade.

CRUZ, Tatiana Lins. A Florescência da Cooperação Internacional em Matéria Antitruste no Brasil Enfoque à Cooperação no Combate aos Cartéis. *In: Revista do IBRAC* – Direito de Concorrência, consumo e Comércio Internacional, vol. 20, jul.-dez./2011, p. 163-208.

22 SILVEIRA, Renato de Mello Jorge. O acordo de leniência na Lei Anticorrupção. *In: Revista dos Tribunais*, vol. 947, set./2014, p. 157 e ss.

Em momento posterior, a Lei nº 12.529, de 30 de novembro de 2011, revogou dispositivos da Lei nº 8.884/1994 e passou a disciplinar a matéria em seus arts. 86 e 87. O acordo de leniência, doravante, passou a ser celebrado pelo CADE, por intermédio de sua Superintendência-Geral, e os seus efeitos seriam analisados pelo Tribunal Administrativo de Defesa Econômica, órgão também vinculado à autarquia. Os seus efeitos, ademais, além de se projetarem sobre os crimes tipificados na Lei nº 8.137/1990, também alcançariam aqueles tipificados na Lei nº 8.666/1993 e no art. 288 do Código Penal. O acordo, portanto, produz efeitos administrativos e penais.

É no mínimo duvidosa a constitucionalidade do comando legal que transfere a autoridade administrativa que não o Ministério Público, titular da ação penal, conforme o art. 129, I, da Constituição de 1988, o juízo valorativo a respeito da extinção da punibilidade de uma infração penal. A punibilidade da infração penal é inerente à sua tipificação e consequente cominação da sanção para aqueles que a praticarem, o que permite concluir que é alcançada pelo princípio da legalidade penal, extraído da regra do art. 5º, XXXIX, da Constituição de 1988, segundo o qual "*não há crime sem lei anterior que o defina, nem pena sem prévia cominação legal*". Quando a lei atribui efeitos penais a um acordo direcionado por influxos de conveniência e oportunidade, inerentes à decisão de celebrá-lo, ou não, é evidente a transferência, do plano legal para o administrativo, de uma sistemática nitidamente afeta ao primeiro. A lei pode estabelecer as causas de extinção da punibilidade, já que a própria ação penal é promovida "*na forma da lei*", conforme o referido art. 129, I, mas não parece possível que a lei transfira ao CADE o poder decisório a esse respeito[23] [24].

---

[23] Em sentido contrário, defendendo a constitucionalidade dessa causa extintiva da punibilidade com base no argumento de que a ação penal é ajuizada "*na forma da lei*", que pode mitigar a sua obrigatoriedade, bem como que referida extinção não decorre de decisão administrativa do CADE, mas da lei, *vide*: MAZZUCATO, Paolo Zupo. Acordo de Leniência: Questões Controversas sobre o Art. 35-C da Lei Antitruste. *In: Revista do IBRAC* – Direito de Concorrência, consumo e Comércio Internacional, vol. 17, jan.-jun./2010, p. 169 e ss.

[24] Não é incomum que se busque contornar a tese da inconstitucionalidade incluindo-se o Ministério Público Federal ou Estadual, conforme o caso, como signatário do respectivo acordo de leniência. *Cf.* DRAGO. Acordos de Leniên-

A disciplina do acordo de leniência no direito brasileiro ainda apresenta outro complicador em termos de previsibilidade de suas consequências em relação ao colaborador. Trata-se da possibilidade de os documentos que lastrearam o acordo serem utilizados em outra instância de responsabilização a partir de requisição judicial. Tal pode ocorrer caso sejam ajuizadas ações civis de reparação dos danos causados pelo cartel, o que torna a posição jurídica do colaborador particularmente frágil, inclusive por ter expressamente reconhecido a prática do ilícito. Apesar de sua relevância, a matéria não foi disciplinada na Lei nº 12.529/2011, inexistindo qualquer isenção de responsabilidade para o colaborador[25]. No direito europeu, o Tribunal de Justiça da União Europeia já decidiu que caberia aos juízes nacionais valorar os fatos e alcançar o equilíbrio possível entre o direito à reparação dos danos causados pelo cartel e a efetividade do acordo de leniência, ponderando, com isso, os interesses protegidos pelo direito da União[26].

O segundo instrumento utilizado é o compromisso de cessação de conduta, introduzido no sistema jurídico brasileiro pelo Decreto nº 92.323/1986, que regulamentou a Lei nº 4.137/1962, posteriormente

---

cia... *In: Revista do IBRAC* – Direito de Concorrência, Consumo e Comércio Internacional, vol. 14, jan./2007, p. 49; DE CAMPOS, Marcos Vinícius (coordenador). Painel I – cartéis: interface administrativa e criminal. *In Revista do IBRAC* – Direito da Concorrência, Consumo e Comércio Internacional, vol. 14, jan./2007, p. 19 e ss; SILVA E SOUZA, Nayara Mendonça. Mecanismos de Proteção ao Programa de Leniência Brasileiro. *In: Revista do IBRAC* – Direito de Concorrência, consumo e Comércio Internacional, vol. 26, jul.-dez./2014, p. 115 e ss; RIBEIRO, Amadeu e NOVIS, Maria Eugênia. Programa Brasileiro de Leniência: Evolução, Efetividade e Possíveis Aperfeiçoamentos. *In: Revista do IBRAC* – Direito de Concorrência, consumo e Comércio Internacional, vol. 17, jan.-jun./2010, p. 147 e ss; e RODAS, João Grandino. Acordos de Leniência em Direito Concorrencial. Práticas e Recomendações. *In: Revista dos Tribunais*, vol. 862, ago./2007, p. 22 e ss.

25 *Cf.* SILVA E SOUZA. Mecanismos de Proteção.... *In: Revista do IBRAC* – Direito de Concorrência, Consumo e Comércio Internacional, vol. 26, jul.-dez./2014, p. 115 e ss.

26 Grande Seção, Processo C-360/2009 (Caso Pfleider), j. em 14/06/2011, *in* ECLI:EU:C:2011:389; e 1ª Seção, Processo nº (Caso Donau Chemie), j. em 06/06/2013, *in* ECLI:EU:C:2013:366.

revogada pela Lei nº 8.884/1994. O referido Decreto, sob cuja égide não foi celebrado nenhum compromisso de cessação, ainda foi sucedido pelo de nº 36/1991, que também não produziu qualquer efeito prático, já que ambos não detalhavam o procedimento a ser seguido na celebração do compromisso ou os incentivos para que o administrado o celebrasse[27].

Nova disciplina foi veiculada pelo art. 53 da Lei nº 8.884/1994, sendo inicialmente regulamentado pela Resolução nº 46 do CADE. Nesse instrumento, a pessoa jurídica sob investigação por infração à ordem econômica acordava, com o CADE ou com a Secretaria de Desenvolvimento Econômico, *ad referendum* do CADE, a cessação de sua conduta, sem olvidar a necessidade de reconhecimento da prática do ilícito, exigência esta sempre inserida nos acordos, apesar do silêncio da legislação[28]. Esse reconhecimento, é importante frisar, parte da premissa de que o compromisso de cessação de conduta, celebrado após o início das investigações, não pode ser mais benéfico para o investigado que o acordo de leniência, no qual confessa a culpa e apresenta provas a respeito da conduta de outros participantes. A Administração deixa de dar seguimento ao processo administrativo direcionado à aplicação da sanção enquanto o acordo estiver sendo cumprido[29]. A Lei nº 10.149/2000 alterou a Lei nº 8.884/1994 e vedou a celebração desse ajuste em se tratando de cartel, restrição eliminada pela Lei nº 11.482/2007, que previu a necessidade de ser recolhida,

---

[27] *Cf.* SAITO, Carolina. O Termo de Compromisso de Cessão de Prática e o Reconhecimento de Culpa. *In: Revista do IBRAC* – Direito de Concorrência, consumo e Comércio Internacional, vol. 20, jun.-dez./2011, p. 13 e ss.

[28] *Cf.* VICENTINI, Pedro C. E. A Confissão de Culpa nos Termos de Compromisso de Cessação: Requisito Essencial ou Prescindível, Face ao Programa de Leniência?. *In: Revista do IBRAC* – Direito de Concorrência, Consumo e Comércio Internacional, vol. 17, jan.-jun./2010, p. 252 e ss.. No entender desse autor, a confissão de culpa pode integrar o termo de cessação de conduta, mas não é indispensável à sua celebração, mesmo nos processos em que o acordo de leniência tenha sido celebrado.

[29] *Cf.* GRAU, Eros Roberto. *Compromisso de cessação e compromisso de desempenho na lei antitruste brasileira: parecer publicado em junho de 2001. In* GRAU, Eros Roberto e FORGIONI, Paula Ana. *O Estado, a empresa e o contrato*. São Paulo: Malheiros, 2005, p. 229 (232-233).

quando cabível, "*contribuição pecuniária*" para o Fundo de Defesa dos Direitos Difusos, sem contar a cominação de multa para a hipótese de inadimplemento. O termo poderia ser celebrado até o início da sessão de julgamento do processo administrativo e constituiria título executivo extrajudicial, a exemplo, aliás, do termo de ajustamento de conduta passível de ser celebrado, por alguns legitimados, no âmbito do processo coletivo.

Com o advento da Lei nº 12.529/2011, o termo de compromisso de cessação passou a ser disciplinado em seu art. 85, devidamente integrado pelos arts. 184 e seguintes do Regimento Interno do CADE. Além de ser celebrado exclusivamente por esta autarquia, não produz efeitos na seara penal, o que somente é alcançado com a celebração do acordo de leniência[30]. Não é necessário, ademais, o fornecimento de quaisquer informações a respeito da prática de ilícitos por terceiros[31], tendo abrangência sensivelmente inferior ao acordo de leniência[32].

Instrumento similar também foi previsto na Lei nº 6.385/1976, a partir das modificações introduzidas pela Lei nº 9.457/1997 e, posteriormente, pela Lei nº 10.303/2011. De acordo com o art. 11 do referido diploma legal, a Comissão de Valores Mobiliários (CVM) poderia celebrar, com os infratores das normas afetas ao mercado de valores mobiliários, termo de compromisso, condicionado à cessação da prática, correção das irregularidades e indenização dos prejuízos[33]. O

---

[30] *Cf.* MENDRONI, Marcelo Batlouni; e FARINA, Fernanda Mercier Querido. Alterações Penais da Nova Lei do Sistema Brasileiro de Defesa da Concorrência. *In: Revista dos Tribunais*, vol. 927, jan./2013, p. 159.

[31] *Cf.* CÓRDOVA, Danilo Ferraz; LOPES e Mariana Rebuzzi Sarcinelli. Política de Combate aos Cartéis: os Acordos de Leniência, O Tempo de Compromisso de Cessão e a Lei 11.482/2007. *In: Revista do IBRAC* – Direito de Concorrência, consumo e Comércio Internacional, vol. 15, jan./2007, p. 45.

[32] *Cf.* SOBRAL, Ibrahim Acácio Espírito. O Acordo de Leniência: Avanço ou Precipitação? *In: Revista do IBRAC* – Direito de Concorrência, consumo e Comércio Internacional, vol. 8, jan./2001, p. 137 e ss.

[33] Sobre as semelhanças do instrumento de consensualidade previsto na Lei nº 9.457/1997 e o *consent decree* do direito norte-americano, *vide*: DE MORAES, Luiza Rangel. Considerações sobre o consent decree e sua aplicação no âmbito da disciplina do mercado de valores mobiliários. *In Revista de Direito Bancário e do Mercado de Capitais*, vol. 4, jan.-abr./1999, p. 99 e ss.

cumprimento desse termo, que constitui título executivo extrajudicial, afasta a aplicação das sanções previstas. Esse sistema sofreu novas modificações com a Medida Provisória nº 784/2017, que autorizou, em seu art. 35, a celebração do acordo de leniência pela CVM. Suas premissas estão baseadas na colaboração do infrator para a identificação dos demais envolvidos e a colheita de provas que comprovem os fatos, sendo necessária confissão da prática do ilícito. O efeito será a extinção da ação punitiva ou a redução da pena.

No âmbito do direito regulador, observa-se, inicialmente, uma ampla liberdade valorativa das agências reguladoras no estabelecimento de padrões de conduta e no exercício do poder de polícia, inclusive com a aplicação de sanções que se mostrem compatíveis com o potencial lesivo do ilícito praticado. Essas agências, que já ultrapassam a dezena, não tem recebido uma uniformidade de tratamento no plano legislativo, o que se projeta sobre os instrumentos de consensualidade postos à sua disposição. A peculiaridade é que as lacunas legislativas não têm impedido que muitas delas editem atos normativos infralegais reconhecendo a possibilidade de celebrarem ajustes, os quais, pelo menor caráter impositivo e maior potencial de satisfação, têm recebido de parte da doutrina a denominação de *soft regulation* (regulação fraca). É o que foi feito, por exemplo, pela Agência Nacional de Energia Elétrica (ANEEL), que editou a Resolução Normativa nº 63/2004, cujo art. 21 previu a possibilidade de celebração de termo de compromisso de ajuste de conduta "*alternativamente à imposição de penalidade,*" tendo por objetivo mor a adequação da conduta à juridicidade. O mesmo foi feito pela Agência Nacional de Transportes Aquaviários (ANTAQ), por meio da Resolução nº 3259/2014 (arts. 83 a 87); e pela Agência Nacional de Telecomunicações (ANATEL), por meio da Resolução nº 629/2013 (art. 1º e ss.). Deve-se observar que as agências reguladoras são responsáveis pela definição de parte dos ilícitos passíveis de serem praticados pelas respectivas operadoras, não se ajustando à lógica binária da previsão legal do ilícito e da sanção, que tem caracterizado o direito administrativo sancionador[34].

---

34 De acordo com o art. 173 da Lei nº 9.472/1994, "*a infração desta Lei ou das demais normas aplicáveis*", incluídos sob esta última epígrafe os padrões normativos editados pela própria ANETEL, "*sujeitará os infratores às seguintes*

A única agência reguladora que conta com norma legal expressa a respeito da consensualidade no plano do direito sancionador é a Agência Nacional de Saúde Suplementar (ANSS). A Lei nº 9.656/1998, em seus arts. 29 e 29-A, dispõe sobre o "*termo de compromisso de ajuste de conduta*", que pode se assemelhar ao termo de cessação de conduta anteriormente visto ou ao homônimo, largamente utilizado na tutela coletiva, que ainda será objeto de análise. No primeiro caso, disciplinado no art. 29, exige-se a cessação da conduta e a correção das irregularidades, inclusive com a indenização dos prejuízos. Deve prever multa para a hipótese de inobservância e tem a natureza jurídica de título executivo extrajudicial. Uma vez cumprido, acarreta a extinção do processo administrativo, não sendo aplicada qualquer penalidade ao operador ou prestador do serviço. No segundo caso, previsto no art. 29-A, é celebrado com o objetivo de assegurar a qualidade dos serviços de assistência à saúde, não podendo acarretar restrição de direitos do usuário. Como se percebe, no art. 29 da Lei nº 9.656/1998, o termo é celebrado no âmbito do direito administrativo sancionador; já no âmbito do art. 29-A, almeja-se, apenas, que uma conduta seja ajustada à juridicidade. Não há dúvidas, aliás, de que este último, em razão dos amplos termos da legislação afeta à proteção dos interesses difusos e coletivos, especialmente em razão do disposto no art. 5º, § 6º, da Lei nº 7.347/1985, pode ser utilizado por qualquer agência reguladora.

Apesar da ausência de previsão legal da consensualidade no direito sancionador manejado pelas agências reguladoras que não a ANSS, é factível que a aplicação antecipada de sanções, a partir de aquiescência expressa do ente que integra o setor regulado, ou mesmo o mero ajuste da conduta, de modo a melhor atender às exigências do mercado e ao interesse social, não configuram qualquer ruptura sistêmica. Afinal, a deliberação, nesse caso, será realizada pelo próprio órgão responsável pelo monitoramento do setor e pela resolução do processo administrativo.

---

sanções": advertência, multa, suspensão temporária, caducidade e declaração de inidoneidade. Ao aplicar as sanções, a ANATEL, conforme o art. 176, deve considerar "*a natureza e a gravidade da infração, os danos dela resultantes para o serviço e para os usuários, a vantagem auferida pelo infrator, as circunstâncias agravantes, os antecedentes do infrator e a reincidência específica*".

Por fim, a Medida Provisória nº 784/2017 dispôs sobre o processo administrativo sancionador na esfera de atuação do Banco Central do Brasil, tendo previsto a possibilidade de ser firmado termo de compromisso com a instituição financeira (arts. 12 a 17) ou acordo de leniência com pessoas físicas ou jurídicas (arts. 30 a 33), em razão da prática de infrações contra o sistema financeiro.

No termo de compromisso, a instituição financeira assume o compromisso de cessar a prática, corrigir as irregularidades e cumprir as demais condições acordadas. O termo constitui título executivo extrajudicial e não importa em confissão do ilícito, podendo deixar de ser publicado caso se entenda, de maneira fundamentada, que sua divulgação pode por em risco a estabilidade e a solidez do sistema financeiro nacional e do sistema de pagamentos brasileiro, o que não chega a ser digno de encômios. Durante a vigência do termo, ficam suspensos os prazos de prescrição de que trata a Lei nº 9.873/1999, que estabelece os prazos para a ação punitiva pela Administração Pública Federal, direta e indireta.

No acordo de leniência, passível de ser celebrado com pessoas físicas ou jurídicas, deve haver confissão do ilícito e efetiva colaboração para a apuração dos fatos, incluindo a identificação dos demais envolvidos, daí resultando a extinção da punibilidade ou a redução das sanções aplicáveis. A celebração do acordo suspende o prazo prescricional no âmbito administrativo em relação ao agente que o celebrou e, uma vez cumpridos os seus termos, impede a celebração de novo acordo por três anos.

6. A CONSENSUALIDADE NA RESPONSABILIZAÇÃO PENAL

A consensualidade não é uma característica historicamente presente no processo penal brasileiro. Princípios como os da obrigatoriedade e da indisponibilidade são reconhecidos como estruturantes do nosso sistema e sempre auferiram grande prestígio junto à doutrina especializada,[35] quadro que permaneceu quase inalterado até o final do século XX.

---

[35] Hélio Tornaghi defendia a obrigatoriedade da ação penal com base na fórmula do art. 24 do CPP, que utiliza a expressão "será promovida". Junto com a "in-

Em outros Estados de Direito, a consensualidade, em suas distintas feições, que oscilam entre os extremos da mera aceitabilidade de uma proposta inalterável à ampla negociabilidade das possibilidades existentes, tem tido grande aceitação. O efeito útil da consensualidade tende a aumentar conforme aumente a eficiência do sistema penal. Nesse caso, haverá evidente estímulo para que o autor do ilícito colabore com as autoridades, afastando o risco de sofrer uma sanção mais severa. Giuseppe Bettiol[36] há muito advertira para a necessidade de equilíbrio entre um "*direito penal rigorosamente retributivo*" e a sua transformação em um "*direito premial*", invocando, para tanto, o dito da antiga sabedoria "*in medio stat virtus*" (no meio está a virtude).

Um dos principais exemplos de consensualidade no sistema penal é oferecido pela *plea bargaining* do direito norte-americano, que apresenta variações de Estado para Estado em razão das próprias características da federação. No sistema norte-americano, os Promotores devem avaliar, inicialmente, a conveniência em formular a acusação, que pode mostrar-se inadequada, por exemplo, em razão das características do infrator (*v.g.*: um idoso ou jovem inexperiente) ou

---

desistibilidade", consagrada no art. 42, ao dispor sobre a impossibilidade de o Ministério Público desistir da ação penal, são formas da mesma realidade jurídica, qual seja, a indisponibilidade (*Instituições de Processo Penal*, 2º vol. 2ª ed. São Paulo: Saraiva, 1977, p. 326-327; e *Compêndio de Processo Penal*, vol. 1. 9ª ed. São Paulo: Saraiva, 1995, p. 43-44). Eugênio Pacelli de Oliveira destaca que a única distinção entre obrigatoriedade e indisponibilidade diz respeito ao momento processual em que incidem: a primeira antes do ajuizamento da ação penal, a segunda depois (*Curso de Processo Penal*. 8ª ed. Rio de Janeiro: Lumen Juris, 2007, p.102-105). Marcellus Polastri Lima, com propriedade, ressalta que a obrigatoriedade já se faz presente na fase do inquérito policial, pois, conforme o art. 5º do CPP, "*nos crimes de ação penal pública o inquérito será iniciado...*", sendo certo que a indisponibilidade, como determina o art. 576, se estende à fase recursal (*Curso de Processo Penal*. 9ª ed. Brasília: Gazeta Jurídica, 2016, p. 215). Aury Lopes Júnior, por sua vez, lembra que a obrigatoriedade é a antítese dos princípios da oportunidade e da conveniência, não adotados no sistema brasileiro, que permitiriam ao Ministério Público "*ponderar e decidir a partir de critérios de política criminal com ampla discricionariedade*" (*Direito Processual Penal e sua Conformidade Constitucional*, vol. I. Rio de Janeiro: Lumen Juris, 2007, p. 365).

36 *Dal diritto penale al diritto premiale. In Scriti giuridici*, T. II. Padova: CEDAM, 1966, p. 949.

em razão da colaboração com as investigações. Também podem ser invocadas razões de ordem estritamente pragmática, como a existência de casos de maior relevância social que devem ter precedência na apuração. Caso se convençam da necessidade de ser formulada a acusação, podem propor ao indivíduo que aceite, de imediato, a imposição de uma sanção mais branda ou, mesmo, que responda pela prática de uma infração penal menos grave[37]. Este último mecanismo caracteriza a *plea bargaining*, que produz efeitos em uma relação processual específica e impede a rediscussão do caso a partir de nova acusação. Isto somente é possível a partir da compreensão de que a submissão do indivíduo ao *Grand Jury* é um direito passível de disposição. Nessa perspectiva, o devido processo legal é delineado e aplicado em harmonia com a ordem jurídica, estando suscetível a influxos de consensualidade, de modo que as próprias partes possam delinear o que lhes parece melhor, respectivamente, para o interesse público e o interesse individual.

A *plea bargaining* costuma ser instrumentalizada com o instituto da *guilty plea*, em que o indivíduo confessa sua culpa em troca de uma situação jurídica mais vantajosa na fixação da sanção. Há também o *nolo contendere* (não contender), que pode figurar como requisito do acordo a ser celebrado, em que o réu simplesmente se abstêm de litigar, sem reconhecer ou refutar o teor da acusação. A distinção entre os institutos decorre da impossibilidade de advirem os efeitos residuais associados à confissão de culpa, como o registro da efetiva prática da infração penal.

O sistema americano está lastreado na discrição dos Promotores em iniciar, ou não, um caso. Angela J. Davis[38] realça que essa discrição é essencial à operação do sistema de justiça criminal, devido à

---

37 Françoise Tulkens faz menção à "*sentença barganhada*", quando a negociação recai sobre a pena, e à "*imputação barganhada*", quando o foco é a imputação. No primeiro caso, tem-se uma "*negociação vertical*" que evita o julgamento; no segundo, uma "*negociação horizontal*", que permanece adstrita à fase inicial da persecução penal (Justiça Negociada. In. DELMAS-MARY, Mirelle Delma. Processos Penais da Europa. Rio de Janeiro: Lumen Juris, 2005, p. 673 (695).

38 *Arbitrary Justice. The Power of the American Prosecutor*. New York: Oxford University Press, 2007, p. 12-15.

proliferação de leis penais em todos os cinquenta Estados e no plano federal. Em suas palavras: "*sem discrição, Promotores poderiam ser levados a realizar acusações criminais em casos em que a maioria das pessoas vê como frívolos e em casos em que não há evidência ou nos quais falte credibilidade*". Apesar disso, adverte para os riscos de a discrição se transmudar em arbitrariedade, o que ocorre quando o ideal de justiça é preterido pela satisfação das convicções pessoais.

No direito português, o Código de Processo Penal instituído pelo Decreto-lei nº 78, de 17 de fevereiro de 1987, previu, em seu art. 392 que, "*em caso de crime punível com pena de prisão não superior a 5 anos ou só com pena de multa, o Ministério Público, por iniciativa do arguido ou depois de o ter ouvido e quando entender que ao caso deve ser concretamente aplicada pena ou medida de segurança não privativas da liberdade, requer ao tribunal que a aplicação tenha lugar em processo sumaríssimo*". O Ministério Público deve indicar as sanções propostas e a quantia a ser fixada a título de reparação para a vítima (art. 394, 2), o que pode vir a ser alterado pelo Juiz, com concordância das partes (art. 395, 2). Caso o arguido não se oponha ao requerido pelo Ministério Público, o juiz procede à aplicação da sanção (art. 397, 1); opondo-se, o processo seguirá a forma comum (art. 398, 1).

No direito italiano, o art. 630 do Código Penal prevê hipóteses de redução de pena para o criminoso colaborador em se tratando de crime de extorsão mediante sequestro[39]. Esse comando inspirou o legislador

---

[39] "*Art. 630 - Sequestro di persona a scopo di rapina o di estorsione. Chiunque sequestra una persona allo scopo di conseguire, per sé o per altri, un ingiusto profitto come prezzo della liberazione, è punito con la reclusione da venticinque a trenta anni. Se dal sequestro deriva comunque la morte, quale conseguenza non voluta dal reo, della persona sequestrata, il colpevole è punito con la reclusione di anni trenta. Se il colpevole cagiona la morte del sequestrato si applica la pena dell'ergastolo. Al concorrente che, dissociandosi dagli altri, si adopera in modo che il soggetto passivo riacquisti la libertà, senza che tale risultato sia conseguenza del prezzo della liberazione, si applicano le pene previste dall'articolo 605. Se tuttavia il soggetto passivo muore. In: conseguenza del sequestro, dopo la liberazione, la pena è della reclusione da sei a quindici anni. Nei confronti del concorrente che, dissociandosi dagli altri, si adopera, al di fuori del caso previsto dal comma precedente, per evitare che l'attività delittuosa sia portata a conseguenze ulteriori ovvero aiuta concretamente l'autorità di polizia*

brasileiro a inserir, no nosso sistema penal, a figura da colaboração, o que ocorreu com a Lei nº 8.072/1990 (Lei dos Crimes Hediondos). Já a Lei nº 689, de 24 de novembro de 1981, tendo como última modificação aquela introduzida pelo Decreto-lei nº 91, de 24 de junho de 2014, convertido na Lei nº 116, de 11 de agosto de 2014, é conhecida como "*Legge di depenalizzazione*". Este diploma normativo permitiu a conversão, pelo governo, observados os parâmetros que estabeleceu, de ilícitos penais de pequena lesividade (*reati "bagatellari"*) em ilícitos administrativos, sujeitando os infratores a sanções de idêntica natureza jurídica.[40] O objetivo, como ressaltado por Napolitano e Piccioni[41], era o de "*ricuperare la natura di extrema ratio della pena*".

De modo correlato, a lei italiana previu, em seu art. 16, a possibilidade de pagamento de valor reduzido ("*pagamento de misura redotta*"), fixado na terça parte do máximo da sanção prevista ou, se mais favorável, no dobro do mínimo da sanção, além das despesas processuais, observados os prazos ali previstos. Não realizado o pagamento, a autoridade competente apreciará o caso, incluindo os argumentos defensivos e a prova produzida, concluindo pela aplicação, ou não, da sanção, com a fixação da respectiva dosimetria.

---

o l'autorità giudiziaria nella raccolta di prove decisive per l'individuazione o la cattura dei concorrenti, la pena dell'ergastolo è sostituita da quella della reclusione da dodici a venti anni e le altre pene sono diminuite da un terzo a due terzi. Quando ricorre una circostanza attenuante, alla pena prevista dal secondo comma è sostituita la reclusione da venti a ventiquattro anni; alla pena prevista dal terzo comma è sostituita la reclusione da ventiquattro a trenta anni. Se concorrono più circostanze attenuanti, la pena da applicare per effetto delle diminuzioni non può essere inferiore a dieci anni, nell'ipotesi prevista dal secondo comma, ed a quindici anni, nell'ipotesi prevista dal terzo comma. I limiti di pena preveduti nel comma precedente possono essere superati allorché ricorrono le circostanze attenuanti di cui al quinto comma del presente articolo".

[40] Foram editados, com esse objetivo, em 15 de janeiro de 2016, o Decreto Legislativo nº 7 (*Disposizioni in matéria di abrogazione di reati e introduzione di illeciti con sanzioni pecuniare civile*) e o Decreto Legislativo nº 8 (*Disposizioni in materia di depenalizzazione*).

[41] *Depenalizzazione e Decriminalizzazione. Analisi ragionata dei Decreti Legislativi nn.* 7 e 8 *del* 15 *gennaio* 2016. Romagna: Maggioli Editore, 2016, p. 21.

O desenvolvimento da consensualidade nas ordens internas torno inevitável a sua expansão ao plano internacional. À guisa de ilustração, a Convenção das Nações Unidas contra o Crime Organizado, também conhecida como Convenção de Palermo, dispõe sobre a adoção, pelos Estados partes, de medidas que encorajem os participantes de grupos criminosos a colaborar com as autoridades, como a redução de pena e a própria concessão de "imunidade" (art. 26). Técnica similar foi adotada pela Convenção das Nações Unidas contra a Corrupção, a denominada Convenção de Mérida, em seu art. 37.

No direito penal brasileiro, a consensualidade pode ser dividida em (1) *consensualidade de colaboração* e em (2) *consensualidade de pura reprimenda.*

A primeira referencia à *consensualidade de colaboração com avaliação judicial* no direito brasileiro, ao menos após a proclamação da República, é encontrada na Lei nº 8.072/1990, também conhecida como Lei dos Crimes Hediondos. Essa figura foi prevista nos arts. 7º e 8º, parágrafo único, desse diploma legal, logo recebendo a alcunha de "*delação premiada*".

O art. 7º acresceu um § 4º ao art. 159 do Código Penal, de modo que "*se o crime é cometido por quadrilha ou bando, o co-autor que denunciá-lo à autoridade, facilitando a libertação do sequestrado, terá sua pena reduzida de um a dois terços.*" De acordo com o parágrafo único do seu art. 8º, em se tratando de quadrilha ou bando destinado à prática de crimes hediondos, como tortura, tráfico ilícito de entorpecentes e drogas afins ou terrorismo, "*o participante e o associado que denunciar à autoridade o bando ou quadrilha, possibilitando seu desmantelamento, terá a pena reduzida de um a dois terços*".

A consensualidade, na Lei nº 8.072/1990, decorre do recebimento de um benefício penal, consistente na redução de pena, a partir do fornecimento de informações que produzirão algum efeito útil, permitindo o restabelecimento da paz social. Além disso, como o benefício será implementado quando da aplicação da pena, será imperativo o seu deferimento pelo Poder Judiciário, caso seja constatada a presença de uma colaboração que se mostre eficaz.

Apesar dos limitados contornos semânticos dos preceitos introduzidos pela Lei nº 8.072/1990, estão ali previstos os balizamentos dessa espécie de consensualidade no direito penal. São quatro os balizamentos:

(a) expressa previsão das infrações penais em que a consensualidade é admitida, quer com indicação da tipologia, quer do limite máximo de pena das infrações penais, o que significa dizer que nem o Ministério Público, *dominus litis* da ação penal, nem o Poder Judiciário poderiam escolher livremente quando utilizar a consensualidade;

(b) anuência do autor da infração penal em oferecer informações úteis à realização de um fim de interesse público, normalmente associado à persecução penal ou à reparação dos efeitos do ilícito;

(c) efeitos da consensualidade em relação à pena a ser aplicada, que têm sido sensivelmente ampliados com o tempo, principiando pela possibilidade de redução, passando pela substituição da pena privativa de liberdade por uma restritiva de direitos, sem contar a admissão de cumprimento em regime menos gravoso (*v.g.*: regime aberto ao invés do fechado), bem como a admissão de concessão do próprio perdão judicial;

(d) imprescindibilidade de apreciação judicial, o que significa dizer que competirá ao Poder Judiciário avaliar a presença dos requisitos exigidos e permitir a fruição, pelo indigitado autor do ilícito, dos benefícios autorizados pela legislação.

Apesar de a Lei nº 8.072/1990 ter introduzido um novo flanco de atuação da persecução penal, muitos colocaram em dúvida a higidez ética e pragmática do novo instrumento, alguns argumentando com o não aprofundamento do debate a respeito das consequências que podem "*advir da consagração da traição como regra nas relações humanas*",[42] outros com a dificuldade de os delatores sobreviverem no cárcere[43] e a ausência de um serviço de proteção à testemunha estruturado de forma eficiente, de modo a oferecer um mínimo de

---

[42] FRANCO, Alberto Silva. *Crimes Hediondos*. Notas sobre a Lei nº 8.072/90. 3ª ed. São Paulo: Revista dos Tribunais, 1994, p. 317

[43] *Cf.* JESUS, Damásio E. de. O prêmio à delação nos crimes hediondos. *In: Boletim do Instituto de Ciências Criminais*, nº 5, junho de 1993.

segurança à efetivação da delação.[44] Críticas à parte, parece-nos que o novo instituto efetivamente contribui para a prevenção geral, já que mantêm uma espada de Dâmocles sobre a cabeça dos criminosos, os quais sempre correrão o risco de um dos comparsas, cuja conduta criminosa por si só não atesta um padrão de ética e solidariedade humana, vir a colaborar com as autoridades.

O mesmo norte foi trilhado pelos demais diplomas normativos afetos à temática. Ressalte-se, apenas, que o balizamento (a) foi sensivelmente abrandado pela Lei nº 9.807/1999, que disciplina o sistema de proteção de testemunhas e não estabeleceu qualquer restrição, em seus arts. 13 e 14[45], a respeito das infrações penais em que a colaboração voluntária, com efeitos benéficos ao réu, pode ser efetivada. Com isso, passamos a ter a coexistência de uma disciplina geral, estabelecida pela Lei nº 9.807/1999, e de disciplinas específicas, somente aplicáveis às infrações penais previstas no respectivo diploma normativo. A análise da Lei nº 9.807/1999 denota que os benefícios ali previstos, o perdão judicial e a redução de um a dois terços da pena, são bem similares àqueles oferecidos pelas leis específicas, o que certamente facilita a colaboração no âmbito do direito penal.

As disciplinas específicas, além do disposto na Lei nº 8.072/1990, estão previstas nos seguintes diplomas normativos: (a) Lei nº 9.034/1995, revogada pela Lei nº 12.850/2013, que dispunha sobre

---

44 CHOUKR, Fauzi Hassan. *Processo Penal de Emergência*. Rio de Janeiro: Lumen Juris, 2002, p. 162-163.

45 Eis o teor dos preceitos: "*art. 13. Poderá o juiz, de ofício ou a requerimento das partes, conceder o perdão judicial e a consequente extinção da punibilidade ao acusado que, sendo primário, tenha colaborado efetiva e voluntariamente com a investigação e o processo criminal, desde que dessa colaboração tenha resultado: I - a identificação dos demais coautores ou partícipes da ação criminosa; II - a localização da vítima com a sua integridade física preservada; III - a recuperação total ou parcial do produto do crime. Parágrafo único. A concessão do perdão judicial levará em conta a personalidade do beneficiado e a natureza, circunstâncias, gravidade e repercussão social do fato criminoso*"; e "*art. 14. O indiciado ou acusado que colaborar voluntariamente com a investigação policial e o processo criminal na identificação dos demais coautores ou partícipes do crime, na localização da vítima com vida e na recuperação total ou parcial do produto do crime, no caso de condenação, terá pena reduzida de um a dois terços*".

as organizações criminosas (art. 6); (b) Lei nº 9.080/1995, que incluiu um § 2º no art. 25 da Lei nº 7.492/1986, diploma este que versa sobre os crimes contra o sistema financeiro nacional, e um parágrafo único, de conteúdo idêntico, no art. 16 da Lei nº 8.137/1990, que trata dos crimes contra a ordem tributária; (c) Lei nº 9.613/1998, que versa sobre o combate à lavagem de dinheiro (art. 1º, § 5º); e (d) Lei nº 11.343/2006, que dispõe sobre o tráfico ilícito de substâncias entorpecentes (art. 41). Ainda merece menção a Medida Provisória nº 2.055/2000, convertida na Lei nº 10.149/2000, que alterou a Lei nº 8.884/1994 e dispôs sobre o acordo de leniência a ser celebrado por autoridades administrativas, nos casos de infração contra a ordem econômica. Esse acordo, mantido pela Lei nº 12.529/2011, que revogou parcialmente a Lei nº 8.884/1994, produz reflexos no plano criminal, acarretando a extinção da punibilidade.

No que diz respeito à *consensualidade de colaboração com homologação judicial*, a primeira referência foi feita pela Lei nº 12.850/2013, que dispôs sobre as organizações criminosas e conferiu detalhada disciplina à denominada "*colaboração premiada*".

A colaboração premiada disciplinada pelos arts. 4º a 7º da Lei nº 12.850/2013 preserva, em suas linhas gerais, os balizamentos (a), (b) e (c) da *consensualidade de colaboração com avaliação judicial.* A principal distinção decorre do fato de as partes definirem, *a priori,* não só o alcance da colaboração como os efeitos que dela advirão, submetendo sua deliberação à *homologação judicial.* Em outras palavras, o juiz inicia sua atividade a partir do arquétipo do justo moldado pelas partes, podendo "*recusar homologação à proposta que não atender aos requisitos legais, ou adequá-la ao caso concreto*" (art. 4º, § 8º).

Para a realização do interesse público, detalhado nos resultados previstos nos incisos do art. 4º (*v.g.*: prevenção de infrações e recuperação do produto ou do proveito das infrações), há uma ampla margem de liberdade valorativa na estruturação do acordo, subjetivismo que pode se aproximar da linha limítrofe do arbítrio. Alguns operadores têm previsto, por exemplo, cláusulas de êxito, de modo a abater da multa pactuada valor proporcional ao montante recuperado a partir das informações do colaborador. Apesar das críticas de parte da doutrina, que se insurge contra a prática por inexistir lei expressa autorizando-a[46], parece razoável defender a sua instrumentalidade em relação aos fins a serem alcançados.

A colaboração é admitida nas fases de investigação, tramitação do processo penal e mesmo após a prolação da sentença, sendo sempre aceita a retratação pelas partes, o que impedirá que as provas autoincriminatórias produzidas sejam utilizadas exclusivamente em seu desfavor. Ainda merece realce a curiosa opção legislativa de inserir o Delegado de Polícia no conceito de "*parte*", o que, em rigor lógico, termina por lhe conferir legitimidade processual (anomalia há muito incorporada em nosso sistema com a possibilidade desse agente representar pela decretação da prisão provisória e de outras medidas) e o correlato poder de disposição sobre a acusação (*rectius*: pode representar pelo perdão judicial ainda na fase de inquérito), embora seja o Ministério Público, por imperativo constitucional, o *dominus litis* da ação penal.

O extremo êxito obtido pela colaboração premiada no âmbito da Operação Lava Jato, deflagrada em março de 2014 e que desbaratou inúmeras organizações criminosas que atuavam no aparato estatal, todas capitaneadas por agentes públicos do alto escalão, fez surgir uma discussão de singular importância, qual seja: a colaboração premiada pode incursionar na sistemática da Lei nº 8.429/1992? Ou, ainda, é possível utilizar as provas ofertadas pelo colaborador no âmbito penal, em nítida postura de autoincriminação, em sede de improbidade administrativa? Essa temática será objeto de análise em tópico específico.

Vistos os contornos básicos da consensualidade de colaboração, resta analisar a *consensualidade de pura reprimenda*, em que ocorre a imediata aceitação de uma reprimenda, independentemente do fornecimento de qualquer informação útil pelo autor do ilícito, e é largamente utilizada em outros sistemas jurídicos, com especial realce para o norte-americano. Trata-se de técnica de operatividade do próprio sistema, que poderia ser inviabilizado com a persecução penal de toda e qualquer infração. Essa espécie de consensualidade, é importante

---

46 *Cf.* DE MORAIS, Flaviane de Magalhães Barros Bolzan e BONACCORSI, Daniela Villani. A colaboração por meio do acordo de leniência e seus impactos junto ao processo penal brasileiro – um estudo a partir da "Operação Lava Jato". *In: Revista Brasileira de Ciências Criminais*, vol. 122, set.-out./2016, p. 93 e ss.

frisar, assume contornos de exceção, somente sendo encontrada em dois diplomas normativos do direito sancionador brasileiro: as Leis nº 9.099/1995 e nº 10.259/2011, que veremos a seguir.

O grande marco dessa espécie de consensualidade, verdadeira revolução no sistema penal brasileiro, foi alcançado com a promulgação da Lei nº 9.099/1995, que regulamentou o disposto no art. 98, I, da Constituição da República e disciplinou os juizados especiais cíveis e criminais. Ali foi prevista a aplicação, às infrações penais de menor potencial ofensivo, assim consideradas, após o advento da Lei nº 11.313/2006, as contravenções e os crimes cuja pena máxima não seja superior a 2 (dois) anos de prisão, do instituto da composição civil (art. 74), ajuste estabelecido entre o autor do fato e a vítima que importa em renúncia tácita, por esta última, à ação penal privada e à ação penal pública condicionada à representação; e da transação penal (art. 76), acordo firmado entre o Ministério Público e o autor do fato no qual este último aceita a imediata imposição de multa ou de pena restritiva de direitos sem que, para tanto, sequer tenha sido oferecida a respectiva denúncia,[47] acrescendo que a medida não está associada ao reconhecimento de culpa ou pressupõe condenação. Além disso, previu a possibilidade de suspensão condicional do processo (art. 89), nas hipóteses em que a pena cominada não seja superior a 2 (dois) anos de prisão, a partir de um ajuste firmado entre o Ministério Público e o réu. No mesmo sentido, dispôs a Lei nº 10.259/2011, que disciplinou os juizados especiais cíveis e criminais no âmbito da Justiça Federal, sendo posteriormente modificada pela Lei nº 11.313/2006.

Por fim, ainda merece referencia a consensualidade sem que o Judiciário aprecie os termos do ajuste, introduzida no sistema brasileiro via regulamento, mais especificamente pelo art. 18 da Resolução nº 181, do Conselho Nacional do Ministério Público, de 7 de agosto de 2017, publicada em 8 de setembro de 2017. Esse preceito disciplinou o denominado "*acordo de não persecução penal*", celebrado pelo Ministério Público com o investigado e seu advogado, o qual, uma vez cumprido, ensejará a promoção de arquivamento da investigação. Trata-se de fa-

---

[47] Na sistemática da Lei nº 9.605/1998, a transação, nos crimes ambientais de menor potencial ofensivo, deve ser antecedida de prévia reparação do dano ambiental, conforme dispõe o seu art. 27.

culdade da Instituição, não de direito subjetivo do réu. Sua celebração exige que o investigado confesse a prática da infração penal, indique provas de seu cometimento e ainda cumpra, conforme os termos do acordo, de forma cumulativa, ou não, os seguintes requisitos: "*I – reparar o dano ou restituir a coisa à vítima; II – renunciar voluntariamente a bens e direitos, de modo a gerar resultados práticos equivalentes aos efeitos genéricos da condenação, nos termos e condições estabelecidos pelos artigos 91 e 92 do Código Penal; III – comunicar ao Ministério Público eventual mudança de endereço, número de telefone ou e-mail; IV – prestar serviço à comunidade ou a entidades públicas por período correspondente à pena mínima cominada ao delito, diminuída de um a dois terços, em local a ser indicado pelo Ministério Público; V – pagar prestação pecuniária, a ser estipulada nos termos do art. 45 do Código Penal, a entidade pública ou de interesse social a ser indicada pelo Ministério Público, devendo a prestação ser destinada preferencialmente àquelas entidades que tenham como função proteger bens jurídicos iguais ou semelhantes aos aparentemente lesados pelo delito; VI – cumprir outra condição estipulada pelo Ministério Público, desde que proporcional e compatível com a infração penal aparentemente praticada*". É intuitivo que deve existir uma relação de proporcionalidade entre esses requisitos e a natureza da infração.

Não é admitida a celebração do acordo quando "*I – for cabível a transação penal, nos termos da lei; II – o dano causado for superior a vinte salários-mínimos ou a parâmetro diverso definido pelo respectivo órgão de coordenação; III – o investigado incorra em alguma das hipóteses previstas no art. 76, § 2º, da Lei n. 9.099/95; IV – o aguardo para o cumprimento do acordo possa acarretar a prescrição da pretensão punitiva estatal*".

Essa mitigação ao princípio da obrigatoriedade avança em seara estranha à consensualidade até então adotada no sistema penal brasileiro, que jamais prescindiu da homologação do Poder Judiciário. Embora não sejam aplicadas verdadeiras penas, pois o acordo é celebrado e cumprido durante a fase de investigação, somente chegando ao conhecimento do Poder Judiciário com a promoção de arquivamento, há reflexos diretos e incisivos na persecução penal, reflexos estes que, consoante a legislação vigente, sempre estiveram sujeitos ao crivo do

Judiciário. Na sistemática da Resolução, restará ao juízo competente analisar a promoção de arquivamento, e, caso entenda que o acordo é ilegal ou que os requisitos nele estabelecidos não são suficientes à prevenção penal, geral ou especial, remeterá os autos ao Procurador-Geral de Justiça ou à Câmara de Coordenação e Revisão, que pode insistir no arquivamento ou determinar o prosseguimento das investigações ou o oferecimento de denúncia. O juízo valorativo final, portanto, passa do Poder judiciário ao Ministério Público. O investigado, ademais, pode cumprir o acordo e ainda ser processado caso o juízo competente rejeite o arquivamento e o Procurador-Geral determine o oferecimento de denúncia. Há, ainda, o risco de a vítima ajuizar a ação penal subsidiária da pública, alicerçada no art. 5º, LIX, da Constituição de 1988, isso sob o argumento de que a lei processual não ampara a "suspensão" do juízo valorativo do Ministério Público até que o acordo seja cumprido.

Apesar de serem louváveis os objetivos do acordo, é factível que o art. 18 da Resolução CNMP nº 181/2017 avança em demasia em seara afeta à lei processual penal, o que atrai a competência legislativa privativa da União (CR/1988, art. 24, I), com a necessária participação do Congresso Nacional (CR/1988, art. 48, *caput*). Entender que a edição dessa espécie de norma, por um colegiado destituído de legitimidade democrática, seria possível pelo fato de o poder regulamentar do Conselho Nacional do Ministério Público estar lastreado diretamente na Constituição, sendo um "*poder normativo primário*", é romper as áreas do inusitado, máxime por estarmos perante um comando que terá reflexos diretos na esfera jurídica individual.

7. A CONSENSUALIDADE NA RESPONSABILIZAÇÃO CÍVEL

A responsabilização cível tem sido historicamente vista como mecanismo de reparação ou de mera recomposição, permitindo o retorno de determinada situação fática ou jurídica ao *status quo*. Sob esta ótica, é possível falarmos de um direito sancionador extrapenal de natureza judicial, cuja funcionalidade básica não é a de restringir a esfera jurídica individual, o que permite que se lhe atribuam contornos cíveis *stricto sensu*, e de um direito semelhante direcionado à restrição dessa esfera, assumindo contornos cíveis *lato sensu*.

A consensualidade tem sido aceita, sem maiores insurgências, em relação à primeira dessas figuras, sendo há muito utilizado, na realidade brasileira, o termo de ajustamento de conduta. Quanto à imposição de sanções de natureza extrapenal, por um órgão jurisdicional, observa-se que os debates têm sido mais intensos e apaixonados. Afinal, após o advento da Lei nº 12.850/2013, que introduziu um aprimorado sistema de colaboração premiada em nossa ordem jurídica, desbaratando inúmeras organizações criminosas que atuavam no interior do próprio aparato estatal, foram vigorosas as vozes que buscaram transplantá-lo para a Lei nº 8.429/1992 (Lei de Improbidade Administrativa).

Nos próximos itens, analisaremos o potencial de incidência da consensualidade nas instâncias de responsabilização cível, incluindo a Lei nº 12.846/2013 (Lei de Responsabilização das Pessoas Jurídicas), que conta com previsão expressa a esse respeito. O objetivo é verificar se essa consensualidade ficará adstrita à cessação de uma prática ilícita ou ao aperfeiçoamento de uma atividade, sem qualquer incursão no plano sancionador propriamente dito, ou se poderá avançar nessa seara, o que pode ocorrer sob a roupagem da consensualidade de colaboração ou da consensualidade de pura reprimenda.

7.1 A experiência com o compromisso de ajustamento de conduta no âmbito da tutela coletiva

A Lei nº 7.347/1985, grande marco do direito brasileiro na tutela dos interesses difusos e coletivos, não contemplou, em sua redação original, a figura do compromisso de ajustamento de conduta. Somente com o advento da Lei nº 8.069/1990 (Estatuto da Criança e do Adolescente), que o previu em seu art. 211, é que ocorreu a sua introdução no direito brasileiro. Pouco depois, o art. 113 da Lei nº 8.078/1990 (Código de Defesa do Consumidor) inseriu um § 6º no art. 5º da Lei nº 7.347/1985,[48] o que permitiu a sua utilização em relação a outros interesses difusos e coletivos.

---

48 O curioso é que o Presidente da República sancionou a Lei nº 8.069/1990, incluindo o seu art. 211, e poucos meses depois vetou o § 3º do art. 82 da Lei nº 8.078/1990, que previa o compromisso de ajustamento de conduta para a defesa

O compromisso de ajustamento de conduta é um negócio jurídico celebrado, de um lado, por uma estrutura estatal de poder, cognominada de órgão público pelo § 6º do art. 5º da Lei nº 7.347/1985, como são os entes federativos (União, Estados, Distrito Federal e Municípios), o Ministério Público, a Defensoria Pública e os órgãos públicos propriamente ditos, desprovidos de personalidade jurídica e legitimados à propositura de ações coletivas (*v.g.*: o Procon na defesa do consumidor), e, de outro, o violador, atual ou iminente, de interesses transindividuais. A referência a órgão público denota que organizações da sociedade civil, qualquer que seja a sua natureza jurídica, não podem instar o violador a celebrá-lo.

Questão controversa diz respeito à possibilidade, ou não, de entes da Administração Pública indireta celebrarem ajustes dessa natureza.

Não precisam ser realçadas as dificuldades hermenêuticas que a expressão órgãos públicos traz consigo. Em rigor lógico, são centros de competências administrativas, destituídos de personalidade jurídica, que congregam agentes públicos responsáveis pelo exercício das respectivas competências. A prevalecer esse conceito, sequer os entes federativos poderiam celebrar os ajustes, já que, por terem personalidade jurídica, seriam um *plus* em relação ao mero órgão. É fácil perceber que interpretações extremadas como essa não conduziriam a resultados satisfatórios.

---

dos interesses transindividuais dos consumidores, sob o argumento de que esse compromisso não poderia configurar título executivo extrajudicial. Afinal, não visava à entrega de coisa certa ou pagamento de quantia fixa, mas, sim, à cessação ou à prática de determinada conduta. A tese, à época, não era propriamente absurda, em razão da resistência a que obrigações de fazer pudessem figurar em títulos executivos extrajudiciais. Apesar disso, o Chefe do Poder Executivo não vetou o art. 113 da Lei nº 8.078/1990, que introduziu o referido compromisso na Lei nº 7.347/1985, o que, por força do art. 90 da Lei nº 8.078/1990 ("*Aplicam-se às ações previstas neste título as normas do Código de Processo Civil e da Lei nº 7.347, de 24 de julho de 1985, inclusive no que respeita ao inquérito civil, naquilo que não contrariar suas disposições*"), tornou-o aplicável à proteção dos consumidores. *Cf.* MAZZILLI, Hugo Nigro. Compromisso de ajustamento de conduta: evolução e fragilidades e atuação do Ministério Público. *In: Revista de Direito Ambiental*, vol. 41, jan.-mar./2006, p. 93 e ss.

A interpretação que conduz a resultados mais razoáveis parece ser a que associa o caráter *público* do órgão ao fato de ser ou estar integrado a uma estrutura estatal de poder, não à personalidade jurídica de direito público da respectiva estrutura estatal de poder ou, no caso de órgão despersonalizado (*v.g.*: Procon),[49] à personalidade jurídica da mesma estrutura em que inserido. Com isso, assegura-se a paridade entre os órgãos legitimados ao ajuizamento da ação civil pública, elencados nos incisos do art. 5º da Lei nº 7.347/1985, e aqueles legitimados à celebração do compromisso de ajustamento de conduta. Portanto, deve ser admitida a celebração do ajuste por todos os entes da Administração Pública indireta, quer tenham personalidade jurídica de direito público, quer de direito privado.[50] Especificamente em relação às empresas públicas e às sociedades de economia mista, tal não importará em qualquer tratamento privilegiado a esses entes, com a possível afronta ao disposto no art. 173, § 1º, II, da Constituição da República, que estabelece a sua sujeição ao mesmo regime jurídico das sociedades empresárias de direito privado. Afinal, estas últimas não têm legitimidade para a tutela dos interesses transindividuais. Na medida em que empresas públicas e sociedades de economia mista são ontologicamente distintas das associações, quer no plano da constituição, quer no da funcionalidade, não há qualquer incongruência na exclusão destas últimas.

A exemplo dos demais negócios jurídicos, o compromisso de ajustamento de conduta deve preencher os requisitos de validade.[51]

---

49 A Lei nº 9.605/1998, que dispõe sobre as sanções penais e administrativas decorrentes de atividades lesivas ao meio ambiente, autorizou, em seu art. 79-A, que os órgãos ambientais integrantes do SISNAMA celebrem termo de compromisso.

50 Nesse sentido: MANCUSO, Rodolfo de Camargo. *Ação Civil Pública em defesa do meio ambiente, do patrimônio cultural e dos consumidores*. 9ª ed. São Paulo: Revista dos Tribunais, 2004, p. 328; e BUGALHO, Nelson Roberto. Instrumentos de controle extraprocessual: aspectos relevantes do inquérito civil público, do compromisso de ajustamento de conduta e da recomendação em matéria de proteção do meio ambiente. *In: Revista de Direito Ambiental*, vol. 37, jan.-mar./2005, p. 96 e ss.

51 *Cf.* GARCIA, Emerson. Ministério Público. *Organização, Atribuições e Regime Jurídico*. 6ª ed. São Paulo: Editora Saraiva, 2017, p. 457.

As partes devem ser capazes, de modo a exteriorizar livremente a sua vontade, sem qualquer vício de consentimento. A forma, em linha de princípio, é livre, o que não afasta a possibilidade de os órgãos públicos estabelecerem diretrizes internas a respeito de sua estrutura básica. O objeto deve ser lícito, exigindo que as obrigações assumidas ajustem-se à legislação de regência. Sob essa ótica, deve ser utilizado como paradigma o provimento jurisdicional passível de ser obtido ao fim da ação civil pública. Portanto, consoante o art. 3º da Lei nº 7.347/1985, podem ser pactuadas obrigações de dar, ressaltando-se que o numerário obtido deve ser endereçado ao fundo referido no art. 13,[52] fazer ou não fazer.[53] Além disso, as obrigações assumidas devem ser líquidas, de modo a não comprometer a sua eficácia, e deve ser cominada multa para a hipótese de inadimplemento.

O compromisso, ademais, deve ser reduzido a termo, dispensa a assinatura de testemunhas e não carece de homologação judicial para a integração de sua eficácia. Essa eficácia, é importante frisar, surge tão logo o termo, formal e materialmente hígido, é firmado. Em se tratando de compromisso firmado pelo Ministério Público, nos autos de inquérito civil, o seu integral cumprimento ensejará a formulação da promoção de arquivamento, pelo órgão de execução com atribuição, a ser apreciada pelo Conselho Superior do Ministério Público, nos

---

52 O Fundo de Defesa de Direitos Difusos foi inicialmente regulamentado pelo Decreto nº 92.302/1986, alterado pelo Decreto nº 96.617/1988 e posteriormente revogado pelo Decreto nº 1.306/1994. A Lei nº 9.008/1995 criou, na estrutura do Ministério da Justiça, o Conselho Federal a que se refere o art. 13 da Lei nº 7.347/1985, e dispôs sobre a origem das receitas do fundo e suas finalidades. Dentre as fontes de receitas previstas no art. 2º da Lei nº 9.008/1995, não há referência expressa àquelas associadas aos compromissos de ajustamento de conduta. Apesar disso, a doutrina, corretamente, tem se posicionado nesse sentido. Afinal, a funcionalidade dessas receitas há de ser a mesma daquelas decorrentes de condenação judicial, daí a razão de convergirem para o mesmo Fundo. Vide: MILARÉ, Édis, SETZER, Joana e CASTANHO, Renata. O Compromisso de Ajustamento de Conduta e o Fundo de Defesa de Direitos Difusos. *In: Revista de Direito Ambiental*, vol. 38, abr.-jun./2005, p. 9 e ss.

53 O STJ considerou ilegal o termo de ajustamento de conduta em que foi pactuada obrigação de dar diversa da entrega de recursos ao fundo a que se refere o art. 13 da Lei n. 7.347/1985: 1ª T., REsp nº 802.060/RS, rel. Min. Luiz Fux, j. em 17/12/2009, DJe de 22/02/2010.

termos do art. 9º da Lei nº 7.347/1985. Note-se que a sistemática legal somente permite a deflagração desse instrumento de controle interno com o esgotamento das diligências investigativas e a decisão de não se ajuizar a ação civil pública. Trata-se, portanto, da fiscalização do *non facere*. Em rigor lógico, não compete ao Conselho fiscalizar o *facere*, presente na expedição de recomendação, na celebração de termo de compromisso ou no ajuizamento de ação civil pública. Apesar dessa constatação, não tem sido incomum, em alguns Estados da Federação, a inserção de cláusula, no termo de compromisso, condicionando a sua eficácia à prévia homologação pelo Conselho Superior, o que, aliás, foi expressamente previsto no parágrafo único do art. 112 da Lei Complementar Estadual nº 734/1993, que veiculou a Lei Orgânica do Ministério Público de São Paulo. Essa sistemática, conquanto benéfica ao outro pactuante, pois afasta o risco de o colegiado entender que o termo não protegeu a contento o interesse transindividual tutelado, não encontra ressonância na Lei nº 7.347/1985.

O compromisso de ajustamento de conduta tem a natureza de título executivo extrajudicial, nos termos do § 6º do art. 5º da Lei nº 7.347/1985, de modo que qualquer legitimado pode promover a execução forçada, conforme os arts. 778 e 784, XII, do CPC/2015. Diz-se qualquer legitimado por uma razão bem simples: não há vínculo de titularidade entre o legitimado que celebrou o termo de compromisso e o direito material tutelado.

A grande importância desse compromisso reside em evitar a judicialização de questões que podem ser resolvidas a partir da convergência de vontades dos próprios pactuantes. A solução assim obtida tende a ser mais célere e menos traumática para todos, máxime para o violador do direito transindividual, que pode ter, entre outras vantagens, prazos mais compatíveis com a sua realidade para o cumprimento da obrigação. Foi justamente essa constatação que conduziu à mitigação do princípio da obrigatoriedade da ação civil pública, possibilitando seja alcançado o mesmo resultado útil por instrumento diverso. A busca por esse resultado útil, ainda que trilhada por percursos distintos, é direcionada pelo princípio da indisponibilidade do interesse.

É muito difundida a tese de que o compromisso de ajustamento de conduta não tem a natureza jurídica de transação, já que os órgãos públicos não poderiam transigir com aspectos materiais do interesse público, de feição reconhecidamente indisponível.[54] Essa conclusão, aliás, encontra aparente amparo no disposto no art. 841 do Código Civil de 2002, segundo o qual "*só quanto a direitos patrimoniais de caráter privado se permite a transação*".[55] O raciocínio, no entanto, somente se mostra correto se adotarmos como paradigma de análise o modelo de transação plena, não o modelo híbrido.

Tanto a submissão como a transação plena consubstanciam negócios jurídicos que pressupõem, por óbvio, a convergência de vontades. A questão que se põe é saber se o objeto desse negócio é integralmente moldado por uma estrutura estatal de poder, ao qual o violador, atual ou iminente, do direito transindividual limita-se a aderir ou se este último pode efetivamente participar do delineamento de alguma de suas cláusulas. A nosso ver, essa participação é perfeitamente possível, máxime quando divergências pontuais, como o prazo de cumprimento da obrigação, o número de vezes que uma publicação deve ser veiculada na imprensa ou o valor da multa fixada geram alguma divergência.

Portanto, é perfeitamente possível nos depararmos com verdadeira transação em relação a aspectos periféricos ao direito material lesado, ensejando o surgimento de obrigações jurídicas acessórias para o pactuante.[56] No que diz respeito ao direito material, prevalece, ao menos no plano conceitual, a submissão. Fala-se em plano conceitual por uma razão muito simples: o órgão público deveria limitar-se a identificar o direito material e a definir as obrigações a serem cum-

---

[54] Nesse sentido: MAZZILLI. *Compromisso...*, p. 93 e ss. Em sentido contrário: BUGALHO. *Instrumentos...*, p. 96 e ss.

[55] Nélson Roberto Bugalho alerta que a impossibilidade de serem realizadas concessões que possam comprometer a integridade do bem jurídico tutelado não afasta a necessidade de serem protegidos outros bens e valores de indiscutível relevância para a coletividade (Instrumentos..., p. 96 e ss.). É o que ocorre, por exemplo, na tensão dialética entre proteção ao meio ambiente e geração de empregos. Portanto, sem tergiversar na proteção ao interesse transindividual, as medidas a serem adotadas devem gerar a menor lesividade possível a outros interesses de indiscutível relevância.

[56] Nesse sentido: MILARÉ, SETZER e CASTANHO. *O Compromisso...*, p. 9 e ss.

pridas para a sua plena efetividade, não restando ao outro pactuante qualquer opção senão submeter-se. Ocorre que essa pureza conceitual nem sempre se projeta na realidade. O órgão público, em verdade, realiza um juízo valorativo a respeito do direito material a ser protegido e das obrigações a serem cumpridas. Conceitualmente, não há disposição do interesse; faticamente, é possível que o juízo valorativo realizado produza esse efeito de maneira indireta. Para tanto, basta que, propositadamente ou não, sejam realizadas avaliações distorcidas desses fatores, com ou sem a influência do outro pactuante.

O termo, assim, assume feição híbrida: no que diz respeito ao direito material, atua como mero ato de reconhecimento de uma obrigação preexistente e que pode vir a ser reconhecida por sentença judicial (*v.g.*: o dever jurídico de reflorestar uma área, de cessar uma prática comercial abusiva etc.), quanto aos aspectos periféricos, consubstancia verdadeira transação.

Caso outro colegitimado entenda que o termo de compromisso não se mostra suficiente à proteção dos interesses transindividuais, é possível venha a requerer em juízo as medidas que, em sua visão, sejam necessárias à tutela desses interesses.[57] Se o termo afrontá-los, ao invés de protegê-los, pode pleitear a sua própria anulação, o que pressupõe a demonstração de um vício de juridicidade no negócio jurídico. Apesar de o celebrante do termo atuar como substituto processual, o que autorizaria o entendimento de que os efeitos dos seus atos se estenderiam aos demais substitutos em potencial, a hipótese comporta reflexões suplementares. Como é reconhecida, em relação aos órgãos públicos, a legitimidade concorrente para a celebração do termo e para a propositura da ação, ao que se soma a constatação de que a *ratio* dessa atuação é preservar o interesse social, não nos parece adequado permitir que termos circundados de atecnia ou mesmo de má-fé possam transmudar em disponível aquilo que, em essência, é indisponível. Entendimento contrário, ademais, permitiria fossem

---

[57] O CPC/2015, em seu art. 785, admite, expressamente, a opção pelo processo de conhecimento quando a parte já dispuser do título executivo extrajudicial. Não haverá que se falar, portanto, em falta de interesse processual, como já defendido (*vide*: MAZZILLI. *Compromisso...*, p. 93 e ss.).

afastadas da apreciação do Poder Judiciário lesões de monta a direitos de indiscutível importância para o organismo social[58].

Não se admite, no entanto, que o objetivo de retirar a eficácia do termo de compromisso de ajustamento de conduta seja alcançado de maneira indireta, por outro legitimado, com a assinatura de termo distinto, com conteúdo diverso do anterior.

A funcionalidade do termo de compromisso de conduta, como se disse, é a de evitar a violação ou recompor o bem jurídico tutelado. O seu objetivo não é propriamente o de reduzir a esfera jurídica individual, o que denota profunda distinção em relação à consensualidade de colaboração ou de pura reprimenda afeta ao direito sancionador propriamente dito. Essa premissa certamente facilita a compreensão do art. 5º, LXXIII, da Constituição da República, que autoriza o ajuizamento da ação popular, por qualquer cidadão, para anular ato lesivo ao patrimônio público, e do art. 1º, VIII, da 7.347/1985, com a redação dada pela Lei nº 13.004/2014, segundo o qual "*regem-se pelas disposições desta Lei, sem prejuízo da ação popular, as ações de responsabilidade por danos morais e patrimoniais*" causados "*ao patrimônio público e social*". Essa responsabilização, como é intuitivo, é a cível *stricto censu*, calcada no referencial de reparação; não a cível lato sensu, afeta ao direito sancionador extrapenal judicial cível *lato sensu*. Portanto, apesar de o termo de ajustamento de conduta estar previsto no art. 5º, § 6º, da Lei nº 7.347/1985, ele não se presta à consensualidade de colaboração ou de pura reprimenda. Se o objetivo de algum operador do direito for utilizá-lo, fá-lo-á com base em norma diversa que não essa.

Apesar disso, ainda que o termo de ajustamento não possa incursionar no direito sancionador propriamente dito, é perfeitamente defensável a tese de que pode adentrar na seara da reparação ou da recomposição, ainda que seja formalmente cognominada de sanção. É

---

[58] Nesse sentido: STJ, 2ª T., REsp. nº 265.300/MG , rel. Min. Humberto Martins, j. em 21/09/2006, DJ de 02/10/2006. Esse Tribunal, aliás, já entendeu ser possível o ajuizamento de ação popular para impugnar acordo judicial, celebrado pelo Ministério Público no curso de ação civil pública, que se entendeu lesivo ao patrimônio público: 1ª T., REsp nº 450.431/PR, rel. Min. Luiz Fux, j. em 18/09/2003, DJU de 20/10/2003.

o que ocorre, por exemplo, com a reparação do dano e a perda de bens ou valores adquiridos ilicitamente. Como o termo não é suficiente para afastar o ilícito e a sanção correlata, ainda que o infrator venha a celebrá-lo, não ficará livre das medidas (*rectius*: sanções propriamente ditas) que restrinjam a sua esfera jurídica. O termo será um acordo integrativo, não substitutivo da sanção cominada.

2. A CONSENSUALIDADE NO ÂMBITO DA LEI DE RESPONSABILIZAÇÃO DAS PESSOAS JURÍDICAS

A Lei nº 12.846/2013 dispôs sobre a responsabilização objetiva das pessoas jurídicas, nos planos administrativo e cível, pela prática de atos lesivos à administração pública, nacional ou estrangeira. Esse diploma normativo estatuiu, em seu art. 5º, uma unidade de tipologia, que seria aplicada indistintamente nas duas esferas de responsabilização, daí decorrendo, conforme o caso, a aplicação de sanções administrativas ou de sanções cíveis, estas últimas aplicáveis por um juiz, sem prejuízo daquelas previstas na Lei nº 8.429/1992.

Além de detalhar sujeitos, tipologia, sanções e o processo administrativo e judicial, a Lei nº 12.846/2013 também dispôs, em seu art. 16, sobre o *acordo de leniência* no âmbito do processo administrativo sancionador, podendo ser celebrado pela autoridade máxima de cada órgão ou entidade pública. Essa competência, no âmbito do Poder Executivo Federal, é concentrada no Ministério da Transparência, Fiscalização e Controladoria-Geral da União, que sucedeu à Controladoria-Geral da União, o mesmo ocorrendo em relação aos atos lesivos praticados contra a administração pública estrangeira. O objetivo é o de suavizar as consequências do ilícito em razão da colaboração do respectivo autor.

Os contornos gerais desse acordo se ajustam ao modelo de consensualidade de colaboração e se projetarão no plano administrativo, isentando a pessoa jurídica da sanção de publicação extraordinária da decisão condenatória e reduzindo em até 2/3 (dois terços) o valor da multa aplicável, e no plano jurisdicional, afastando a proibição de receber incentivos, subsídios, doações ou empréstimos de órgãos ou entidades públicas e de instituições financeiras públicas ou controladas pelo Poder Público. Os efeitos do acordo serão estendidos às pessoas jurídicas que integrem o mesmo grupo econômico, de fato e de direito, desde que o firmem em conjunto, respeitadas as condições nele estabelecidas, mas não eximem o celebrante da obrigação de reparar integralmente o dano causado.

Na literalidade do art. 16, § 1º, I, da Lei nº 12.846/2013, o acordo somente será celebrado caso "*a pessoa jurídica seja a primeira a se manifestar sobre o seu interesse em cooperar para a apuração do ato ilícito*", comando similar ao adotado na Lei nº 12.529/2011, que versa sobre as infrações contra a ordem econômica e é precipuamente direcionada ao combate aos cartéis. Portanto, as demais pessoas jurídicas envolvidas no ilícito não poderiam celebrar acordo similar. Apesar dessa constatação, não deve ser afastada a possibilidade de, à luz das circunstâncias do caso concreto, outras pessoas jurídicas serem beneficiadas pelo acordo, desde que contribuam para a elucidação de fatos diversos, estranhos ao ajuste inicial. Ainda que outras pessoas jurídicas possam celebrar o acordo, é evidente que as informações posteriores tendem a ostentar menor importância que as antecedentes, daí a maior probabilidade de somente os primeiros interessados celebrarem o acordo de leniência.

Acresça-se que o acordo de leniência não alcançará as pessoas naturais, o que significa dizer que controladores, sócios e dirigentes continuarão passíveis de responsabilização, em especial na seara penal. Para esses agentes, seria sempre de bom alvitre tentar uma negociação conjunta, cientificando o Ministério Público com atribuição para possível ajuste de colaboração premiada no âmbito penal.

A Lei nº 12.846/2013 também autorizou, em seu art. 17, que a Administração Pública celebrasse acordo de leniência com a pessoa jurídica responsável pela prática dos ilícitos previstos na Lei nº 8.666, de 21 de junho de 1993, com vistas à isenção ou atenuação das sanções administrativas estabelecidas em seus arts. 86 a 88.

A limitação dos efeitos do acordo de leniência ao processo administrativo destinado à apuração de responsabilidades com base na Lei nº 8.666/1993 e na Lei nº 12.846/2013, bem como ao processo judicial voltado à aplicação das sanções previstas neste último diploma legal, indica uma opção consciente de não estendê-lo a outras esferas de responsabilização. Esse aspecto torna-se bem nítido ao observarmos o teor do art. 30, I, da Lei nº 12.846/2013, segundo o qual a aplicação das sanções previstas neste diploma legal "*não afeta os processos de responsabilização e aplicação de penalidades decorrentes*" de "*ato de improbidade administrativa nos termos da Lei nº 8.429, de 2 de junho de 1992*".

Ressalte-se inexistir óbice a que o acordo de leniência celebrado no processo administrativo venha a produzir efeitos favoráveis à pessoa jurídica em outras instâncias de responsabilização. É imperativo, no entanto, sejam observados os balizamentos estabelecidos em lei. No âmbito da improbidade administrativa, por exemplo, embora seja vedada a celebração de acordos, aqueles que venham a ser formados em outra seara podem influir na individualização da sanção a ser aplicada, por caracterizarem uma circunstância atenuante não escrita favorável à pessoa jurídica. O mesmo ocorrerá nas demais instâncias de responsabilização. Não é por outra razão que a doutrina tem ressaltado a necessidade de serem incluídos impactos penais no acordo de leniência de que trata a Lei nº 12.846/2013[59]. Sob a égide da Medida Provisória nº 703/2016, que alterou este último diploma legal, mas perdeu sua eficácia por não ter sido convertida em lei, alguns[60] defenderam a possibilidade de os acordos de leniência, caso contassem com a participação do Ministério Público, virem a incursionar inclusive na seara penal, de modo que um único instrumento alcançasse mais de uma instância de responsabilização.

Apesar de a Lei nº 12.846/2013 somente fazer menção à celebração do acordo de leniência pela Administração Pública, é argumentativamente defensável a tese de que o Ministério Público também poderia celebrá-lo. A uma, o acordo de leniência tem como efeito afastar a aplicação de uma das sanções passíveis de serem aplicadas no processo judicial, aquela prevista no art. 19, IV, sendo o Ministério Pú-

---

[59] DE MORAIS e BONACCORSI. A colaboração por meio do acordo de leniência... *In: Revista Brasileira de Ciências Criminais*, vol. 122, set.-out./2016, p. 93 e ss.

[60] *Cf.* MARTINS, Ives Gandra da Silva. Acordos de leniência – evolução do instituto na legislação brasileira p abrangência, legalidade e atualidade da Med. Prov. 703/2015 – parecer. *In Revista dos Tribunais*, vol. 967, maio/2016, p. 367 e ss.

blico um dos legitimados ao ajuizamento da ação civil. A duas, como é possível a aplicação, no processo judicial, das sanções administrativas previstas no art. 6º, se houver omissão da autoridade competente para promover a responsabilização administrativa, conforme prevê o art. 20, nada impediria que o Ministério Público celebrasse o acordo com o objetivo de obter informações úteis à persecução do ilícito. A três, a celebração do acordo é perfeitamente compatível com as funções institucionais do Ministério Público, instrumentalizando-as. Apesar disso, parece-nos que essa possibilidade assumirá contornos subsidiários. Afinal, os principais efeitos do acordo se apresentam no plano administrativo, com a redução de uma sanção, a multa, e a supressão de outra, a publicação extraordinária da decisão, e o Ministério Público não poderia impedir, com a sua iniciativa, a instauração do processo administrativo pela autoridade competente. Outro aspecto digno de nota é o de que o Ministério Público não poderia simplesmente utilizar o invólucro cognominado de "*acordo de leniência*" e atribuir-lhe qualquer conteúdo. O conteúdo há de ser, sempre e sempre, aquele previsto em lei.

7.3. A CONSENSUALIDADE NO ÂMBITO DA LEI DE IMPROBIDADE ADMINISTRATIVA

A Lei nº 8.429/1992, como tivemos oportunidade de afirmar[61], pode ser considerada um diploma de inegável singularidade sob múltiplos aspectos: (1) foi proposta e sancionada pelo Presidente Fernando Collor de Mello, primeiro Chefe de Estado brasileiro a ser afastado do cargo num processo de *impeachment*; (2) alcança todo agente que mantenha contato com o dinheiro público, ainda que sua atividade seja estritamente privada, bem como os detentores de mandato eletivo, classe política tradicionalmente imune a qualquer sancionamento (art. 2º); e (3) coexiste com as demais esferas de responsabilização (penal, administrativa, cível e política), permitindo que um juiz com competência cível aplique as severas penalidades que comina.

[61] O Combate à Corrupção no Brasil: a Responsabilidade Ética e Moral do Supremo Tribunal Federal na sua Desarticulação, *in Revista Brasileira de Direito Constitucional* nº 10, julho/dezembro de 2007, p. 383 e ss; e Improbidade Administrativa..., p. 620 e ss.

São quatro as espécies de atos de improbidade: aqueles que geram o enriquecimento ilícito do agente (art. 9º), causam dano ao patrimônio público (art. 10), importam em concessão indevida de benefício financeiro ou tributário que diminua a arrecadação do imposto sobre serviços de qualquer natureza (art. 10-A)[62] ou afrontem os princípios regentes da atividade estatal (art. 11). A prática de qualquer desses atos sujeitará o agente público e os terceiros com ele conluiados às sanções previstas nos incisos do art. 12 da Lei nº 8.429/1992.

De acordo com o art. 12, a perda de bens ou valores de origem ilícita, o ressarcimento do dano, a perda da função pública, a suspensão dos direitos políticos, a multa civil e a proibição de contratar ou receber incentivos do Poder Público são passíveis de aplicação por um órgão jurisdicional, restando analisar se possuem natureza penal ou cível (*rectius*: extrapenal). À luz do direito posto, inclinamo-nos por esta última,[63] alicerçando-se tal concepção nos seguintes argumentos:

---

[62] Essa espécie de ato de improbidade está previsto no art. 10-A da Lei nº 8.429/1992, introduzido pela Lei Complementar nº 157/2016, com entrada em vigor em 31 de dezembro de 2017.

[63] No mesmo sentido: NEIVA, José Antonio Lisboa. *Improbidade Administrativa*. Rio de Janeiro: Editora Impetus, 2005, p. 26; MEDAUAR, Odete. Direito Administrativo Moderno. 5ª ed. São Paulo: Revista dos Tribunais, p. 52; SARMENTO, George. *Improbidade Administrativa.* Porto Alegre: Editora Síntese, 2002, p. 192; MEDEIROS, Sérgio Monteiro. *Lei de Improbidade. Comentários e Anotações Jurisprudenciais.* São Paulo: Editora Juarez de Oliveira, 2003, p. 3; OSÓRIO, Fábio Medina. *Improbidade Adminsitrativa. Observações sobre a Lei 9.429/1992.* 2ª ed. Porto Alegre: Editora Síntese, 1998, p. 217-224; PAZAGLINI FILHO, Marino *et alii*. *Improbidade Administrativa, Aspectos Jurídicos da Defesa do Patrimônio Público*. 4ª ed. São Paulo: Editora Atlas, 1999, p. 135; PAZAGLINI FILHO, Marino. *Lei de Improbidade Administrativa Comentada* São Paulo: Editora Atlas, 2002, p. 115; DOS SANTOS, Carlos Frederico Brito. *Improbidade Administrativa, Reflexões sobre a Lei nº 8.429/1992*. Rio de Janeiro: Forense, 2002, p. 1; FIGUEIREDO, Marcelo. *Probidade Administrativa, Comentários à Lei 8.429/1992 e Legislação Complementar.* 3ª ed. São Paulo: Malheiros, 1998, p. 87; MARTINS JÚNIOR, Wallace Paiva. *Probidade Administrativa.* São Paulo: Saraiva, 2001, p. 255; DELGADO, José Augusto. Improbidade Administrativa: Algumas Controvérsias Doutrinárias e Jurisprudenciais sobre a Lei de Improbidade Administrativa". *In Improbidade Administrativa, Questões Polêmicas e Atuais*, org. por Cássio Scarpinelle Bueno *et alii.* São Paulo: Malheiros, 2001, p. 211; FERRAZ, Sérgio. Aspectos Processuais na

a) o art. 37, § 4º, *in fine*, da Constituição, estabelece as sanções para os atos de improbidade e prevê que estas serão aplicadas de acordo com a gradação prevista em lei e "sem prejuízo da ação penal cabível";

b) ao regulamentar o comando constitucional, dispôs o art. 12, *caput*, da Lei nº 8.429/1992 que as sanções serão aplicadas independentemente de outras de natureza penal;

c) as condutas ilícitas elencadas nos arts. 9º, 10 e 11 da Lei nº 8.429/1992, ante o emprego do advérbio de modo "*notadamente*", têm caráter meramente enunciativo, o que apresenta total incompatibilidade com o princípio da estrita legalidade que rege a seara penal,[64] segundo o qual a norma incriminadora deve conter expressa e prévia descrição da conduta criminosa;

d) o processo criminal atinge de forma mais incisiva o *status dignitatis* do indivíduo, o que exige expressa caracterização da conduta como infração penal, sendo relevante frisar que ela produzirá variados efeitos secundários;

Lei sobre Improbidade Administrativa. *In Improbidade Administrativa, Questões Polêmicas e Atuais*, org. por Cássio Scarpinelle Bueno *et alii*. São Paulo: Malheiros, 2001, p. 370; DE CASTRO, José Nilo. Improbidade Administrativa Municipal. *In Caderno de Direito Municipal* nº 8/2000, p. 82; COMPARATO, Fábio Konder. Ações de Improbidade Administrativa. *In* Revista Trimestral de Direito Público nº 26, p. 153. GIACOMUZZI, José Guilherme. *A Moralidade Administrativa e a Boa-fé da Administração Pública, o conteúdo dogmático da moralidade administrativa*. São Paulo: Malheiros Editores, 2002, p. 179; TOURINHO, Rita Andréa Rehem Almeida. *Discricionariedade Administrativa, Ação de Improbidade & Controle Principiológico*. Curitiba: Editora Juruá, 2004, p. 134-136; *Idem*. A Eficácia Social da Atuação do Ministério Público no Combate à Improbidade Administrativa. *In Revista de Direito Administrativo*, vol. 227, p. 253; ROTHENBURG, Walter Claudius. Ação por Improbidade Administrativa: Aspectos de Relevo. *In Improbidade Administrativa, 10 anos da Lei nº 8.429/1992*, org. por José Adércio Leite Sampaio *et alii*. Belo Horizonte: Editora Del Rey, 2002, p. 462-466; TERÇAROLLI, Carlos Eduardo. *Improbidade Administrativa no Exercício das Funções do Ministério Público*. Curitiba: Juruá Editora, 2002, p. 75; DE TOLOSA FILHO, Benedicto. *Comentários à Lei de Improbidade Administrativa*. Rio de Janeiro: Forense, 2003, p. 42-46 e 134.

[64] CR/1988, art. 5º, XXXIX.

e) a utilização do vocábulo "pena" no art. 12 da Lei nº 8.429/1992 não tem o condão de alterar a essência dos institutos, máxime quando a similitude com o direito penal é meramente semântica;

f) a referência a "*inquérito policial*", constante do art. 22 da Lei nº 8.429/1992, também não permite a vinculação dos ilícitos previstos neste diploma legal à esfera penal, já que o mesmo dispositivo estabelece a possibilidade de o Ministério Público requisitar a instauração de processo administrativo e não exclui a utilização do inquérito civil previsto na Lei nº 7.347/1985, o que demonstra que cada qual será utilizado em conformidade com a ótica de análise do ilícito e possibilitará a colheita de provas para a aplicação de distintas sanções ao agente;

g) a aplicação das sanções elencadas no art. 12 da Lei de Improbidade pressupõe o ajuizamento de ação civil (art. 18), possuindo legitimidade ativa *ad causam* o Ministério Público e o ente ao qual esteja vinculado o agente público, enquanto que as sanções penais são aplicadas em ações de igual natureza, tendo legitimidade, ressalvadas as exceções constitucionais, unicamente o Ministério Público.

Identificada a natureza cível do ilícito, resta evidente que não poderá ser utilizada a disciplina geral da consensualidade de colaboração prevista nos arts. 13 e 14 da Lei nº 9.807/1999, direcionada que é à seara criminal. O mesmo ocorre em relação à consensualidade de reprimenda prevista na legislação dos juizados especiais[65].

Ainda que o diálogo entre as fontes seja algo não só desejável, como produtivo, o que valoriza o caráter sistêmico do direito e evita rupturas em uma concepção mais alargada de isonomia, ele não pode chegar ao extremo de desestruturar o próprio sistema. Explica-se: a existência de instâncias independentes não permite que requisitos, instrumentos e consequências afetas a uma seara sejam livremente transpostas para outra. Esse obrar, longe de ser um "diálogo", seria verdadeira "violência sistêmica", máxime quando o operador do direito não tivesse nenhum balizamento legal, repita-se, nenhum, para definir os efeitos da consensualidade no sistema em que seria inserida.

---

[65] A favor, *de lege ferenda*, da utilização do instituto da transação para os atos de improbidade administrativa de menor potencial ofensivo, vide: ALVES, Rogério Pacheco. *Improbidade Administrativa*, 2ª parte. 9ª ed. São Paulo: Saraiva, 2017, p. 911-914.

Nesse caso, o novo "sistema", se é que podemos cognominá-lo como tal, seria criado *ab ovo* pelo intérprete[66].

É relevante observar que o art. 17, § 1º, da Lei nº 8.429/1992 (Lei de Improbidade) veda, expressamente, a transação, o acordo ou a conciliação nas ações que visem a responsabilizar os agentes públicos pelos atos de improbidade que tenham praticado, mas não impede a assinatura de termos de ajustamento de conduta. Não se deve confundir a medida que busque elidir a aplicação das sanções a que está sujeito o agente, o que é terminantemente proibido, com aquela que persiga a adequação do comportamento do agente público à ordem jurídica, impedindo ou evitando que novos ilícitos sejam praticados ou, mesmo, combatendo os seus efeitos. Esta última providência, como é fácil constatar, em nada comprometerá a efetividade da sanção cominada na norma, não sendo alcançada pela *ratio* da vedação ora analisada. Não vislumbramos, inclusive, qualquer impossibilidade de que a forma em que se dará a reparação do dano ou à perda dos bens adquiridos ilicitamente seja objeto de termo de ajustamento de conduta, pois tal não importará em qualquer óbice à aplicação das demais sanções cominadas na Lei nº 8.429/1992.

A utilização do instituto da colaboração no âmbito da Lei nº 8.429/1992 procura ser justificada por alguns com base no argumento de que ele não apresenta qualquer correlação com os referenciais de transação, acordo ou conciliação, estes sim vedados pelo art. 17, § 1º, do referido diploma legal. Com isso, seria possível utilizá-lo com base na analogia, autorizada pelo art. 4º da Lei de Introdução às Normas do Direito Civil brasileiro, segundo o qual "*quando a lei for omissa, o juiz decidirá o caso de acordo com a analogia, os costumes e os princípios gerais do direito*".

Contra essa tese existem basicamente três objeções: (a) diversamente da omissão, há vedação expressa, já que, ontologicamente, a consensualidade pode ter a natureza jurídica de verdadeiro acordo (a exceção fica por conta da colaboração do autor do ilícito com as

---

66 Também se posicionando em sentido contrário à utilização da colaboração premiada no âmbito da improbidade administrativa, mas admitindo a utilização dos elementos probatórios obtidos em outras instâncias de responsabilização, vide: ALVES, Rogério Pacheco. *Improbidade Administrativa...*, p. 914-916.

autoridades, com o posterior reconhecimento da utilidade das informações, pelo Poder Judiciário, daí decorrendo a obtenção de algum benefício), o que é vedado pelo art. 17, § 1º, da Lei nº 8.429/1992; (b) os órgãos públicos agem com amparo no princípio da legalidade, o que significa dizer que não podem atuar contra ou à margem da lei; (e) o poder de disposição dos órgãos envolvidos na persecução dos ilícitos praticados consubstancia exceção à regra geral da obrigatoriedade, que se desprende do dever de agir nela previsto.

A existência da vedação contida no art. 17, § 1º, da Lei nº 8.429/1992 configura obstáculo de difícil superação. Afinal, a única forma de superá-lo seria reconhecer a presença de um conflito com outra norma do sistema, superior ou posterior, daí decorrendo a revogação dessa vedação[67]. Ocorre que tal antinomia ou contradição normativa simplesmente não existe. E mesmo que a revogação tivesse ocorrido, ainda teríamos de superar a inexistência de qualquer balizamento procedimental para a aplicação das sanções.

Há quem procure sustentar a revogação com base no § 4º do art. 36 da Lei nº 13.140/2015 (Lei de Mediação), que tem a seguinte redação: "*nas hipóteses em que a matéria objeto do litígio esteja sendo discutida em ação de improbidade administrativa ou sobre ela haja decisão do Tribunal de Contas da União, a conciliação de que trata o caput dependerá da anuência expressa do juiz da causa ou do Ministro Relator*". Argumentam os artífices da tese o seguinte: ora, se o órgão jurisdicional perante o qual tramita a ação civil por ato de improbidade, cuja matéria discutida é objeto de um litígio, deve anuir à conciliação, é evidente que o acordo é possível nessa seara, não mais subsistindo a vedação do § 1º do art. 17 da Lei nº 8.429/1992! O que esquecem de dizer, em primeiro lugar, é que o litígio envolve entes da Administração Pública Federal. Aliás, o título da respectiva Seção

[67] Mesmo aqueles que advogam a contemporânea mitigação do princípio da legalidade administrativa ou "*vinculação negativa à lei formal*", de modo a permitir a incidência da consensualidade, no direito sancionador, mesmo que inexista norma legal específica autorizando-a, mas apenas norma infralegal, editada pela própria Administração, ressalvam os "*casos de expressa proibição legal, como se verifica com a lei de improbidade administrativa*". *Cf.* DE PALMA, Juliana Bonacorsi. *Sanção e Acordo na Administração Pública*. São Paulo: Malheiros, 2015, p. 273.

é bem sugestivo: "*dos conflitos envolvendo a Administração Pública Federal Direta, suas Autarquias e Fundações*". E mais sugestivo ainda é o capítulo em que inserido: "*da autocomposição de conflitos em que for parte pessoa jurídica de direito público*". Portanto, não se trata, em hipótese alguma, de permissivo para a autocomposição entre o agente público e o ente legitimado ao ajuizamento da ação civil por ato de improbidade. O segundo e mais importante aspecto é o de que a autocomposição não versará sobre a instância de responsabilização cível prevista na Lei nº 8.429/1992, mas, sim, sobre a base fática da qual surgiu o litígio entre entes da Administração Pública e que permitiu o enquadramento do agente público na referida Lei. Caso essa base fática sofra alterações, nada mais natural que gere reflexos no sistema de responsabilização. Se a base fática sofre alterações (*v.g.*: com redução do montante estimado do dano causado por um ente público a outro), deve o juízo que julgará o agente público anuir com a sua alteração voluntária posterior, pois dela podem decorrer reflexos necessários na reparação do dano e na perda de bens e valores. Por fim, é desconsiderado que a própria Lei nº 13.140/2015 deixa expresso, no § 3º do art. 36, que "*a composição extrajudicial do conflito não afasta a apuração de responsabilidade do agente público que deu causa à dívida, sempre que se verificar que sua ação ou omissão constitui, em tese, infração disciplinar*". À luz deste preceito, pergunta-se: será que somente a infração disciplinar, julgada pela própria Administração Pública, permanecerá hígida, não o ato de improbidade a ser apreciado pelo Poder Judiciário?

A autocomposição de que trata a Lei nº 13.140/2015 somente alcança a esfera cível *stricto sensu*, afeta à reparação e à recomposição, não o direito sancionador propriamente dito. Ainda é importante lembrar que, a prevalecer a tese contrária, o agente público não sofrerá sanção alguma, pois a conciliação a que se refere o § 4º do art. 36 está relacionada à existência e ao eventual valor do direito, não guardando qualquer relação com a consensualidade de pura reprimenda.

Portanto, o que se verifica na vedação contida no art. 17, § 1º, da Lei nº 8.429/1992 é a presença de uma contradição axiológica, que não se confunde com a antinomia:[68] enquanto a primeira é o resultado de um (errôneo) juízo político-valorativo que culminou com a elaboração da disposição normativa objeto de interpretação, a segunda reflete um defeito lógico situado no plano do dever ser. No âmbito do direito sancionador, as contradições axiológicas se manifestam quando, a juízo do intérprete, as opções políticas do legislador mostram-se equivocadas, refletindo falta de coerência ou desequilíbrio na valoração realizada, com a cominação, por exemplo, de penas mais severas a ilícitos que gerem menor percepção de injustiça no ambiente social. À guisa de ilustração, pode ser mencionada a situação dos árbitros, cuja atividade é disciplinada pela Lei nº 9.307/1997. Apesar de suas decisões terem a natureza de título executivo judicial (art. 31) e de serem equiparados aos funcionários públicos para os efeitos da legislação penal (art. 17), não são alcançados pela Lei nº 8.429/1992, pois não se enquadram no conceito de agente público previsto em seu art. 2º. Afinal, não mantém nenhum tipo de vínculo com a Administração Pública ou com entes que recebam recursos públicos. Apesar da contradição axiológica, a impossibilidade de os árbitros serem processados com base na Lei nº 8.429/1992, mesmo que sejam corrompidos no exercício da função, é manifesta.

Ainda que o comando do art. 17, § 1º, da Lei nº 8.429/1992 fosse revogado, o que chegou a ser feito pela Medida Provisória nº 703, de 18 de dezembro de 2015, que perdeu a sua eficácia por não ter sido convertida em lei, não seria possível alcançar a conclusão de que a consensualidade de colaboração ou a consensualidade de reprimenda passaram a ser admitidas nessa seara. No âmbito do direito sancionador brasileiro, a omissão ou vazio normativo, indicativo de que a matéria não é alcançada por norma expressa ou implícita, termina por atribuir-lhe a característica de verdadeiro "*silêncio eloquente*"[69]. Tra-

---

[68] *Cf.* SANTIAGO NINO, Carlos. *Introducción al análisis del derecho*. 2ª ed. 13ª reimp. Buenos Aires: Editorial Astrea, 2005, p. 278.

[69] A temática do "silêncio eloquente" (*beredtes Schweigen*) tem sido objeto de amplos e diversificados estudos na literatura alemã: na interpretação bíblica (*vide* Jürgen Ebach. *Beredtes Schweigen. Exegetisch-Literarische Beobachtungen zu einer kommunicationform in biblischen Texten.* Deutschland: Gütersloher Verlagshaus, 2014); na arte (*vide* Stefan Greif. *Die malerei kann ein sehr beredtes*

ta-se de mera inferência lógica a partir dos papéis desempenhados pelos princípios da legalidade e da obrigatoriedade, que figuram como pilares na persecução de ilícitos no sistema brasileiro. Nesse caso, a omissão deve ser vista como deliberada e consciente exclusão.

Talvez a grande exceção à constatação anterior seja oferecida pelas agências reguladoras, que utilizam em profusão a consensualidade no direito sancionador, embora somente a Agência Nacional de Saúde Suplementar, como vimos, tenha sido expressamente autorizada a fazê-lo. Aqui, no entanto, há algumas distinções substanciais em relação ao Ministério Público e à Administração Pública em geral. A uma, a dinâmica do mercado, a imprescindibilidade da intervenção do Estado como agente regulador e o tecnicismo dos setores regulados há muito conduziram à conclusão de que a edição de normas de conduta, nessa seara, não se compatibilizava com as conhecidas agruras do processo legislativo, daí decorrendo o reconhecimento do poder normativo das agências reguladoras[70]. A duas, a tese da impossibilidade de delegação legislativa, lastreada na separação dos poderes e na revogação das delegações preexistentes à Constituição de 1988, promovida pelo art. 25 do ADCT, não teve forças para conter o surgimento e a estabilização do poder normativo dessas agências, fato consumado na realidade brasileira. A três, foi concentrada, em cada agência reguladora, a competência para delinear normativamente a tipologia do ilícito, instaurar o processo administrativo destinado à sua apuração, instruí-lo e decidi-lo, o que torna mais que razoável a celebração de um ajuste no qual o integrante do setor regulado aceite a aplicação imediata de sanção, individualizada pelo próprio órgão

---

Schweigen haben: Beschreibungskunst und Bildästhetik der Dickter. Deutschland: Fink, 1999); na técnica literária (*vide* Uwe Ruberg. *Beredtes Schweigen: In Lehrhafter und erzählender Deutscher Literatur des Mittelalters.* Deutschland: Fink, 1978); e Stefan Krammer. *"redest nicht von Schweigen..." zu Einer semiotik des Schweigens in dramatischen werk Thomas Bernards.* Würzburg: Köngshansen & Neumann, 2003, principalmente p. 31 e ss.); no Direito (Stefhan Madaus. *Der Insolvenzplan: von seiner dogmatische deutune als vertrag und seiner fortentwicklung in eine Bestätigungsinsolvenz.* Tübingen: Mohr Siebeck, 2011, principalmente p. 248 e s.) etc.

[70] *Cf.* ROCHA, Jean-Paul Veiga da. *Quem tem medo da delegação legislativa?*. In: Revista de Direito Administrativo, nº 271, maio-ago./2017, p. 193 e ss.

que prolataria a decisão final. A quatro, a situação, no âmbito da improbidade administrativa, é substancialmente distinta, já que a pessoa jurídica lesada e o Ministério Público não detêm a senhoria normativa nessa seara e muito menos têm competência para aplicar as sanções cominadas na Lei nº 8.429/1992, *munus* que recai sobre estrutura estatal diversa, o Poder Judiciário.

O entendimento de que a consensualidade de colaboração ou a consensualidade de pura reprimenda seja aplicada no âmbito da improbidade administrativa ainda traz consigo inúmeros complicadores.

Como a legitimidade para o ajuizamento da ação civil por ato de improbidade é disjuntiva e concorrente, poderia o Ministério Público vincular a Administração Pública com um ajuste dessa natureza? A recíproca seria verdadeira?

Quem realizaria o controle dos ajustes? Diversamente ao que ocorre no âmbito criminal, em que a consensualidade é fiscalizada pelo Poder Judiciário, não há previsão semelhante na seara ora analisada. O juízo de valor da Administração Pública em ajuizar, ou não, a ação, é definitivo. O Ministério Público, por sua vez, caso decida arquivar um inquérito civil, deverá submetê-lo à revisão do órgão competente, Conselho Superior ou Câmara de Revisão, conforme a esfera da federação em que esteja situado. Nessa linha, quem faria o controle final? E, a exemplo do que já dissemos, o posicionamento do Ministério Público seria vinculante para a Administração Pública? A recíproca seria verdadeira? Ainda que sejam muitas as críticas nessa seara, não se pode negar o provável êxito pragmático do ajuste celebrado, de um lado, pelo autor do ilícito, e, de outro, pelo Ministério Público e pela pessoa jurídica lesada. Nesse caso, os problemas somente surgirão caso o acordo seja descumprido e, por ocasião do processo de execução, seja arguida a sua invalidade.

Uma possibilidade que não deve ser desconsiderada seria não a submissão direta do acordo à homologação do Poder Judiciário, já que a ordem jurídica não contempla quer o instrumento utilizado, quer a competência que se pretende criar, mas, sim, o ajuizamento da ação civil por ato de improbidade acompanhada de ajuste (*v.g.*: o negócio processual a que se refere o art. 190, *caput*, do CPC/2015) em que o agente público reconhecesse a prática do ilícito e aceitasse a aplicação imediata da sanção. Sob esse prisma, o risco seria todo do agente público.

Assim ocorre em razão da possibilidade de o órgão jurisdicional entender que a sanção ajustada é insuficiente ou mesmo que o perdão, à mingua de previsão legal e por mais relevante que tenha sido eventual colaboração, seja juridicamente insustentável. Isso sem olvidar que já estará encartada no processo a confissão do agente público. Ainda será possível que o órgão jurisdicional entenda que o direito é indisponível, argumento que, sob a ótica do bem jurídico tutelado, possui muita força em relação à sanção de suspensão dos direitos políticos, que restringe a cidadania, daí decorrendo o não acolhimento do acordo à mingua de autorização legal e da vedação constante do art. 190, *caput*, do CPC/2015 (que se somaria ao tantas vezes mencionado art. 17, § 1º, da Lei nº 8.429/1992). Este último argumento, no entanto, parece-nos frágil ao constatarmos que, sistemicamente, o direito sancionador brasileiro tem admitido a consensualidade, que alcança, inclusive, o relevante direito de liberdade. O principal óbice à consensualidade no âmbito da improbidade parece ser a ausência de todo e qualquer balizamento ao modo como se projetará na realidade. Obstáculos à parte, é factível que a aceitação dessa solução produziria resultados muito mais úteis para as estruturas estatais de poder, e a sociedade em geral, que a longa tramitação de uma relação processual.

À mingua de qualquer diretriz ou limite para o acordo, ainda se deve questionar se seria amplo e irrestrito o poder de disposição sobre as sanções cominadas no art. 12 da Lei nº 8.429/1992?

Sob essa ótica, o problema somente se colocaria em relação à multa, à proibição de contratar e de receber incentivos, à perda da função e à suspensão dos direitos políticos, já que a reparação dos danos e a perda de bens não são verdadeiras sanções. E, mesmo em relação à multa e à perda da função pública, ainda seria possível argumentar com os contornos puramente patrimoniais da primeira e a voluntariedade da relação jurídico-funcional quanto à segunda, com ampla possibilidade de serem obtidos resultados satisfatórios na realidade.

O Ministério Público do Estado do Paraná, por seu Conselho Superior, editou a Resolução nº 01/2007, na qual admitiu a consensualidade, de colaboração e de pura reprimenda, em ilícitos enquadrados na Lei nº 8.429/1992 e na Lei nº 12.846/2013. É perceptível que esse ato normativo infralegal buscou contornar os óbices já indicados neste estudo. Além do que dissemos, parece-nos injurídico o comando inserido em seu art. 5º, § 4º, que sujeita à homologação, pelo Conselho Superior do Ministério Público, dos termos de ajustamento de conduta celebrados na fase processual, pois cria, para o colegiado, uma regra de competência não prevista em lei, isso sem contar o mal trato à independência funcional. Em momento anterior, o Ministério Público do Amapá aprovara a Resolução nº 02/2017-CSMP/MPAP, na qual adotou a consensualidade de colaboração em relação aos ilícitos previstos na Lei nº 8.429/1992. O Conselho Nacional do Ministério Público, sem maiores detalhamentos, dispôs, no art. 1º, § 2º, da Resolução nº 179/2017, que "é cabível o compromisso de ajustamento de conduta nas hipóteses configuradoras de improbidade administrativa, sem prejuízo do ressarcimento ao erário e da aplicação de uma ou algumas das sanções previstas em lei, de acordo com a conduta ou ato praticado". O compromisso assim firmado estará sujeito à homologação do órgão interno de controle, Conselho Superior ou Câmara de Coordenação e Revisão.

Por certo, não faltará quem afirme a incongruência de a colaboração ser admitida na seara criminal e não o ser no âmbito da improbidade administrativa. A conclusão, aliás, é mais que correta. Apesar disso, não há qualquer vício de inconstitucionalidade na existência de normas diversas disciplinando instâncias de responsabilização distintas. Não há como sustentar que a admissão da consensualidade no *plus* torna obrigatório que o mesmo ocorra no *minus*. Afinal, esses sistemas não estão inseridos em uma métrica, variando em importância quantitativa conforme o valor numérico que lhes seja atribuído. A acresça-se que as instâncias de responsabilização, longe de estarem inseridas na responsabilidade penal, são correlatas a ela. A influência recíproca só ocorre nos limites em que a ordem jurídica o autorizar. O intérprete, portanto, não pode substituir-se ao legislador e moldar o sistema que lhe seja mais simpático, o qual, é importante frisar, tanto poderia beneficiar como prejudicar o autor do ato de improbidade. A esse respeito, basta lembrarmos, outra vez, a situação do árbitro, que é considerado funcionário público para os fins da lei penal, mas não o é para a Lei nº 8.429/1992.

A interação das distintas instâncias de responsabilização, de modo que formem um sistema comum, exige a presença de traços indicativos de que, em sua essência, partilham da mesma natureza, ou, à sua falta, que haja uma norma estabelecendo essa integração. O mais comum é que haja pontos de interação, como se verifica em relação ao reconhecimento da juridicidade da prova emprestada, desde que observadas as garantias do contraditório e da ampla defesa, não uma ampla e irrestrita identidade entre os institutos próprios de cada instância.

Ainda que a persecução dos ilícitos previstos na Lei nº 8.429/1992 e as respectivas sanções não sejam suscetíveis de acordo, não há óbice a que sejam utilizados elementos de convicção produzidos em ajustes dessa natureza, em outras instâncias de responsabilização, desde que não estejam cobertos por sigilo. Aliás, a possibilidade de utilização, no âmbito das ações civis por atos de improbidade, de provas produzidas em outras instâncias de responsabilização, como a penal, tem sido largamente reconhecida pela jurisprudência do Superior Tribunal de Justiça[71].

EPÍLOGO

A existência de uma pluralidade de instâncias de responsabilização, coexistentes e independentes entre si, tende a ensejar ilações a respeito da incoerência sistêmica em relação às sanções cominadas e a possíveis afrontas à proporcionalidade, sempre que aplicadas de forma isolada, efeito natural quando as instâncias não dialogam entre si. Críticas similares tendem a aflorar em relação ao procedimento a ser seguido e aos instrumentos a serem utilizados, a começar pela incidência, ou não, da consensualidade.

---

[71] STJ, 3ª Seção, MS nº 13.099/DF, rel. Min. Laurita Vaz, j. em 08/02/2012, DJ de 24/02/2012; 2º Turma, MS nº 14.504/DF, rel. Min. Jorge Mussi, j. em 14/08/2013, DJ de 20/08/2013; 2ª Turma, REsp. nº 129.7021/PR, rel. Min. Eliana Calmon, j. em 12/11/2013, DJ de 20/11/2013; 1ª Turma, AgRg. no AREsp. nº 296.593 / SC, rel. Min. Arnaldo Esteves, j. em 04/02/2014, DJ de 11/02/2014; 2ª Turma, REsp. nº 123.0168 / PR, rel. Min. Humberto Martins, j. em 04/11/2014, DJ de 14/11/2014; e 2ª Turma, AgRg. no MS nº 15317 / DF, rel. Min. Herman Benjamin, j. em 24/05/2017, DJ em 30/06/2017.

A participação direta do Ministério Público, em qualquer ajuste de colaboração que possa gerar reflexos na aplicação das sanções cominadas, assume singular importância no sistema brasileiro. Afinal, no âmbito das estruturas estatais de poder, a Instituição é a única legitimada a deflagrar os sistemas de responsabilização cível e criminal, tendo uma visão sinergética do ilícito e de seus reflexos no direito sancionador. Apesar disso, o risco de incoerência subsistirá sempre que o posicionamento da Instituição não for vinculante para outros legitimados, o mesmo ocorrendo na hipótese inversa.

A celebração de acordos, em uma esfera de responsabilização, não gera efeitos necessários sobre a punibilidade no âmbito das demais. É imperativo que a lei assim o disponha, o que decorre da independência entre as instâncias e da correlata autonomia existencial de cada qual. Por outro lado, ainda que a lei seja silente a esse respeito e a possibilidade de punição permaneça hígida, é perfeitamente possível que o acordo contribua para uma avaliação positiva da personalidade do colaborador e gere reflexos na fixação da respectiva sanção. Não é de se descartar, ainda, a possibilidade de acomodação sistêmica do acordo celebrado pela mesma autoridade responsável pela aplicação da sanção, o que se torna particularmente nítido quando ainda exerce competência normativa na temática.

Também merece ser lembrado que as provas apresentadas e os termos do acordo celebrado na esfera administrativa, cível ou penal somente não serão valorados pelas demais instâncias de responsabilização caso a lei estabeleça o sigilo em relação aos seus termos. Caso inexista sigilo, não haverá óbice a que sejam utilizados em detrimento do próprio colaborador. À luz desse quadro, é intuitivo que a *consensualidade de colaboração* será tanto mais atrativa quanto for o seu nível de compartimentação. Quando uma instância de responsabilização, além de não gerar reflexos necessários sobre as demais (*v.g.*: com a extinção da punibilidade), ainda puder ter as provas utilizadas, o acordo somente será atrativo quando os efeitos a serem produzidos na respectiva instância forem extremamente benéficos ao colaborador. É o que ocorre, por exemplo, com a colaboração premiada na esfera criminal, que pode acarretar o perdão judicial do colaborador, mas não afasta, por exemplo, a proposta de que venha a ser demandado, caso seja agente público, em sede de ação civil por ato de improbidade administrativa. Esse risco, à evidência, será valorado pelo colaborador.

Portanto, é perfeitamente possível que um legitimado à deflagração da instância de responsabilização utilize as provas colhidas em outra, a partir da consensualidade, desde que não cobertas pelo sigilo. Essa possibilidade é factível inclusive em relação ao Ministério Público brasileiro, que é estruturado em diversas unidades independentes. Caso o ajuste firmado seja coberto pelo sigilo, será necessário aderir aos seus termos para o compartilhamento. Isto, repita-se, se o sigilo não for afastado pelo órgão competente após solicitação.

Apesar da relevância da consensualidade, não podemos desconsiderar os balizamentos estabelecidos pela ordem jurídica, por mais promissores que sejam os resultados passíveis de serem obtidos com a criação de balizamentos outros, sequer cogitados no respectivo sistema de responsabilização. Vale lembrar que há pouco menos de três décadas, nosso direito sancionador não contava com consensualidade alguma. Agora, não há consensualidade que nos baste.

REFERÊNCIAS BIBLIOGRÁFICAS

ARAÚJO, Aldem Johnston Barbosa. *A Desconsideração da Personalidade Jurídica no Novo Código de Processo Civil.* In: Revista dos Tribunais, vol. 967, Maio, 2016, p. 251-303.

ARRUDA, Vivian Anne do Nascimento e CRUZ, Tatiana Lins. *A Florescência da Cooperação Internacional em Matéria Antitruste no Brasil Enfoque à Cooperação no Combate aos Cartéis.* In: Revista do IBRAC – Direito de Concorrência, consumo e Comércio Internacional, vol. 20., jul.-dez./2011, p. 163-208.

AZEVEDO, André Mauro Lacerda. *Bribery Act 2010: um Novo Paradigma no Enfrentamento da Corrupção.* In: Revista Brasileira de Ciências Criminais, vol. 113, mar.-abr./2015, p. 411-439.

BAPTISTA, Renata Ribeiro. *Dilemas e boas práticas do modelo multijurisdicional no combate ao ilícitos transfronteiriços: algumas pautas para a aplicação da Lei nº 12.846/13.* In: SOUZA, Jorge Munhós e QUEIROZ, Ronaldo Pinheiro de. Lei Anticorrupção. Salvador: Editora Juspodivm, 2015, p. 111-127.

BATISTA DE MOURA ZIEBARTH, José Antonio. *A Nova Legislação Brasileira de Defesa da Concorrência: Perspectivas e Desafios – Comentários à Lei 12.539/2011*. In: Revista do IBRAC – Direito de Concorrência, consumo e Comércio Internacional, vol. 20. jul./2011, p. 471.

BETTIOL, Guiseppe. *Dal diritto penale al diritto premiale. In Scriti giuridici*, T. II. Padova: CEDAM, 1966.

BLOK, Marcella. *A Nova Lei Anticorrupção e o Compliance*. In: Revista de Direito Bancário e do Mercado de Capitais, vol. 65, jul.-set./2014, p. 263-318.

BONFIM, Natália Bertolo. *A Desconsideração da Personalidade Jurídica na Lei Anticorrupção*. In: Revista dos Tribunais, vol. 947, set/2014, p. 91-117.

BOTTINI, Pierpaolo, DE SOUZA, Ricardo Inglez e DELOSSO, Ana Fernanda Ayres. *A Nova Dinâmica dos Acordos de Cessação de Práticas Anticoncorrenciais no Brasil*. In: Revista do IBRAC – Direito de Concorrência, consumo e Comércio Internacional, vol. 23, jan.-jun./2013, p. 117-139.

BUGALHO, Nelson Roberto. Instrumentos de controle extraprocessual: aspectos relevantes do inquérito civil público, do compromisso de ajustamento de conduta e da recomendação em matéria de proteção do meio ambiente. In: Revista de Direito Ambiental, vol. 37, jan.-mar./2005, p. 96.

CANTAL, Ana Maria Borges Fontão. *A Nova Lei Anticorrupção (Lei 12.846/2013)*. In: Revista de Direito Empresarial, vol. 12, nov.-dez./2015, p. 301-308.

CASADO FILHO, Napoleão. *Uma Revolução Silenciosa: Lei Anticorrupção e a Governança Empresarial*. In: Revista de Direito Bancário e do Mercado de Capitais, vol. 72, abr.-jun./2016, p. 249-258.

CHOUKR, Fauzi Hassan. Processo Penal de Emergência. Rio de Janeiro: Lumen Juris, 2002.

COMPARATO, Fábio Konder. *Ações de Improbidade Administrativa*. Revista Trimestral de Direito Público, nº 26, p. 153.

CÓRDOVA, Danilo Ferraz; LOPES, Mariana Rebuzzi Sarcinelli. *Política de Combate aos Cartéis: os Acordos de Leniência, O Tempo de Compromisso de Cessão e a Lei 11.482/2007*. In: Revista do IBRAC – Direito de Concorrência, consumo e Comércio Internacional, vol. 15, jan./2007, p. 45-74.

DA FONSECA, João Bosco Leopoldino. *Cartéis – Tratamento Legal*. In: Revista do IBRAC – Direito de Concorrência, consumo e Comércio Internacional, vol. 19, jan.-jun./2011, p. 105-132.

DAVIS, Angela J.. *Arbitrary Justice. The Power of the American Prosecutor*. New York: Oxford University Press, 2007.

DE CAMPOS, Marcos Vinícius (coordenador). Painel I – cartéis: interface administrativa e criminal. In Revista do IBRAC – Direito da Concorrência, Consumo e Comércio Internacional, vol. 14, jan./2007, p. 19-85.

DE CASTRO, Carlos Alberto Farracha; BAIOCCO, Elton. *A (Desconsideração da) Personalidade Jurídica e o Novo Código de Processo Civil: Segurança Jurídica e Devido Processo Legal*. In: Crise econômica e Soluções Jurídicas, nº 118, mar./2016.

DE CASTRO, José Nilo. *Improbidade Administrativa Municipal*. In Caderno de Direito Municipal nº 8/2000, p. 82.

DE MORAES, Luiza Rangel. *Considerações sobre o consente decree e sua aplicação no âmbito da disciplina do mercado de valores mobiliários*. In: Revista de Direito Bancário e do Mercado de Capitais, vol. 4, jan.-abr./1999, p. 99-113.

DE MORAIS, Flaviane de Magalhães Barros Bolzan e BONACCORSI, Daniela Villani. *A colaboração por meio do acordo de leniência e seus impactos junto ao processo penal brasileiro – um estudo a partir da "Operação Lava Jato"*. In: Revista Brasileira de Ciências Criminais, vol. 122, set.-out./2016, p. 93-113.

DE OLIVEIRA, Fábio Júnior; e CHOQUE, Romina Diana Flores. *Processo e Procedimentos da Responsabilização das Pessoas Jurídicas sob a Égide da Lei Anticorrupção – Lei 12.846/2013 – Correlacionada às Inovações do Novo CPC – Lei 13.105/2017*. In: Revista dos Tribunais, vol. 966, abr./2016, p. 203-222.

DE PALMA, Juliana Bonacorsi. Sanção e Acordo na Administração Pública. São Paulo: Malheiros, 2015.

DE PONTES, Evandro Fernandes. *Dissolução Compulsória da Pessoa Jurídica: Desafios Sobre a Lei 12.846/2013 e o Sistema Financeiro Nacional*. In: Revista de Direito Empresarial, vol. 14, mar.-abr./2016, p. 155-239.

DE SOUZA, Ricardo Inglez; SILVEIRA, Luciana Dutra de Oliveira. *Lei Anticorrupção e a Defesa da Concorrência*. In: Revista dos Tribunais, vol. 947, set./2014, p. 201-211.

DELGADO, José Augusto. *Improbidade Administrativa: Algumas Controvérsias Doutrinárias e Jurisprudenciais sobre a Lei de Improbidade Administrativa*. In: *Improbidade Administrativa, Questões Polêmicas e Atuais*. São Paulo: Malheiros, 2001, p. 211.

DIDIER JR., Fredie e ZANETI JR, Hermes. *Justiça multiportas e tutela constitucional adequada: autocomposição em direitos coletivos*. In: ZANETI JR, Hermes e CABRAL, Trícia Navarro Xavier. *Justiça Multiportas. Mediação,*

Conciliação, Arbitragem e outros meios de solução adequada de conflitos. Salvador: Editora Juspodivm, 2017, p. 35-66.

DINIZ, Gustavo Saad. *Remuneração de Dirigentes e Compliance na Governança de Associações e Fundações*. In: Revista de Direito Privado, vol. 65, jan.-mar./2016, p. 229-245.

DINO, Nicolau. *A colaboração premiada na improbidade administrativa: possibilidade e repercussão probatória*. In SALGADO, Daniel de Resende e QUEIROZ, Ronaldo Pinheiro de. *A Prova no Enfrentamento à Macrocriminalidade*. Salvador: Editora JusPodivm, 2015, p. 439-459.

DRAGO, Bruno de Luca. *Acordos de Leniência – Breve Estudo Comparativo*. In: Revista do IBRAC – Direito de Concorrência, consumo e Comércio Internacional, vol. 14, jan./2007, p. 49-60.

EBACH, Jürgen. *Beredtes Schweigen. Exegetisch-Literarische Beobachtungen zu einer kommunicationform in biblischen Texten*. Deutschland: Gütersloher Verlagshaus, 2014.

EDINGER, Carlos. *Programas de Integridade Anticorrupção: Autonomia e Heteronomia*. In: Revista dos Tribunais, vol. 977, mar./2017, p. 267-285.

EL HIRECHE, Gamil Föppel; SANTOS, Pedro Ravel Freitas. *Presunção de Inocência e o Pacote Anticorrupção: a Análise do "Novo" Crime de Enriquecimento Ilícito e as Garantias Constitucionais*. In: Revista Brasileira da Advocacia, vol. 1, abr.-jun./2016, p. 171-190.

EPSTEIN, Richard A.. *Antitrust Consent Decrees in Theory and Practice*. EUA: AEI Press, 2007.

FABRETTI, Humberto Barrionuevo. *Panorama Crítico da Lei Anticorrupção (Lei 12.846/2013*). In: Revista dos Tribunais, vol. 947, Set, 2014, p. 25-35.

FALCÃO. Joaquim. A *Nova Geração de Juízes, Advogados, Promotores e Policiais*. In: Revista dos Tribunais, vol. 967, maio./2001, p. 57.

FARINA, Laércio. Painel II Cartéis – Identificação. In:vestigação e Punição Cartels – Identification, InvestigaTion and Sanctions. In: Revista do IBRAC – Direito de Concorrência, consumo e Comércio Internacional, vol. 8, jan./2001, p. 78-158.

FERRAZ, Sérgio. *Aspectos Processuais na Lei sobre Improbidade Administrativa*. In: *Improbidade Administrativa, Questões Polêmicas e Atuais*. p. 370.

FERREIRA NETO, Amadeu de Souza. *Programa de Leniência e a Lei 12.529/2011: Avanços e Desafios*. In: Revista do IBRAC – Direito de Concorrência, consumo e Comércio Internacional, vol. 22, jul.-dez./2012, p. 145-161.

FIGUEIREDO, Marcelo. *Probidade Administrativa, Comentários à Lei 8.429/1992 e Legislação Complementar.* 3ª ed. São Paulo: Malheiros, 1998, p. 87.

FORIGO, Camila Rodrigues; GONÇALVES, Oksandro Osdival. *A Aplicabilidade das Sanções Previstas na Lei Anticorrupção Empresarial (Lei Federal 12.846/2013): uma Análise a partir das Fraudes Envolvendo o Metrô de São Paulo.* In: Revista Brasileira de Ciências Criminais, vol. 115, jul.-ago./2015, p. 337-366.

FRANCO, Alberto Silva. Crimes Hediondos. Notas sobre a Lei nº 8.072/90. 3ª ed.

São Paulo: Revista dos Tribunais, 1994.

GARCIA, Emerson. O Combate à Corrupção no Brasil: a Responsabilidade Ética e Moral do Supremo Tribunal Federal na sua Desarticulação. In: Revista Brasileira de Direito Constitucional nº 10, jul.-dez./2007, p. 383 e ss..

__________. Ministério Público. Organização, Atribuições e Regime Jurídico. 6ª ed. São Paulo: Editora Saraiva, 2017.

__________ e ALVES, Rogério Pacheco. Improbidade Administrativa. 9ª ed. São Paulo: Editora Saraiva, 2017.

GARCIA, Maria. *De Volta à Teoria da Corrupção: Doble e as Estruturas Sociais Primárias.* In: Revista de Direito Constitucional e Internacional, vol. 90, jan.-mar./2015, p. 77-89.

GIACOMUZZI, José Guilherme. *A Moralidade Administrativa e a Boa-fé da Administração Pública, o conteúdo dogmático da moralidade administrativa.* São Paulo: Malheiros Editores, 2002, p. 179.

GRAU, Eros Roberto. *Compromisso de cessação e compromisso de desempenho na lei antitruste brasileira: parecer publicado em junho de 2001.* In: GRAU, Eros Roberto e FORGIONI, Paula Ana. O Estado, a empresa e o contrato. São Paulo: Malheiros, 2005, p. 229-248.

GREIF, Stefan. *Die malerei kann ein sehr beredtes Schweigen haben: Beschreibungskunst und Bildästhetik der Dickte.* Deutschland: Fink, 1999.

JAPIASSÚ, Carlos Eduardo Adriano. *A Corrupção em uma Perspectiva Internacional.* In: Revista Brasileira de Ciências Criminais, vol. 64, jan.-fev./2007, p. 26-56.

JESUS, Damásio E. de. O prêmio à delação nos crimes hediondos. In: Boletim do Instituto de Ciências Criminais, nº 5, jun./1993.

JORGE SILVEIRA, Renato de Mello. *O Acordo de Leniência na Lei Anticorrupção.* In: Revista dos Tribunais, vol. 947, set./2014, p. 157-177.

KRAMMER, Stefan. *"Redest nicht von Schweigen..." zu Einer semiotik des Schweigens in dramatischen werk Thomas Bernards*. Würzburg: Köngshansen & Neumann, 2003.

KUYVEN, Fernando. *Aplicação Ultraterritorial da Lei Anticorrupção*. In: Revista de Direito Empresarial, vol. 4, jul.-ago./2014, p. 263-280.

LATTANZI, Giorgio e LUPO, Ernesto. *Codice Penale, vol. II, Il reato, Libro I*, artt. 39-58-bis. Milano: Giuffrè Editore, 2010.

LECEY, Eladio. Direito Ambiental Penal Reparador: composição e reparação do dano ao ambiente – reflexos no juízo criminal e na jurisprudência. In: Revista de Direito Ambiental, vol. 45, jan.-mar./2007, p. 92.

LIMA, Marcellus Polastri. Curso de Processo Penal. 9ª ed. Brasília: Gazeta Jurídica, 2016.

LOPES JÚNIOR. Aury. Direito Processual Penal e sua Conformidade Constitucional, vol. I. Rio de Janeiro: Lumen Juris, 2007.

MACHADO, Bruno Amaral. *Ministério Público e o Controle Penal da Corrupção. A Promotoria Anticorrupção (FERDEEC) na Espanha: do Modelo Formal ao Modelo Construído*. In: Ciências Penais, vol. 7, jul.-dez./2007, p. 123-145.

MADAUS, Stefhan. *Der Insolvenzplan: von seiner dogmatische deutune als vertrag und seiner fortentwicklung in eine Bestätigungsinsolvenz*. Tübingen: Mohr Siebeck, 2011

MANCUSO, Rodolfo de Camargo. Ação Civil Pública em defesa do meio ambiente, do patrimônio cultural e dos consumidores. 9ª ed. São Paulo: Revista dos Tribunais, 2004.

MARTINS, Ives Gandra da Silva. *Acordos de leniência – evolução do instituto na legislação brasileira p abrangência, legalidade e atualidade da Med. Prov. 703/2015 – parecer*. In: Revista dos Tribunais, vol. 967, maio/2016, p. 367-395.

MARTINS JÚNIOR, Wallace Paiva. *Probidade Administrativa*. São Paulo: Saraiva, 2001.

MAYER, Otto. *Le Droit Administratif Allemand, Tome Premier*. Paris: V. Giard & E. Brière, 1903.

MAZZILLI, Hugo Nigro. Compromisso de ajustamento de conduta: evolução e fragilidades e atuação do Ministério Público. In: Revista de Direito Ambiental, vol. 41, jan.-mar./2006, p. 93.

MAZZUCATO, Paolo Zupo. *Acordo de Leniência: Questões Controversas sobre o Art. 35-C da Lei Antitruste*. In: Revista do IBRAC – Direito de

Concorrência, consumo e Comércio Internacional, vol. 17, jan.-jun./2010, p. 169-210.

MEDAUAR, Odete. *Direito Administrativo Moderno*. 5ª ed. São Paulo: Revista dos Tribunais, 2000.

MEDEIROS, Sérgio Monteiro. *Lei de Improbidade. Comentários e Anotações Jurisprudenciais*. São Paulo: Juarez de Oliveira, 2003.

MENDRONI, Marcelo Batlouni; e FARINA, Fernanda Mercier Querido. *Alterações Penais da Nova Lei do Sistema Brasileiro de Defesa da Concorrência*. In: Revista dos Tribunais, vol. 927, jan./2013, p. 159-172.

MILARÉ, Édis, SETZER, Joana e CASTANHO, Renata. O Compromisso de Ajustamento de Conduta e o Fundo de Defesa de Direitos Difusos. In: Revista de Direito Ambiental, vol. 38, abr.-jun./2005, p. 9.

MISSALI, Guilherme Teno Castilho. *Lei 12.846/2013*. In: Revista de Direito Empresarial, vol. 9, mai.-jun./2016, p. 171-190.

NAPOLITANO, Giuseppe e PICCIONI, Fabio. *Depenalizzazione e Decriminalizzazione. Analisi ragionata dei Decreti Legislativi nn.* 7 e 8 *del* 15 *gennaio* 2016. Romagna: Maggioli Editore, 2016.

NEIVA, José Antonio Lisboa. *Improbidade Administrativa*. Rio de Janeiro: Impetus, 2005.

NETO, Miguel Pereira. *A Lei Anticorrupção e a Administração Pública Estrangeira*. In: Revista dos Tribunais, vol. 947, set./2014, p. 331-357.

NUCCI, Guilherme de Souza. Corrupção e Anticorrupção. Rio de Janeiro: Forense, 2015.

OLIVEIRA, Eugênio Pacelli de. Curso de Processo Penal. 8ª ed. Rio de Janeiro: Lumen Juris, 2007.

OLIVEIRA, Rafael Carvalho Rezende. *As Novas Ferramentas do Direito Administrativo para Combater o Velho Problema da Corrupção: Perspectivas da Lei 12.846/2013*. In: Crise Econômica e Soluções Jurídicas, num. 76, fev./2016.

OSÓRIO, Fábio Medina. *Improbidade Administrativa. Observações sobre a Lei 9.429/1992*. 2ª ed. Porto Alegre: Síntese, 1998.

PALHARES, Felipe. *Corrupção Empresarial: a Sucessão da Responsabilidade nas Operações Societárias Lesivas à Administração Pública*. In: Revista de Direito Privado, vol. 67, Jul-Set, 2016, p. 341-388.

PAZAGLINI FILHO, Marino. *Lei de Improbidade Administrativa Comentada*. São Paulo: Atlas, 2002, p. 115.

________________________. *Improbidade Administrativa: Aspectos Jurídicos da Defesa do Patrimônio Público.* 4ª ed. São Paulo: Atlas, 1999, p. 135.

PEARLSTEIN, Debra J. (*Chair*). *ABA Section of Antitrust Law. Antitrust Law Developments*, vol. II. 5ª ed. USA: American Bar Association, 2002.

PEREIRA, Frederico Valdez. Valor probatório da colaboração processual (delação premiada). In: Revista dos Tribunais, vol. 879, 2009, p. 475.

PEREIRA NETO, Miguel. A Lei Anticorrupção e a Administração Pública Estrangeira. In: Revista dos Tribunais, vol. 947, set./2014, p. 331.

PORTO SOARES, Marcos José; e ARAÚJO PEREIRA, Alexandre. *Distinção entre Corrupção, Improbidade Administrativa e a Má Gestão da Coisa Pública.* In: Revista dos Tribunais, vol. 959, set./2015, p. 55-69.

REGULES, Luis Eduardo Patrone. *A Lei Anticorrupção e o Terceiro Setor.* In: Revista dos Tribunais, vol. 947, set./2014, p. 237-254.

RIBEIRO, Amadeu e NOVIS, Maria Eugênia. *Programa Brasileiro de Leniência: Evolução, Efetividade e Possíveis Aperfeiçoamentos.* In: Revista do IBRAC – Direito de Concorrência, consumo e Comércio Internacional, vol. 17, jan.-jun./2010, p. 147-168.

RIOS, Rodrigo Sánches; ANTONIETTO, Caio. *Criminal Compliance – Prevenção e Minimização de Riscos na Gestão da Atividade Empresarial.* In: Revista Brasileira de Ciências Criminais, vol. 114, mai.-jun./2015, p. 341-375.

ROCHA, Jean-Paul Veiga da. Quem tem medo da delegação legislativa?. In: Revista de Direito Administrativo, nº 271, maio-ago./2017, p. 193-221.

RODAS, João Grandino. *Acordos de Leniência em Direito Concorrencial. Práticas e Recomendações.* In: Revista dos Tribunais, vol. 862, ago./2007, p. 22-33.

ROTHENBURG, Walter Claudius. *Ação por Improbidade Administrativa: Aspectos de Relevo. In Improbidade Administrativa, 10 anos da Lei nº 8.429/1992.* Org. por José Adércio Leite Sampaio. Belo Horizonte: Del Rey, 2002, p. 462/466.

RUBERG, Uwe. *Beredtes Schweigen: In Lehrhafter und erzählender Deutscher Literatur des Mittelalters.* Deutschland: Fink, 1978.

SADDY, André e GRECO, Rodrigo Azevedo. *Termo de Ajustamento de Conduta em procedimentos sancionatórios regulatórios.* In: Revista de Informação legislativa, ano 52, nº 206, abr.-jun./2015, p. 165-203.

SAITO, Carolina. *O Termo de Compromisso de Cessão de Prática e o Reconhecimento de Culpa.* In: Revista do IBRAC – Direito de Concorrência, consumo e Comércio Internacional, vol. 20, jun.-dez./2011, p. 13-49.

SALOMÃO FILHO, Calixto. Direito Concorrencial: as estruturas. São Paulo: Malheiros Editores, 1998.

SALOMI, Maíra Beauchamp. *O Acordo de Leniência e seus Reflexos Penais*. In: Ciências Penais, vol. 16, jan./2012, p. 459.

SAMPAIO, Gabriel de Carvalho; VAZZOLER, Anna Claudia Pardini. Lei Anticorrupção e a Abrangência do Inciso V do Art. 5º. In: Revista dos Tribunais, vol. 947, set./2014, p. 57-71.

SANCTIS, Fausto Martins. *Lei Anticorrupção e Lavagem de Dinheiro*. In: Revista dos Tribunais, vol. 947, set./2014, p. 213-235.

SANTIAGO NINO, Carlos. *Introducción al análisis del derecho*. 2ª ed. 13ª reimp. Buenos Aires: Editorial Astrea, 2005.

SANTOS. Carlos Frederico Brito dos. *Improbidade Administrativa, Reflexões sobre a Lei nº 8.429/1992*. Rio de Janeiro: Forense, 2002.

SANTOS LUCON, Paulo Henrique dos. *Procedimento e Sanções na Lei Anticorrupção (Lei 12.846/2013)*. In: Revista dos Tribunais, vol. 947, set./2014, p. 267-279.

SARMENTO, George. *Improbidade Administrativa*. Porto Alegre: Síntese, 2002.

SILVA, Alex Brunno Viana da. *Plea bargaining* no Direito Penal Brasileiro e o novo paradigma trazido pela Lei de Organizações Criminosas. In: Revista do Ministério Público do Estado do Maranhão – *Juris Itinera*, nº 22, 2015, p. 137.

SILVA, Vladimir Spíndola. *O Instituto da Leniência no Direito Antitruste Norte Americano*. In: Revista do IBRAC – Direito de Concorrência, consumo e Comércio Internacional, vol. 9, jan./2002, p. 325-348.

SILVA E SOUZA, Nayara Mendonça. *Mecanismos de Proteção ao Programa de Leniência Brasileiro*. In: Revista do IBRAC – Direito de Concorrência, consumo e Comércio Internacional, vol. 26, jul.-dez./2014, p. 115-134.

SILVEIRA, Renato de Mello Jorge. *O acordo de leniência na Lei Anticorrupção*. In: Revista dos Tribunais, vol. 947, set./2014, p. 157-177.

SOBRAL, Ibrahim Acácio Espírito. *O Acordo de Leniência: Avanço ou Precipitação?*. In: Revista do IBRAC – Direito de Concorrência, consumo e Comércio Internacional, vol. 8, jan./2001, p. 137-152.

SOBRINHO, Jorge Hage. *Lei 12.846/2013*. In: Revista dos Tribunais, vol. 947, set./2014, p. 37-55.

SPERCEL, Thiago. *Considerações sobre a Responsabilidade Solidária do Grupo Econômico por Atos de Corrupção*. In: Revista de Direito Empresarial, vol. 4, jul.-ago./2014, p. 281-292.

TAMASAUSKAS, Igor Sant'anna; e BOTTINI, Pierpaolo Cruz. *A Interpretação Constitucional Possível da Responsabilidade Objetiva na Lei Anticorrupção*. In: Revista dos Tribunais, vol. 947, set./2014, p. 133-155.

TERÇAROLLI, Carlos Eduardo. *Improbidade Administrativa no Exercício das Funções do Ministério Público*. Curitiba: Juruá, 2002.

TOJAL, Sebastião Botto de Barros. *Interpretação do Artigo 30 da Lei 12.846/2013*. In: Revista dos Tribunais, vol. 947, set./2014, p. 281-294.

TOLOSA FILHO, Benedicto de. *Comentários à Lei de Improbidade Administrativa*. Rio de Janeiro: Forense, 2003.

TORNAGHI, Hélio. Compêndio de Processo Penal, vol. 1. 9ª ed. São Paulo: Saraiva, 1995.

__________. Instituições de Processo Penal, 2º vol.. 2ª ed. São Paulo: Saraiva, 1977.

TOURINHO, Rita Andréa Rehem Almeida. *A Eficácia Social da Atuação do Ministério Público no Combate à Improbidade Administrativa*. In: Revista de Direito Administrativo, nº 227, p. 253.

____________________. *Discricionariedade Administrativa, Ação de Improbidade & Controle Principiológico*. Curitiba: Juruá, 2004, p. 134/136.

TULKENS, Françoise. Justiça Negociada. In. DELMAS-MARY, Mirelle Delma. Processos Penais da Europa. Rio de Janeiro: Lumen Juris, 2005, p. 673-724.

VASCONCELOS, Breno Ferreira Martins; e MATTHIESEN, Maria Raphaela Dadona. Conceito de Faturamento Bruto Excluído os Tributos para Aplicação da Pena de Multa na Lei Anticorrupção. In: Revista dos Tribunais, vol. 947, set./2014, p. 119-132.

VICENTINI, Pedro C. E. *A Confissão de Culpa nos Termos de Compromisso de Cessação: Requisito Essencial ou Prescindível, Face ao Programa de Leniência?*. In: Revista do IBRAC – Direito de Concorrência, consumo e Comércio Internacional, vol. 17, jan.-jun./2010, p. 252-274.

ZAGREBELSKY, Gustavo. *Il diritto mite*. Torino: Einaudi, 1992 (12ª reimp. de 2010).

COLABORAÇÃO PREMIADA E IMPROBIDADE ADMINISTRATIVA: ASPECTOS FUNDAMENTAIS

Renato de Lima Castro[1]

1. PROBIDADE ADMINISTRATIVA

1.1. Tratamento Constitucional da Probidade Administrativa

O dever de probidade administrativa consagrado na Constituição Federal de 1988 foi, segundo Waldo Fazzio Junior[2], implicitamente tutelado ao longo da história constitucional brasileira, em decorrência da sanção imposta em face da concretização de crimes de responsabilidade praticados pelo Presidente da República.

É fato induvidoso que a tutela desse bem jurídico de fundamental importância sofreu, durante os diversos momentos histórico-constitucionais, considerável evolução, concretizada em decorrência de inúmeros fatores sócio-econômicos que motivaram e até exigiram do legislador constituinte um tratamento que melhor se compatibilizasse com as novas ordens de valoração.

---

1 Mestre em Direito Penal pela Universidade Estadual de Maringá; pós-graduado em Direito Penal e Econômico e Europeu, Coimbra; Ex Procurador do Estado. Professor de Direito Penal. Promotor de Justiça titular da 26ª Promotoria de Defesa do Patrimônio Público da Comarca de Londrina; coordenador do Grupo Especializado na Proteção do Patrimônio e no Combate a Improbidade Administrativa, núcleo Londrina. Integrante da Operação Publicano – Londrina. Agradeço as importantes contribuições da Assessora Jurídica da 26ª Promotoria de Defesa do Patrimônio Público de Londrina, Fernanda Prado, na realização deste trabalho.

2 FAZZIO JÚNIOR, Waldo. **Improbidade administrativa- doutrina, legislação e jurisprudência.** São Paulo: Editora Atlas. 2012. p. 11

Nesse compasso, nas palavas de Luiz Roberto Barroso[3], o constitucionalismo contemporâneo sofreu, no Brasil e na Europa, importantes transformações que se sucederam nas últimas décadas, em que se criou uma "nova percepção da Constituição e de seu papel na interpretação jurídica geral".

Assim, enfatiza Marcelo Neves[4] que esse neoconstitucionalismo se contrapôs a uma visão eminentemente retórica da Constituição Federal, em que se percebia nítida "discrepância entre a função hipertroficamente simbólica e a insuficiente concretização jurídica de diplomas constitucionais".

Portanto, o neoconstitucionalismo permitiu que os textos constitucionais fossem, paulatinamente, dotados de concretização pelas orientações jurisprudenciais, conferindo-se ao poder judiciário importante papel no Estado de Direito democrático, por intermédio da materialização dos valores constitucionalmente assegurados.

Nesse diapasão, os textos constitucionais deixaram de conter simples conteúdos retóricos, passando a ser dotados de incomum densidade normativa, espraiando efeitos na interpretação e aplicação dos valores neles contidos.

Os tradicionais métodos de interpretação lógico, histórico e sistemático passaram a coexistir, com outras técnicas hermenêuticas não menos importantes: supremacia da Constituição, interpretação conforme a Constituição, consagração dos princípios da unidade, da razoabilidade e da efetividade das normas constitucionais[5].

Nesse contexto, adveio a Constituição Federal de 1988. Os princípios nela albergados estabeleceram verdadeiras balizas de interpretação, criando importante regime constitucional da probidade da Administração Pública. O art. 1º, caput, da Constituição Federal, institui

---

3 BARROSO, Luiz Roberto. Neoconstitucionalismo e constitucionalização do direito: o triunfo tardio do direito constitucional no Brasil. **Revista da Emerj,** Rio de Janeiro, v. 9, n.33, p.43-92, 2009.

4 NEVES, Marcelo. A constitucionalização simbólica. São Paulo: WMF Martins Fontes, 2007. p. 1, apud LENZA, Pedro. Direito Constitucional Esquematizado. 15ª edição. São Paulo: Saraiva, 2011, p. 75.

5 BARROSO, Op. cit.

essa ordem de valoração, ao preceituar que a República constitui-se em um Estado de Direito democrático.

Esse postulado (República), dotado de incomum densidade, evoca uma série de conteúdos a ela inerentes, que conferem ao intérprete verdadeiras barreiras normativas de interpretação:

> "...mandatos políticos com periodicidade; eletividade; alternância do poder; responsabilidade dos agentes públicos; prestação de contas; publicidade dos atos e transparência administrativa; mecanismos fiscalizatórios, tais como a ação popular e ação civil pública; proteção de direitos Fundamentais; proibição de regulamentos autônomos e submissão dos agentes públicos ao princípio da legalidade; legalidade da despesa e disponibilidade dos bens públicos condicionada à autorização legislativa específica...."[6].

Portanto, a República, expressamente consagrada no art. 1º da Constituição Federal e referendada em várias outras disposições constitucionais (art. 14; art. 37, etc), confere ao intérprete importantes vetores, no sentido de rígida compatibilização dos comportamentos administrativos em quaisquer das funções públicas advindas da Administração direta ou indireta, da União, Estados, Municípios e Distrito Federal, ao standard de probidade albergado sistematicamente pela Constituição Federal.

Nesse viés, a partir da Constituição Federal de 1988, o Ministério Público passou a exercer importante papel das funções que lhe foram determinadas no art. 127 da referida Carta Política Fundamental, o que fomentou uma gradativa, mas importante mudança no caótico cenário de corrupção pública que assolava o país.

Percebeu-se a grande dificuldade de coexistir valores contrapostos: de um lado, um Estado arraigado pela corrupção pública; de outro, o Estado de Direito democrático e social, cuja nota fundamental preceituada no art. 1º, caput, da CF, é o compromisso assumido, com o cidadão, de realizar prestações públicas fundamentais.

O legislador infraconstitucional, pressionado e sensível a essas alterações constitucionais, editou a denominada Lei de Improbidade

---

6 ARAÚJO, Luiz Alberto David e outro. **Curso de Direito Constitucional**; 12. Ed. São Paulo: Saraiva, 2008, p. 102-103.

Administrativa – Lei n.º 8429/92, a partir do comando constitucional que anunciou, ainda que genericamente, o Ato de Improbidade Administativa em seu art. 37, § 4º CF.

Portanto, a Lei de Improbidade Administrativa tornou-se, desde a sua vigência, o mais importante instrumento normativo de combate à corrupção, coibindo uma multiplicidade de formas de concretização de atos ilícitos, cometidos em quaisquer esferas de "poder" (rectius: funções legislativa, executiva e judiciária).

Assim, a corrupção pública merecerá breve abordagem, como antecedente necessário ao enfrentamento dos temas propostos. Na sequência, serão apresentados os fatores de aproximação e distinção do direito penal e da Lei de Improbidade Administrativa, para, de forma derradeira, realizar a abordagem a que se propõe: a colaboração premiada (adequação constitucional e previsão normativa) e sua eventual compatibilidade com a Lei de Improbidade Administrativa. Alguns aspectos da admissibilidade da transação, no Ato de Improbidade Administrativa, também serão objeto de apreciação, já que imbricado com a colaboração premiada na Lei n.º 8429/92.

1.2. Corrupção Pública: Violação ao Princípio Republicano

Corrupção é o ato ou efeito de se corromper, depravar; ação de seduzir por dinheiro, presentes etc., levando alguém a afastar-se da retidão. A corrupção concretiza-se nas atividades públicas ou privadas. Nesta vertente, há corrupção em grandes conglomerados econômicos, relação de empregados e suas empresas, dentro das salas de aula, na relação professor/aluno ou em qualquer lugar que o ser humano possa tergiversar sua ação para satisfazer interesses pessoais.

Interessa a este estudo, todavia, a corrupção que se desenvolve no âmbito ou em decorrência do exercício das funções públicas exercidas na Administração Pública, direta ou indireta, de quaisquer dos "poderes" da União, Estados, Distrito Federal e Municípios.

Assim, a corrupção pública caracteriza-se pela ação ou omissão do agente público que, no exercício de sua função pública, enriquece-se ilicitamente, causa lesão ao erário ou viola os princípios que regem a administração pública, com ou sem a participação de terceiro.[7]

Esse conceito, em linhas gerais, é extraído de uma sistemática interpretação das disposições legais encartadas na Lei n.º 8429-92 (Lei de Improbidade Administrativa). Nessa linha, afirma-se: a corrupção pública trata-se de um comportamento ímprobo, desonesto, do agente público, comportamento este que colide com o princípio republicano e com o regime jurídico de probidade albergado no texto constitucional.

O princípio Republicano, conforme já enfatizado, foi expressamente consagrado no art. 1º da Constituição Federal, que se "constitui no regime político em que os exercentes de funções políticas (executivas e legislativas) representam o povo e decidem em seu nome". Prossegue Geraldo Ataliba[8], ao afirmar que:

> "O princípio Republicano não é meramente afirmado, como simples projeção retórica ou programática. É desdobrado em todas as suas consequências, ao longo do texto constitucional: inúmeras regras dando o conteúdo exato da precisa extensão da tripartição do poder; mandatos políticos e sua periodicidade, implicando alternância no poder; responsabilidades dos agentes públicos, proteção às liberdades públicas; prestação de contas; mecanismos de fiscalização e controle do povo sobre o governo, tanto na esfera federal , estadual e municipal; a própria consagração dos princípios federal e da autonomia municipal, etc. Tudo isso aparece, formando a contextura constitucional, com desdobramento, refração, consequência, ou projeção do princípio, expressões concretas de suas exigências".

Nessa vertente, sendo a República um dos princípios estruturais do Estado Brasileiro, tem-se que reconhecer que o combate à corrupção, assim como os efeitos dela decorrentes, há que ser priorizado pelo poder constituído, quer por intermédio da produção legislativa que confira, aos órgãos de persecução do Estado, eficazes instrumentos de

---

[7] Conforme já afirmado, o estudo proposto destina-se ao descortino da corrupção pública. Por esta razão, a simples menção da expressão corrupção, terá como referência as ações ou omissões ocorridas no exercício da função pública, ou em razão dela.

[8] Ataliba, Geraldo. **República e Constituição**. 2 ed., 2 tiragem, São Paulo: Malheiros, 2001, p. 28.

controle da corrupção[9], quer por meio da fiscalização, no âmbito das Casas legislativas, de quaisquer projetos de lei que tentem minimizar, desestimular ou mesmo refrear os órgãos do Estado que combatam a corrupção pública[10].

1.3. Corrupção: Legislação Infraconstitucional

O legislador infraconstitucional, atento ao regime de responsabilidade expressamente consagrado na Constituição Federal, estabeleceu, em inúmeros diplomas legislativos, um rígido sistema de proteção destinado à tutela da probidade da Administração Pública.

Assim, o Código Penal dedicou capítulo próprio intitulado "Dos crimes contra a Administração Pública", por intermédio da descrição dos comportamentos encartados nos arts. 312, 316, 317 (peculato, concussão e corrupção passiva), com o propósito de resguardar a proba e eficiente gestão pública.

Há, ainda, delitos de corrupção na Lei de Crimes de Responsabilidade de Prefeitos e Vereadores (Decreto-lei n. 201/67); Lei n.º 1079/1950; Lei nº 8666/93; Lei 8137/90; Lei n.º 8429/1992; e outros diplomas legais.

Dentre referidos diplomas legais, a Lei n.º 8429/92 exerce papel de fundamental destaque, ao descrever as ações ou omissões de agentes públicos ou políticos que, no exercício de suas funções (ou em razão delas), enriqueçam ilicitamente, causem lesão ao erário ou violem os princípios que regem a Administração Pública, submetendo-os a severas sanções de natureza político-administrativas e civis. A subsunção aos tipos de injusto encartados nos arts. 9, 10, 10-A e 11 da

---

9 Assim, exemplifica-se: urgente aprovação das 10 medidas de combate à corrupção, fruto de um projeto de lei de Iniciativa popular, que se encontra no Congresso Nacional.

10 Nesse viés, são exemplos costumeiros: lei que estabeleceu verdadeiro contencioso, antes do recebimento da ação de improbidade administrativa; projeto de lei que visa responsabilizar o titular da ação de improbidade administrativa, que publicize as investigações de corrupção pública; que instaure procedimento investigatório esteado em prova infundada, o que se reputa inadmissível, porque a produção probatória destina-se a comprovar ou não a existência do fato, objeto da investigação.

Lei n.º 8429/1992 sujeitam os autores ímprobos às sanções previstas no art. 12, incisos I, II, III e IV.

De igual sorte, a Lei Anticorrupção (Lei n.º 12846/13) trouxe sanções impostas às pessoas jurídicas que, em decorrência de ações de seus representantes legais, desbordem os limites impostos, em lei e estatutos, sujeitando os autores a uma série de sanções administrativas e civis.

Esses diplomas legislativos, entretanto, não têm sido suficientes para minimizar o endêmico problema da corrupção, em decorrência das nuances e peculiaridades deste complexo e multifacetário fenômeno.

É fato que a corrupção, absolutamente arraigada nas entranhas do Estado brasileiro, alastra-se por todos os órgãos públicos, em uma relação contínua e hierarquizada, até chegar aos poderes (rectius: funções) máximos da República.

O cidadão brasileiro, verdadeiro titular do poder (povo), participa, no mais das vezes, deste complexo sistema de generalizada corrupção. Grandes empresas pagam propina para agentes políticos (corruptos), para custearem milionárias eleições (gastos, todavia, não contabilizados pela Justiça Eleitoral). Em contrapartida, esses políticos favorecem os agentes corruptores (empresas/empresários), superfaturando obras públicas, direcionando licitações, o que demanda a formação de estruturadas organizações criminosas, que mantém intacto e perene o sistema de corrupção eleitoral, com seus atores perpetuando-se no poder. A Lava Jato, Publicano e tantas outras operações são exemplos desta triste realidade.

Esses sistemas de corrupção espalham-se como epidemia em vários setores da sociedade brasileira. Importantes agentes políticos do Estado, alocados nas diversas funções estatais, conferem estabilidade e segurança a esta estruturada organização criminosa.

Há, assim, estreita ligação entre corrupção e crime organizado, já que aquela, para se perpetuar e garantir sua impunidade, precisa de intrínsecas e sofisticadas divisões de tarefas dos autores do delito, com estabilidade e hierarquia de seus integrantes, para a consecução dos fins almejados pelo grupo.

1.4. Dificuldade Probatória nos Crimes de Corrupção Pública

Em decorrência desse sofisticado processo de concretização da corrupção, muitas vezes realizada por grandes organizações criminosas arraigadas durante décadas nas estruturas do Estado[11], é que se torna dificultosa a comprovação deste fenômeno.

Além disso, trata-se de delito que, no mais das vezes, corruptor e corrupto são beneficiados, o que dificulta a apuração e identificação de seus autores. Essa dificuldade de comprovação, somada às estruturas de poder imbricadas com a corrupção, certamente são os principais fatores que conduziram a décadas de impunidade.

Nesse esteio, a corrupção trata-se de ato ímprobo e, no mais das vezes, delitivo de indisfarçável dificuldade probatória, o que facilitou, durante anos no Brasil, sua absoluta impunidade.

No dizer de Deltan Dallagnol[12], os problemas afetos à produção de provas nos crimes de corrupção, por envolverem cumplicidade de seus autores, é, entre outros motivos,

> "...reflexo da mudança da realidade, da evolução das tecnologias, da globalização, e da natural vantagem que os criminosos possuem quando cometem um crime com algum planejamento: o agente escolhe o lugar, os meios e pode tomar uma série de precauções para garantir sua impunidade".

Enfatiza Deltan[13], linhas à frente, que a dificuldade probatória em determinadas espécies de delitos podem ser sintetizadas em três grandes grupos:

- técnicas de contrainteligência utilizadas pelas organizações criminosas, para encobrimento dos fatos ilícitos praticados por seus membros (v.g., circuitos fechados de telefones; novas tecnologias de

---

11 A Operação Publicano é certamente um exemplo desta realidade, em que auditores do Estado Paraná, absolutamente organizados e hierarquicamente estruturados, uniram seus esforços e tarefas para, a um só tempo, solicitarem e/ou exigirem o pagamento de propinas de empresários paranaenses, para enriquecimento do grupo (seus membros).

12 DALLAGNOL, Deltan Martinazzo. A lógica das provas no processo: prova direta, indícios e presunções, Porto Alegre: Livraria do Advogado, 2015, p. 280.

13 Ibidem, p. 281.

comunicação, como whatssapp, viber ou rádios; documentos digitalizados e transferidos para locais de difícil acesso, etc);

- espécies de crimes cuja dificuldade de investigar decorre de sua internacionalização, complexidade, sofisticação e não colaboração de verdadeiros paraísos fiscais e virtuais (lavagem de ativos);

- crimes em que há forte acordo de silêncio entre seus membros, como ocorre no crime de corrupção.

Os crimes de corrupção ou ocorrem na clandestinidade, e não há testemunhas, ou, havendo testemunhas, estão ligadas aos agentes corruptor ou corrupto, ou sentem-se amedrontadas; de igual maneira, corruptor e corrupto não querem colaborar porque, cada qual no seu papel, pretendem "assegurar a vantagem que levou à corrupção ou evitar a punição decorrente do crime praticado".

É evidente que a grande dificuldade de se coletar elementos probatórios dos delitos de corrupção deve-se a uma multiplicidade de fatores, que convergem para a absoluta impunidade destas espécies de crime no Brasil.

Faz-se necessário, para minimizar esse caótico quadro de impunidade, uma avaliação de prova mais consentânea com o grau de hierarquização, divisão de tarefas e estruturação dos integrantes das organizações criminosas que praticam os delitos de corrupção.

Não se preconiza, à toda evidência, que solape direitos fundamentais dos agentes corruptores e corruptos – para coibir e reprimir a corrupção. O que se espera é que se resguarde, em igual medida, a segurança pública e os direitos fundamentais que o Estado se vê inibido de satisfazer, diante dos vultosos desvios do erário federal, estadual e municipal.

Assim, não se pode supervalorizar um direito fundamental em detrimento do outro. A vítima do crime (no crime de corrupção pública, todos os cidadãos que possuem o direito fundamental à obtenção de prestações públicas fundamentais: saúde, moradia, educação) possui tanto direito quanto àqueles atribuídos aos investigados (direito ao devido processo legal; à liberdade, etc).

Portanto, há que se resguardar, ao mesmo tempo, ambos valores de status constitucional: de um lado, assegurar uma proteção suficiente do cidadão, detentor do direito fundamental de segurança pública, de satisfazer suas prestações públicas prometidas pelo Estado na Constituição Federal (vida; saúde; moradia, etc), e, de outro, resguardar a proteção dos direitos fundamentais do investigado.

Para cumprir esse mister, exige-se que o Estado, por intermédio de seus órgãos de persecução (Polícia; Ministério Público) e de julgamento (Judiciário), estejam aptos a apreciar e julgar os delitos de corrupção, em grande parte cometidos por estruturadas organizações criminosas, com intrincadas distribuições de tarefas.

Nessa vertente, nos delitos de corrupção/lavagem, exige-se dos órgãos do poder judiciário, uma apreciação de prova esteada no livre convencimento motivado, sem tarifação, para que se possa conduzir a uma verdade possível, verossímil, no processo civil e penal.

Assim, para se proferir um decreto condenatório, basta um standart probatório para além de uma dúvida razoável. Reputa-se simplista, para não dizer inaceitável e incompatível com a eficaz função jurisdicional, decisões que se limitam a se esconder na complexidade dos fatos e/ou na falta de comprovação do elemento subjetivo do tipo de injusto, para se proferir decreto absolutório ou improcedência da ação civil pública pela prática de atos de improbidade administrativa. É claro que o dolo, enquanto momento anímico do agente, deve ser perscrutado de circunstâncias de natureza objetiva, avaliadas sistemática e coerentemente.

Enfatiza Dallagnol[14], com propriedade, que a expressão – dúvida razoável – foi muito bem utilizada pelos ministros do Supremo Tribunal Federal, Gilmar Mendes, Dias Toffoli e Celso de Mello, no célebre julgamento da AP 470 (Caso Mensalão). Neste sentido, registre-se:

> "o critério de que a condenação tenha que provir de uma convicção formada para além da dúvida razoável não impõe que qualquer mínima ou remota possibilidade aventada pelo acusado já impeça que se chegue a um juízo condenatório. Toda vez que as dúvidas que surjam das alegações de defesa e das provas favoráveis à versão dos acusados não forem razoáveis, não forem críveis diante das demais provas, pode haver condenação. Lembremos

[14] Ibidem, p . 74.

que a presunção de não culpabilidade não transforma o critério de dúvida razoável em certeza absoluta".

Rosa Weber orienta-se no mesmo sentido:

"Certamente, o conjunto probatório, quer formado por provas diretas ou indiretas, ou quer exclusivamente por provas diretas ou exclusivamente por provas indiretas, deve ser robusto o suficiente para alcançar o standart de prova próprio do processo penal, de que a responsabilidade criminal do acusado deve ser provada, na feliz fórmula anglo-saxã, acima de qualquer dúvida razoável.

Nesse cenário, caberá ao magistrado criminal confrontar as versões de acusação e de defesa com o contexto probatório, verificando se são verossímeis as alegações de parte a parte diante do cotejo com a prova colhida. Ao Ministério Público caberá avançar nas provas ao ponto ótimo em que o conjunto probatório seja suficiente para levar a corte a uma conclusão intensa o bastante para que não haja dúvida, ou que esta seja reduzida a um patamar baixo, no qual a versão defensiva seja irrazoável, inacreditável ou inverossímil".[15]

Verifica-se, assim, que o delito de corrupção, assim como a lavagem de ativos (no mais das vezes decorrente da prática do delito antecedente de corrupção), exige do julgador uma avaliação crítica do material probatório, esteada em seu livre convencimento motivado, valendo-se de elementos probatórios diretos ou indiretos.

Não parece razoável que, em razão dos avanços tecnológicos e científicos disponíveis às organizações criminosas e das dificuldades probatórias nos crimes de corrupção, que os órgãos jurisdicionais exijam, para proferir decreto condenatório, a apresentação de provas diretas para se comprovar delitos que ocorrem na clandestinidade, já que esta exigência é resquício de um sistema de prova tarifada, não albergado pelo art. 5º, LVI, da Constituição Federal[16], além de não se coadunar com a natureza das coisas (o que redundaria em verdadeira prova diabólica, impossível de se demonstrar).

[15] Idem, ibidem.

[16] Todas as provas são admissíveis em direito, desde que lícitas.

Nesse contexto, nas espécies de delito que ocorrem, essencialmente, na clandestinidade, as provas indiretas, assim como a colaboração do agente que integra a organização criminosa, revestem-se de fundamental importância, exatamente porque permite um cotejo convergente de todo o material coligido (provas indiretas) e possibilita que os órgãos de investigação tenham uma visão interna da estrutura criminosa, detalhando: o processo de hierarquização; o modo de operacionalização, a estrutura de comando e execução; localização de bens e modo de lavagem de ativos; apresentação de documentos, planilhas e controles da atividade delituosa e ímproba, etc.

Todas esses elementos de prova são indispensáveis para que o julgador e o titular da investigação emitam juízos de valoração acerca da credibilidade da colaboração premiada, o que a torna importante meio de prova e de obtenção de prova.

Conforme já enfatizado, é de razoável constatação que, nos delitos de corrupção pública, a obtenção de prova direta é de difícil demonstração, já que, costumeiramente, quem paga propina não "pede recibo do pagamento". Muito menos, quem recebe propina documenta a prática ilícita.

Portanto, o órgão jurisdicional, fundado no sistema do livre convencimento motivado, pode e deve apreciar as provas dos delitos de corrupção, de lavagem de ativos ou de espécies delitivas de difícil comprovação, de forma crítica, coerente e sistematizada, com o propósito de decodificar o verdadeiro "quebra-cabeças" idealizado pelos autores de crimes dessa natureza, estruturados para não serem descobertos pelos órgãos de persecução Estatal ou, caso o sejam, que sua comprovação seja difícil ou impossível demonstração.

Nessa senda, a colaboração premiada, aperfeiçoada entre Ministério Público e réu colaborador, em cotejo com as regras da experiência (presunções "hominis"), e o amplo espectro de provas indiretas certamente servirão como ricos materiais probatórios disponibilizados ao julgador, no âmbito do devido processo legal.

Assim, a prova indiciária (espécie de prova indireta), nos delitos que, via de regra, não deixam vestígios, é o caminho possível para que o órgão julgador possa processar e julgar intrincados esquemas de corrupção pública e lavagem de ativos submetidos à sua apreciação.

Nesse sentido, são conclusivas as lições de Artur César de Souza[17], ao afirmar que "... a maior inserção no âmbito da aplicação e interpretação dos crimes de White-collar[18] da prova indiciária, permitirá uma melhor repressão às condutas que violam os princípios da ordem

---

17 SOUZA, Artur César de. Nova Hermenêutica para os crimes de Colarinho Branco: Crimes contra a ordem tributária, econômica e financeira. **Revista Tributária e de Finanças Públicas,** São Paulo, v. 96, p.319-332, jan./fev. 2011.

18 Segundo Luciana Krempel, a denominação "crime de colarinho branco" foi empregada, pela primeira vez, por Edwin H. Sutherland, em 1939, com a finalidade de designar crimes em que o autor, dotado de expressivo poder econômico, político e social, obtém vantagens indevidas em decorrência do exercício funcional/ profissional. KREMPEL, Luciana Rodrigues. O Crime de Colarinho Branco: Aplicação e eficácia da pena privativa de liberdade.**Doutrinas Essenciais de Direito Penal,** São Paulo, v. 8, p.841-867, out. 2010. Em que pese determinado setor doutrinário afirmar que a classificação crimes de colarinho branco não se compatibiliza com os postulados de um Estado de direito democrático, já que o direito penal deve-se assentar-se em um direito penal do fato, voltado à descrição de comportamentos proibidos ou exigidos que, abstratamente, lesem ou ameacem de lesão bens jurídicos de dignidade penal, força é reconhecer que, sob uma perspectiva criminológica, tem-se que admitir que há determinados padrões comportamentais que são, via de regra, praticados por pessoas dotadas de certa influência sócio-econômica e se valem destas condicionantes para a concretização de seus fatos delituosos. Não se discute, é óbvio, que os autores de crimes de "colarinho branco" sujeitam-se a idênticos pressupostos de imputação exigidos aos criminosos comuns, ou seja, a prática de um comportamento típico, antijurídico e culpável, segundo preconiza a dogmática penal. É fato, todavia, que esta classificação de autor serve, em caráter de exclusividade, para estabelecer fatores criminológicos que determinam as causas do crime, o que certamente contribui para que os órgãos de persecução do Estado possam, preventiva e repressivamente, coibir a violação dos bens jurídicos resguardados pelo direito penal. Luciana Krempel(op.cit) aponta, com propriedade, as principais caraterísticas dos crimes de colarinho branco, sendo elas: complexa divisão de tarefas; ausência de violência; dificuldade probatória, já que se concretiza, via de regra, na clandestinidade; vítimas, muitas vezes, difíceis de serem identificadas (decorrência da violação de bens jurídicos supraindividuais); condutas dos agentes de colarinho branco; grande dificuldade de se individualizar responsabilidades (decorrente da hierarquização e da complexa divisão de atribuições dos autores do delito). Estas são, em síntese, as mais destacadas características dos crimes de colarinho branco, o que se autoriza inferir que, no fenômeno da corrupção pública, as características do autor, na maioria das vezes, dificulta ainda mais que os órgãos do Estado promovam a respectiva persecução penal.

econômica, financeira e tributária, uma vez que este tipo de delito em quase de sua totalidade não deixa vestígios diretos, mas, sim, circunstancias indiciárias".

As provas indiciárias, ao contrário do que parcela da doutrina preconiza, exerce papel fundamental nos crimes de corrupção, exatamente porque, diante da complexidade das estruturas hierarquizadas e múltiplas divisões de tarefas de seus membros, torna-se muito difícil comprovar, diretamente (provas diretas), os fatos ilícitos praticados pelas estruturas superiores de poder (chefes da organização criminosa, via de regra, limitam-se a comandar que seus subalternos realizem os núcleos dos tipos de injusto).

2. CRIMES CONTRA A ADMINISTRAÇÃO PÚBLICA E ATOS DE IMPROBIDADE ADMINISTRATIVA. PRINCIPAIS ASPECTOS DE APROXIMAÇÃO

Frise-se, uma vez mais, que a corrupção trata-se de um ilícito multifacetário. Com o mesmo comportamento funcional, pode o agente violar vários bens jurídicos protegidos por microssistemas diversos e incorrer em sanções correspondentes a cada ramo jurídico ofendido.

Assim, o ato de corrupção sujeita o agente público às sanções advindas do direito penal, civil e administrativo, sendo certo que cada um desses microssistemas contém seus respectivos princípios. Todos, evidentemente, compatibilizam-se com as diretrizes principiológicas resguardadas constitucionalmente.

Os principais diplomas legais que sancionam os atos de corrupção são, atualmente, Decreto-lei n.º 201/67; Lei n.º 1079/50; Lei de Ação Popular; Código Penal; Lei de Ação Civil Pública; Lei de Improbidade Administrativa; Lei de Licitações; Lei Anticorrupção, Lei de Lavagem de Ativos e códigos funcionais de conduta, que estabelecem modelos de comportamentos funcionais devidos pelos agentes públicos/políticos dos entes a que estão alocados.

O presente trabalho não visa analisar, ainda que superficialmente, todos esses diplomas legais, quer porque seria uma tarefa quase impossível, quer porque desbordaria dos limites aqui propostos.

Na verdade, pretende-se estabelecer algumas aproximações do direito penal e do direito administrativo sancionador (sem que estes paralelos possam confundi-los), estabelecendo uma linha comum desses microssistemas de punição, para se concluir pela admissibilidade ou não da aplicação do instituto da colaboração premiada na Improbidade Administrativa.

Para cumprir tal mister, inicia-se com um conceito extraído dos atos de improbidade administrativa (Lei n.º 8429/92), como sendo o comportamento do agente público ou político que, no exercício de sua função, ou em razão dela, por ação ou omissão, enriquece-se ilicitamente, causa lesão ao erário ou viola os princípios que regem a Administração Pública.

Para delimitar as características essenciais dos atos de improbidade administrativa, a partir do direito posto, utilizou-se as espécies de ações ou omissões ímprobas, descritas nos arts. 9º, 10, 10-A e 11 da Lei de Improbidade Administrativa.

Cotejando as disposições legais encartadas nos referidos artigos da Lei de Improbidade Administrativa frente aos tipos de injusto previstos no microssistema do direito penal, fácil é perceber a correspondência, quer quanto à descrição dos comportamentos proibidos ou exigidos, quer quanto ao espectro de proteção dos bens jurídicos penais e ímprobos. Neste sentido, registre-se:

- as hipóteses típicas do art. 9º, da Lei de Improbidade Administrativa, encartadas nos incisos I, II e III, cujo núcleo é receber, para si ou para outrem, vantagem indevida, materializa o tipo de injusto de corrupção passiva (art. 317 CP);

- o inciso IV do art. 9º da Lei de Improbidade Administrativa, ao cominar ato de improbidade administrativa que gera enriquecimento ilícito do agente, a ação de utilizar, em obra ou serviço particular, veículo, máquina ou equipamentos do poder público, reforça a proteção, já existente, no art. 1º, inciso II, do Decreto-lei n.º 201/67 (utiliza-se, indevidamente, em proveito próprio ou alheio, bens, rendas e serviços públicos);

- no art. 9º, inciso V da Lei de Improbidade Administrativa, constitui enriquecimento ilícito receber vantagem econômica de qualquer natureza, para tolerar a prática de jogo de azar, narcotráfico, etc. Nesta situação, pode-se vislumbrar duas hipóteses: art. 317, se o agente recebeu vantagem indevida para tolerar. Ao contrário, se dolosamente o agente, embora não receba vantagem indevida, simplesmente tolera a prática de jogo de azar, narcotráfico, etc, tendo o dever legal de impedir o resultado, pratica um crime comissivo, por omissão, na forma do art. 13, § 2º, alínea a, do Código Penal;

- no art. 10, inciso I, da Lei n.º 8429/92, constitui ato de improbidade administrativa que causa lesão ao erário, a conduta de facilitar ou concorrer, para a incorporação particular de bens, rendas ou verbas de entes públicos. O correspondente típico é o peculato desvio, em que o agente apropria-se de dinheiro ou qualquer bem móvel, ou desvia, em proveito próprio;

- no art. 10, inciso III, da Lei de Improbidade Administrativa, constitui ato ímprobo a doação, à pessoa física ou jurídica, de bens, rendas ou verbas públicas. Há, na espécie, peculato apropriação ou peculato furto, porque o agente inverte o título da posse, agindo como dono, para doar a terceiro;

- no inciso VI do art. 10 da Lei n.º 8429/92, o agente realiza operação de crédito, sem observância das formalidades legais. É a hipótese do art. 359-A, do Código Penal - ordenar, autorizar ou realizar operação de crédito, sem autorização legislativa;

- art. 10, inciso VII da Lei n.º 8429/92, em que o agente frustra a licitude de processo licitatório, ou dispensa indevidamente o certame licitatório. O correspondente penal está descrito no art. 89 da Lei n.º 8666/93;

- art. 10, inciso IX – o agente ordena ou permite a realização de despesa não autorizada em lei. O respectivo correspondente penal está encartado no tipo de injusto do art. 359-D do Código Penal (ordenação de despesa não autorizada em lei); e

- art. 10, inciso XII – permitir a utilização de bens da Administração Pública. O correspondente penal, na espécie, está descrito no art. 1º, inciso II, do Decreto-lei n.º 201/1967.

Nota-se, assim, total aproximação dos tipos de injusto penal e de improbidade administrativa, cada qual exercendo os respectivos papéis no âmbito da proteção do regime jurídico da Administração

Pública. Fábio Guaragni enfatiza as principais características que aproximam estes ramos de proteção (guardadas, contudo, as correspondentes distinções):

> "Percebe-se, em conclusão, pelo menos quatro superposições entre o Direito Penal e a Lei de Improbidade Administrativa: 1. ambos fazem parte de uma estrutura maior, o Poder Punitivo Estatal, sendo neste sentido espécies de um mesmo gênero, enquanto manifestações do Poder Punitivo Estatal; 2. são aplicadas pelo poder judiciário; 3. o Direito Penal, pelo menos em parte, contempla os mesmos bens protegidos pela Lei de Improbidade Administrativa, quando se fala no erário, na probidade, e na boa imagem da Administração; 4. São compostos de sanções que se acumulam ou repetem integral ou parcialmente"[19].

Esses caracteres de aproximação decorrentes, fundamentalmente, da natureza multifacetada do ilícito de corrupção, em que o mesmo fato ilícito (v.g. percepção de propina de agente público, no exercício de sua função) espraia efeitos nos microssistemas civil, penal e administrativo sancionador, permitem, ao menos aparentemente, pleno diálogo das fontes destes subsistemas, quando, é claro, não se colidam com os pressupostos fundamentais dos respectivos tipos de injusto, que lhes confere individualidade.

2.1. *Distinções Fundamentais: Direito Penal e Lei de Improbidade Administrativa. Problemas Advindos da Vinculação*

As distinções fundamentais entre o Direito Penal e a Lei de Improbidade Administrativa foram apropriadamente sintetizadas por Fabio Guraragni[20], sendo elas formais e materiais.

As distinções formais estão inseridas na própria Constituição Federal, que divisa os tipos de injusto, ímprobo e delituoso, ao estabele-

---

19 GUARAGNI, Fábio André. "A lei de Improbidade Administrativa no contexto do controle da Administração Pública: semelhanças e distinções entre o direito administrativo e o direito penal. In DINIZ, Cláudio Smirne; ROCHA, Mauro Sérgio; CASTRO, Renato de Lima (Org.). **Aspectos Controvertidos da Lei de Improbidade Administrativa:** Uma análise a partir dos julgados dos Tribunais Superiores. Belo Horizonte: Livraria del Rey, 2015.

20 Ibidem, p. 22/23.

cer distintas sanções para cada qual (art. 37, § 4º). Outras, não menos importantes, são:

- o direito penal é fragmentário, já que, em uma infinidade de bens jurídicos passíveis de proteção, tutela apenas os valores fundamentais; ao contrário, na Lei de Improbidade Administrativa há um sistema contínuo de proteção, que é a proba gestão administrativa;

- a natureza da sanção também é fator formal de distinção, porque o direito penal comina pena privativa de liberdade, de maior gravidade no sistema jurídico, o que não ocorre com a Lei de Improbidade Administrativa;

- na construção tipológica, os tipos de injusto, para o direito penal, são herméticos e fechados, ao passo que, para o tipo de injusto ímprobo, são abertos e fluídos (diante da falta de descrição objetiva do modelo de comportamento ímprobo).

A distinção de ordem material reside na natureza dos valores tutelados. O tipo de injusto afeto ao direito penal, ao tempo em que se preocupa com um grande universo de autores, resguarda apenas aqueles comportamentos taxativamente descritos que lesem ou exponham a perigo de lesão os bens jurídicos fundamentais, segundo uma ordem valorativa albergada, expressa ou implicitamente, na Constituição Federal. A Lei de Improbidade Administrativa, ao contrário, preocupa-se com a eficiência operacional dos órgãos do Estado, razão pela qual exige, para cumprir tal mister, um comportamento honesto e eficiente.

Assim, os pontos de contato existentes entre o direito penal e a Improbidade Administrativa não reduzem estes microssistemas de proteção a uma relação de conteúdo e continente, já que, cada qual possui natureza, estrutura e princípios que lhes são próprios.

Nessa vertente, o direito penal, ao tempo em que salvaguarda os valores de maior proeminência do Estado, impõe a sanção de maior gravidade, que é a privação da liberdade do homem, valor de igual maneira fundamental. Portanto, para a criação do tipo de injusto de natureza penal, submete-se a um rígido controle de produção normativa, vinculado ao princípio da legalidade e seus corolários necessários (lex praevia; lex estricta; lex spripta; lex certa).

A Lei de Improbidade Administrativa, ao contrário, é mais flexível, já que os bens jurídicos nela resguardados, a par de não possuir o caráter da essencialidade exigida pelo direito penal, possui sanções atenuadas.

A estrutura do tipo de injusto de ato de improbidade administrativa, de igual sorte, também não se submete ao princípio da tipicidade cerrada, consoante sói ocorrer no direito penal. Descrevem-se, no caput da disposição, os elementos fundamentais da figura típica, apontando nos incisos dos arts. 9º, 10, 10-A e 11 da Lei n.º 8429/92, hipóteses exemplificativas, dos comportamentos proibidos ou exigidos no caput da disposição legal; igual técnica legislativa foi adotada na Lei Responsabilidade Fiscal (art. 73, da Lei Complementar nº 101/2000); Estatuto da Cidade (art. 52 da Lei 10.257/2001); Lei Eleitoral (art. 73, § 7º, da Lei n.º 9504/97).

Apresentadas as principais distinções, passa-se a estabelecer os caracteres fundamentais da colaboração premiada, assim como sua consonância com os postulados de um Estado de Direito democrático.

2.2. Direito Penal e Colaboração Premiada. Conceito de Colaboração Premiada e Compatibilidade Constitucional

Segundo expressa disposição legal, em qualquer fase da investigação, o colaborador poderá (art. 3º, da Lei n.º 12850/13), voluntariamente e assistido por advogado, contribuir para a investigação ou para instrução do processo, desde que, em decorrência de sua colaboração, haja:

I - identificação dos demais coautores e partícipes da organização criminosa e das infrações penais por eles praticadas;

II - revelação da estrutura hierárquica e da divisão de tarefas da organização criminosa;

III - prevenção de infrações penais decorrentes das atividades da organização criminosa;

IV - recuperação total ou parcial do produto ou do proveito das infrações penais praticadas pela organização criminosa; e

V - localização de eventual vítima com a sua integridade física preservada.

A colaboração premiada trata de causa geral de redução ou isenção de pena, ou de não imputação penal, dependendo das hipóteses estabelecidas, respectivamente, pelas disposições penais encartadas na Lei nº 9807/99[21] e na Lei nº 12850/13.

É evidente que, na colaboração premiada, há interesses contrapostos. De um lado está o titular da investigação, que almeja descortinar os fatos delituosos e ímprobos investigados, para reprimir ou prevenir novos fatos, ou mesmo localizar pessoas ou bens desviados ou amealhados pelo grupo. De outro, há o interesse pessoal do autor do delito, de reduzir sua pena, em decorrência de sua colaboração.

Por outro lado, os críticos da colaboração premiada costumam repetir, inúmeras vezes, que esta especial ligação com o crime ou com comportamentos desviantes tornam testemunhos incrédulos e parciais. Na verdade, é exatamente o contrário. É essa estreita ligação que o colaborador possui com os fatos delituosos ou com a organização criminosa que legitima o Estado, por intermédio de seus órgãos de persecução, renunciar parcela de sua pretensão punitiva (renúncia que se pode estender a todos os microssistemas de punição do Estado: penal; administrativo; cível) em face do colaborador para, a um só tempo, fortalecer a operatividade de sua investigação, possibilitar a

---

[21] Esta Lei estabelece os requisitos a colaboração premiada geral, sendo certo que a Lei 12850/13 limita-se sua aplicação às organizações criminosas. Assim, nos termos da Lei n.º 9807/99, dispõe-se que:Art. 13. Poderá o juiz, de ofício ou a requerimento das partes, conceder o perdão judicial e a conseqüente extinção da punibilidade ao acusado que, sendo primário, tenha colaborado efetiva e voluntariamente com a investigação e o processo criminal, desde que dessa colaboração tenha resultado: I - a identificação dos demais co-autores ou partícipes da ação criminosa;II - a localização da vítima com a sua integridade física preservada;III - a recuperação total ou parcial do produto do crime.
Parágrafo único. A concessão do perdão judicial levará em conta a personalidade do beneficiado e a natureza, circunstâncias, gravidade e repercussão social do fato criminoso.
Art. 14. O indiciado ou acusado que colaborar voluntariamente com a investigação policial e o processo criminal na identificação dos demais co-autores ou partícipes do crime, na localização da vítima com vida e na recuperação total ou parcial do produto do crime, no caso de condenação, terá pena reduzida de um a dois terços.

recuperação de ativos financeiros ilicitamente amealhados pela organização criminosa.

O aperfeiçoamento do acordo de colaboração premiada não afeta os direitos fundamentais do investigado ou coautor dos fatos delituosos perpetrados com o colaborador. As eventuais provas apresentadas pelo colaborador, durante a investigação, deverão ser submetidas ao crivo do contraditório e ampla defesa, segundo os postulados inerentes ao devido processo legal.

A importância probatória da colaboração premiada está diretamente ligada com os demais elementos de prova coligidos na investigação. Assim, incumbe aos órgãos de investigação contrastar as provas carreadas com os fatos delatados na colaboração premiada, o que confere ao material probatório solidez e credibilidade. Por esta razão, a simples revogação do acordo de colaboração, não tem o condão de desconstituir as declarações prestadas pelo colaborador, já que esteada em outros elementos probatórios que lhe conferem sustentação e credibilidade.

Portanto, se a isolada retratação não desnatura a confissão, segundo orientação pacífica na doutrina e jurisprudência, de igual medida, a isolada retratação do colaborador, ou a revogação dos termos da colaboração premiada (por descumprimento dos termos de colaboração), não tem o condão de desconstituir a prova validamente produzida.

Por outro vértice, a colaboração premiada possibilita que os órgãos do Estado, investidos em funções públicas, resguardem direitos fundamentais do investigado (liberdade; ampla defesa e contraditório, corolários do devido processo legal), sem se descurar, fundamentalmente, do direito do cidadão de obter uma segurança pública eficaz, garantindo-lhe, via de consequência, direitos fundamentais também previstos na Constituição Federal.

Assim, ao se devolver dinheiro aos cofres públicos, decorrente do desbaratamento de organizações criminosas com auxílio de colaboradores premiados, confere-se ao cidadão brasileiro o direito à obtenção de prestações públicas fundamentais garantidas no Estado de Direito Democrático e Social (art. 6º da CF), que são diuturnamente omitidas em decorrência da endêmica e sistematizada corrupção de grandes organizações criminosas, instaladas nos mais variados órgãos públicos do Estado e que, mediante sofisticada divisão de tarefas e de forma hierarquizada, desviam fabulosas quantias dos cofres públicos para enriquecimento ilícito de seus integrantes.

Não restam dúvidas, portanto, que o princípio da proibição da proteção deficiente equaliza, a toda evidência, os pseudoproblemas suscitados pelo parcial setor doutrinário que, de forma irascível, ataca o instituto da colaboração premiada como meio ilegítimo e inconstitucional de obtenção de prova[22].

Argumenta-se, outrossim, que o direito a não autoincriminação (decorrência do direito ao silêncio) é uma garantia irrenunciável do investigado, o que macularia, desde o início, qualquer possibilidade de o Estado exercer, sob este indivíduo, ato coativo que o leve a confessar o fato delituoso, assim como atribuir co-responsabilidade aos demais membros da organização criminosa.

Trata-se, mais uma vez, de falacioso argumento, quando confrontado com os postulados da Constituição Federal.

Com efeito, a dignidade da pessoa humana trata-se de uma das vigas mestras do Estado de Direito democrático, sobretudo porque se confere ao homem a titularidade de direitos pela simples condição de provir da raça humana (direitos imanentes, ou realidades objetivas para alguns) como, também, irradia-se deste princípio a plena liberdade de vontade do homem, no sentido de que, de forma absolutamente livre, possui total autonomia para cumprir ou descumprir os comandos normativos (fazer ou não fazer), sujeitando-se, todavia, às sanções advindas de sua decisão (responsabilidade).

Essa plena liberdade de vontade, para fazer ou não fazer, em acordo ou desacordo com a norma, é o fundamento da responsabilidade, em todos os microssistemas do direito (penal, civil, administrativo, etc), e, por conseguinte, a essência do juízo da culpabilidade que incide sobre a conduta típica e antijurídica praticada por um agente, para lhe atribuir um fato delituoso.

---

22 Ingo Sarlet, apud DALLAGNOL, Deltan Martinazzo. A lógica das provas no processo: prova direta, indícios e presunções, Porto Alegre: Livraria do Advogado, 2015, p. 282.

Por outro lado, enfatize-se que os benefícios (parcial ou total renúncia à pretensão punitiva, conforme já enfatizado) conferidos por lei ao colaborador são, em caráter de exclusividade, decisões político-criminais que provém, legitimamente, do Congresso Nacional, que representa o povo, verdadeiro titular do poder.

Ademais, aos críticos da colaboração premiada, cumpre estabelecer um paralelo com as benesses, nada criticadas, advindas do instituto da confissão.

De fato, a confissão funciona como causa atenuante de pena àqueles que admitem a prática da conduta criminosa que lhes foi imputada, sendo esta de menor ou maior reprovabilidade. E no sistema da persuasão racional (convencimento motivado) adotado pela Constituição Federal, a confissão, e certamente a colaboração premiada, têm o mesmo valor probatório dos demais elementos de prova, servindo, desde que conectadas com esses outros elementos, como fundamento condenatório.

Assim, a colaboração premiada, com ainda mais razão, isenta ou reduz a pena do réu colaborador que não apenas admite a prática criminosa que lhe é imputada, como também auxilia o Estado no descortino da organização criminosa da qual faz parte ou para a qual contribui.

Nas palavras de Frederico Pereira, a colaboração premiada é de fundamental importância para os órgãos de persecução do Estado, já que confere [23]

> "..reforço nas técnicas investigativas e na coleta de provas, em decorrência do estado de necessidade da investigação. Com propriedade, pontifica-se que a "situação de emergência investigativa manifesta-se atualmente de forma mais provável na criminalidade organizada, associativa ou difusa, tendo em vista as reconhecidas dificuldades probatórias dos tradicionais meios de investigação em alcançar algum efeito diante desses fenômenos criminais, principalmente por terem sido instrumentos apuratórios moldados sob a perspectiva do ilícito penal clássico, caracterizado pela estrutura individual da lesão, cometida por sujeito ativo individual a sujeito

[23] PEREIRA, Frederico Valdez. Compatibilização Constitucional da Colaboração Premiada. **Revista dos Tribunais,** São Paulo, v. 929, p.319-343, mar. 2013.

passivo também individual, levando autoridades responsáveis e repressão a condicionar a obtenção de resultados positivos no enfrentamento do crime organizado à adoção de métodos especiais de investigação e inteligência".

Portanto, observa-se que a colaboração premiada pode e deve ser utilizada pelos órgãos de persecução Estatal, quer porque se compatibiliza com as regras constitucionais, quer porque sua utilização não impede que os investigados que eventualmente sejam atingidos pelas provas apresentadas pelo colaborador possam contrapô-las, questioná-las ou mesmo negar-lhes validade, segundo o amplo e irrestrito direito de defesa garantido constitucionalmente.

2.3. O Diálogo dos Microssistemas Penal e Administrativo Sancionador

Embora não passem desapercebidos os fatores que conferem individualidade ao Direito Penal e à Lei de Improbidade Administrativa, há que reconhecer as aproximações que estes microssistemas encerram, o que torna plenamente admissível a aplicação, nos tipos de injusto decorrentes dos Atos de Improbidade Administrativa, do microssistema do direito penal que permitiu a colaboração premiada, já que:

- parte-se de um mesmo ilícito – ato de corrupção pública – em que o microssistema que tutela os bens jurídicos fundamentais do homem admite a colaboração premiada, como importante instrumento conferido aos órgãos de persecução do Estado, reduzindo, isentando ou até não imputando a ação penal, desde que cumprido pressupostos expressamente previstos nas leis de regência (Lei 9807/99; n.º 12850/13), quais sejam identificação de novos autores do fato delituoso; identificação da estrutura hierárquica e da divisão de tarefas da organização criminosa; prevenção de infrações penais decorrentes das atividades da organização criminosa; recuperação total ou parcial do produto ou do proveito das infrações penais praticadas pela organização criminosa (art. 4º, Lei n.º 12850/13);

- se o direito penal, microssistema do direito cuja finalidade é a proteção do bem jurídico de maior importância do homem, com a imposição da sanção de maior gravidade no sistema jurídico nacional, admite a colaboração premiada como forma de, a um só tempo, desbaratar o avanço do crime organizado, assim como estimular que autores do fato delituoso se arrependam, contribuindo para que os órgãos de persecução do Estado minimizem os nefastos efeitos da corrupção que assola o país, força é concluir que, partindo de idênticas premissas, deve-se admitir que o direito administrativo sancionador, notadamente a Lei de Improbidade Administrativa, valha-se de idêntico instituto jurídico (colaboração premiada), para a consecução de idêntica finalidade;

- a Lei Anticorrupção nº 12.486/2013 admitiu, no âmbito do Direito Administrativo, o instituto do acordo de leniência, que autoriza a autoridade máxima de cada órgão ou entidade pública celebrar acordo com as pessoas jurídicas que colaborem efetivamente com as investigações e o processo administrativo. Este acordo de leniência é, em última análise, a colaboração premiada para pessoas jurídicas.

Portanto, apesar de a Lei Anticorrupção restringir a utilização do acordo de leniência e os seus benefícios às pessoas jurídicas, é certo que o diálogo das fontes confere ao intérprete flexibilidade e dinamismo na aplicação e interpretação de variadas normas jurídicas, a fim de que seja alcançada a finalidade de proteção de direitos fundamentais assegurados na Constituição Federal.

É possível afirmar, nessa ordem de ponderação, que se os diplomas legais que regulamentam o injusto decorrente da corrupção pública, em suas dimensões penal (Lei 12850/13) e administrativa (Lei Anticorrupção), admitem a aplicação do instituto da colaboração premiada, não há razão jurídica de se excluir a aplicação do instituto de colaboração na Lei de Improbidade Administrativa. Há regra de colmatação que admite esta aplicação analógica (art. 4º da Lei de Introdução às Normas do Direito Brasileiro (Decreto-lei n.º 4657 /1942).

Além disso, inexiste óbice legal à aplicação deste instituto ao Processo Civil, diante da regra contida no 140 do Código de Processo Civil (Lei n.º 13105/2015)[24], que autoriza expressamente o uso da analogia.

---

24 Art. 140. O juiz não se exime de decidir sob a alegação de lacuna ou obscuridade do ordenamento jurídico.Parágrafo único. O juiz só decidirá por equidade nos casos previstos em lei.

Desse modo, a utilização do compromisso de colaboração premiada no âmbito das investigações é consentânea com os princípios da equidade e de igualdade jurídica, como bem ressaltou o Juízo da 5ª Vara Federal da Seção Judiciária do Espírito Santo, que admitiu a aplicação desse instituto na ação de improbidade administrativa da denominada "Operação Sanguessuga"[25].

No mesmo sentido, destaque-se a doutrina de Andrey Borges de Mendonça[26]:

> "Aqui, como lembra Vladimir Aras, podemos invocar o brocardo ubi eadem ratio ibi eadem ius. Não há sentido em fornecer benefícios para alguém colaborar no âmbito criminal e esse mesmo agente ser punido pela Lei de Improbidade, exatamente em razão dos mesmos fatos. A incoerência na atuação estatal – reconhecendo benefícios em uma seara e negando em outra – demonstra até mesmo deslealdade do Poder Público com aquele que contribuiu para a persecução dos agentes ímprobos, abrindo mão de seu direito a não se autoincriminar. Esta incoerência é reforçada quanto a Ação de Improbidade se baseia justamente nos elementos desvelados pelo colaborador".

Partindo-se da premissa até agora estabelecida, no sentido de que se admite a aplicação da Colaboração Premiada na Lei de Improbidade Administrativa, desde que satisfeitos os requisitos de admissibilidade estatuídos na lei penal analogicamente utilizada, exige-se perceber que se está admitindo a transação das sanções no âmbito da Improbidade Administrativa.

Com efeito, para ser aperfeiçoada a colaboração premiada, exige-se que o titular da pretensão acusatória, via de regra, o Ministério Público, possa disponibilizar parcela da pretensão de punir do Estado, com o propósito de aperfeiçoar, com o agente público/político ímpro-

---

25 *Assim, a utilização da delação premiada, para fixação de sanção mínima, redução ou até afastamento de algumas das sanções, além de poder contribuir com as investigações e a instrução processual, mostra-se princípio de equidade e de igualdade jurídica, já que, em diversas outras situações legais, a renúncia ao direito constitucional de manter-se em silêncio converte-se em benefícios, com redução expressiva da sanção imposta.*

26 Mendonça, Andrey Borges de., **Roteiro de Colaboração Premiada**, São Paulo: Mimeo, 2012

bo (que estará necessariamente assistido por advogado), os termos da colaboração premiada.

Há, entretanto, nítida distinção da transação que ocorre no âmbito da colaboração premiada (processo penal), que se sujeita à homologação judicial e ao cumprimento dos requisitos estatuídos pela lei penal (Lei n.º 12850/2013), utilizada analogamente para os tipos de ilícito descritos na Lei de Improbidade Administrativa, e a suposta "transação" na Lei de Improbidade Administrativa (que, conforme será enfatizado, não possui esta natureza, mas simples antecipação da sanção), que passou a ser discutida na doutrina em decorrência da edição da Medida Provisória n.º 703/2015 (que, registre-se, não foi convertida em lei).

3. COLABORAÇÃO PREMIADA NA LEI DE IMPROBIDADE ADMINISTRATIVA

Os microssistemas penal, civil e administrativo estão em uma relação de subsidiariedade e complementariedade, já que tutelam o patrimônio público e os princípios administrativos dele decorrentes (art. 37, caput, CF: moralidade; impessoalidade, legalidade, publicidade e eficiência), em diversas etapas de valoração e execução, segundo a maior ou menor gravidade de comportamento funcional (desvalor da ação) ou maior ou menor lesão ao bem jurídico resguardado (desvalor do resultado).

É fato, entretanto, que esses microssistemas de proteção da coisa pública precisam "dialogar", no sentido de se promover verdadeiras simbioses de eficazes instrumentos disponibilizados aos órgãos de persecução do Estado, com o propósito de se enfrentar as novas e modernas técnicas criminosas e ímprobas, no mais das vezes praticadas por sofisticadas organizações criminosas instaladas no interior das pessoas jurídicas de direito público interno (União, Estados, Municípios e Distrito Federal).

Assim, acordos de leniência e colaborações premiadas têm sido a tônica da atuação do Ministério Público da União e dos Estados, para combater, de forma célere e eficiente, os vultosos desvios que agentes públicos/políticos e seus asseclas impõem aos escassos recursos públicos do Estado.

Nessa vertente, não é crível que o regime jurídico-administrativo que rege os comportamentos funcionais de agentes públicos e políticos não esteja conectado com uma atuação célere e eficiente da prestação jurisdicional, já que a imposição da sanção decorrente da prática de atos de improbidade administrativa descritos na Lei n.º 8429/92 almeja, precipuamente, estimular os agentes públicos a não violar os bens jurídicos resguardados pelo direito administrativo (caráter preventivo).

É de conhecimento comum que ações civis públicas destinadas à imposição de sanções provenientes da prática de atos de improbidade administrativa se arrastam e eternizam nos tribunais brasileiros, quer porque há uma caótica carência de recursos materiais e humanos no Poder Judiciário, quer porque existem infindáveis recursos disponibilizados no sistema processual nacional.

Portanto, exige-se que se compatibilize a Lei n.º 8429/92, com o princípio expressamente albergado no art. 37, caput, da Constituição Federal, segundo o qual se deve velar por uma atuação eficiente na tutela do patrimônio público, com a consequente prestação jurisdicional célere e eficaz.

De igual maneira, também o princípio da igualdade, materialmente concedido, apenas admite que a discriminação legal esteja amparada em suportes fáticos legitimadores, sob pena de inconstitucionalidade.

Assim, reputa-se inadmissível que, a partir de um mesmo fato de corrupção, os microssistemas de proteção prevejam consequências díspares para o autor deste fato, no sentido de que o direito penal e o direito administrativo sancionador possibilitem que a pessoa física e a pessoa jurídica, respectivamente, possam se valer dos benefícios da colaboração premiada (Lei nº 12850/2013 e Lei Anticorrupção), não sendo idêntico benefício estendido ao subsistema de punição previsto na Lei de Improbidade Administrativa.

De igual maneira, não passa desapercebido que, nas hipóteses expressamente admitidas pelo direito penal (colaboração premiada) e direito administrativo (acordo de leniência), há, sem dúvida, explícita admissibilidade da transação, que se concretiza no exato momento que o titular da pretensão acusatória (via de regra, Ministério Público), estabelece, com o autor do fato delituoso, os termos da colaboração premiada, renunciando, total ou parcialmente, a quantidade da sanção penal (redução ou isenção de pena, ou mesmo não imputação), para fins de investigação.

É induvidoso que, em razão da proeminência para os fins de investigação, admite-se que, ao se aperfeiçoar a colaboração premiada no âmbito da Improbidade Administrativa, pode o Estado, por intermédio de seus órgãos de persecução (Ministério Público), renunciar a imposição de uma, de algumas ou de todas as sanções decorrentes dos tipos de injusto encartados nos arts. 9, 10, 10-A e 11 da Lei n.º 8429-92, assim como minimizar a extensão dos danos, materiais ou morais, advindos da prática dos atos ímprobos.

Também não há necessidade que as sanções sugeridas na colaboração premiada sejam cumulativamente aplicadas (mas, registre-se: o grande desvalor de ação e de resultado poderão ensejar a proposição de cumulação de todas as sanções, o que pode não ser vantajoso ao agente ímprobo, que terá plena liberdade de vontade, de aceitar ou não os termos sugeridos pelo titular da pretensão acusatória), segundo expressamente admite o art. 12, caput, da Lei n.º 8429/92, já que referidas sanções devem estar conectadas com a natureza do fato ímprobo e com a magnitude do injusto.

Para concretizar o compromisso de colaboração premiada, na Improbidade Administrativa, reputa-se indispensável a propositura de ação civil pública, em face de todos os agentes ímprobos, pleiteando, em face do agente colaborador, simples provimento declaratório da prática do ato de Improbidade Administrativa, na hipótese de colaborar, integralmente e no decorrer do devido processo legal, com os compromissos assumidos na colaboração. A 26ª Promotoria de Defesa do Patrimônio Público de Londrina, na Operação Publicano, assim tem se orientado, tal como tem ocorrido na Operação Lava Jato.

Enfatiza-se que essa providência jurisdicional, correspondente à submissão de provimento declaratório do Poder Judiciário é necessária, a um só tempo, porque inexiste expressa previsão da colaboração premiada na Lei de Improbidade Administrativa e, sobretudo, porque o colaborador precisa contribuir, necessariamente, durante a instrução da ação civil pública pela prática de Ato de Improbidade Administrativa, sob pena de não lhe ser aplicado o instituto de colaboração, analogicamente.

Conforme já enfatizado, se é certo que se confere ao Direito Penal a tutela dos valores de maior importância para o homem (tutela do bem jurídico penal), com a correspondente admissão de renúncia de parcela da pretensão punitiva Estatal, no âmbito da Colaboração Premiada (fins de investigação), não é menos certo que se admita, na Improbidade Administrativa, idêntica ordem de valoração e fundamentação.

Esteado nesses pressupostos, o eminente Desembargador Nilson Mizuta, do Egrégio Tribunal de Justiça do Estado do Paraná, acolheu a tese defendida pela 26ª Promotoria de Defesa do Patrimônio Público de Londrina, ao admitir a aplicação da colaboração premiada na Lei de Improbidade Administrativa. Neste sentido, observe:

> "AGRAVO DE INSTRUMENTO. AÇÃO CIVIL PÚBLICA POR ATO DE IMPROBIDADE ADMINISTRATIVA. DECRETO CAUTELAR DE INDISPONIBILIDADE DE BENS. DESDOBRAMENTOS CÍVEIS DA OPERAÇÃO PUBLICANO. RECEITA ESTADUAL. COLABORAÇÃO PREMIADA. UTILIZAÇÃO EM PROCESSO CÍVEL. POSSIBILIDADE. PRAZO EM DOBRO. LITISCONSORTE COM DIFERENTES PROCURADORES. INCIDÊNCIA DO ART. 191 DO CPC/1973. DECRETO CAUTELAR DE INDISPONIBILIDADE DE BENS FUMUS BONI IURIS. PRESENÇA. INDíCIOS DE MATERIALIDADE E AUTORIA. COMPLEXO ESQUEMA DE SUPOSTOS ATOS DE IMPROBIDADE ADMINISTRATIVA, CRIMES CONTRA A ADMINISTRAÇÃO PÚBLICA, TRIBUTÁRIOS E LAVAGEM DE ATIVOS, QUE GERARAM A UM SÓ TEMPO, ENRIQUECIMENTO ILÍCITO DE AGENTES PÚBLICOS E VULTUOSO PREJUÍZO AO ERÁRIO DO ESTADO, EM DECORRÊNCIA DA SONEGAÇÃO DE TRIBUTOS ESTADUAIS. PERICULUM IN MORA. PRESUNÇÃO. PROCEDIMENTO DOS PEDIDOS DE DESBLOQUEIO E SUBSTITUIÇÃO DE BENS INDISPONÍVEIS. AUTOS APARTADOS. PROCEDIMENTO ESPECIAL DE ALVARÁ. ART. 725, VII, DO NCPC/2015. POSSIBILIDADE. CELERIDADE E EFICIÊNCIA DA PRESTAÇÃO JURISDICIONAL.

1. A decisão recorrida estendeu-se demasiadamente sobre a questão, não justificando a assertiva de ausência de fundamentação que possa dar ensejo a sua nulidade.

2. Aquele que colabora de maneira importante com a investigação deve ter a pena diminuída, atenuada, ou até mesmo ser aplicado o perdão judicial, de acordo com a participação no ato de improbidade administrativa.

3. Os dispositivos processuais da LIA podem ser perfeitamente complementados pelo Código de Processo Civil e, da mesma forma, supridos pelo estatuto processual quando aquela lei apresentar lacunas.

4. "Tratando-se de processo em autos eletrônicos, passa a prever o § 2º, do artigo em comento a inaplicabilidade do prazo em dobro, o que se compreende dado que as dificuldades de disponibilidade dos autos físicos que justificavam o prazo estendido inexistem na hipótese de autos eletrônicos." (AMARAL, Guilherme Rizzo. Comentários às Alterações do Novo Código de Processo Civil, São Paulo: REVISTA DOS TRIBUNAIS, 2015, p.321).

5. Uma vez presente a fumaça do bom direito consubstanciado na prática de ato ímprobo, a decretação da indisponibilidade de bens do agravante era medida impositiva, com intuito resguardar o ressarcimento ao Erário, nos termos do art. 7º e parágrafo único da Lei nº 8.429/1992.

6. A medida constritiva de indisponibilidade de bens não está condicionada à comprovação de que o réu esteja dilapidando seu patrimônio, pois o periculum in mora é presumido pela mera existência de fundados indícios de responsabilidade na prática de ato de improbidade que cause dano ao Erário.

7. A adoção do procedimento especial de alvará para a liberação e/ou substituição de bens indisponíveis afigura-se razoável e nenhum prejuízo traz às partes, além de evitar tumulto processual ou desordem à correta instrução do feito principal por causa dos diversos incidentes a serem instalados em consequência do decreto de indisponibilidade de bens.

RECURSO NÃO PROVIDO.

(TJPR - 5ª C.Cível - AI - 1557374-9 - Região Metropolitana de Londrina - Foro Central de Londrina - Rel.: Nilson Mizuta - Unânime - J. 29.11.2016)

Por fim, nos termos da expressa disposição legal encartada no art. 17, § 2º da Lei de Improbidade Administrativa, eventuais ressarcimentos ao erário, estabelecidos na colaboração premiada, não impedirão à Fazenda Pública de buscar complementação de danos eventuais que repute devidos.

4. ANTECIPAÇÃO DA SANÇÃO – IMPROBIDADE ADMINISTRATIVA DE ESCASSA MAGNITUDE DO INJUSTO

É plenamente admissível, em decorrência do microssistema de proteção da probidade administrativa, que o titular da pretensão possa oferecer sanção antecipada ao autor da prática do injusto ímprobo, diante da escassa gravidade do fato ímprobo (desvalor de ação e de resultado).

Para tanto, exige-se a emissão de um criterioso juízo axiológico, por intermédio de uma análise concreta e coerente da necessidade/proporcionalidade de se propor ação civil pública pela prática de ato de improbidade administrativa, segundo a magnitude do injusto ímprobo (maior ou menor desvalor de comportamento e de resultado).

Nesse ambiente, é que se editou a Medida Provisória nº 703/2015[27], que expressamente revogou o §1º do art. 17 da Lei de Improbidade Administrativa, que vedava a transação, acordo ou conciliação nas ações de improbidade administrativa (embora essa medida provisória tenha perdido eficácia, porque não convertida em lei no prazo estatuído).

Afirmam os detratores da admissibilidade da "transação" na Improbidade Administrativa, que inexiste lei expressa que autorize a transação e que há indisponibilidade do patrimônio público, já que

[27] É induvidoso que a veiculação desta matéria, por intermédio de medida provisória, legitima questionamento de ordem constitucional, diante da expressa restrição encartada no art. 62, § 2º, inciso I, alíneas a da Constituição Federal, que veda a edição de medidas provisórias sobre matérias de direitos políticos. A concretização de atos de Improbidade Administrativa sujeita o autor a sanções que podem suspender direitos políticos, o que certamente estaria vedado pela regra constitucional. Não é este, entretanto, o local em que se enfrentará esta questão.

se trata de bem todos os cidadãos, razão pela qual seria inadmissível que o Ministério Público transacionasse, já que sua função na ação civil pública seria de simples substituto processual (tutela, em nome próprio, direito que não lhe assiste)[28].

Contudo, reputa-se plenamente conveniente e consentâneo com o regime jurídico-administrativo, que o Ministério Público possa, antes da propositura da ação, ou mesmo, durante sua tramitação, emitir um juízo de conveniência e oportunidade, com o propósito de antecipar a imposição das sanções decorrentes da prática de ato de improbidade administrativa, adequando a gravidade da sanção, segundo o postulado da proporcionalidade implicitamente resguardado no texto constitucional.

Não há, na espécie, disponibilidade do direito, mas simples antecipação da sanção, para fins de compatibilizá-la, a um só tempo, ao princípio da individualização da pena, proporcionalidade e eficiência, todos de jaez constitucional.

Nesse esteio, inexiste qualquer espécie de transação. Há, ao contrário, simples sanção antecipada, em que o titular da pretensão acusatória propõe a sanção que vislumbra aplicável à espécie. O agente ímprobo, por intermédio da autodefesa e defesa técnica, pode aceitar

---

[28] Esta orientação, todavia, olvida-se que a instituição do Ministério Público, nos termos do art. 127, caput, da Constituição Federal, tem como precípua função a defesa da ordem jurídica, do regime democrático e dos interesses sociais e individuais indisponíveis. Portanto, os Promotores e Procuradores de Justiça, no exercício do espectro de atribuições gizados pelo texto Constitucional, exercem funções públicas, estando jungidos ao cumprimento do regime jurídico administrativo. Nessa vertente, leciona Carlos Ari Sundfeld, em "Princípio da impessoalidade e abuso do poder de legislar", In Revista Trimestral de direito público, v. 05, 1994, que.."a atividade pública – cujo exercício é regulado pelo direito público – constitui função. Função, para o direito, é o poder de agir cujo exercício traduz verdadeiro dever jurídico, e que só se legitima, quando dirigido ao atingimento da específica finalidade, que gerou sua atribuição ao agente. O legislador, o administrador, o juiz, desempenham função: os poderes que receberam da ordem jurídica são de exercícios obrigatórios e devem necessariamente alcançar o bem jurídico que a norma tem em mira".Assim, não é crível que não se outorgue, aos legitimados constitucionalmente para cumprir seus misteres funcionais, que possuam um espectro de discricionariedade, para aferir, concretamente e segundo as balizas estabelecidas pelo regime-jurídico administrativo, as sanções que devem ser propostas, no âmbito da transação, ao agente público ímprobo.

ou não a proposta de sanção antecipada. A não aceitação implicará sua submissão ao devido processo legal, com os percalços a ele inerentes (longevidade do processo; alto custo; ao strepitus judicis, etc).

Assim, por intermédio de uma avaliação antecipada, fundada nas regras de experiência e esteada em um juízo axiológico da magnitude do injusto ímprobo (desvalor de ação e de resultado), impõe-se ao Promotor de Justiça analisar quais sanções seriam cabíveis ao agente, à vista dos princípios da proporcionalidade, da eficiência e da individualização da pena, todos garantidos pela Constituição Federal.

Após este juízo hipotético acerca da sanção aplicável à espécie, não se veda a proposição de uma sanção antecipada, já que esta antecipação estará em consonância com os princípios fundamentais da Constituição Federal.

Portanto, o maior desvalor de comportamento do agente ou de resultado é que permitirá ao órgão de execução do Ministério Público a propositura de uma das sanções encartadas no art. 12, da Lei de Improbidade Administrativa, segundo o princípio da proporcionalidade.

A antecipação da sanção ora preconizada estará compatível com o princípio da eficiência (art. 37, caput, CF), economicidade, individualização da sanção (art. 5º, inciso LXVI), proporcionalidade e razoabilidade. Assim, os órgãos de persecução do Estado, ao constatarem que o ato de improbidade administrativa possui significativa gravidade, sujeitarão os autores do fato ímprobo ao devido processo legal, nas hipóteses em que se verifique a necessidade/impossibilidade de resolver, de forma consensual, a ordem jurídica violada.

Explica-se. Não se vislumbra qualquer óbice, segundo os postulados do regime jurídico-administrativo, de se conferir, ao titular da pretensão acusatória decorrente dos atos de improbidade administrativa a possibilidade de aperfeiçoar com o agente ímprobo a respectiva antecipação das sanções decorrentes da prática dos atos ímprobos, segundo a necessidade da sanção, esteada no maior ou menor desvalor de ação e de resultado, com vistas a consecução do princípio da proporcionalidade, da individualização da pena e da eficiência.

Portanto, não há que se falar em transação da Improbidade Administrativa, já que, na espécie, inexistirá renúncia do Estado quanto a uma ou algumas das espécies de sanções, previstas no art. 12 da Lei n.º 8429/92[29].

A renúncia a uma, algumas ou todas as sanções decorrentes do ato de improbidade administrativa apenas será possível na transação decorrente da colaboração premiada, hipótese já tratada neste trabalho.

A Lei de Improbidade Administrativa estabeleceu uma ordem decrescente de valoração, ao descrever os atos de improbidade administrativa encartados nos arts. 9º, 10, 10-A e 11. Este paradigma legal, todavia, embora preceitue uma ordem decrescente de magnitude do injusto ímprobo (do maior para o menor), não é estanque, porque admite análises distintas e individualizadas, ainda que excepcionais.

Nesse esteio, há maior desvalor de ação e de resultado nos atos de improbidade administrativa que geram enriquecimento ilícito do agente (art. 9º), que causam lesão ao erário (art. 10) e que violam os princípios da Administração Pública (art. 11), via de regra. É induvidoso que, excepcionalmente, seja plenamente possível que o agente público/político tenha se enriquecido com valores ínfimos e com escasso desvalor de comportamento, o que não deveria afastar, em um juízo ex ante, a possibilidade de transação.

Registre-se que a concretização da sanção antecipada na Improbidade Administrativa constitui-se em meio capaz de antecipar a pretensão punitiva do Estado de maneira gradual (de acordo com o maior desvalor de ação e de resultado), o que, a um só tempo, é benéfico ao titular da pretensão acusatória, que terá a solução de sua pretensão de forma célere e eficaz, e ao agente ímprobo que, em razão da antecipação de sanção, não estará, durante muitos anos, vinculado a uma relação jurídica processual que se prolonga no tempo.

---

[29] Com muita propriedade, registre-se habitual, Cláudio Smirne Diniz e Eduardo Cambi, na tese a ser apresentada no Encontro Estadual do Ministério Público neste ano de 2017, "**Possibilidade de solução Extrajudicial de conflitos na área de proteção ao patrimônio Público e da Tutela da Probidade Administrativa**", desmistifica-se o dogma da indisponibilidade do direito no âmbito da Administração Pública, assim como estabelecem fundamentais distinções entre: ausência de improbidade; Improbidade de escasso desvalor de ação e de resultado e a possibilidade de transação na Improbidade Administrativa (v. g, com a colaboração premiada).

Nessa vertente, conclui-se plenamente possível a antecipação de sanção no âmbito da Lei de Improbidade Administrativa, desde que, para fins de imposição das sanções descritas no art. 12 da Lei n.º 8429/92, seja criteriosamente avaliada a escassa magnitude do injusto ímprobo.

Ao contrário, na hipótese de se constatar, por meio de um juízo antecipatório, que a natureza do injusto decorrente do ato de improbidade administrativa tem significativo desvalor de ação e resultado, que poderá ensejar sanções de perda da função pública ou da suspensão de direitos políticos, exige-se, na espécie, a sujeição do agente público/político ao devido processo legal, para que, apenas por intermédio do Estado-juiz, possam ser aplicadas as sanções de maior gravidade previstas na Lei n.º 8429/92.

Nesse sentido, o maior desvalor do comportamento do agente público acoimado de ímprobo, seu grau hierárquico na estrutura funcional, eventual dever de fiscalização, reiteração omissiva ou comissiva na prática das condutas ímprobas; maior ou menor enriquecimento ilícito são importantes componentes que devem ser avaliados no caso concreto, para se aquilatar o maior ou menor desvalor de comportamento funcional do agente.

De igual sorte, também será indispensável verificar o maior ou menor desvalor do resultado praticado pelo agente ímprobo, que se materializa na escassa ou significativa lesão ao bem jurídico protegido pela Administração Pública, na ampla acepção imposta pelo art. 39, caput, da Constituição Federal (de qualquer dos poderes da República). Assim, escassos danos ao erário, ínfimas ou isoladas lesões aos princípios que regem a Administração Pública deverão influir na maior ou menor imposição das sanções.

Tem-se que se reconhecer que o princípio da proporcionalidade, implicitamente albergado pela Constituição Federal, exigirá do agente Ministerial que sopese, fundados na magnitude do injusto (maior ou menor desvalor de ação ou de resultado), quais sanções deverão ser sugeridas ao agente público que violou as disposições disciplinadas pela Lei n.º 8429/92.

A antecipação da sanção decorrente do ato de improbidade administrativa dotado de escasso desvalor de ação e resultado, outrossim, exige uma necessária ponderação, no que pertine à possibilidade do Promotor de Justiça propor e do autor do fato ímprobo aceitar a sanção antecipadamente proposta, sem a intervenção do Poder Judiciário.

Poder-se-ia enfatizar que, na espécie, a atuação administrativa do Ministério Público durante a fase de investigação, propondo a sanção antecipada, excluiria da apreciação do Judiciário lesão ou ameaça de direito, nos termos do art. 5º, inciso XLV da CF.

É evidente que o Judiciário apenas é chamado a intervir nas hipóteses em que não ocorram a autocomposição. Nessa quadra, o Ministério Público, fundado em princípios constitucionais (eficiência; proporcionalidade; individualização da sanção; economicidade), tem o poder-dever de avaliar, concretamente, se o ato de improbidade administrativa é revestido da gravidade que legitima a busca de uma tutela judicial, para impor sanções decorrentes do Ato Ímprobo.

De outro lado, há plena liberdade de vontade do autor do fato ímprobo de aceitar a sanção antecipadamente imposta, desde que, é claro, esteja devidamente assistido por advogado. Respeita-se, assim, o princípio da ampla defesa, por intermédio da defesa técnica e autodefesa.

A dignidade da Pessoa Humana, postulado indispensável de um Estado de Direito democrático, também fundamenta autocomposição ora preconizada. Confere-se ao homem, por sua própria condição (ontológica), a plena capacidade de se autodeterminar, de forma responsável.

Luiz Regis Prado, ao se pronunciar sobre o conceito material da culpabilidade, enfatiza que "deve ser coerente com o conceito de ser humano que inspira o texto constitucional. A Carta Brasileira se funda em uma concepção do homem como pessoa, como ser responsável, capaz de se autodeterminar segundo critérios normativos". Continua, linhas a frente, enfatizando que "[...] o conceito de liberdade aqui manejado é um conceito normativo e não metafísico, conforme a Constituição. Nada mais claro. No Estado de Direito democrático e social, o predomínio do ser humano deve ser indiscutível; há de ser sempre o fim precípuo de toda atividade estatal. Trata-se de alicerçar, em termos substanciais, a culpabilidade no reconhecimento da dignidade humana, considerando-a como ser livre e responsável, valores imanentes à sociedade democrática"[30].

Assim, não é crível que a ordem jurídica, fundada em valores imanentes de um Estado de Direito Democrático, cujo postulado é a dignidade da pessoa humana, não confira a capacidade do homem de se autodeterminar (o que está contido no princípio da ampla defesa), avaliando concretamente se quer ou não aceitar uma sanção antecipadamente proposta pelo Estado acusação, em decorrência da prática de um ato ilícito (ato de improbidade administrativa de escassa magnitude do injusto).

Ademais, há inúmeras disposições legais que admitem que órgãos integrantes da Administração Indireta possam propor sanções, sem a intervenção do órgão jurisdicional, o que reforça, ainda mais, os argumentos ora defendidos (possibilidade do Ministério Público propor, no âmbito da Investigação, sanção antecipada), como a hipótese do art. 16, § 2º da Lei Anticorrupção[31], em que há expressa admissão de se excluir do Judiciário a imposição de determinadas sanções à pessoa jurídica que aperfeiçoou acordo de leniência com a autoridade de cada órgão lesado.

O ilícito de natureza tributária também trata-se de importante exemplo, já que admite que o autor do fato ilícito cumpra a obrigação tributá-

---

30 PRADO, Luiz Regis. Curso de Direito Penal Brasileiro, 6ª ed., rev., atual e ampl., São Paulo: Editora Revista dos Tribunais, 2006, p. 420.

31 Art. 16. A autoridade máxima de cada órgão ou entidade pública poderá celebrar acordo de leniência com as pessoas jurídicas responsáveis pela prática dos atos previstos nesta Lei que colaborem efetivamente com as investigações e o processo administrativo, sendo que dessa colaboração resulte: 2º A celebração do acordo de leniência isentará a pessoa jurídica das sanções previstas no inciso II do art. 6º e no inciso IV do art. 19 e reduzirá em até 2/3 (dois terços) o valor da multa aplicável. rt. 19. Em razão da prática de atos previstos no art. 5º desta Lei, a União, os Estados, o Distrito Federal e os Municípios, por meio das respectivas Advocacias Públicas ou órgãos de representação judicial, ou equivalentes, e o Ministério Público, poderão ajuizar ação com vistas à aplicação das seguintes sanções às pessoas jurídicas infratoras: IV - proibição de receber incentivos, subsídios, subvenções, doações ou empréstimos de órgãos ou entidades públicas e de instituições financeiras públicas ou controladas pelo poder público, pelo prazo mínimo de 1 (um) e máximo de 5 (cinco) anos.

ria imposta administrativamente, pagando a multa decorrente da prática do injusto tributário. Nesta hipótese, demonstra-se a plena comunicabilidade das searas administrativas e judicial, já que o pagamento administrativo implica extinção da punibilidade do injusto penal.

Anote-se que as ponderações ora tratadas são endereçadas a antecipação da sanção decorrente do ato de improbidade administrativa dissociada de qualquer compromisso de colaboração premiada aperfeiçoado entre o Ministério Público e autor do fato ímprobo.

Nessa hipótese, não se vislumbra incompatível que o Ministério Público, titular da investigação e co-legitimado da propositura de ação civil pública pela prática de ato de Improbidade Administrativa, proponha, à defesa técnica, sanções antecipadas decorrentes do tipo de Injusto Ímprobo, desde que referidas sanções propostas não se exija, necessariamente, a intervenção do Poder Judiciário, para gerar seus necessários efeitos. Assim, não se admitiria a antecipação da sanção de perda da função pública e de suspensão dos direitos políticos.

5. MINISTÉRIO PÚBLICO DO ESTADO DO PARANÁ: ANTECIPAÇÃO DA SANÇÃO DECORRENTE DO ATO DE IMPROBIDADE ADMINISTRATIVA E TRANSAÇÃO NA COLABORAÇÃO PREMIADA.

O Conselho Superior do Ministério Público do Estado do Paraná, por intermédio de seu Presidente, Procurador-Geral de Justiça Ivonei Sfoggia, editou a Resolução n.º 01/2017, segundo a qual se admite o acordo de leniência na Improbidade Administrativa (leia-se: antecipação da sanção decorrente do Ato ímprobo) e a transação decorrente da Colaboração Premiada, em indisfarçável decisão político-institucional vocacionada a uma interpretação racional do direito administrativo, sempre voltada à consecução dos princípios da eficiência, da proporcionalidade e da probidade no âmbito da Administração Pública.

Não se olvida que o Ministério Público Paranaense (e outras instituições que, induvidosamente, seguirão idêntica orientação) terá um longo caminho a ser perseguido, já que se fará necessário estabelecer critérios objetivos de aferição do maior ou menor desvalor de ação e de resultado.

Esses referenciais, fruto de discussões e experiências dos Promotores e Procuradores de Justiça com atribuições na Defesa do Patrimônio Público, servirão de ótimo paradigma para as antecipações de sanções a serem ofertadas ao agente ímprobo.

A coragem inovadora do Ministério Público do Estado do Paraná merece ser reconhecida. É fato, todavia, que se utilizou, no art. 3º da referida Resolução, a expressão "ilícito de menor potencial ofensivo", para expressar os atos de improbidade administrativa dotados de escasso desvalor de ação/resultado, passíveis de antecipação de sanção.

O conceito de menor potencial ofensivo, entretanto, evoca determinados princípios de direito penal inaplicáveis para o Direito Administrativo sancionador. Assim, o princípio da insignificância, que segundo orientação majoritária da doutrina e jurisprudência, torna a conduta materialmente atípica, talvez seja o exemplo mais expressivo.

Dessa forma, para dimensionar a magnitude do injusto decorrente do ato de improbidade administrativa, exige-se investigar o maior ou menor desvalor de ação e de resultado. Não se diga que estes conceitos são indeterminados, ou demasiadamente fluídos, já que, de igual modo, a expressão "menor potencial ofensivo" também admite idêntica fluidez conceitual.

Para que o Ministério Público avalie as sanções a serem pleiteadas, no âmbito da transação, exige-se a emissão de um juízo de valoração acerca do fato ímprobo.

Por outro lado, a Resolução n.º 01/2017 também admitiu a Colaboração Premiada nos Atos de Improbidade Administrativa, desde que cumpridas as condições encartadas neste ato normativo. Mais uma vez, a Instituição Paranaense atuou na vanguarda quanto ao enfrentamento do combate à corrupção.

Seguindo idêntica orientação do Ministério Público Paranaense, o Conselho Nacional do Ministério Público, em data de 26 de julho de 2017, editou a Resolução n.º 179/2017, com o propósito de regulamentar o § 6º do art. 5º, da Lei n.º 7347/85, que trata do compromisso de ajustamento de conduta.

No âmbito desse ato normativo, o Conselho Nacional admitiu, no art. 1º, § 2º, a possibilidade de se firmar compromisso de ajustamento de conduta nas hipóteses configuradoras de Improbidade Administrativa, sem prejuízo do ressarcimento ao erário e da aplicação de uma ou algumas das sanções previstas em Lei, de acordo com a conduta ou ato praticado (expressões utilizadas no referido ato normativo).

A redação aprovada pelo Conselho Nacional do Ministério Público, embora inovadora, merece algumas críticas em razão de sua elasticidade e total falta de objetividade que deve nortear a atividade ministerial.

Não se exigiu, como pressuposto da transação (leia-se, sanção antecipada, conforme esposado linhas atrás), escasso desvalor de comportamento ou de resultado, o que poderá propiciar desarrazoados termos de ajustamento de condutas desconectados com a magnitude do tipo de injusto ímprobo.

6. COLABORAÇÃO PREMIADA E ANTECIPAÇÃO DA SANÇÃO: DOSIMETRIA

Nos termos do art. 12, incisos I, II, III, e IV da Lei 8.429/1992, a aplicação das referidas sanções deve considerar as circunstâncias do caso, a fim de se estabelecer "uma relação de adequação entre o ato e a sanção, sendo esta suficiente à repressão e à prevenção da improbidade"[32].

Para cumprir tal mister, outorga-se ao magistrado, de acordo com seu livre convencimento motivado, o poder-dever de estabelecer a pena aplicável à espécie, segundo o postulado da proporcionalidade garantido pela Constituição Federal, que exige, a um só tempo, a imposição de uma sanção adequada e suficiente para prevenir e reprimir os atos de improbidade administrativa".

Para imposição de uma sanção adequada e suficiente do ato de improbidade administrativa, recomenda Fábio Osório Medina uma percuciente análise do tipo de injusto de improbidade administrativa, decomposto de desvalor de ação e desvalor de resultado, observando que:

---

[32] GARCIA, Emerson; ALVES, Rogério Pacheco. Improbidade Administrativa. 7 ed. Lúmen Júris, 2013.

> "Para a reprovação de uma conduta, interessa não só a vontade na ação, mas também seus efeitos [...].
>
> Deve-se ter em conta a finalidade protetiva da norma, assim como a vontade do autor.
>
> Um olhar aos atos de improbidade – atos ilícitos em geral – põe de manifesto que o conteúdo do modelo de conduta proibida não vem dado exclusivamente pela lesão ou pela exposição a perigo (uma espécie de lesão formal), do objeto do tipo, mas também pelo modo e forma da realização do fato, a estrutura formal da transgressão. Essa dinâmica é aberta, e permite amplos espaços de valoração por parte do intérprete, em busca do juízo fundamentado de censura. Semelhante panorama releva que a ação ou omissão ilícitas devem submeter-se a um juízo de desvalor ético-normativo, redundando na configuração do suporte para incidência da norma tipificatória da improbidade"[33].

Portanto, a individualização das sanções decorrentes do Ato de Improbidade Administrativa é permeada, necessariamente, pela emissão de juízo de valor, negativo, da ação típica (desvalor de ação) e de resultado (lesão ao bem jurídico tutelado), para majorar ou minorar as consequências dos atos ímprobos praticados pelo agente público.

Assim, para estabelecer os pressupostos de imputação do tipo de injusto exige-se[34]:

> "os componentes pessoais do sujeito desempenham um papel importante na qualificação do grau de reprovação do fato proibido, cada vez mais presentes no ato interpretativo que define e institucionaliza normas sancionatórias. As características pessoais do agente, sua posição funcional, seu papel no marco do funcionamento da Administração Pública podem ter lugar como elementos relevantes desde a perspectiva do modelo normativo de conduta proibida, no plano institucional concreto, ainda que não venham expressas nos dispositivos pertinentes".

Nessa vertente, as características pessoais do agente público, assim como sua posição hierárquica na estrutura organizacional, são

---

33 OSÓRIO, Fábio Medina, Teoria da Improbidade Administrativa: má gestão pública, corrupção e ineficiência, São Paulo: Editora Revista dos Tribunais, 2007, p. 286.

34 Ibidem, p. 241.

fatores indispensáveis para sopesar, a maior ou menor, a responsabilidade do agente público.[35]

Emerson Garcia, com costumeira propriedade, colaciona lição de Marcelo Caetano quanto à responsabilização disciplinar de agentes públicos, no sentido de que:

> "devem ser consideradas as circunstâncias agravantes, com influência imediata na fixação da dosimetria das sanções a serem aplicadas ao agente, a produção efetiva de resultados prejudiciais ao serviço, ao interesse geral ou a terceiros nos casos em que fosse previsível como efeito necessário da conduta; a intenção de produzir esses resultados; a premeditação; a combinação ou coligação com outras pessoas para a prática do fato; o ser praticado durante o cumprimento de pena disciplinar; a reincidência; a acumulação de infrações; a publicidade do fato provocada pelo próprio agente; a prática depois de advertido por outro funcionário do caráter ilícito do fato; a categoria superior e o nível intelectual e de cultura, etc, sendo atenuantes, "...o bom comportamento anterior do agente; o ter prestado serviços relevantes; a confissão espontânea do fato, a provocação de superior hierárquico, o ter sido praticado o acatamento de boa fé de ordem de superior a que não fosse devida obediência".[36]

Estes são, via de regra, os delineamentos gerais da dosimetria das sanções na Lei de Improbidade Administrativa. Para fins de aplicação da colaboração premiada, na Lei de Improbidade Administrativa, exige-se do magistrado, com atuação no juízo cível, que emita um juízo axiológico, destinado a adequar as regras de redução, isenção e não imputação, previstas na Lei Penal n.º 12850/2013.

Deve o magistrado, a toda evidência, resguardar os pressupostos distintos quanto à constituição dos injustos penal e de improbidade administrativa, especialmente no que se refere à natureza da sanção, como sua individualização. Portanto, a norma penal incriminadora, por conter um mínimo e máximo, admite uma graduação do injusto, segundo maior ou menor desvalor de ação e resultado.

---

[35] OSÓRIO, FÁBIO Medina, ob. cit., p. 241.

[36] GARCIA, Emerson; ALVES, Rogério Pacheco. Improbidade Administrativa. 7 ed. Lúmen Júris, 2013, p. 698/699.

De igual sorte, o tipo de injusto decorrente do ato de Improbidade Administrativa também admite mensuração. Conforme já acentuado, duas hipóteses poderão ocorrer:

- uma – sendo mera antecipação da sanção, deve-se escolher, esteado na magnitude do injusto (desvalor de ação e de resultado), qual (is) espécie (s) de sanção será aplicável.

Note-se que há um importante problema a ser dirimido. Com efeito, sendo a antecipação da sanção concretizada no âmbito do devido processo legal (após a propositura da ação civil pública pela prática do Ato de Improbidade Administrativa), basta que, nos termos do art. 487, inciso II, do Código de Processo Civil, o juízo profira uma sentença, com resolução de mérito, pelo reconhecimento da procedência do pedido.

O problema reside, entretanto, para se propor uma sanção antecipada, durante fase de investigação realizada pelo Ministério Público.

Assim, poderá órgão de execução do Ministério Público fazer um Termo de Ajustamento de Conduta, em que se propõe a sanção antecipada (à vista do escasso desvalor de ação e de resultado, conforme já salientado), mediante a expressa aceitação do agente ímprobo, devidamente representado por advogado (defesa técnica).

Ato contínuo, caso seja exigência institucional, conforme a Resolução n.º 01, do Estado do Paraná, deverá submeter este Termo de Ajustamento de Conduta ao Órgão Superior (no Ministério Público do Estado do Paraná, é o Conselho Superior do Ministério Público), para a devida homologação.

- duas - na hipótese de Colaboração Premiada na Improbidade Administrativa, é possível, fundado na necessidade da investigação ou nos pressupostos estabelecidos na Lei Penal referencial (Lei n.º 12850/2013), optar por uma, algumas ou mesmo pela ausência de sanção, após a necessária contribuição, durante o devido processo legal, do réu colaborador. O Judiciário, ao final do processo, deverá avaliar a concreta contribuição do colaborador, para fins de mensuração das sanções que serão devidas. Se a colaboração premiada for firmada antes da propositura da ação de Improbidade Administrativa, faz-se necessário submeter à análise e controle ao Conselho Superior do Ministério Público, para homologação.

7. CONCLUSÕES

O Estado, por intermédio de seus órgãos de persecução e julgamento, deve estar apto para apreciar e julgar os delitos de corrupção pública, valendo-se de provas diretas e indiretas, esteado em uma valoração probatória assentada no livre convencimento motivado do órgão jurisdicional.

Não é crível que, em razão dos avanços tecnológicos e científicos disponíveis às organizações criminosas e das dificuldades probatórias nos crimes de corrupção pública, que os órgãos jurisdicionais exijam, para proferir decreto condenatório, a apresentação de provas diretas para se comprovar delitos que ocorrem na clandestinidade, já que esta exigência é resquício de um sistema de prova tarifada não albergada pelo art. 5º, LVI, da Constituição Federal, além de não se coadunar com a natureza das coisas (o que redundaria em verdadeira prova diabólica, impossível de se demonstrar).

A prova indiciária (espécie de prova indireta), nos delitos que via de regra não deixam vestígios, é o caminho possível para que o órgão julgador possa processar e julgar intrincados esquemas de corrupção pública e lavagem de ativos submetidos à sua apreciação.

A colaboração premiada, aperfeiçoada entre Ministério Público e réu colaborador, em cotejo com as regras da experiência (presunções "hominis"), e o amplo espectro de provas indiretas, certamente servirão de indispensáveis elementos e meio de obtenção de provas, disponibilizados ao julgador, no âmbito do devido processo legal.

Embora não passem desapercebidos os fatores que conferem individualidade ao Direito Penal e à Lei de Improbidade Administrativa, capítulo do Direito Administrativo Sancionador, tem-se que reconhecer que as aproximações que estes microssistemas encerram torna plenamente admissível a aplicação, nos tipos de injusto decorrentes dos Atos de Improbidade Administrativa, do microssistema do direito penal que permitiu a colaboração premiada, porque:

- parte-se de um mesmo ilícito – ato de corrupção pública – em que o microssistema que tutela os bens jurídicos fundamentais do homem, admite a colaboração premiada, como importante instrumento conferido aos órgãos de persecução do Estado;

- se o direito penal, microssistema do direito cuja finalidade é a proteção do bem jurídico de maior importância do direito, admite a colaboração premiada como forma de desbaratar o avanço do crime organizado; estimular que autores do fato delituoso se arrependam e contribuam para que os órgãos de persecução do Estado minimizem os nefastos efeitos da corrupção que assola o país, conclui-se que, partindo de idênticas premissas, deve-se acometer ao direito administrativo sancionador, notadamente a Lei de Improbidade Administrativa, valer-se de idêntico instituto jurídico (colaboração premiada), para a consecução de idêntica finalidade;

- a Lei Anticorrupção nº 12.486/2013 admitiu, no âmbito do Direito Administrativo, o instituto do acordo de leniência, que autoriza a autoridade máxima de cada órgão ou entidade pública celebrar acordo com as pessoas jurídicas que colaborem efetivamente com as investigações e o processo administrativo. Este acordo de leniência é, em última análise, a colaboração premiada para pessoas jurídicas.

Portanto, a Lei Anticorrupção, embora restrinja a utilização do acordo de leniência e os seus benefícios às pessoas jurídicas, é certo que o diálogo das fontes confere ao intérprete flexibilidade e dinamismo na aplicação e interpretação de variadas normas jurídicas, a fim de que seja alcançada a finalidade de proteção de direitos fundamentais assegurados na Constituição Federal.

Nesse sentido, é aplicável a colaboração premiada à Lei de Improbidade Administrativa, sendo passível a redução, ou mesmo não aplicação das sanções decorrentes do ato ímprobo, segundo a maior ou menor importância da colaboração, para os fins da investigação.

Não há necessidade que as sanções sugeridas na colaboração premiada sejam cumulativamente impostas (mas, registre-se: o grande desvalor de ação e de resultado, poderá ensejar a proposição de cumulação de todas as sanções, o que pode não ser vantajoso ao agente ímprobo, que terá plena liberdade de vontade, de aceitar ou não os termos sugeridos pelo titular da pretensão acusatória), segundo expressamente admite o art. 12, caput, da Lei n.º 8429/92, já que referidas sanções devem estar conectadas com a natureza do fato ímprobo e com a magnitude do injusto.

Para concretizar o compromisso de colaboração premiada, no âmbito da Improbidade Administrativa, reputa-se indispensável a propositura de ação civil pública, em face de todos os agentes ímprobos, pleiteando, em face do agente colaborador, simples provimento declaratório da prática do ato de Improbidade Administrativa, na hipótese de colaborar, integralmente e no decorrer do devido processo legal, com os compromissos assumidos na colaboração.

É compatível com o regime jurídico-administrativo a antecipação da sanção decorrente do Ato de Improbidade Administrativa, à vista de criteriosa avaliação da magnitude do injusto (desvalor de ação e de resultado).

Ao se antecipar a sanção de Ato de Improbidade Administrativa de escasso desvalor, atende-se, a um só tempo, os princípios constitucionais da eficiência; individualização da sanção, proporcionalidade e economicidade.

O desvalor do comportamento do agente público é aferido pelo grau hierárquico na estrutura funcional, eventual dever de fiscalização, reiteração omissiva ou comissiva na prática das condutas ímprobas; maior ou menor enriquecimento ilícito do agente.

O desvalor do resultado materializa-se na escassa ou significativa lesão ao bem jurídico protegido pela Administração Pública, na ampla acepção imposta pelo art. 39, caput, da Constituição Federal (de qualquer dos poderes da República). Assim, escassos danos ao erário, ínfimas ou isoladas lesões aos princípios que regem a Administração Pública deverão influir na maior ou menor imposição das sanções.

REFERÊNCIAS BIBLIOGRÁFICAS

ARAÚJO, Luiz Alberto David. Curso de Direito Constitucional; 12. Ed. São Paulo: Saraiva, 2008.

ATALIBA, Geraldo. República e Constituição. 2 ed., 2 tiragem, São Paulo: Malheiros, 2001.

AZEVEDO, David Teixeira de. A colaboração Premiada num Direito Ético. Revista dos Tribunais, São Paulo, v. 771, p.448-453, jan. 2000.

BARROSO, Luiz Roberto. Neoconstitucionalismo e constitucionalização do direito: o triunfo tardio do direito constitucional no Brasil. Revista da Emerj, Rio de Janeiro, v. 9, n.33, p.43-92, 2009.

BRESSER-PEREIRA, Luiz Carlos. Cidadania e Res Publica: A emergência dos direitos republicanos. Revista de Filosofia Política - Nova Série, Porto Alegre, v. 1, p.91'9-144, 1997.

Carlos Ari Sundfeld, em "Princípio da impessoalidade e abuso do poder de legislar", In Revista Trimestral de direito público, v. 05, 1994

CASTRO, Renato de Lima e GUARAGNI, Fabio Andre (Coord.) e CAMBI, Eduardo (Org.). Ministério Público: Prevenção, Modelos de atuação e a tutela dos direitos fundamentais. Belo Horizonte: Editora Del Rey, 2014. 364 p.

DALLAGNOL, Deltan Martinazzo. As lógicas das Provas no Processo Penal: Prova Direta, Indícios e Presunções. Porto Alegre: Livraria do Advogado, 2015. 361 p.

DINIZ, Cláudio Smirne; ROCHA, Mauro Sérgio; CASTRO, Renato de Lima (Org.). Aspectos Controvertidos da Lei de Improbidade Administrativa: Uma análise crítica a partir dos julgados dos Tribunais Superiores. Belo Horizonte: Editora del Rey, 2016. 317 p.

ESSADO, Tiago Cintra. Delação Premiada e Idoneidade Probatória: Plea bargaining and suitability of evidence. Revista Brasileira de Ciências Criminais, São Paulo, v. 101, p.203-227, mar./abr. 2013.

FERNANDES, Antonio Scarance. O Equilíbrio entre a Eficiência e o Garantismo e o Crime Organizado. Doutrinas Essenciais de Direito Penal Econômico e da Empresa, São Paulo, v. 6, p.741-774, jul. 2011.

FERNANDES, Antonio Scarance; ESSADO, Tiago Cintra. Corrupção: aspectos processuais. Doutrinas Essenciais de Direito Penal Econômico e da Empresa, São Paulo, v. 4, p.265-284, jul. 2011.

GARCIA, Emerson; ALVES, Rogério Pacheco. Improbidade Administrativa. 7 ed. Lúmen Júris, 2013

GAVIÃO, Juliana Venturella Nahas. A proibição de proteção deficiente. Revista do Ministério Público do Rs, Porto Alegre, n. 61, p.93-111, maio./out. 2008.

GOMES, Luiz Flávio. A Impunidade da Macrodelinquência Econômica desde a perspectiva criminológica da Teoria da Aprendizagem. Doutrinas Essenciais de Direito Penal Econômico e da Empresa, São Paulo, v. 1, p.627-646, jul. 2011.

KREMPEL, Luciana Rodrigues. O Crime de Colarinho Branco: Aplicação e eficácia da pena privativa de liberdade.Doutrinas Essenciais de Direito Penal, São Paulo, v. 8, p.841-867, out. 2010.

LATORRE, Ignacio Berdugo Gómez de; BECHARA, Ana Elisa Liberatore S.. O Controle da Corrupção: a experiência espanhola. Revista dos Tribunais, São Paulo, v. 947, p.359-383, set. 2014.

LUZ, Yuri Corrêa da. O Combate à Corrupção entre Direito Penal e Direito Administrativo Sancionador. Doutrinas Essenciais de Direito Penal Econômico e da Empresa, São Paulo, v. 4, p.1079-1120, jul. 2011.

MARTINS JÚNIOR, Wallace Paiva; TEBET, Mário Antonio de Campos. Aspectos penais da Improbidade Administrativa: uma forma de crime organizado. Doutrinas Essenciais de Direito Administrativo, São Paulo, v. 7, p.1349-1357, nov. 2012.

MELLO, Celso Antônio Bandeira de. Curso de Direito Administrativo. 17. ed. São Paulo: Malheiros, 2004. 960 p.

MENDONÇA, Andrey Borges de., Roteiro de Colaboração Premiada, São Paulo: Mimeo, 2012

MICHAELIS. Moderno Dicionário da Língua Portuguesa. Disponível em: <http://michaelis.uol.com.br/moderno/portugues/index.php>. Acesso em: 14 jun. 2016.

NEIVA, José Antonio Lisbôa. Improbidade Administrativa: Legislação comentada artigo por artigo - Doutrina, Legislação e Jurisprudência. 4. ed. Niterói: Impetus, 2013. 401 p.

OSÓRIO, Fábio Medina. Teoria da Improbidade Administrativa: Má gestão pública, corrupção, ineficiência. São Paulo: Revista dos Tribunais, 2007. 574 p.

OSÓRIO, Fábio Medina. Teoria da Improbidade Administrativa: Má gestão pública, corrupção, ineficiência. 3. ed. rev., atual. São Paulo: Revista dos Tribunais, 2013. 430 p.

PEREIRA, Frederico Valdez. Compatibilização Constitucional da Colaboração Premiada. Revista dos Tribunais, São Paulo, v. 929, p.319-343, mar. 2013.

PEREIRA, Frederico Valdez. Valor Probatório da Colaboração Processual (delação premiada). Revista Brasileira de Ciências Criminais, São Paulo, v. 77, p.175-201, mar./abr. 2009.

PIMENTEL, Manoel Pedro. O Crime de Colarinho Branco. Doutrinas Essenciais de Direito Penal Econômico e da Empresa, São Paulo, v. 2, p.437-463, jul. 2011.

ROSSETTO, Patrícia Carraro. O Combate à Corrupção Pública e a Criminalização do Enriquecimento Ilícito na Ordem Normativa Brasileira. Doutrinas Essenciais de Direito Penal Econômico e da Empresa, São Paulo, v. 4, p.915-979, jul. 2011.

SANCTIS, Fausto Martin de. Lei Anticorrupção e Lavagem de Dinheiro. Revista dos Tribunais, São Paulo, v. 947, p.213-235, set. 2014.

SARLET, Ingo Wolfgang. Constituição e Proporcionalidade: O direito penal e os direitos fundamentais entre proibição de excesso e insuficiência. 2005. Disponível em: <www.mundojuridico.adv.br>. Acesso em: 10 maio 2016.

SOUZA, Artur César de. Nova Hermenêutica para os crimes de Colarinho Branco: Crimes contra a ordem tributária, econômica e financeira. Revista Tributária e de Finanças Públicas, São Paulo, v. 96, p.319-332, jan./fev. 2011.

FAZZIO JÚNIOR, Waldo. Improbidade administrativa- doutrina, legislação e jurisprudência. São Paulo: Editora Atlas. 2012.

RESOLUÇÃO N.º 01/2017

Estabelece parâmetros procedimentais e materiais a serem observados para a celebração de composição, nas modalidades compromisso de ajustamento de conduta e acordo de leniência, envolvendo as sanções cominadas aos atos de improbidade administrativa, definidos na Lei 8.429, de 02.06.1992, e aos atos praticados contra a Administração Pública, definidos na Lei 12.846, de 01.08.2013, no âmbito do Ministério Público do Estado do Paraná.

O **CONSELHO SUPERIOR DO MINISTÉRIO PÚBLICO DO ESTADO DO PARANÁ**, no uso das atribuições que lhe confere o art. 28 da Lei Complementar Estadual n.º 85, de 27.12.1999; e o art. 9º, § 3º, da Lei 7.347, de 24.07.1985, e,

CONSIDERANDO incumbir ao Ministério Público, segundo o art. 127 da Constituição Federal, a defesa da ordem jurídica, do regime democrático e dos interesses sociais e individuais indisponíveis, bem como ser sua função, em consonância com o art. 129, inc. III, da CF, promover o inquérito civil e a ação civil pública, para a proteção do patrimônio público e social;

CONSIDERANDO que a Lei 7.347, de 24.07.1985, secundando a Constituição de 1988, em seu art. 5º, inc. I, legitima o Ministério Público a propor a ação principal e a ação cautelar, bem como no § 6º do mesmo dispositivo define que os órgãos públicos legitimados – dentre os quais, naturalmente, o Ministério Público – poderão tomar dos interessados compromisso de ajustamento de sua conduta às exigências legais, mediante cominações, que terá eficácia de título executivo extrajudicial;

CONSIDERANDO que a Lei 12.846, de 01.08.2013, que dispõe sobre a responsabilidade administrativa e civil de pessoas jurídicas pela prática de atos contra a Administração Pública, prevê expressamente a composição, por meio do instituto do acordo de leniência, nas hipóteses em que, uma vez reparado o dano, haja a identificação dos agentes perpetuadores do ilícito;

CONSIDERANDO que a Lei 12.529, de 30.11.2011, que estrutura o Sistema Brasileiro de Defesa da Concorrência, em seu art. 86, permite a celebração de acordo de leniência, com pessoas físicas e jurídicas que forem autoras de infração à ordem econômica, desde que colaborem efetivamente com as investigações e o processo administrativo, mediante o atendimento dos requisitos definidos no mencionado diploma legal;

CONSIDERANDO que a interpretação constitucional do art. 16, da Lei 12.846, de 1º.08.2013, autoriza o Ministério Público a firmar no bojo do inquérito civil ou procedimento preparatório composição para o fim de celebrar acordo de leniência com as pessoas jurídicas responsáveis pela prática dos atos lesivos contra a Administração Pública, que colaborem efetivamente com as investigações;

CONSIDERANDO a deliberação tomada pelo e. Colégio de Procuradores de Justiça, em 20.09.2016, no sentido de ser admissível a realização de composição, em caráter excepcional, em matérias que envolvam a prática de atos de improbidade administrativa, definidos na Lei 8.429, de 02.06.1992, e atos praticados contra a Administração Pública, definidos na Lei 12.846, de 01.08.2013;

CONSIDERANDO que a Emenda Constitucional nº 45, de 30.12.2004, conhecida como Reforma do Judiciário, acrescentou ao rol dos direitos fundamentais o princípio da celeridade e da razoável duração do processo (CF, art. 5.º, LXXVIII), indicando, dentre outros, a necessidade de criação de meios alternativos de solução de conflitos, evitando-se, tanto quanto possível, a propositura de demandas judiciais que, muitas vezes, tramitam por longos períodos e não atingem o êxito pretendido;

CONSIDERANDO que o direito à probidade administrativa situa-se dentro do microssistema de tutela dos direitos coletivos, impondo-se, quanto à estruturação dos mecanismos para a proteção coletiva do referido direito, a aplicação sistemática dos diferentes diplomas que compõem esse microssistema, obedecendo-se os preceitos do direito fundamental ao justo e apropriado processo e aplicando-se, no que for pertinente, o diploma base do direito processual para a solução das controvérsias advindas dessa estruturação;

CONSIDERANDO que, no caso concreto, a análise do ato de improbidade administrativa, sob a perspectiva da extensão do dano, da gravidade do fato e do proveito patrimonial obtido, à luz dos princípios constitucionais da proporcionalidade, da razoabilidade e da eficiência, poderá levar à conclusão da suficiência de eventual ressarcimento ao erário, cumulado ou não com outras sanções, como resposta do Estado ao ilícito praticado (STJ. AgRg no Agravo em Recurso Especial nº 126.660–SC. Rel. Min. Napoleão Nunes Maia Filho. J. 04.09.2014);

CONSIDERANDO que as inovações legislativas trazidas pelo § 4º do art. 36 da Lei 13.140, de 26.06.2015, interpretadas à luz das novas diretrizes estabelecidas pelo novo Código de Processo Civil (Lei 13.105, de 16.03.2015), levam à conclusão de que, a despeito do inicialmente previsto no § 1º do art. 17 da Lei 8.429/92, o ordenamento jurídico, em certas situações, autoriza o Ministério Público a celebrar compromisso de ajustamento de conduta em relação às sanções cominadas aos atos de improbidade administrativa, definidos na Lei 8.429, de 02.06.1992, e aos atos praticados contra a Administração Pública, definidos na Lei 12.846, de 01.08.2013, de forma tal que se assegure a probidade na Administração Pública, porém mediante instrumentos dotados de maior efetividade e adequação às peculiaridades contemporâneas;

CONSIDERANDO que, nessa mesma linha de raciocínio, a denominada Carta de Brasília, concebida no âmbito do Conselho Nacional do Ministério Público, reconhece que "*se faz necessária uma revisitação da atuação jurisdicional do Ministério Público, de modo a buscar a proatividade e a resolutividade da Instituição e, ao mesmo tempo, evitar a propositura de demandas judiciais em relação às quais a resolução extrajudicial é a mais indicada*", enfatizando-se para tanto que "*os mecanismos de atuação extrajudicial são plurais e não taxativos*";

CONSIDERANDO que o compromisso de ajustamento de conduta e o acordo de leniência, mediante a observância de critérios legais, reprisados neste ato, além das vantagens decorrentes da celeridade e da eficiência, possibilitam a obtenção de resultado similar ou até mesmo melhor àquele que, potencialmente, poderia ser obtido em Juízo;

CONSIDERANDO que, em qualquer hipótese, preserva-se a indisponibilidade do interesse público, pois as aludidas modalidades condicionadas de composição pressupõem: i) o compromisso de recomposição do dano patrimonial causado; e, ii) a imposição de uma ou mais sanções cominadas ao caso, quando a devolução dos valores recebidos indevidamente ou o ressarcimento do dano não se mostrarem suficientes à repressão e à prevenção;

CONSIDERANDO que o compromisso de ajustamento de conduta e o acordo de leniência, tanto na fase pré-processual, quanto na fase judicial, submetem-se ao controle do Conselho Superior do Ministério Público, o que decorre da interpretação analógica do § 1º do art. 9º da Lei 7.347, de 24.07.1985;

RESOLVE

Do objeto da Resolução

Art. 1.º. As tratativas prévias e a celebração de compromisso de ajustamento de conduta e acordo de leniência envolvendo as sanções cominadas aos atos de improbidade administrativa, definidos na Lei 8.429, de 02.06.1992, e aos atos praticados contra a Administração Pública, definidos na Lei 12.846, de 01.08.2013, no âmbito do Ministério Público do Estado do Paraná, deverão observar os parâmetros procedimentais e materiais previstos na presente Resolução.

Das hipóteses de composição

Art. 2.º. O compromisso ou o acordo regulados por esta resolução, poderá ser celebrado, tanto na fase extrajudicial, quanto na fase judicial, com as pessoas, físicas ou jurídicas, investigadas pela prática dos atos de improbidade administrativa, definidos na Lei 8.429, de 02.06.1992, e dos atos praticados contra a Administração Pública, definidos na Lei 12.846, de 01.08.2013, visando:

I – a aplicação célere e proporcional das respectivas sanções, nos atos que possam ser considerados como de menor potencial ofensivo, assim considerados aqueles em que, com base nos princípios da proporcionalidade, da razoabilidade e da eficiência, a aplicação de sanções reduzidas, seja sob o aspecto quantitativo, seja sob o aspecto qualitativo, mostre-se suficiente para sua prevenção e repressão; ou

II – constituir meio de obtenção de provas, em qualquer ato de improbidade administrativa (Lei 8.429/1992) ou qualquer ato praticado contra a Administração Pública (Lei 12.846/2013), desde que o beneficiado pela composição colabore efetivamente com as investigações e o processo, quando for o caso.

Do compromisso de ajustamento de conduta nos ilícitos de menor potencial ofensivo

Art. 3º. Os requisitos para a celebração do compromisso de ajustamento de conduta, nas hipóteses dos ilícitos de menor potencial ofensivo, são os seguintes:

I - o compromisso de ter cessado completamente o envolvimento no ato ilícito;

II – a natureza, as circunstâncias, a gravidade e a repercussão social do ato ilícito indicarem que a solução adotada apresenta-se suficiente para sua prevenção e repressão;

III – o compromisso de comparecimento perante o Ministério Público ou em Juízo, às próprias expensas, quando necessário;

IV – o compromisso de reparar o dano, restituir totalmente o produto do enriquecimento ilícito, perdimento dos bens, direitos ou valores que representem vantagem ou proveito direta ou indiretamente obtidos da infração, quando for o caso;

V – considerada a espécie e a gravidade do ato ilícito praticado, eventual cumulação das medidas previstas no inciso anterior com as sanções de pagamento de multa civil, proibição de contratar com o Poder Público ou receber benefícios ou incentivos fiscais ou creditícios, direta ou indiretamente, ainda que por intermédio de pessoa jurídica da qual seja sócio majoritário, subsídios, subvenções, doações ou empréstimos de órgãos ou entidades públicas e de instituições financeiras públicas ou controladas pelo poder público;

VI – o compromisso do cumprimento das obrigações que, diante das circunstâncias do caso concreto, reputem-se necessárias para assegurar o comprometimento da pessoa jurídica em promover alterações em sua governança que mitiguem o risco de ocorrência de novos atos lesivos e o monitoramento eficaz dos compromissos firmados na composição;

VII – o estabelecimento de prazo razoável para o cumprimento do quanto avençado, observando-se a necessidade de afastamento do risco da ocorrência da prescrição;

VIII – a manutenção ou a instituição da indisponibilidade de bens suficientes para garantir o ressarcimento ao erário e eventual multa civil pactuada;

Parágrafo único. Os interessados serão informados dos requisitos necessários para a sua celebração, assim como das consequências de seu descumprimento, sendo também cientificados de que a composição celebrada com o Ministério Público não impede a ação de outros legitimados, nem afasta as consequências penais decorrentes do mesmo fato, salvo se houver colaboração premiada nesse sentido, naquela seara.

Do acordo de leniência nas hipóteses em que haja colaboração com as investigações

Art. 4º. Os requisitos para a celebração do acordo de leniência, com pessoas físicas e jurídicas, nas hipóteses em que haja colaboração com as investigações, além dos requisitos previstos para o compromisso de ajustamento de conduta nos ilícitos de menor potencial ofensivo (art. 3º), são os seguintes:

I – a admissão quanto à participação nos fatos;

II - a identificação dos demais envolvidos no ato ilícito, quando houver, e a obtenção célere de provas que comprovem o ilícito em apuração;

III – a descrição detalhada sobre o conteúdo da cooperação para a apuração do ato lesivo, relacionando, inclusive, os documentos e outros meios de provas a serem apresentados;

IV - o compromisso de dizer a verdade e não omitir nenhum fato ou dado de que tenha conhecimento, de forma a cooperar plena e permanentemente com as investigações e com eventual processo judicial, em qualquer esfera de responsabilização, inclusive a criminal;

V – a delimitação dos fatos e atos abrangidos, sopesando o impacto social da conduta;

VI – as obrigações que, diante das circunstâncias do caso concreto, reputem-se necessárias para assegurar a efetividade da colaboração e o resultado útil do processo.

Do procedimento

Art. 5º. A iniciativa para a celebração do termo de ajustamento de conduta ou do acordo de leniência caberá ao Ministério Público ou ao responsável pelo ilícito, hipótese em que a proposta poderá ser apresentada isolada, por um ou mais investigados, ou conjuntamente, por todos os envolvidos.

§ 1º. A pessoa proponente declarará expressamente que foi orientada a respeito de seus direitos, garantias e deveres legais, e de que o não atendimento às determinações e solicitações do Ministério Público durante a etapa de negociação implicará a desistência da proposta;

§ 2º. Sempre que possível, a celebração das modalidades condicionadas de composição será registrada por meios audiovisuais;

§ 3º. O beneficiado deverá estar assistido por advogado quando da celebração do ato.

§ 4º. O termo de ajustamento de conduta ou o acordo de leniência, seja ele celebrado na fase pré-processual, seja na fase processual, deverá ser homologado pelo Conselho Superior do Ministério Público;

§ 5º. O Conselho Superior do Ministério Público, com prioridade sobre os demais feitos, verificará a regularidade, legalidade e pertinência do ato jurídico para homologação;

§ 6º. Formalizado o termo de ajustamento de conduta ou o acordo de leniência os autos de procedimento preparatório ou inquérito civil serão encaminhados ao C.S.M.P. no prazo de 3 (três) dias, podendo o colegiado em sessão plenária, por maioria simples, homologar, rejeitar o ato jurídico celebrado, determinar a realização de diligências complementares ou de adequações, podendo nesta última hipótese, caso necessário, ser designado outro Promotor de Justiça para referidas adequações;

§ 7°. Nas ações já ajuizadas, o compromisso ou o acordo será submetido à homologação judicial, hipótese em que poderão ser cumuladas outras sanções, além daquelas previstas no inc. V do art. 3º da presente Resolução;

§ 8º. Na hipótese do parágrafo anterior o ato deverá ser primeiramente submetido à avaliação do C.S.M.P., devendo para tanto o Promotor de Justiça responsável remeter o termo subscrito pelo interessado, juntamente com cópia da petição inicial e relatório das etapas processuais já transcorridas e os argumentos que indiquem a conveniência da composição;

§ 9º. O termo de ajustamento de conduta ou o acordo de leniência, após sua homologação, deverá constar do banco de dados do Ministério Público do Estado do Paraná.

Da desistência

Art. 6º. A qualquer momento que anteceda a celebração do termo de ajustamento de conduta ou do acordo de leniência, a pessoa proponente poderá desistir da proposta ou o Ministério Público poderá rejeitá-la.

Parágrafo único. A desistência da proposta ou sua rejeição:

I – não importará em reconhecimento da prática do ato ilícito investigado; e

II – impedirá a utilização das provas fornecidas pelo beneficiário exclusivamente em seu desfavor, exceto quando o Ministério Público tiver acesso a elas por outros meios.

Do descumprimento

Art. 7º. No caso de descumprimento do termo de ajustamento de conduta ou do acordo de leniência:

I - a pessoa perderá os benefícios pactuados;

II - haverá o vencimento antecipado das parcelas não pagas e serão executados:

a) o valor integral da multa, descontando-se as frações eventualmente já pagas; e

b) os valores pertinentes aos danos e ao enriquecimento ilícito;

III - será instaurado ou retomado o procedimento referente aos atos e fatos incluídos no acordo, ou ajuizada ou retomada a ação civil pública, conforme o caso, sem prejuízo de utilização das informações prestadas e dos documentos fornecidos pelo responsável pelo descumprimento da composição.

Do cumprimento

Art. 8º. Cumpridas as condições estabelecidas, o compromisso ou acordo será declarado definitivamente adimplido mediante ato do membro do Ministério Público.

Parágrafo único. Se o compromisso ou o acordo tiver sido firmado no âmbito de inquérito civil ou procedimento preparatório, satisfeitas todas as cláusulas, deverá o membro do Ministério Público promover seu arquivamento perante o Conselho Superior do Ministério Público.

Dos registros

Art. 9º. O Ministério Público deverá manter atualizados no Sistema PRO-MP os dados acerca dos casos da composição regulados por esta resolução, após sua homologação, bem como poderá informar a Comissão Permanente de Incentivo à Autocomposição – CPIA, para fins de controle estatístico.

Da vigência

Art. 10. Esta Resolução entra em vigor na data de sua publicação.

Curitiba, 15 de maio de 2017.

IVONEI SFOGGIA
Procurador-Geral de Justiça e Conselheiro Presidente

MOACIR GONÇALVES NOGUEIRA NETO
Conselheiro Relator

FRANCISCO JOSÉ ALBUQUERQUE DE SIQUEIRA BRANCO
Conselheiro

LEONIR BATISTI
Conselheiro

MATEUS EDUARDO SIQUEIRA NUNES BERTONCINI
Conselheiro

VANI ANTONIO BUENO
Conselheiro

MICHELE ROCIO MAIA ZARDO
Conselheira

ARMANDO ANTONIO SOBREIRO NETO
Conselheiro

JOÃO ZAIONS JUNIOR
Conselheiro

RESOLUÇÃO Nº 179, DE 26 DE JULHO DE 2017.

Regulamenta o § 6º do art. 5º da Lei nº 7.347/1985, disciplinando, no âmbito do Ministério Público, a tomada do compromisso de ajustamento de conduta. .

O **CONSELHO NACIONAL DO MINISTÉRIO PÚBLICO**, no exercício da competência fixada no art. 130-A, § 2º, inciso I, da Constituição Federal, com fundamento nos arts. 147 e seguintes de seu Regimento Interno, e na decisão plenária proferida nos autos da Proposição nº 0.00.000.000659/2014-70, julgada na 14ª Sessão Ordinária, realizada no dia 26 de julho de 2017;

Considerando o disposto no art. 129, inciso III, da Constituição da República;

Considerando o que dispõe o art. 5º, § 6º, da Lei nº 7.347/1985;

Considerando a necessidade de garantir a efetividade dos compromissos de ajustamento de conduta;

Considerando a acentuada utilidade do compromisso de ajustamento de conduta como instrumento de redução da litigiosidade, visto que evita a judicialização por meio da autocomposição dos conflitos e controvérsias envolvendo os direitos de cuja defesa é incumbido o Ministério Público e, por consequência, contribui decisivamente para o acesso à justiça em sua visão contemporânea;

Considerando a conveniência institucional de estimular a atuação resolutiva e proativa dos membros do Ministério Público para promoção da justiça e redução da litigiosidade;

Considerando a necessidade de uniformizar a atuação do Ministério Público em relação ao compromisso de ajustamento de conduta como garantia da sociedade, sem prejuízo da preservação da independência funcional assegurada constitucionalmente a seus membros;

Considerando, por fim, que os direitos ou interesses coletivos, amplamente considerados, são direitos fundamentais da sociedade (Título II, Capítulo I, da Constituição da República), incumbindo ao Ministério Público a sua defesa, judicial ou extrajudicialmente, nos termos dos arts. 127, caput e 129, da Constituição da República, RESOLVE:

Art. 1º O compromisso de ajustamento de conduta é instrumento de garantia dos direitos e interesses difusos e coletivos, individuais homogêneos e outros direitos de cuja defesa está incumbido o Ministério Público, com natureza de negócio jurídico que tem por finalidade a adequação da conduta às exigências legais e constitucionais, com eficácia de título executivo extrajudicial a partir da celebração.

§ 1º Não sendo o titular dos direitos concretizados no compromisso de ajustamento de conduta, não pode o órgão do Ministério Público fazer concessões que impliquem renúncia aos direitos ou interesses difusos, coletivos e individuais homogêneos, cingindo-se a negociação à interpretação do direito para o caso concreto, à especificação das obrigações adequadas e necessárias, em especial o modo, tempo e lugar de cumprimento, bem como à mitigação, à compensação e à indenização dos danos que não possam ser recuperados.

§ 2º É cabível o compromisso de ajustamento de conduta nas hipóteses configuradoras de improbidade administrativa, sem prejuízo do ressarcimento ao erário e da aplicação de uma ou algumas das sanções previstas em lei, de acordo com a conduta ou o ato praticado.

§ 3º A celebração do compromisso de ajustamento de conduta com o Ministério Público não afasta, necessariamente, a eventual responsabilidade administrativa ou penal pelo mesmo fato, nem importa, automaticamente, no reconhecimento de responsabilidade para outros fins que não os estabelecidos expressamente no compromisso.

§ 4º Caberá ao órgão do Ministério Público com atribuição para a celebração do compromisso de ajustamento de conduta decidir quanto à necessidade, conveniência e oportunidade de reuniões ou audiências públicas com a participação dos titulares dos direitos, entidades que os representem ou demais interessados.

Art. 2º No exercício de suas atribuições, poderá o órgão do Ministério Público tomar compromisso de ajustamento de conduta para a adoção de medidas provisórias ou definitivas, parciais ou totais.

Parágrafo único. Na hipótese de adoção de medida provisória ou parcial, a investigação deverá continuar em relação aos demais aspectos da questão, ressalvada situação excepcional que enseje arquivamento fundamentado.

Art. 3º O compromisso de ajustamento de conduta será tomado em qualquer fase da investigação, nos autos de inquérito civil ou procedimento correlato, ou no curso da ação judicial, devendo conter obrigações certas, líquidas e exigíveis, salvo peculiaridades do caso concreto, e ser assinado pelo órgão do Ministério Público e pelo compromissário.

§ 1º Quando o compromissário for pessoa física, o compromisso de ajustamento de conduta poderá ser firmado por procurador com poderes especiais outorgados por instrumento de mandato, público ou particular, sendo que neste último caso com reconhecimento de firma.

§ 2º Quando o compromissário for pessoa jurídica, o compromisso de ajustamento de conduta deverá ser firmado por quem tiver por lei, regulamento, disposição estatutária ou contratual, poderes de representação extrajudicial daquela, ou por procurador com poderes especiais outorgados pelo representante.

§ 3º Tratando-se de empresa pertencente a grupo econômico, deverá assinar o representante legal da pessoa jurídica controladora à qual esteja vinculada, sendo admissível a representação por procurador com poderes especiais outorgados pelo representante.

§ 4º Na fase de negociação e assinatura do compromisso de ajustamento de conduta, poderão os compromissários ser acompanhados ou representados por seus advogados, devendo-se juntar aos autos instrumento de mandato.

§ 5º É facultado ao órgão do Ministério Público colher assinatura, como testemunhas, das pessoas que tenham acompanhado a negociação ou de terceiros interessados.

§ 6º Poderá o compromisso de ajustamento de conduta ser firmado em conjunto por órgãos de ramos diversos do Ministério Público ou por este e outros órgãos públicos legitimados, bem como contar com a participação de associação civil, entes ou grupos representativos ou terceiros interessados.

Art. 4º O compromisso de ajustamento de conduta deverá prever multa diária ou outras espécies de cominação para o caso de descumprimento das obrigações nos prazos assumidos, admitindo-se, em casos excepcionais e devidamente fundamentados, a previsão de que esta cominação seja fixada judicialmente, se necessária à execução do compromisso.

Art. 5º As indenizações pecuniárias referentes a danos a direitos ou interesses difusos e coletivos, quando não for possível a reconstituição específica do bem lesado, e as liquidações de multas deverão ser destinadas a fundos federais, estaduais e municipais que tenham o mesmo escopo do fundo previsto no art. 13 da Lei nº 7.347/1985.

§ 1º Nas hipóteses do caput, também é admissível a destinação dos referidos recursos a projetos de prevenção ou reparação de danos de bens jurídicos da mesma natureza, ao apoio a entidades cuja finalidade institucional inclua a proteção aos direitos ou interesses difusos, a depósito em contas judiciais ou, ainda, poderão receber destinação específica que tenha a mesma finalidade dos fundos previstos em lei ou esteja em conformidade com a natureza e a dimensão do dano.

§ 2º Os valores referentes às medidas compensatórias decorrentes de danos irreversíveis aos direitos ou interesses difusos deverão ser, preferencialmente, revertidos em proveito da região ou pessoas impactadas.

Art. 6º Atentando às peculiaridades do respectivo ramo do Ministério Público, cada Conselho Superior disciplinará os mecanismos de fiscalização do cumprimento do compromisso de ajustamento de conduta tomado pelos órgãos de execução e a revisão pelo Órgão Superior do arquivamento do inquérito civil ou do procedimento no qual foi tomado o compromisso, observadas as regras gerais desta resolução.

§ 1º Os mecanismos de fiscalização referidos no caput não se aplicam ao compromisso de ajustamento de conduta levado à homologação do Poder Judiciário.

§ 2º A regulamentação do Conselho Superior deve compreender, no mínimo, a exigência de ciência formal do conteúdo integral do compromisso de ajustamento de conduta ao Órgão Superior em prazo não superior a três dias da promoção de arquivamento do inquérito civil ou procedimento correlato em que foi celebrado.

Art. 7º O Órgão Superior de que trata o art. 6º dará publicidade ao extrato do compromisso de ajustamento de conduta em Diário Oficial próprio ou não, no site da instituição, ou por qualquer outro meio eficiente e acessível, conforme as peculiaridades de cada ramo do Ministério Público, no prazo máximo de quinze dias, a qual deverá conter:

I – a indicação do inquérito civil ou procedimento em que tomado o compromisso;

II – a indicação do órgão de execução;

III – a área de tutela dos direitos ou interesses difusos, coletivos e individuais homogêneos em que foi firmado o compromisso de ajustamento de conduta e sua abrangência territorial, quando for o caso;

IV – a indicação das partes compromissárias, seus CPF ou CNPJ, e o endereço de domicílio ou sede;

V – o objeto específico do compromisso de ajustamento de conduta;

VI – indicação do endereço eletrônico em que se possa acessar o inteiro teor do compromisso de ajustamento de conduta ou local em que seja possível obter cópia impressa integral.

§ 1º Ressalvadas situações excepcionais devidamente justificadas, a publicação no site da Instituição disponibilizará acesso ao inteiro teor do compromisso de ajustamento de conduta ou indicará o banco de dados público em que pode ser acessado.

§ 2º A disciplina deste artigo não impede a divulgação imediata do compromisso de ajustamento de conduta celebrado nem o fornecimento de cópias aos interessados, consoante os critérios de oportunidade, conveniência e efetividade formulados pelo membro do Ministério Público.

Art. 8º No mesmo prazo mencionado no artigo anterior, o Órgão Superior providenciará o encaminhamento ao Conselho Nacional do Ministério Público de cópia eletrônica do inteiro teor do compromisso de ajustamento de conduta para alimentação do Portal de

Direitos Coletivos, conforme disposto na Resolução Conjunta CNJ/CNMP nº 2, de 21 de junho de 2011, que institui os cadastros nacionais de informações de ações coletivas, inquéritos e termos de ajustamento de conduta.

Art. 9º O órgão do Ministério Público que tomou o compromisso de ajustamento de conduta deverá diligenciar para fiscalizar o seu efetivo cumprimento, valendo-se, sempre que necessário e possível, de técnicos especializados.

Parágrafo único. Poderão ser previstas no próprio compromisso de ajustamento de conduta obrigações consubstanciadas na periódica prestação de informações sobre a execução do acordo pelo compromissário.

Art. 10. As diligências de fiscalização mencionadas no artigo anterior serão providenciadas nos próprios autos em que celebrado o compromisso de ajustamento de conduta, quando realizadas antes do respectivo arquivamento, ou em procedimento administrativo de acompanhamento especificamente instaurado para tal fim.

Art. 11. Descumprido o compromisso de ajustamento de conduta, integral ou parcialmente, deverá o órgão de execução do Ministério Público com atribuição para fiscalizar o seu cumprimento promover, no prazo máximo de sessenta dias, ou assim que possível, nos casos de urgência, a execução judicial do respectivo título executivo extrajudicial com relação às cláusulas em que se constatar a mora ou inadimplência.

Parágrafo único. O prazo de que trata este artigo poderá ser excedido se o compromissário, instado pelo órgão do Ministério Público, justificar satisfatoriamente o descumprimento ou reafirmar sua disposição para o cumprimento, casos em que ficará a critério do órgão ministerial decidir pelo imediato ajuizamento da execução, por sua repactuação ou pelo acompanhamento das providências adotadas pelo compromissário até o efetivo cumprimento do compromisso de ajustamento de conduta, sem prejuízo da possibilidade de execução da multa, quando cabível e necessário.

Art. 12. O Ministério Público tem legitimidade para executar compromisso de ajustamento de conduta firmado por outro órgão público, no caso de sua omissão frente ao descumprimento das obrigações assumidas, sem prejuízo da adoção de outras providências de natureza civil ou criminal que se mostrarem pertinentes, inclusive em face da inércia do órgão público compromitente.

Art. 13. Cada ramo do Ministério Público adequará seus atos normativos que tratem sobre o compromisso de ajustamento de conduta aos termos da presente Resolução no prazo de cento e oitenta dias, a contar de sua entrada em vigor.

Art. 14. As Escolas do Ministério Público ou seus Centros de Estudos promoverão cursos de aperfeiçoamento sobre técnicas de negociação e mediação voltados para a qualificação de Membros e servidores com vistas ao aperfeiçoamento da teoria e prática do compromisso de ajustamento de conduta.

Art. 15. Esta Resolução entra em vigor na data de sua publicação.

Brasília-DF, 26 de julho de 2017.

RODRIGO JANOT MONTEIRO DE BARROS
Presidente do Conselho Nacional do Ministério Público